普通高等学校
金融科技专业系列教材

中国金融科技教育与
应用创新联盟推荐教材

U0753985

金融支付体系导论

关莉莉 主编

王霞 副主编

立信会计出版社
LIXIN ACCOUNTING PUBLISHING HOUSE

图书在版编目(CIP)数据

金融支付体系导论 / 关莉莉主编. —上海：立信
会计出版社，2020.6
ISBN 978-7-5429-6478-6

Ⅰ.①金…　Ⅱ.①关…　Ⅲ.①支付方式-高等学校-
教材　Ⅳ.①F830.73

中国版本图书馆 CIP 数据核字(2020)第 071652 号

策划编辑　　王艳丽
责任编辑　　王艳丽

金融支付体系导论

Jinrong Zhifu Tixi Daolun

出版发行	立信会计出版社		
地　　址	上海市中山西路 2230 号	邮政编码	200235
电　　话	(021)64411389	传　真	(021)64411325
网　　址	www.lixinaph.com	电子邮箱	lixinaph2019@126.com
网上书店	http://lixin.jd.com		http://lxkjcbs.tmall.com
经　　销	各地新华书店		

印　　刷	常熟市华顺印刷有限公司	
开　　本	787 毫米×1092 毫米	1/16
印　　张	16.75	
字　　数	398 千字	
版　　次	2020 年 6 月第 1 版	
印　　次	2020 年 6 月第 1 次	
印　　数	1—2 100	
书　　号	ISBN 978-7-5429-6478-6/F	
定　　价	48.00 元	

普通高等学校金融科技专业系列教材
编委会

主　　编：顾晓敏

副 主 编：袁先智　殷林森　岳喜伟

成　　员：（按姓氏拼音排序）

陈霜华　陈滢　管刚

王品玲　杨超　曾慜

专家顾问：阎志鹏　汪寿阳　张维

王帆　李祥林　马小峰

丛书序言

金融科技(Fintech)强调金融和科技的深度融合,是基于移动互联网、云计算、大数据、智能化等高科技手段促使金融服务更加富有效率的新兴金融业态。根据国际金融稳定理事会(Financial Stability Board,FSB)的定义,金融科技是指技术带来的金融创新,它能够创造新的模式、业务、流程和产品。FSB 认为,金融科技活动分为支付结算、存贷款与资本筹集、投资管理、市场设施等;金融科技创新的供给侧驱动因素是不断演进的新技术和变化的金融监管,需求侧影响因素则是不断变化的企业与消费者偏好。

从近年来的传统金融及新金融发展趋势来看,随着大数据、云计算、人工智能以及区块链等技术的普及,新一代信息技术的发展和应用正在更新迭代,金融业正在大步迈入金融科技时代,而金融科技在驱动传统金融业转型升级的同时也催生出更多的金融业态,金融与科技的全面融合正在提速。

美国、英国等发达国家的金融科技行业呈现出良好的发展势头,许多行业巨擘,如 IBM、惠普、微软、戴尔、埃森哲、高盛以及摩根大通,都在极力拥抱金融科技,成为该行业的重要参与者。毕马威(KPMG)发布的《金融科技脉搏——2018 年下半年》报告显示,2018 年全球金融科技融资上升至 1 118 亿美元,较 2017 年的 508 亿美元激增近 120%;2018 年全年金融科技领域并购和收购交易达成 2 196 宗,较 2017 年的 2 165 宗、2016 年的 1 893 宗都有所增加。

2017—2018 年,无论从市场规模、融资金额还是从企业发展、技术专利来看,我国金融科技发展势头都很好。中关村互联网金融研究院发布的《中国金融科技与数字普惠金融发展报告(2018)》显示,2016 年,美国金融科技领域专利申请数量高居榜首,达到4 523 份,中国居第二,数量仅为美国的一半;但到了 2017 年,中国在大数据、云计算、人工智能、生物识别、区块链五大技术领域的专利数量绝对值均已超过美国,并且大幅领先英国、法国等国家。另外,毕马威发布的《2018 年全球金融科技 100 强》报告中,在登榜企业数量上,中国排名第三位,仅次于美国和英国;而且在排名前五的企业中,有三家中国企业。

人才是行业竞争之本。伴随着金融科技创新的迅猛发展,金融科技人才培养与开发正成为各国政府布局金融科技生态系统的重要战略。例如,美国启动纽约朗迪峰会吸引全球顶尖的金融科技人才;英国、新加坡、澳大利亚等发达国家纷纷布局把发展金融科技上升为国家战略。

金融科技具有高度的知识密集特征,相关从业者既要掌握数据量化分析、金融产品定价以及风险防范等金融业务知识,同时还必须具备互联网思维,对互联网有全面和深入的了解;既要主动学习和掌握互联网、金融等领域新的发展方向及成果,又要将这些学科的知识与技术结合起来,创新业务发展模式。因此,在金融科技的竞争浪潮中,只有培养适合现代金融服务业需要的跨学科、复合型专业人才,才能推动金融业转型升级,提升金融业的全球

1

竞争力与影响力。

由于金融科技人才具有跨学科、知识结构广泛等特征,高素质的金融科技人才很难单纯通过传统的教育和培训方式获得,产学合作、协同育人才是实施金融科技人才战略的重要途径。基于此,秉持建设特色鲜明的高水平应用型财经大学的办学定位,上海立信会计金融学院与慧科教育科技集团于2017年1月签订战略合作协议,共建全国首个金融科技学院,共同探索实践"互联网+"背景下金融科技领域应用型、复合型人才培养及大学转型的发展之路。

金融科技学院是上海立信会计金融学院探索校企合作、培养应用型人才的"试验田"。在上海市教育委员会及相关行业、社会机构的支持下,在学校的领导组织下,上海立信会计金融学院自成立金融科技学院以来,一直稳步推进金融科技专业的发展与教学资源内涵的丰富:2017年9月,上海市教育委员会批准建设金融工程(金融科技方向)应用型本科试点项目;2018年3月,教育部审核批准建设全国首个也是唯一一个金融科技专业,人民日报等多家媒体对此予以报道;2018年6月,"金融科技专业人才产教融合培养模式探索"项目获教育部产学合作协同育人项目立项;2019年4月,教育部批准上海立信会计金融学院与美国新泽西理工学院共同建设金融工程(金融科技方向)中美合作办学项目,这是2019年上海市高校唯一一个获批的国际合作项目,实现了学校本科层次中外合作办学项目的历史性突破。

金融科技专业作为一个新兴专业,目前还处于教学专业资源匮乏的状况,特别是相关专业教材少且较为零散,应用性和系统性不强,这已成为当前金融科技专业建设的主要瓶颈。为了更好地为培养金融科技人才提供支撑,上海立信会计金融学院结合金融科技专业的培养定位及知识结构体系,编写了这套金融科技专业系列教材,包括《金融科技概论》《区块链原理与应用》《金融大数据方法与应用》《金融大数据风险管理》《金融支付体系导论》《大数据与人工智能》《数据湖与数据挖掘》《深度学习基础》等,计划在3年内完成并出版。

这套教材结合金融科技行业的发展特点及跨学科的知识体系特色,采取由高校教师与行业专家共同设计、共同编写的方式,发挥其各自的优势,期望达到产学研结合、产教融合的效果,力求更好地契合行业、更好地注重应用、更好地强化行业案例,以期为培养适合金融科技行业发展需要的复合型、应用型人才提供更好的保证。

顾晓敏

2019年4月

前　言

在当今金融业大步迈入金融科技的新时代,科技在驱动传统金融业转型升级的同时,也在与金融业进行全面的融合。伴随金融科技的迅猛发展,金融科技人才的培养成为学科发展的核心重点。为培养适合现代金融科技的跨学科、复合型专业人才,推动金融产业转型升级,提升全球竞争力和影响力,"普通高等学校金融科技专业系列教材"应运而生。

《金融支付体系导论》是"普通高等学校金融科技专业系列教材"中的一本。本教材结合金融科技行业发展特点和跨学科知识体系的特色,可作为各高校金融科技专业或相关专业本科生的教材,为培养适合金融科技行业发展需要的复合型、应用型人才提供更好的保证。同时,本教材也可以作为从事现代支付或支付清算行业人士的参考用书。

本教材共分四篇,每篇三章,共计十二章。第一篇金融支付体系,包括第一章金融支付体系概述、第二章支付与支付工具和第三章我国支付清算体系。其中,在金融支付体系概述章节中,介绍了支付系统的运行机制、作用和发展趋势;在支付与支付工具章节中,阐述了支付工具的本质和规律,并介绍了不同的支付工具和支付方式;在我国支付清算体系章节中,详细介绍了支付清算体系的基本概念以及我国支付体系、支付清算体系和央行支付清算系统的组成。第二篇是金融支付的表现形式。其中,第四章电子银行与支付,从电子银行的概述讲起,系统介绍了电话银行、网上银行、手机银行和自助银行;第五章第三方支付,系统介绍了第三方支付的业务类型、支付模式、产业链,第三方支付的风险防范和行业发展建议;第六章移动支付,主要包括移动支付流程和相关技术、移动支付运营模式和产业链,并对我国典型的移动支付案例进行了分析,提出了推动移动支付的发展建议。第三篇是金融支付体系的风险控制与监管。其中,第七章金融支付体系安全与风险防范,主要介绍了支付体系中的安全问题和安全电子支付的意义,提出了支付体系的安全策略,并对电子支付的安全技术、安全协议和安全认证进行了论述;第八章中央银行对支付体系的监督管理,主要论述了支付体系监管目标、监管的一般原则、监管范围和监管手段,并对国外支付体系监管的经验进行借鉴;第九章金融支付体系的网上支付环境建设,主要包括我国国家金融通信网建设、金融认证中心建设、国家征信体系建设和保障支付体系的法律环境建设。第四篇是基于区块链技术的电子支付。其中,第十章区块链技术综述,主要介绍了区块链技术的基本概念、分布式数据库技术、区块链技术的创新与应用和区块链技术的前景与局限;第十一章区块链技术在支付清算领域的应用,主要包括基于区块链技术的数字货币和支付清算网络、基于区块链的会计生态系统以及区块链技术在票据市场中的应用;第十二章基于区块链技术的共识经济与金融安全,主要介绍了区块链共识经济的共识博弈、智能合约以及区块链技术在推动电子认证创新发展、变革现有的征信体系、降低金融风险和全面提升金融监管能力中的作用。

本教材在内容采编上较为全面,紧跟社会实际应用和金融科技的发展前沿,对金融支付领域的相关业务和前沿热点——区块链技术做了全面详细的介绍,努力做到理论和技术的完整性和系统性。此外,本教材还选择有代表性的实际案例作为每章导入案例,让读者带着问题去思考和学习。本教材的特点是把实现共识经济分布式思想的技术工具——区块链平台融入金融支付体系中,这也是本书与其他金融支付体系方面的教材或专著最大的不同之处。希望这些尝试和探索对区块链技术在金融支付体系中的应用起到推动作用。

　　参加本教材编写的作者均是具有丰富一线教学和实践经验的专业教师。其中,刘岚编写了第二章和第四章,王霞编写了第五章和第六章,赵厚宝编写了第七章、第八章和第九章,其余章节由关莉莉编写,最后,关莉莉和王霞对全书进行了修改和统稿。感谢上海立信会计金融学院特聘教授、苏州大学金融工程研究中心讲座教授、中山大学管理学院特聘教授袁先智老师,他对本教材提出了宝贵的建议和修改意见,并亲自参与了第十二章的编写和修改;感谢上海立信会计金融学院顾晓敏副校长对金融科技专业建设和系列教材出版的大力支持;感谢上海立信会计金融学院金融科技学院副院长殷林森老师和杨超老师的指导和帮助;感谢立信会计出版社的窦瀚修社长和王艳丽编辑,他们以极大的耐心和责任感对书稿进行了认真仔细的审读。

　　本教材借鉴了大量的国内外出版物和网上资料,但是由于文中体例限制未在参考文献中完全列出,在此谨向诸多学者、同仁表示由衷的敬意和感谢。本书虽然经过认真修改和完善,但由于新兴学科的交叉性和特殊性,内容新、范围广,仍有不少地方需要再加斟酌,加之编者水平和时间有限,不当之处在所难免,欢迎各位专家和读者批评斧正,以便日后继续完善和修订。

　　本教材通稿阶段正值新冠病毒肆虐、全民抗疫、共克时艰之际,期待春回大地,勇士凯旋。新冠疫情的发生也在警示我们,在金融科技学科从教学、科研到落地实现,支持数字经济真正发展的建设过程中,应该把步子迈得更加坚定有力。为了岁月静好,让我们一起负重前行。

编者

2020 年 3 月于上海

目　录

第四篇　基于区块链技术的电子支付

第一篇

金融支付体系

第一章　金融支付体系概述

　　货币是一种支付手段或媒介,而支付是货币所有权的转移,是债务人释放其债务责任、履行债权人与债务人之间权利义务关系的行为,是一个动态概念。支付体系是一个国家核心的金融基础设施之一。如果说金融是经济的血液,那么支付就是金融的血管,它关系到一国金融业的效率与稳定。现代金融支付体系的形成是货币及其作用不断演化的结果。银行作为经营货币的企业,通过建立强大的信用来存管货币,充当支付的中介人和代理人,并推动支付方式的创新,在现代支付体系形成过程中发挥着关键作用。中央银行制度诞生以来,法律赋予了中央银行发行法定货币和主宰货币供给的权力。因此,中央银行在货币金融体系中担任核心角色,是现代支付体系的核心。

　　本章介绍了货币产生的必然性及其作用、银行业和非现金支付工具的兴起、清算结算机制的建立和中央银行的诞生,构建了一个现代支付体系的完整框架,并阐述了现代支付体系的作用和发展趋势。

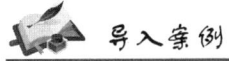 导入案例

中国人民银行正式加入 CPSS

　　2009 年 7 月,中国人民银行正式加入国际支付结算体系委员会(Committee on Payment and Settlement Systems, CPSS)①,成为其 23 名正式成员之一。

　　CPSS 是 10 国集团中央银行发起成立的国际性专业组织,秘书处设在国际清算银行(Bank for International Settlements, BIS),该组织每年召开 3 次会议。CPSS 一直致力于支付结算体系的发展与改革工作,推动建立稳健、高效的支付结算系统,以加强全球金融市场基础设施。CPSS 通过向成员国中央银行提供交流的平台,使各国中央银行能够就其国内的支付、清算、结算系统以及跨境多币种结算机制的发展问题共同进行研究和探讨。

　　CPSS 根据 10 国集团中央银行行长的要求,或者视支付结算体系发展需要,主动承担特定的研究任务。CPSS 先后出版的《重要支付系统核心原则》《证券结算系统和中央对手方建议》《中央银行对支付结算系统的监督》《国家支付体系发展指南》等纲领性文件受到了许多国家中央银行和监管当局的高度重视,并作为支付结算系统和证券交易结算系统监管的主要参考,极大地推动了 10 国集团以及全球众多国家和地区支付结算体系的发展进程。

---

　　① 支付结算体系委员会(CPSS)自 2014 年 9 月 1 日正式更名为支付与市场基础设施委员会(Committee on Payment and Market Infrastructures, CPMI)。

CPSS会不定期发布专业研究报告,内容涉及大额资金转账系统、证券结算系统、外汇交易结算安排、衍生产品清算安排和零售支付工具等。此外,CPSS还会定期整理编辑出版"红皮书",翔实披露其成员支付体系的相关信息。

金融危机之后,CPSS的作用进一步突显。目前,CPSS正在集中研究在场外市场中引入中央对手方机制以及建立集中清算、数据保存、处理、监测机制等工作。这将对未来国际支付结算体系的走向产生重要影响。

CPSS于2009年7月吸收了包括中国人民银行在内的部分新成员,使其成员扩展到23个国家及地区。中国人民银行长期以来与CPSS保持着良好的合作、沟通关系,并通过参加CPSS的专业工作组,参与拟订了《证券结算系统建议》《证券结算系统建议的评估方法》和《支付体系发展通则》等重要的国际准则,比较系统地了解了发达国家的支付结算体系,从注重业务处理效率向利用信息技术进行业务创新,从注重系统内的风险控制向实现支付体系公共政策目标进行转变。

中国人民银行加入CPSS之后,一方面将致力于推动我国支付结算体系制度创新,保障支付结算体系的安全、稳定运行,采取更合理的手段影响市场安排,不断完善支付系统以及证券结算系统的相关设计,积极推进零售支付领域的市场化进程,使支付结算体系能够顺应经济金融健康发展的内在需要;另一方面将加强与CPSS成员之间的合作,不断完善国际支付体系的风险监督管理机制,强化国际支付结算体系的统一性和规则基础,促进我国及国际支付结算体系的健康发展。

资料来源:人民银行.人民银行正式加入国际支付结算体系委员会(CPSS)[EB/OL].(2009-12-04)[2020-01-06].http://www.gov.cn/gzdt/2009-12/04/content_1480621.htm.

第一节 货币、银行与支付体系

一、货币作为支付手段的起源及作用

货币作为商品或服务的支付手段,从人类文明时代开始经历了一系列的变革,从远古的牲畜、贝壳、贵金属,到银行券、不可兑换的纸币以及非银行金融机构的负债等,再到现代的电子货币,其所涉及的实物商品和金融资产种类有很多。货币作为一个经济体普遍接受的交换媒介或支付手段,本质上是一种所有者与市场关于交换权的契约,执行着三个基本职能,即交换媒介、记账单位(价值尺度)和价值储藏手段。货币的特征表现为标准化和易分割,具有普遍适用性、匿名性和流动性的特点。此外,标准的货币还具有非赎回性和法偿性,即货币可直接用来交换其他物品,而无须先向货币发行者兑换成另外的物品,再用于交换。

货币作为一般等价物成为社会普遍接受的支付手段,是人们不断尝试的结果。从货币发展的历史来看,从本身具有价值的商品货币到本身无价值的纸币再到无实体的电子货币,交换媒介是货币最为基本的职能。随着非现金支付工具的发展和演化,货币的价值尺度和价值储藏手段职能扮演着越来越重要的角色。事实上,由于货币先具有了价值尺度的职能,所以之后才衍生出货币作为价值储藏手段的职能,并且使得货币成为一种社会信用关系。社会成员以一定的方式同意将货币作为他们之间进行支付和清偿债务的工具,对于该惯例的普遍认可是货币具有巨大社会价值的基础。在货币的社会关系理论中,货币被看作是经济参与者之间的一种社会关系。该理论认为,不论作为交易媒介或结算工具的货币材料具有怎样的物质属性,社会赋予货币构筑与实践的力量是真实的,所有流通中的媒介之所以被人们接受,是因为它们是由本位货币来度量的,并且人们完全相信它们最终可被兑换成本位货币。

在真实的市场经济中,为市场销售所进行的生产及交换关系是暂时的,而货币是在市场经济中建立可靠信用关系的重要工具,因此,货币与信用、投机及决策中的不确定性等问题关系非常密切。除了最简单的经济外,任何代表性交易都不是即时支付,既非物物交换的即时支付,也不是钱货两清,交易过程经常包含某种形式的赊销或预付,即在某些情况下,支付手段会先于货物和劳务发生转移,而在另一些情况下,最终的支付又会发生在货物或劳务支付之后。此时,货币的作用是双重的,它既体现了记账单位职能,又承担了价值储藏手段职能。因此,从根本上来说,整个经济体系需要建立安全可靠的信用关系,从而也就需要一种基本的货币资产。该资产既可以确定价值标准,又可以确凿无疑地代表最终支付手段。在现代社会中,中央银行往往充当最后贷款人的角色,因为中央银行与其他形式的交易媒介或价值储藏手段相比,具有最强的信用。

二、非现金支付工具的产生与银行业的兴起

非现金支付工具随着货币的演变而发展,经历了漫长的过程。有实体的铸币或商品货币称为外部货币,因为它是持有人的一种资产,不是其他任何人的负债。银行出现以后,银行制造的交换媒介是持有者对商业银行的债权,称为内部货币。这种货币(或称银行券)相对于金融货币而言,其性质是一种非现金支付工具。

非现金支付工具的产生是商业信用发展的客观要求。在商品经济中,生产的目的是交换并获得剩余资产。随着生产力的不断发展和劳动分工的细化,货币性交易逐渐占据主导地位,而非现金支付工具作为货币的替代物,能够克服时间和空间隔离的缺陷,并能提高在现金支付条件下不能实现的支付效率,从而大大强化了货币性支付交易的功能。其中,商业票据是最早的现金替代工具。现代意义上的商业票据起源于12世纪的意大利,到了16世纪出现了票据背书制度。国际通行的背书制度是指票据持票人在票据背面签名,并通过流通转让给他人的一种附属票据行为。票据的特点在于流通,流通的基础是自由转让,而背书是票据转让的主要方式,因此,背书是票据制度的核心。

银行是市场经济发展的产物,是建立信用体系的必要基础。历史记录显示,最初在中世纪的意大利出现了一批从事货币兑换生意的人,由于每个城市的货币不同,货币兑换者为入境的商人和其他旅游者提供用当地铸币兑换本区以外货币的服务,并为出境者提供反向货币兑换服务。后来,货币兑换者开始吸收定期和活期存款,商人把货币存在货币兑换者的账上,需要时就提取,这比每次都把外国货币兑换成等值的当地货币来得方便。在英格兰,早期的存款交由金匠保管,金匠的库房担当货币保险库的功能。金匠由于备有能够保存大量黄金的设施,因而可以使保存黄金的边际费用较小。金匠发现,向储户发行拥有取出黄金权

利的收据是有利可图的,因为随着黄金存储活动的增多,当两名储户达成商品购销协议时,一名储户会取回他的黄金支付给另一名储户,另一名储户会把所得黄金再存储在同一个金匠那里。因此,对储户来说,仅接受金匠的收据会更便利,从而省却了每个人再次取出和存储黄金的麻烦。这样,收据本身就逐步作为交易媒介流通起来,当金匠存款余额的转账成为其储户所接受的支付方式时,它便开始起到货币的作用。与此同时,由于存在金匠那里的黄金或贵金属一般来说能够抵偿赎回的要求,而且金匠可以通过贷出黄金赚取利润,于是,银行开始出现,存款费用变成了存款利息,收据变成了银行券,金匠变成了银行家。

银行的出现意味着银行券开始被用作支付媒介,而银行券是从存款收据的实践中演化而来的。使用银行券能够减少持有成本很高的闲置黄金的存量,商品交易中的收款方只要相信发行这些银行券的银行,他就会接受存款方用这种媒介支付。因此,银行券的出现和使用扩大了个体间的交易范围和数量。但同时,由于市场上存在着多家银行,在每家银行都发行自己可赎回的银行券的情况下,如果每家银行都拒绝以平价(面值)接受其他银行的银行券,则每家银行券的适用范围会受到很大限制。如果多个商品交易者分别持有不同银行的银行券,而不同银行的银行券不能平价兑换的话,有的交易者就必须把银行券兑换成黄金或白银进行支付。各银行为了留住客户、获得利润,必须相互持有通货和存款。因此,随着银行业的竞争与合作的发展,各家银行开始平价接受其他银行发行的银行券或银行票据。但各个银行自己发行的银行券最终是要兑换的,这样就产生了一家银行持有其他银行的银行券和票据债权(或债务)的清算或赎回问题,而银行具有的独特账户管理功能,使它们互相之间进行票券兑换成为可能。于是,银行间从最初的双边兑换发展到多边兑换并产生了专业化的服务组织——清算机构,而且各家银行都乐意把自身利润的一部分出让给专门从事票据交换和清算业务的专门组织。西方清算组织的发展基本遵循了这一模式,并最终产生了包含一个区域内所有银行的统一清算体系。在金、银等贵金属货币占统治地位时,解决银行间账户余额清算的方式是在每一清算期末(如1天)通过人力实现外部货币的实物转移。但这种方式不够经济便捷,后来,清算所之间发展成立了清算所协会,通过发行用于银行间结算的纸币形式实现清算。清算所协会除了承担清算与结算的主要功能外,还承担了监督功能,将不履行贷款归还责任者、不良支票的传递者等信息进行公布,甚至督查成员银行的健康经营状况。

三、中央银行的诞生

经济发展到近代阶段,随着银行的发展和银行券的发行,交易者普遍使用银行发行的通货和可转账存款进行支付,银行发行的货币以黄金或白银作为记账单位,并按平价被广泛接受。同时,银行间自发形成了一个由清算所连接的统一的系统,整个社会形成了以银行业为核心的支付体系。这为货币的国家化与中央银行的诞生提供了基础。

有关研究表明,中央银行产生的最初作用是充当银行业的清算中介。欧洲地区中央银行的先驱是16世纪德国和地中海的公共清算银行,这种银行的主要业务是在商人和银行家之间传递记账式票据,这类票据是中世纪后期以及现代早期商业领域普遍使用的支付工具。1609年设立于阿姆斯特丹的魏塞尔银行(Wissel Bank)被法律授予从事票据交易的清算和结算职能,当时的统治者规定,金额在600弗罗林及以上的票据交易必须在该银行进行结算。

从历史发展来看,中央银行的诞生具有一定的客观必然性。在自由放任的市场经济中,处于特殊地位的银行业,通过自由竞争获取利益,面临着经济周期和各种不确定的威胁,这使整个社会的信用体系非常不稳定。由于企业和居民持有大量的可兑换银行券或票据,当经济衰退或战争到来时,这些银行券就有可能顷刻间失去其价值,引发恐慌甚至经济金融危机。整个 19 世纪以及之前,处于世界经济领先地位的欧洲大陆资本主义国家,其中央银行呈现出渐进式发展模式,而且全世界的中央银行业几乎都集中在欧洲,这与资本主义从自由竞争阶段向垄断阶段发展的模式相适应。

世界上最早出现的由政府发起设立的银行是瑞典国家银行(始创于 1668 年)和英格兰银行(始创于 1694 年)。根据《新帕尔格雷夫货币金融大辞典》第一卷描述,当初一些欧洲国家的政府创立银行时并未打算让其执行现代中央银行的职能,政府的主要动机是得到金融方面的好处,如换取财政援助等。政府设立的银行由于具有某种垄断地位,因而在发行货币或从事银行其他业务中具有优势,如英格兰银行还兼具贷款和清算职能。大多数欧洲资本主义国家中央银行的诞生是为了整顿混乱的货币发行局面、集中管理和保护国家的贵金属储备、简化与改进支付系统。这种由政府设立的银行在金融系统内处于核心地位,对国家大部分货币储备具有控制权。20 世纪以后,世界各国纷纷开始设立中央银行,这是私有制市场经济中货币金融支付(包括支付制度)演化的必然选择。

四、金融支付体系的基本构成

支付体系是由一系列支付工具、程序、相关交易主体、法律规则组成的用于实现货币金额所有权转移的完整体系。支付体系是经济金融正常运行的基础,主要涵盖货币制度、结算账户、支付方式、支付清算系统、支付服务市场以及各类金融交易的清算和结算安排等方面。狭义的支付体系主要包括支付服务组织、账户、支付方式、支付清算系统和监督管理等,而广义的支付体系还包括证券登记结算机构、中央对手方和交易登记机构等金融交易后续服务组织。本书主要介绍狭义的支付体系。

支付服务组织向消费者、商户和机构提供账户和支付方式,如支付交易、清算和结算服务。传统上,中央银行和商业银行是最为主要的支付服务组织。但近年来,一些非银行机构甚至非金融机构开始进入支付服务市场。这些新兴支付服务提供者的出现,增加了支付服务组织的多样性和竞争性。

账户的开立和使用是服务客户的重要条件,主要包括为支付的交易、清算、结算过程开立的账户,如中央银行账户、商业银行账户和证券账户等。

支付方式是实现资金转移、债权债务清偿的载体和媒介,主要用来发起和引导资金在收款人和付款人账户之间的转账,包括现金支付、卡支付和网络支付等。

支付清算系统是指用来处理支付方式的交换、清算和结算,处理和传递支付信息,在收款人和付款人之间转移资金,由制度和技术组成的一个有机整体。我国支付清算系统包括人民银行支付清算系统,也包括银行间资金清算机构、银行机构、支付机构运营的支付清算系统等。

监督管理包括市场安排、法律框架和监管政策等。其中,法律框架和监管政策分别由立法机构和管理部门确定,用来约束和管理支付处理的机制与支付服务的行为。

第二节 支付系统的运行机制

一、支付的概念和基本分类

自从有了作为一般等价物的货币,人类社会便进入了具有现代意义的货币结算支付时代。支付是由社会经济活动引发的债权债务清偿及货币转移行为,即付款人向收款人转移可以接受的货币债权的行为。货币债权的形式,既可以是对中央银行的货币债权,如银行机构在中央银行的存款,也可以是对银行机构的货币债权,如企事业单位在银行机构的存款。当可接受的货币债权采用现金的形式时,称为现金支付;当可接受的货币债权采用中央银行或银行存款的形式时,称为非现金支付,即转账支付。

随着支付业务的快速发展,支付业务的种类不断丰富。从本质上看,支付业务可归纳为借记支付、贷记支付和第三方支付。借记支付是由收款方发起的支付过程,是被动支付,如支票、电话费自动代扣、水电或燃气的代扣等。贷记支付是由付款方发起的支付过程,是主动支付,如客户使用银行卡(包括借记卡和贷记卡)支付或网上银行支付等。第三方支付是由第三方发起的支付业务,是指收款人或付款人与第三方事先签订合同(协议),约定由第三方代其向指定付款人或收款人发起支付指令。根据委托方的不同,由第三方发起的支付业务也分为借记业务和贷记业务。例如,收款人委托其开户银行收取水、电、煤气等公用事业费用就属于借记业务,付款人委托其开户银行定期发放工资、养老金、保险金等则属于贷记业务。

二、支付过程与支付活动

(一) 支付过程

根据支付结算体系委员会(Committee on Payment and Settlement Systems,CPSS)确定的标准,支付主要分为三个标准化过程:交易、清算和结算。

交易过程包括支付指令的生成、确认和发送,以及付款人金融机构和收款人金融机构对资金转账的授权、信息通报和交易处理。例如,客户用餐后使用借记卡结账时,客户刷卡、按下确认键并签字的过程就是银行卡支付交易的过程。不同的支付工具会采用不同的支付程序,以便优化支付流程。

清算过程包括在收款人和付款人开户机构之间交换支付指令以及计算待结算的债权债务。其中,支付指令的交换包括交易撮合、清分、数据收集等;债权债务的计算包括全额和净额两种计算方式。续上例,客户确认后,如果收、付款人相关账户开立在同一家银行,即为行内业务,数据发送到该银行后台,该银行进行内部清算;如果收、付款人账户分别属于不同的银行,即为跨行业务,各银行后台须再向中国银联银行卡跨行交易清算系统(以下简称银行卡跨行清算系统)发送支付指令,由银行卡跨行清算系统完成跨行清算。银行卡跨行清算系统采用净额方式(指支付系统将在一定时点上收到的各金融机构的转账金额总数减去发出的转账金额总数),轧差(指交易伙伴或者系统的参与者之间一致同意的余额或债务对冲)计算出每家银行待结算的债权债务金额,并提交给中国人民银行的大额实时支付系统进行结算。

结算过程是完成货币债权最终转移的过程,包括收集待结算的债权并进行完整性检查、保证结算资金具有可用性、结清金融机构间的债权债务以及记录和通知有关各方。续上例,涉及行内的业务,该银行通过借记、贷记付款人和收款人银行账户完成结算;涉及跨行的业务,中国人民银行根据银行卡跨行清算系统计算出的银行待结算的债权债务金额,分别从借记、贷记付款人开户银行和收款人开户银行的存款准备金账户进行资金账户划转。

（二）支付活动

支付活动是参与支付的各方采用某种方式进行债权债务清偿的过程。非现金支付时代,货币的债权债务要依托支付结算账户进行记录和收付。支付结算账户所记录、收付的货币资金必须使用社会普遍接受的法定货币,提供账户服务的银行必须具有账户所有者认可的信用,以保证账户上货币资金的真实性、准确性。银行通过资金支付汇划系统向服务对象提供支付工具,并将该工具与相应的账户建立准确的对应关系,使支付工具发出的支付指令通过支付系统与相应账户进行交互,以存取或转移资金。在支付工具与账户进行信息交互时,支付终端会受理、识别、确认支付指令,并通过支付渠道传递支付指令,这样就构成了包括账户体系、支付工具、支付渠道和支付终端等要素的完整的现代支付体系。

1. 账户体系

在传统的支付体系中,账户体系是由银行等金融机构建设和维护的。银行账户所承载的货币资金,即银行存款,属于商业银行货币。商业银行在中央银行设立的准备金账户所记录的货币资金属于中央银行货币。随着非金融类支付机构的兴起和发展,非金融类支付机构也为其客户设立了支付账户,这类账户所承载的货币资金称为企业货币,其真实性、准确性、不可抵赖性、不可篡改性依赖于企业的信用。无论中央银行货币、商业银行货币还是企业货币,只要其发行者采用了社会普遍接受的、法律认可的同类记账单位和价值尺度,并保证其真实性和准确性,则这些货币便可无障碍地转换、流通。账户体系是社会资金运动的起点和终点,是资金的集散地,是公众对货币转移机制的信心和货币金融体系稳定的基石,也是非现金支付体系的核心。

2. 支付工具

除现金外,其他支付工具统称为非现金支付工具。非现金支付工具包括传统的票据、银行卡、委托收付款凭证或合同文本、预付卡、电子现金、数字签名、电子支票以及其他基于账户身份识别认证的支付工具等。其中,票据中的商业汇票由于有效期长,成为重要的融资工具。预付卡、电子现金、数字签名、电子支票等新兴电子支付工具的出现和发展,是信用货币发展到信息化时代的产物。电子支付工具的内在价值通常与某个或某种支付结算（或存款）账户相关联,而且其发行者的信用等级越高、实名程度越强,其风险等级越低。

3. 支付渠道

支付渠道将支付工具通过支付终端与账户体系相连接,负责传递支付指令信息或资金转移信息,实现账户资金的存取和转移。电信基础设施的高度发达和网络信息技术的高度发展,使得支付渠道的建设和互联互通变得比较容易。例如,公共网络可以通过加密算法、认证技术、协议、防火墙等形成比较独立的专用网络,不同的支付系统之间可以通过前置系统、接口、安全认证机制和设施实现互联。

4. 支付终端

支付终端用于与支付工具的交互、支付指令的发出和应答以及检查支付指令的合法性、真实性,并将支付信息送到支付系统进行处理。例如,自动柜员机、POS机等是最典型的支付终端,手机、电脑、移动终端、可穿戴设备等是有竞争力的新兴支付终端。这类支付终端往往能够将支付工具、终端、账户、渠道等集于一体,实现点对点支付,具有很强的机动性和便捷性。

三、现代支付体系的框架

现代支付体系一般包括三层结构:最上层为中央银行,中间层为商业银行和非银行类清算组织,底层为企业和个人,而将这三层结构连接为一个有机整体的是法定货币、支付工具、簿记系统和法规制度。

中央银行之所以处于支付体系的顶端,是因为中央银行垄断了货币发行权。在纸币本位制度下,一国的法定货币充当了支付手段、价值尺度和财富储藏手段三位一体的职能。货币发行权的垄断和纸币本位制度决定了中央银行是整个经济体中的最后贷款人,是维护支付链的核心主体。为保持币值稳定、维护社会公众对货币转移机制的信心,中央银行必须为整个支付体系提供流动性支持,为跨行的支付、清算与结算提供制度性安排,并监督和化解支付体系的风险。

商业银行处于支付体系的中间层,它可以接受公众存款,向企业和个人发放贷款,经营各类资产业务、负债业务以及表外业务(是指商业银行从事的不列入资产负债表但能影响银行当期损益的经营活动,如结算、代理、咨询等业务)。商业银行吸收存款的特权、簿记系统所具有的信息记录与信息交流功能以及银行信用,使其具有了发行非现金支付工具和运用转账方式转移货币债权的独特能力。但在货币支付体系中,商业银行的货币创造与扩张功能受制于中央银行,当商业银行信用由于某种或多种冲击而发生动摇时,需要中央银行提供救助。另外,由于跨行支付结算涉及的清算金额巨大,根据《中华人民共和国反洗钱法》的相关规定,所有跨行大额资金结算都要经过中央银行。

在支付体系中,还有一类非银行清算组织,它们专门为商业银行之间或商业银行与客户之间的资金往来提供支付清算服务。网络信息技术在支付领域的广泛应用打破了传统上由银行业提供支付工具的垄断性格局,出现了一批市场化的支付服务机构。这类机构的服务领域比较广泛,涉及的支付、清算业务越来越多,包括票据清算、银行卡跨行信息交换、网上支付、移动支付、商业银行交易数据处理和后台业务等。其业务运作模式也是多种多样的,既有专门提供支付清算服务的机构,也有跨行业提供支付清算服务的混业经营机构;既有接受服务对象保证金的服务模式,也有不接受服务对象保证金、纯粹提供交易信息处理的服务模式。

处在支付体系底层的是企业和个人。企业之间、企业和个人之间以及个人之间的支付除现金和易货形式外,其他支付形式都需要相应的信用作为支撑。不同的非现金支付形式具有不同等级的信用,因而,不同国家由于信用体系的完善程度不同,其收入的结构即基尼系数(是指国际上通用的、用于衡量一个国家或地区居民收入差距的常用指标)有差异,与信用相关的支付工具的发展状况也有差异。

上述组织结构联系在一起,形成了一个完整的现代支付体系,如图1-1所示。从货币债

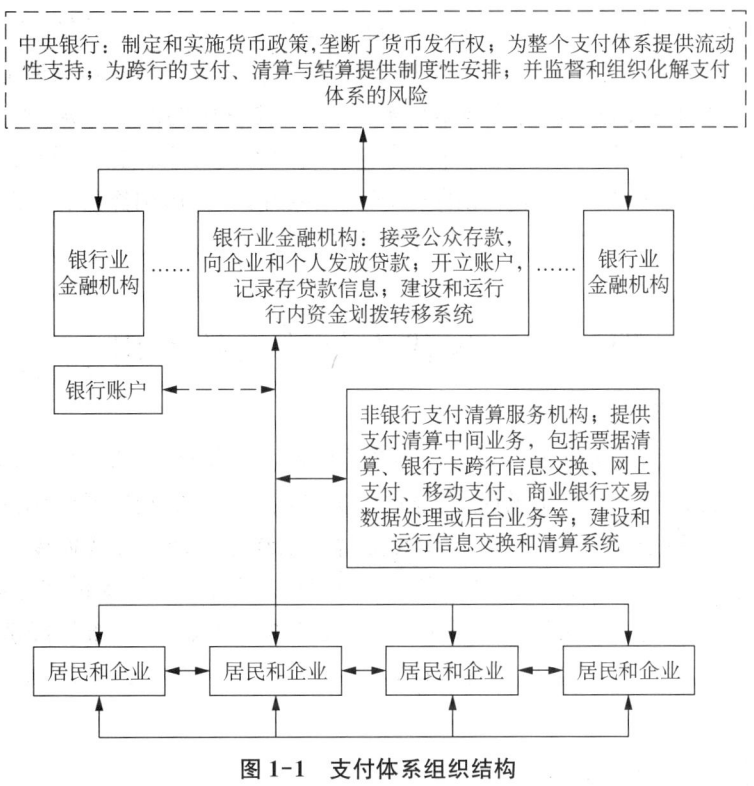

图1-1 支付体系组织结构

券转移机制的视角考察支付体系,所有的参与者都处在货币体系、支付系统基础设施和法律支付安排连接的一个完整系统之中,如图1-2所示。其中,支付工具包括现金、票据、银行

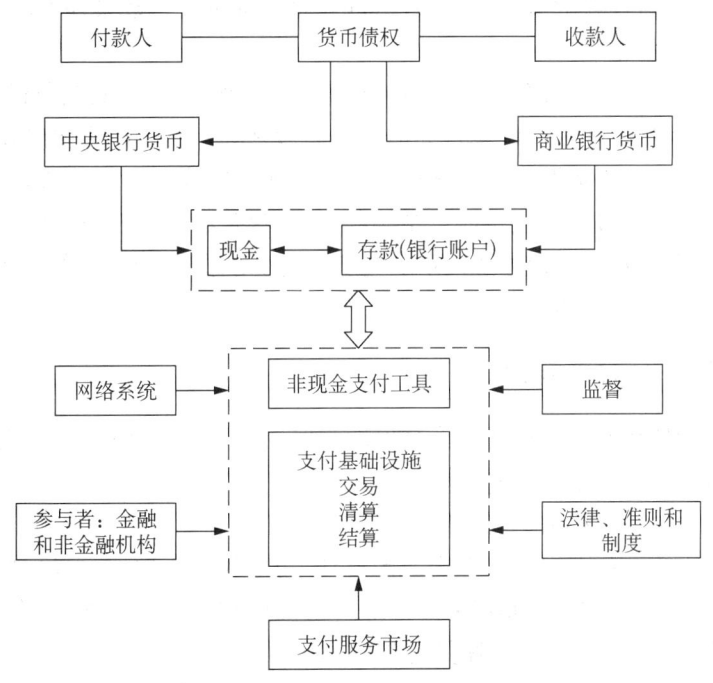

图1-2 支付体系运行结构

卡、网上支付、移动支付工具等,用于传达收、付款人的支付指令,实现债权债务清偿和货币转移;支付系统支撑各种支付工具应用,为资金转移、清算和最终结算提供通道;支付服务机构向社会提供支付工具、清算和结算网络服务,是支付体系中的能动要素;支付法律制度是规范支付行为的基本准则,是调整支付体系参与者之间利益关系、维护参与者合法权益的法律依据;中央银行为维护支付结算体系的安全性、效率性,综合运用经济、法律和行政手段对支付服务组织、支付系统和支付工具进行监督管理。

第三节　现代支付体系的作用

现代支付体系是金融基础设施和金融体系的重要组成部分,它将一国货币市场、债券市场、股票市场、外汇市场和离岸市场(指为非居民提供境外货币借贷服务的国际金融市场)等金融市场各个组成部分紧密连接起来。现代支付体系通过严谨的法规制度和设施安排,向银行业和社会提供资金运行的工具和渠道,提供快捷、高效、安全的支付结算服务。现代支付体系在金融体系中的地位和作用日益突出,在畅通货币政策传导、维护经济金融稳定、密切各金融市场有机联系、增强金融宏观调控能力、提高各商业银行流动性和有序竞争等方面发挥着重要作用。

一、畅通货币政策传导

货币政策的实施主要通过基础货币、银行储备、货币供给量、利率以及金融机构的信贷活动对金融市场产生直接或间接的影响。现代支付体系的高效运行可实现资金零在途,加速基础货币、商业银行存款货币和流通中现金的转化,减少货币政策操作时滞,提高货币政策执行效率,保持币值稳定。

公开市场操作是中央银行在金融市场买卖有价证券和外汇、有效调节银行体系流动性、适时调控货币供应量、实现货币政策目标的重要手段之一。其功能主要依托中央银行公开市场业务交易系统和中央债券簿记系统来实现。大额实时支付系统建成之后,中央银行公开市场操作业务系统通过中央债券簿记系统与大额实时支付系统连接,完成公开市场业务的实时资金清算,并通过中央债券簿记系统同步完成债券过户,有效地提高了公开市场操作的效率,畅通了货币政策的传导。

二、维护经济金融市场稳定

经济金融的全球化和一体化使经济金融的稳定受到越来越多的关注,而安全高效的支付体系是经济金融市场稳定的重要支撑。

银行账户管理可以从源头上规范银行存款与流通中现金的转化、银行存款向中央银行存款的转化以及银行存款在银行体系内部的流动,防范和打击洗钱、贪污腐败、逃税漏税等不法行为,维护经济金融秩序。非现金支付工具的推广和应用使资金交易记录有案可查,对改善社会信用、规范经济金融秩序具有积极作用。

现代支付体系通过提高支付业务处理效率和完善数据存储、利用、统计、分析功能,可以为管理部门提供更翔实的分析数据;通过引入先进的数据挖掘技术,研究社会资金的活动规律,充分发挥支付信息实时性、客观性和准确性的特点,可以维护经济金融市场的稳定。

三、密切各金融市场有机联系

现代支付体系支持银行机构、清算机构、证券结算机构、中央对手方等接入办理业务,通过将金融业中有关各方紧密联系在一起,加速金融资源在更多融出者与融入者之间流转,提高了金融资源的使用效益,有效地促进了金融业的发展。例如,外汇交易中心可依托大额实时支付系统实时办理同业拆借市场的资金清算等业务,既加快了业务处理速度,提高了资金使用效率,又便于对拆借与归还情况进行监测和管理。我国中央国债登记结算公司的中央债券综合业务系统可通过与大额实时支付系统连接,进行债券交易的券款对付(delivery versus payment,DVP)结算(指债券交易达成后,在双方指定的结算日,债券和资金同步进行相对交收并互为交割条件的一种结算方式),进一步提高了银行间债券市场金融资产流动性,为银行间债券市场快速发展奠定了重要基础。银行间市场清算所业务系统通过接入大额实时支付系统,可为场外金融市场提供更为安全、高效的以中央对手方净额清算为主的金融市场现货交易和衍生品交易的本外币清算服务。

近年来,随着金融改革不断深化,我国的债券市场、外汇市场、同业拆借市场发展相当迅速,且交易量不断扩大,其资金清算的时效性要求越来越强。现代支付体系与这些市场主体相连接,可以实现债券借贷交易资金的即时转账以及外汇交易中人民币资金、同业拆借资金的高效汇划,从而促进货币市场的协调发展。

四、增强金融宏观调控能力

通过实施货币政策加强金融调控是中央银行的重要职能,其中,公开市场操作是当今各国中央银行普遍采用的一种主要货币政策工具;同时,实行存款准备金制度也是一国中央银行实施货币政策和加强宏观调控的重要手段。但是,这些货币政策工具、宏观调控手段的有效实施需要现代支付体系的支持。例如,现代支付体系与中央债券簿记系统直接连接,可以实现公开市场操作业务的即时转账,提高资金清算和公开市场运转的效率;现代支付体系通过对法人存款准备金进行考核,可以使中国人民银行及其分支及时掌握存款准备金的余额信息,便于对其进行管理。此外,现代支付体系还蕴藏着大量的支付业务和资金清算信息,可以为管理者研究货币政策和宏观调控提供决策参考。

五、提高各商业银行的流动性和有序竞争

商业银行是经营货币的特殊企业,流动性、盈利性、安全性是商业银行经营的基本原则,流动性是现代商业银行经营的核心。现代支付体系可以为商业银行提供日间透支、自动质押回购、预期头寸(即款项的意思,是指投资者拥有或借用的资金数量)查询,可以帮助商业银行进一步提高其资金使用效率,使其资金的使用尽可能最大化,并有效支持商业银行对其流动性的管理。现代支付体系是一个高效运转的系统,有利于商业银行头寸的快速调度和货币市场资金的及时到账,从而提高头寸的运用水平。

随着金融体制改革的不断深化,我国逐步形成了政策性银行、国有独资商业银行、股份制商业银行、城市商业银行、农村合作银行、城乡信用合作社以及外资银行并存的组织体系,各银行之间既有合作也有竞争。由于历史和客观的原因,以及人为因素的影响,这些金融机构的竞争能力悬殊,特别是众多的中小金融机构一直存在通汇难和结算难的问题。中国现代化支付系统(China national advanced payment system,CNAPS)是中国人民银行为金融机构提供的一个公共的支付清算服务平台,所有符合条件的银行及其分支机构都可以直接或者间接地参与到这个系统中,为各金融机构创造了一个公平竞争的经营环境,从而推动了各银行的有序竞争,促进了银行业整体服务水平的提高。

第四节　金融支付体系的发展趋势

一、重要支付系统的发展和演化

全额实时支付系统和净额结算系统仍是当前各国跨行支付系统最主要的两种形式。全额实时支付系统的设计主要考虑了安全与效率问题,很好地解决了结算风险,但该系统要求参与者随时具有足额的流动性,从而使系统参与者承担了较高的流动性成本。净额结算系统由于采用轧差机制,因而能够大大节省参与者的流动性成本,但其非实时支付特点使结算风险仍然存在,故一般适用于小额、非紧急的支付。随着计算机技术的发展,开发和建设混合支付系统,将上述两种系统的优势相结合,成为未来支付系统发展的主要趋势。其中,一种方式是在全额实时支付系统中引入轧差机制,通过设计一种算法搜寻支付队列,一旦队列满足相关标准就随时进行抵消。这样一来,尽管所有支付均建立在全额实时结算基础上,但日间流动性准备将会大大减少,因为许多支付能够在结算时相互抵消。这类系统在流动性节约方面所获得的收益是以一定的结算延迟为代价的,但由于补充或抵消机制在营业日频繁起作用,从而能够使结算延迟的时间非常短。另一种方式是在净额结算系统中提供更快的结算或持续结算,即系统参与者在整个营业日不断地向结算机构发送支付信息,进入排队序列,并通过设计一种算法持续地搜寻支付信息,随时获取可相互抵消的支付队列,一旦找到一定数量的可抵消集就进行结算。这种设计能够大大缩短支付信息提交的时差,从而使大量的结算很快完成,同时使系统所固有的轧差机制仍能得到发挥。例如,美国的纽约清算所银行同业支付系统(clearing house interbank payment system,CHIPS)就采用了这种结算机制。上述两种方式都依赖于较为复杂的计算技术,其开发成本可能会超过流动性节约的成本。但计算速度的提高会降低开发成本,使混合系统的优越性得以充分发挥。不过,在这两种设计中,日终未能得到抵消的剩余支付指令必须以全额实时结算的方式完成。

二、零售支付服务市场的迅猛发展

由于零售支付服务的受众面广,既面向国内市场也面向国外市场,不受时间和空间限制,并且随着消费者支付需求的升级,零售支付服务的收益也越来越可观。因此,零售支付服务已成为一个竞争激烈的行业。另外,利率市场化和银行业竞争的加剧,导致传统的存贷利差收益下降,而由支付服务所驱动的收益占银行利润的比重却逐渐上升。支付服务行业既有明显的网络外部性特征,又有个性化服务的发展趋势。非银行企业(如网络、通信、电子商务行业)利用网络信息等技术优势与银行部门的特许权价值相结合,即金融与技术相融合,为创新电子服务方式、提供规模化的支付服务提供了可能,如网上支付、电话支付、移动支付、离线支付都是金融与技术相结合的产物。但不同类型的组织提供支付服务的动机与策略不同,通常,小银行利用外包服务以较低的成本涉足新技术,从而获取规模利益;大银行则利用全方位的客户群和范围广阔的经营网络来获取规模收益;而非银行类的数据处理商则利用其广泛的信息网为客户提供新型支付服务,特别是在开拓小客户市场方面,充分利用现有网络开发支付机制,如点对点支付、无线支付等。因此,联合生产和外包服务将是未来支付领域的主要特征,这也使得银行与非银行的界限变得模糊:银行通过非银行机构获取技术;非银行机构利用银行进入结算系统,并利用银行的客户基础营销新产品。

在我国,随着零售支付市场的发展,非金融类支付交易规模逐年增长,清算服务机构、非银行金融机构、银行部门三大类主体开始对账户资源、资金来源、客户交易数据和信用数据进行争夺。目前,银行账户、支付账户、电子现金是货币资金支付的三种主要渠道。其中,基于银行账户及银行账户之间的转账支付,仍然是主流的支付模式。但是,网络银行取代传统柜台银行模式已成为不可逆转的趋势,并为银行业步入互联网时代提供了物质基础。这种态势会带来以下六方面的变化:一是支付账户用途的泛化会冲击传统的以银行为核心的支付清算体系,增强货币的内生化趋势;二是银行的特许权(开立和保管账户的独特权)价值降低,银行在支付领域的垄断地位被削弱;三是支付信息的集聚成为信用信息集聚的基础,为市场化的征信体系发展提供了数据源;四是零售支付系统将向云计算模式转化;五是信息的安全、私人信息的保护或隐私权将面临严峻挑战;六是基于互联网和移动互联的支付、征信、融资模式将促进金融普惠制的建立和金融包容性的增长。

三、支付体系的全球化

支付体系的全球化是经济金融全球化的必然要求和结果,而支付服务的全球化也推动了经济金融的全球化。跨国公司的发展和企业跨境兼并,跨境贸易及人员、资本、技术的跨境流动,以及信息网络的跨境提供与联通等,是推动支付服务全球化的主要因素。另外,以互联网和支付系统专网为依托的金融交易和清算、结算网络,为金融全球化提供了必要的物质技术基础,成为全球金融进一步融合的催化剂。跨国(境)的支付系统把全球金融在支付系统基础设施方面集成在一起,多币种持续联结结算(continuous linked settlement,CLS)银行系统、环球银行金融电信协会系统(society for worldwide interbank financial telecommunications,SWIFT)、银行卡跨境支付系统(如维萨组织、万事达组织、美国运通以及中国银联等)、欧盟运行的第二代泛欧实时全额自动清算系统(the trans-European automated real-time gross settlement express transfer 2,TARGET2)等系统在跨境支付服务领域发挥着越来越关键的作用。

为降低外汇交易中的结算风险,特别是赫斯塔特(Herstatt)风险*,保证高额外汇交易顺畅结算,二十国集团开发了 CLS 系统。CLS 系统主要通过对等支付(payment versus payment,PVP)结算原则解决外汇结算风险,即只有在你支付了的情况下才会被支付(you get paid only if you pay)。在结算日,每个交易方都会向 CLS 系统支付它正在卖出的货币,CLS 系统只有在卖出货币被接受的情况下才会向买入货币付款,如果一家交易方倒闭,CLS 只要简单地把原来的货币返还给幸存的交易方即可。CLS 系统是一个向全球开放的系统,其可结算的币种有 18 种之多,日均处理的交易高达数万亿美元。

支付体系全球化的另一个明显趋势是支付系统的跨境互联形成了风险传递的新机制,而且风险传递的程度与支付系统互联的程度相关。支付系统的相互依赖性有三种方式。第一种是两个支付系统之间直接的或特定的依赖,当一个系统成为另一个系统的参与者时,它可以为其客户提供另一个系统才具有的服务;或者为了完成结算,一个系统可以为另一个系统进行筹资或转移质押。第二种是源于金融机构自身活动的机构间的互相依赖,包括参与者直接参与两个或多个迥异的系统,向其他金融机构提供支付结算服务,或者为某一系统充当结算行。全球性银行参与的支付系统有很多,这使得这些支付系统通过参与者被联系起来,任一参与者的违约或破产都会波及所有相关的系统。第三种则是环境方面的依赖。例如,两个或多个系统与同一个金融市场的风险相联系,或者面临的法律风险相同,也可能是具有相同的第三方服务提供者。显然,在这三种相互依赖的方式中,第一种方式联系最紧密,风险传播的可能性较大,若其中一个系统运行中断,则会对另一个系统造成直接影响;第二种、第三种相互依赖方式主要涉及结算风险和市场风险,如果一家全球性的参与者出现问题,则可能会造成系统性风险。目前,防范跨境支付风险已成为各相关中央银行与国际组织关注的重点,因此,应当加强各国央行之间以及央行与其他金融监管当局之间的合作,提高支付技术、支付标准的适用性,缩小各国支付领域的规则差异,增加信息互通,畅通跨境监管机制。

 **本章练习**

一、名词解释

中央银行　　法定货币　　背书制度　　DVP　　头寸　　CNS　　PVP

二、简答题

1. 不同经济发展阶段的货币形态和支付方式有哪些变化?
2. 简述银行清算机构产生的过程。
3. 简述中央银行所承担的功能。
4. 银行卡的借记卡支付是贷记支付还是借记支付? 请说出理由。

---

  * 赫斯塔特风险指赫斯塔特银行在 1974 年接到了德国政府当局清算的命令,却无力向对方银行支付美元而发生的风险,后泛指银行遇到了巨额跨境结算的风险。

5. 请以饭店就餐用信用卡付款为例,说明支付分为哪些部分,标准化过程是怎样的。

6. 现代支付体系由几层结构组成? 画出现代支付体系的组织结构图。

7. 在支付体系全球化中,CLS 系统所起到的作用是什么?

三、案例分析题

详细阅读导入案例并查阅相关资料,回答如下问题。

1. CPSS 是一个什么样的国际组织? 最初的成员国有哪些? 该组织成立的目的是什么?

2. 中国人民银行加入 CPSS 是基于怎样的考虑? 加入后有哪些任务目标?

第二章　支付与支付工具

　　所谓支付工具,就是用于资金清算和结算过程中的一种载体,它可以是记录和授权传递支付指令和信息发起者的合法金融机构账户证件,也可以是支付发起者合法签署的可用于清算和结算的金融机构认可的资金凭证。支付工具随着商品赊账买卖的产生而出现,是加快资金周转、提高资金使用效率的保障,是实现经济活动的一种交易方式。

　　当前,在社会经济活动中,人们传统的支付方式主要有现金支付和非现金支付。现金是指各主权国家法律确定的、在一定范围内立即可以投入流通的交换媒介。在现代经济社会中,非现金支付工具在市场经济发展中发挥着越来越重要的作用,已基本形成了以汇票、支票、本票和银行卡为主体,以银行卡、储值卡、虚拟卡等为补充的非现金支付工具体系。随着经济的高速发展,支付方式也越来越多,并向网络化方向发展,如现在流行的网上银行支付、第三方支付、移动支付等都是最新的支付方式。

　　本章从支付工具的本质开始论述,探究了支付工具的本质及其演变规律,详细列举了传统支付领域和电子支付领域各自存在的支付工具和支付方式。

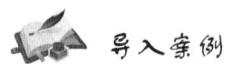 导入案例

新加坡无现金支付迈向移动支付新阶段

　　在新加坡的中巴鲁路附近,来自中国沈阳的杨老太太一家经营着一个东北菜小餐馆,尽管地方不大,但因味道正宗,备受中国人和新加坡当地人欢迎。以前,无论堂食还是外卖,大家通常习惯用现金付款。但就在最近,店里贴出了两个付款二维码,一个来自支付宝,另一个来自星展银行的"paylah!"。

　　在新加坡,二维码支付"忽如一夜春风来",让该国以信用卡支付为标志的无现金支付开始迈向手机移动支付新阶段。大华银行此前发布的一份报告说,目前新加坡已经成为东盟地区最为成熟的无现金支付市场。2017年,新加坡在线支付和移动支付的交易额达到120亿新元(约合587.86亿元人民币),其中,移动支付交易额达到4 700万新元(约合2.3亿元人民币)。

　　新加坡一直是东南亚地区信用卡普及率最高的国家之一,如今,新加坡凭借自身优势,加快了向移动支付演进的步伐。一方面,该国高达85%的智能手机渗透率给移动支付的发展奠定了基础;另一方面,新加坡的网购人群已经占到该国人口总数的60%,这就带动了人们对数字钱包的需求,而数字钱包和移动支付之间存在紧密联系。

　　此外,政府的推动也是该国发展移动支付的重要动力。新加坡总理李显龙曾在演讲中

以支付宝、微信支付为例,夸赞中国在移动支付领域取得的成就。他表示,中国的移动支付应用可能是全世界最先进、普及率最高的,他激励新加坡人学习和借鉴中国经验。

市场咨询研究机构公布的调查数据显示,新加坡移动支付的使用率已经从 2016 年的 26% 增长到 2017 年的 40%。尽管毕马威会计师事务所的一项研究表明,新加坡的消费者和企业在交易时还是更多地依赖现金和支票,但新加坡的无现金支付正朝着移动支付方向演进。

中国的移动支付服务也开始在新加坡快速布局,微信和支付宝在新加坡的合作商户越来越多,它们在争取中国游客用户的同时,也在为未来的本地化业务发展奠定基石。

资料来源:李晓渝.综述:新加坡无现金支付迈向移动支付新阶段[EB/OL].(2018 - 01 - 03)[2020 - 01 - 20]. https://baijiahao.baidu.com/s? id=1588583890973924518&wfr=spider&for=pc.

第一节　支付工具的本质和规律

一、支付工具的本质

支付工具在本质上直接或间接地依附于法定货币,是一种能直接或间接反映货币支付手段职能的载体,但支付工具与法定货币本身并非一一对应,它比法定货币具有更加广泛的内容。目前,支付工具主要包括两大类:一类是直接反映货币支付手段职能的现金和票据(支票、汇票、本票)等;另一类是间接反映此职能的电子货币。现金和票据等支付工具之所以能直接反映货币的支付手段职能,在于它们与纸币在价值上具有一一对应的关系;电子货币虽然还不是法定货币,但其价值量依赖于与现行货币保持等额的兑换关系,从而电子货币也能间接地反映其支付手段的职能。具体来说,传统支付工具(如纸币、汇票、本票、支票等)处于信用货币形态,电子支付工具(如银行卡、储值卡、虚拟卡等)处于电子货币形态。

二、支付工具的演变规律

在货币演变过程中,货币的信用担保主体逐步外化,但其信用结构最后都收敛为对货币具有普遍接受性能力的信任,所以货币的本质是信用,它贯穿了货币演变的全过程。在这个过程中,货币的交易成本递减和信用风险递增又是货币发展的两个本质规律,它们共同决定着货币演变的历程。支付工具的演变和货币的演变并非完全一致。一般来说,支付工具的演变总是领先于货币的演变。支付工具从原始的实物演变到今天的电子化形式,与货币的演变具有十分相似而又不完全相同的规律。在其演变过程中,既体现了货币的价值保值性,又遵从了货币的交易成本递减和信用风险递增的演变规律。

（一）支付工具的演变必须实现价值保值

所谓价值保值,即与法定货币之间必须保持固定的等额兑换关系。某种支付工具要实现价值保值,可以通过两个途径:一是其本身由货币当局确认,通过立法的形式确定其"价值代表"的身份,如法定货币;二是通过传统货币或银行信用的支持,确定它们与传统货币之间有稳定的兑换关系和偿付保障,如银行券出现后,在很长一段时间内都与黄金和白银保持固定的兑换比率。与此相似,电子货币在获得法定货币地位前,必须随时都能兑换成等额的中央银行纸币。

（二）支付工具的演变体现交易成本递减规律

布伦纳和梅泽尔曾从信息成本角度提出产生交易媒介的两个必要条件,而罗伯特·琼斯则证明了布伦纳和梅泽尔的假设并得出结论:只要存在某种商品 k,而且它具有较大的成交概率,则以 k 为媒介做间接交易就会效率更高,即交易成本更低。可见,经济学家们一般用交易成本递减来解释交易货币化过程产生的原因,但交易货币化只是货币形态发展里程中的一个短暂瞬间,我们更应该看到贯穿货币等支付工具演变过程中所体现的交易成本递减规律。支付工具演变所体现出的交易成本递减,主要体现在安全、易于识别、防止伪造、便于携带保管、可重复使用、匿名性等方面。

（三）支付工具的演变体现信用风险递增规律

从信用角度看,在交易成本为零的情况下,人们总是愿意用有价值的物品作为交易媒介,因为这样可以最大化地降低交易的信用风险,而前面论述的支付工具的第二种保值途径和交易成本递减规律都使得支付工具的信用担保主体逐步外化。因此,支付工具演变史背后的支付工具信用担保主体逐步外化的过程就是支付工具信用风险递增的过程。

为了分析支付工具演变过程中上述规律如何发挥作用,我们假设两个地区最初使用不同的支付工具,从交易成本角度看,随着经济交往的日益密切,人们迫切要求两个地区共同使用一种支付工具来降低交易成本。假设 T_A 表示 A 地区现在的交易成本,用 T_B 表示 B 地区现在的交易成本,用 T_{AB} 表示统一后的交易成本,其间满足关系式 $T_{AB} < T_A$ 和 $T_{AB} < T_B$,即交易费用的节约程度 $\Delta T > 0$。从支付工具的信用风险角度看,有两种统一形式:要么一方支付工具取代另一方,要么在技术的推动下产生一种新形态的支付工具取代两方现有的支付工具。由于任何一种支付工具在使用较长一段时期后都具有自我肯定的信用刚性,所以不管哪种统一形式都将使支付工具的信用风险增大。这里所谓支付工具自我肯定的信用刚性,是指支付工具的信用具有自我维持的特性,即如果人们知道别人用某种支付工具作为交易媒介,那自己在交易中也会选这种支付工具,这样支付工具的信用就随着自身媒介的交易次数增多表现出自我肯定的刚性特征。假设用 R_A 表示 A 地区现有的支付工具信用风险损失,用 R_B 表示 B 地区现有的支付工具信用风险损失,用 R_{AB} 表示统一后支付工具的信用风险损失,其间满足关系式 $R_{AB} > R_A$ 和 $R_{AB} > R_B$,支付工具信用风险损失的增加程度为 ΔR。那么,在这两个地区共同使用一种支付工具必须满足以下三个条件:一是 $\Delta T > 0$,即能够降低交易成本;二是 $\Delta R < \Delta T$,即交易成本的节约程度足以弥补支付工具信用风险损失增大的程度;三是 ΔT 与 ΔR 的差额最大化,即交易成本的节约程度弥补支付工具信用风险损失增大程度后,余额最大的支付工具最有可能淘汰其他支付工具。

第二节　支付工具与支付方式

支付工具是传达债权人、债务人支付指令,实现债权、债务清偿和货币资金转移的载体。

收款人和付款人的支付指令通过支付工具传达至其开立资金账户的金融机构后,该金融机构按照支付指令的要求办理资金转账。目前,支付工具主要有两类:传统支付工具和电子支付工具。其中,传统支付工具包括现金、支票、本票、汇票等,电子支付工具包括银行卡(信用卡、借记卡、储值卡和虚拟卡等)、电子现金和电子支票等。随着 IT 技术和互联网络的发展,电子支付工具以其安全、高效、便利等特点,在消费支付领域受到人们的广泛欢迎,并逐渐替代现金、支票等传统支付工具,成为现代支付的主要发展方向。

支付方式是近年来新兴的一个概念,从其表述上看,它可以被理解为提供包含若干种操作的一个环境,通过在此环境上进行某种操作,可以完成支付结算活动。或者说,支付方式可以被理解为一个完成支付活动的通道,即凭借此通道进入金融机构的支付结算系统,完成相关支付活动。支付方式同支付工具一样,也分为传统支付方式和电子支付方式。传统支付方式除了现金支付、票据支付外,还有汇兑、托收承付、委托收款等。随着电子信息技术的飞速发展,金融电子化的进程也在快速推进,网上银行支付、电话支付、移动支付等新兴电子支付方式应运而生,并极大地方便了人们的经济生活。

一、传统的支付工具及支付方式

(一) 传统的支付工具

1. 现金

现金是通用的交换媒介,也是对其他资产计量的一般尺度。会计上对现金的定义有狭义和广义之分,狭义的现金仅指库存现金,即企业金库中存放的现金,包括人们经常接触的纸币和硬币等;广义的现金包括库存现金、银行存款和其他货币资金。

现金具有普遍的可接受性,可以有效地用来购买商品、货物、劳务或偿还债务。它是企业中流通性最强的资产,可由企业任意支配使用。

总体来说,现金支付具有简捷、安全等特点,有利于促成商品交易的完成和商品交换的发展,特别是零售商品经济的发展。从支付的角度而言,现金既是支付工具,又是支付媒介。作为当面支付工具,现金交易无须支付验证,具有瞬时最终性,不存在付款人的流动性风险和信用风险;作为货币债权,现金是国家的法定货币,具有法定的清偿力,现金持有人无须担心现金作为货币债权的信用风险。另外,现金支付在我国境内具有法定强制力,任何单位和个人不得拒收。但是,任何事物都会有两面性,现金的使用在具有优势的同时,也存在一定的劣势:①现金需要保管、携带、运送、验点等,交易成本相对较高;②现金没有转账结算的"痕迹",经济活动的交易透明度不高,不便于审计跟踪和违约支付记录;③现金的发行和回笼加大了银行机构的营运成本。

2. 票据

票据是指出票人约定自己或委托付款人在见票时或在指定的日期向收款人或持票人无条件支付一定金额并可流通转让的有价证券,包括汇票、本票和支票。

票据行为具有要式性、无因性、文义性和独立性四个特征。其中,要式性指票据行为必须依照票据法的规定,在票据上载明法定事项并交付;无因性指票据行为不因票据的基础关系无效或有瑕疵而受影响;文义性指票据行为的内容完全依据票据上记载的文义而定,即使其与实质关系的内容不一致,仍按票据上的记载而产生效力;独立性指票据上的各个票据行为各自独立发生效力,不因其他票据行为的无效或有瑕疵而受影响。

下面具体介绍三种票据:支票、汇票和本票。

1) 支票

支票是银行存款户向银行签发的无条件支付命令。根据《中华人民共和国票据法》(以下简称《票据法》)第八十一条规定:"支票是出票人签发的,委托办理支票存款业务的银行或其他金融机构在出票时无条件支付确定的金额给收款人或者持票人的票据。"需要注意的是,支票出票人签发的支票金额不得超出其在付款人处的存款金额,如果存款低于支票金额,这种支票称为空头支票,银行将拒付,且出票人要负法律上的责任。

支票一经背书即可流通转让,具有通货作用,成为替代货币发挥流通手段和支付手段职能的信用流通工具。运用支票进行货币结算,可以减少现金的流通量,节约货币流通费用。

支票的分类:①按是否支付现金可分为现金支票和转账支票;②按是否记载收款人可分为记名支票和不记名支票;③按支付期限可分为即期支票和定期支票;④另外还有划线支票、保付支票、旅游支票等。

支票的特点:①使用方便,手续简便、灵活;②支票的提示付款期限自出票日起 10 天;③支票可以背书转让,但用于支取现金的支票不得背书转让。

从未来趋势来看,尽管包括电子支付在内的各种新的支付工具不断出现和被广泛使用,但支票的使用量依然会保持在较高水平,特别是个人支票的推广使用,将会改变支票的结构,成为支票中富有生命力的品种。个人支票具有现金和银行卡结算无法比拟的优势,有利于商业银行扩展金融业务,减少现金流通,提高社会信用。

2) 汇票

汇票是常见的票据类型之一,是国际结算中使用最广泛的一种信用工具,是债权人向债务人发出的支付指令。我国《票据法》第十九条规定:"汇票是出票人签发的,委托付款人在见票时,或者在指定日期无条件支付确定的金额给收款人或者持票人的票据。"它是一种委付证券,其基本当事人包括出票人、受票人和收款人。其中,出票人是指开立票据并将其交付给他人的法人、其他组织或者个人;受票人又叫付款人,是指受出票人委托支付票据金额的人、接受支付命令的人;收款人是指凭汇票向受票人请求支付票据金额的人,是汇票的债权人。

汇票的分类:①按付款人的不同分为银行汇票、商业汇票;②按有无附属单据分为光票汇票、跟单汇票;③按付款时间分为即期汇票、远期汇票,其中,远期汇票按承兑人又分为商业承兑汇票、银行承兑汇票。

汇票使用过程中的各种行为都由《票据法》加以规范,主要有出票、提示、承兑和付款。汇票如需转让,通常应经过背书行为。

3) 本票

本票是债务人向债权人发出的支付承诺,是一项书面的无条件支付承诺。我国《票据法》第七十三条规定:"本票是出票人签发的,承诺自己在见票时无条件支付确定金额给收款人或者持票人的票据。"

本票是票据的一种,具有一切票据所共有的性质。本票是自付证券,它是由出票人自己对收款人支付并承担绝对付款责任的票据,这是本票与汇票、支票最重要的区别。在本票的法律关系中,基本当事人只有出票人和收款人,债权债务关系相对简单。本票在很多方面可以适用汇票法律制度,但是由于本票由出票人本人承担付款责任,无须委托他人付款,所以本票无须承兑。

本票的分类:①根据签发人的不同可分为商业本票和银行本票;②根据付款时间的不同可分为即期本票和远期本票;③根据有无收款人之记载可分为记名本票和不记名本票;④根据金额记载方式的不同可分为定额本票和不定额本票;⑤根据支付方式的不同可分为现金本票和转账本票。

本票、汇票、支票之间的主要区别有以下三点。

(1) 本票是自付(约定本人付款)证券;汇票是委付(委托他人付款)证券;支票是委付证券,但受托人只限于银行或其他法定金融机构。

(2) 本票只用于同一票据交换地区;支票可用于同城或其他票据交换地区;汇票在同城和异地都可以使用。

(3) 本票付款期为2个月,逾期兑付银行不予受理;支票付款期为10天;汇票必须承兑,承兑到期,持票人方能兑付。商业承兑汇票到期后,付款人账户不能支付的,其开户银行应将商业承兑汇票退给收款人或被背书人,由其自行处理。对于银行承兑汇票到期日已过,持票人没有要求兑付的,各商业银行都自行做了一些补充规定。例如,中国工商银行规定,持票人超过承兑期日1个月没有要求兑付的,承兑失效。

(二) 传统的支付方式

1. 汇兑

汇兑是指汇款人委托银行将其款项支付给收款人的结算方式。这种方式便于汇款人向异地的收款人主动付款,其适用范围十分广泛。汇兑分为信汇和电汇两种,信汇是以邮寄方式将汇款凭证转给外地收款人指定的汇入行;而电汇则是以电报方式将汇款凭证转给收款人指定的汇入行。一般来说,电汇的速度要比信汇的速度快,收费也略贵。汇兑由于结算手续简便,不受金额起点限制,长期以来一直是银行异地汇划资金的主要结算方式之一。

汇兑的具体流程如图2-1所示。汇款人委托银行办理汇兑时,应向汇出银行填写信汇或电汇凭证,详细填明汇入地点、汇入银行名称、收款人名称、汇款金额、汇款用途(军工产品可以免填)等各项内容,并在信或电汇凭证第二联上加盖预留银行印鉴。汇出行受理汇款人的信汇或电汇凭证后,应按规定进行审查。审查的内容包括:信汇或电汇凭证填写的各项内容是否齐全、正确;汇款人账户内是否有足够支付的存款余额;汇款人盖的印章是否与预留银行印鉴相符

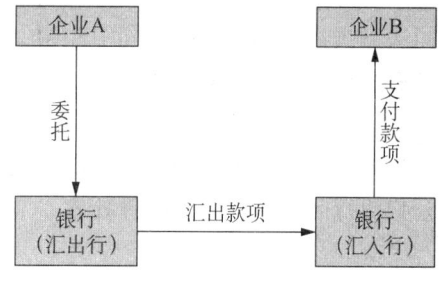

图2-1 汇兑流程

等。审查无误后即可办理汇款手续,在第一联回单上加盖"转讫"章退给汇款单位,并按规定收取手续费;如果不符条件的,汇出银行不予办理汇出手续,做退票处理。

2. 托收承付

托收承付也称异地托收承付,是指根据购销合同,由收款人发货后委托银行向异地付款人收取款项,由付款人向银行承认付款的支付结算方式,其流程如图2-2所示。托收是指销

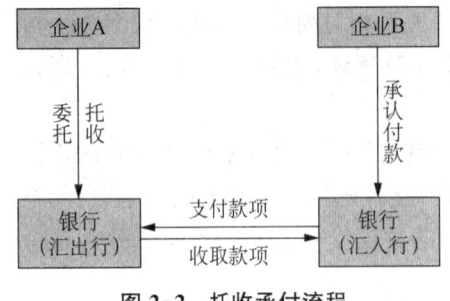

图 2-2　托收承付流程

货单位(即收款单位)委托其开户银行收取款项的行为。销货单位在办理托收时,必须具有符合法律规定的经济合同,并在合同上注明使用"托收承付"结算方式和遵守"发货结算"原则。所谓"发货结算"原则是指收款方按照合同发货,并取得货物发运证明后,方可向开户银行办理托收手续。承付是指购货单位(即付款单位)在承付期限内,向银行承认付款的行为。承付方式有两种,即验单承付和验货承付。验单承付是指付款方接到其开户银行转来的承付通知和相关凭证,并与合同核对相符后,就必须承认付款的结算方式。验单承付的承付期为 3 天,从付款人开户银行发出承付通知的次日算起,遇节假日顺延。验货承付是指付款单位除了验单外,还要等商品全部运达并验收入库后才承付货款的结算方式。验货承付的承付期为 10 天,从承运单位发出提货通知的次日算起,遇节假日顺延。

托收承付的主要特征是采取行政管理的方式,由销货单位按国家计划发货后,向银行办理托收,依靠银行监督购货单位付款。在计划经济体制下,托收承付结算方式对企业收回货款发挥了重要作用。目前,该方式主要在一些产供销关系较为固定和密切的国有大中型企业之间使用。

托收承付结算方式只适用于异地订有经济合同的商品交易及相关劳务款项的结算。该结算方式的最大特点是其适用范围受到严格的限制,如《支付结算办法》规定,托收承付结算每笔的金额起点为 1 万元。托收承付的适用条件是:①使用该结算方式的收款单位和付款单位,必须是国有企业或供销合作社以及经营较好、并经开户银行审查同意的城乡集体所有制工业企业;②办理结算的款项必须是商品交易以及因商品交易而产生的劳务供应款项,代销、寄销、赊销商品款项不得办理托收承付结算。

《支付结算办法》规定,企业在办理托收承付时,除符合以上两个条件外,还必须具备以下三个前提条件:①收、付双方使用托收承付结算时,必须具有符合《中华人民共和国经济合同法》的购销合同,并在合同中注明使用异地托收承付结算方式;②收款人办理托收时,必须具有商品确已发送的证明;③收、付双方办理托收承付结算,必须重合同、守信誉。

此外,《支付结算办法》还规定,收款人对同一付款人发货托收累计三次收不回货款的,收款人开户银行应暂停收款人向付款人办理托收;付款人累计三次提出无理拒付的,付款人开户银行应暂停其向外办理托收。

3. 委托收款

委托收款是指收款人委托银行向付款人收取款项的结算方式,即收、付款人双方事先签订经济合同,收款人委托银行收款时,由付款人向开户银行授权,银行从付款人账户主动付款,并将款项转入收款人账户的一种结算方式。单位和个人凭已承兑的商业汇票、债券、存单等付款人债务证明办理款项的结算时,均可以使用委托收款结算方式。这种方式便于单位主动收款,不受同城与异地及金额起点的限制,既适用于在银行开立账户的单位和个体经济户各种款项的结算,也适用于公用事业单位向用户收取水电费、煤气费、公房租金等款项的结算。

委托收款流程如图2-3所示,具体分为如下三个步骤。

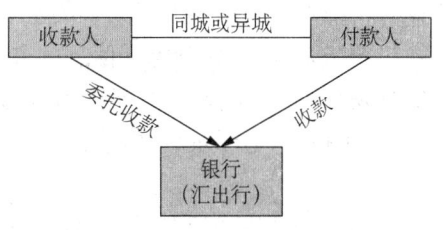

图 2-3 委托收款流程

(1) 收款人办理委托收款应先填写邮划委托收款凭证或电划委托收款凭证并签章,然后将委托收款凭证和有关的债务证明一起提交收款人开户行。

(2) 收款人开户银行审查委托收款凭证和有关的债务证明是否符合有关规定。

(3) 收款人开户银行将委托收款凭证和有关的债务证明寄交付款人开户行,办理委托收款。

委托收款凭证格式必须包含如下几项主要内容:标明"委托收款"字样,付款人的名称,确定的金额,收款人的名称,委托日期,收款人签章,委托收款凭据名称及附寄单证数。凡欠缺以上记载事项之一的,银行均不予受理。同时,《支付结算办法》对一些特殊情形做了如下规定。

(1) 以银行以外的单位为付款人的,委托收款凭证必须记载付款人开户银行的名称。

(2) 以银行以外的单位为收款人,或在银行开立存款账户的个人为收款人的,委托收款凭证必须记载收款人开户银行名称。

(3) 在银行开立存款账户的个人为收款人的,委托收款凭证必须记载被委托银行名称。

二、电子支付工具及支付方式

(一) 电子支付概述

电子支付是指从事电子商务交易的当事人,包括消费者、商家和金融机构,通过信息网络,使用安全的信息传输手段,采用数字化方式进行的货币支付或资金流转。与传统的支付方式相比,电子支付具有以下三个特征。

(1) 电子支付采用先进的技术,通过数字流转完成信息传输,其各种支付方式都是采用数字化的方式进行款项支付的;而传统的支付方式则是通过现金的流转、票据的转让及银行的汇兑等物理实体流转来完成款项的支付。

(2) 电子支付的工作环境是基于一个开放的系统平台(即互联网)之中;而传统支付则是在较为封闭的系统中运作的。

(3) 电子支付使用的是最先进的通信手段,如互联网、外联网等;而传统支付使用的则是传统的通信媒介。此外,电子支付对软件、硬件设施的要求很高,一般要求有联网的电脑或手机、相关的软件及其他一些配套设施;而传统支付则没有这么高的要求。

电子支付具有方便、快捷、高效、经济的优势。用户只要拥有一台联网的电脑,便可足不出户,在很短的时间内完成整个支付过程。其支付费用仅相当于传统支付的几十分之一、几百分之一,甚至无支付费用。

(二) 电子支付工具

电子支付工具是指电子信息技术发展到一定阶段后,在新兴金融业务所使用的各种新型支付工具。其多数以非纸质电磁介质形式存在,并大量使用安全认证、密码等复杂电子信息技术。随着电子银行的兴起和微电子技术的发展,电子支付技术日趋成熟,电子支付工具品种不断丰富。电子支付工具的基本形态是电子数据,它以金融电子化网络为基础,通过计算机网络系统,以传输电子信息的方式实现支付功能。例如,利用电子支付工具可以方便地实现现金存取、汇兑、直接消费和贷款等功能。目前,电子支付工具包括信用卡、借记卡、储值卡、虚拟卡、电子现金、电子汇票和电子支票等。

1. 信用卡

信用卡又称贷记卡,是一种非现金交易付款的支付工具。信用卡由银行信用卡中心依照用户的信用度与财力发给持卡人。持卡人持信用卡消费时无须支付现金,只要在账单日时进行还款即可。

信用卡分为贷记卡和准贷记卡,通常情况下所说的信用卡一般单指贷记卡。贷记卡是指给予持卡人一定信用额度,持卡人可在信用额度内先消费后还款的信用卡;准贷记卡是指持卡人按要求交存一定金额的备用金,当备用金账户余额不足时可在规定的信用额度内透支的准贷记卡。

国际上有五大信用卡发行组织,包括维萨国际组织(VISA International)、万事达卡国际组织(MasterCard International)、美国运通国际股份有限公司(America Express)、大莱信用卡有限公司(Diners Club)、日本国际信用卡公司(Japan Credit Bureau)。此外,在各地区还有一些地区性的信用卡组织,如中国大陆的中国银联、中国台湾地区的联合信用卡中心等。

1) 信用卡的优点

(1) 不需要存款即可透支消费,并可享有 20~56 天的免息期。但如果是取现消费的话,大部分银行取现当天就会收取一定的利息和手续费,且取现额度一般为信用卡总额度的一半。

(2) 购物时不必携带大量现金,支付过程安全、方便。

(3) 在银行的特约商户持卡消费,可享受折扣优惠。

(4) 积累个人信用,在持卡人的信用档案中增添诚信记录,让持卡人终身受益。

(5) 通行全国无障碍,在有银联标识的 ATM 和 POS 机上均可取款或刷卡消费。

(6) 刷卡消费有积分,全年有多种优惠及抽奖活动。

(7) 每月免费邮寄对账单,让持卡人掌握每笔消费支出(现提倡绿色环保,可将纸质对账单更改为电子对账单)。

(8) 特有的附属卡功能。

(9) 自由选择的一卡双币形式,境外消费可以境内人民币还款。

(10) 客服电话 24 小时服务,挂失即时生效,遗失零风险。

(11) 第三方平台可为持卡人提供优惠服务以及还款服务。

2) 信用卡的缺点

(1) 一旦超过免息期未还款,信用卡就会产生高额的利息。

(2) 会让人盲目过度消费。

(3) 信用卡基本上都有年费,但大多数信用卡也都有免年费的政策。例如,大部分银行规定,1 年内使用信用卡满 6 次可以免年费。

(4) 长期恶意欠款会影响个人信用记录,甚至会被银行列入"黑名单"。

（5）若信息泄露，信用卡会有被盗刷的风险。

2. 借记卡

借记卡是指先存款、后消费（或取现），没有透支功能的银行卡。

借记卡具有以下六大功能。

（1）存取现金。借记卡大多具备本外币定期、活期等储蓄功能，持卡人可在发卡银行网点、自助银行存取款，也可在全国乃至全球的自助取款机上取款。

（2）转账汇款。持卡人可通过银行网点、网上银行、自助银行等渠道将款项转账或汇款给其他账户。

（3）刷卡消费。持卡人可在商户用借记卡刷卡消费。

（4）代收代付。借记卡可用于代发工资，也可用于缴纳各种费用（如通信费、水费、电费、燃气费等）。

（5）资产管理。理财产品、开放式基金、保险、个人外汇买卖、贵金属交易等均可通过借记卡进行签约、交易和结算。

（6）其他服务。许多银行借记卡的服务已延伸到金融服务之外，如为持卡人提供机场贵宾通道、医疗健康服务等。

2011 年 3 月 15 日，央行在《关于推进金融 IC 卡应用工作的意见》中指出，要加快银行卡芯片化进程，推动金融 IC 卡与公共服务应用的结合，并明确要求自 2015 年 1 月 1 日起，在经济发达地区和重点合作行业领域，商业银行发行的、以人民币为结算账户的银行卡均应为金融 IC 卡。银行借记卡换"芯"主要基于安全、多平台应用、规范支付市场三个原因。截至 2016 年年底，全国银行卡发行总量超过 62 亿张，其中，银联金融 IC 卡累计发行量已达 30 亿张，且其发行量仍然处于稳中有升的态势。银联金融 IC 借记卡与普通磁条借记卡样例如图 2-4 所示。

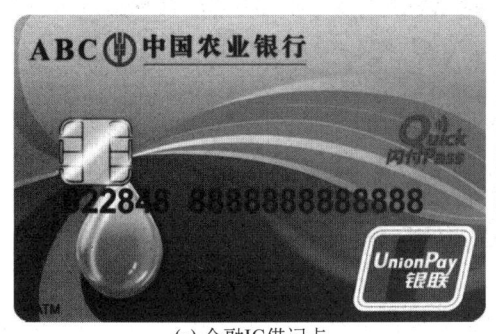
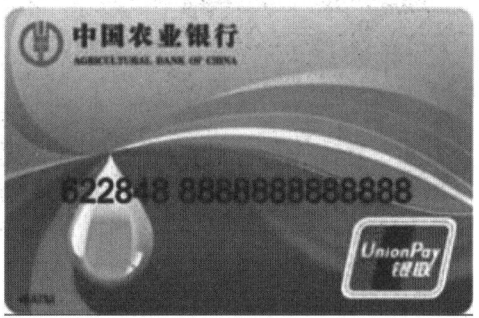

(a) 金融IC借记卡　　　　　　　　　　　(b) 普通磁条借记卡

图 2-4　银联金融 IC 借记卡与普通磁条借记卡样例

金融 IC 卡又称为芯片银行卡，是以芯片作为介质的银行卡。此类银行卡的芯片容量很大，可以存储密钥、数字证书等信息，其工作原理类似于微型计算机，能够同时承载多种功能，可以为持卡人提供一卡多用的便利。

近年来，银行卡犯罪日益猖獗的关键原因在于磁条银行卡自身存在技术缺陷，磁条信息很容易被盗取并复制到新的卡片上。相比之下，芯片银行卡增加了读写保护和数据加密保护功能,在使用保护上采取个人密码、卡与读写器双向认证,使其被复制、伪造的难度加大,安全性更强。相较于磁条银行卡存储空间较小、没有运算能力的不足,金融IC卡具备多应用加载平台的特点,功能扩展空间大,有利于丰富银行卡的功能和应用。对于商业银行来说,金融IC卡已成为其业务创新的重要工具。此外,央行也希望通过升级金融IC卡功能来规范、统一支付市场,实现在全国范围内支付"一卡通用"及在多个行业内"一卡多用"。

3. 储值卡

储值卡是一种支付卡,又称预付卡,是发卡银行或者其他经中央银行认可有权发卡的企业单位根据持卡人要求将其资金转至卡内储存,交易时直接从卡内扣款的预付钱包式借记卡。此类卡面值固定,一般不能续存金额,具有不记名、不挂失的特点。目前,也有部分储值卡是记名制,此类记名卡可挂失。储值卡一般用以支付小额花费,通常用在公共服务方面,如公交卡、电话卡等。各种储值卡样例如图2-5所示。

图2-5 各种储值卡样例

储值卡作为一种支付工具,其载体主要是电子货币。这类电子货币的发行主体通常是专业性的组织,以提供电子货币服务为盈利手段,如某些商业或服务网点、公共事业单位等。这些发行主体不仅负责发行电子货币,而且负责回赎其发行的所有电子货币。同时,它还是整个电子货币方案的提供者和设计者。这种由非金融机构发行的储值卡作为一种电子支付工具,是对目前传统支付方式的补充,对方便公众使用、减少现金携带、培养用卡习惯等具有十分积极的作用。

1)储值卡的优点

(1)持卡人可以把储值卡转赠他人,无论谁是持卡人,都可在指定商户使用。

（2）每张储值卡都含有固定的金额，方便企业向不同员工发放不同金额的福利。

（3）储值卡具有携带方便、自主挑选、时尚个性、私家定制等特点。

2）储值卡的缺点

（1）不记名制储值卡丢失后无法挂失，不能补发，会直接产生经济损失。

（2）一旦发行机构倒闭，储值卡将无法使用。央行为了保护储值卡持有者，会要求发行机构上交一定比例的保证金，但是不排除一些机构不按照规定擅自发行储值卡。因此，消费者应根据需要谨慎购买储值卡。

（3）储值卡中的资金不产生利息。

4. 虚拟卡

虚拟卡是互联网服务提供商为了方便消费者网上购物（包括实体购物和增值服务）而设立的虚拟账户，其本质是各种网络虚拟货币的载体。网络虚拟货币是指一定的发行主体以公用信息网为基础，以计算机技术和通信技术为手段，以数字化的形式存储在网络或有关电子设备中，并通过互联网以数据传输方式实现流通和支付功能的货币形态。消费者通过这种卡载体的形式，使用其账户里的网络虚拟货币进行消费。按照虚拟卡发行主体的业务类型，虚拟卡可以分为 B2C 型虚拟卡和 C2C 型虚拟卡。按照虚拟卡的适用范围，虚拟卡可以分为封闭式虚拟卡和开放式虚拟卡。

随着电子商务的发展和在线支付需求的不断扩大，发行虚拟卡的企业越来越多，虚拟卡的功能越来越强，其应用范围也越来越广泛。总体来看，虚拟卡市场有以下三种发展趋势。

（1）虚拟卡发行机构数量将逐步增加。目前，越来越多的企业开始进入虚拟卡市场，甚至银行也开始发行虚拟卡。

（2）不同企业发行的虚拟卡有望实现相互兑换。目前，虚拟卡品种繁多，由于虚拟卡发行机构之间的利益冲突，虚拟卡之间不能通用，这给用户带来了诸多不便。虚拟卡之间的相互兑换能加大虚拟卡的流通性，因此，可以相互兑换的虚拟卡将很可能成为网上小额支付的通用工具。

（3）B2C 型虚拟卡与 C2C 型虚拟卡将相互融合。随着电子商务中 B2C 业务和 C2C 业务的不断融合，B2C 型虚拟卡和 C2C 型虚拟卡正在相互渗透。如腾讯公司的财付通账户已经实现了内部 B2C 领域和 C2C 领域的通用。此外，B2C 和 C2C 在业务上的日益融合也必然导致其虚拟卡功能及应用范围的扩大，今后，在 B2C 领域和 C2C 领域可同时使用的虚拟卡将会越来越多。

5. 电子现金

电子现金是一种非常重要的电子支付工具，它可以看作是现实货币的电子或数字模拟。电子现金以数字信息形式存在，通过互联网流通，比现实货币更加方便、经济。电子现金系统把现金数值转换成一系列的加密数据序列，通过这些序列来表示现实中各种交易金额的币值。在电子现金系统中，每个人的钱都挂靠在自己的现金系统账户下，每一笔交易的结果都是从一个持卡人账户到另一个人持卡人账户的"现金"转移。

最简单的电子现金支付模式包括三个主体（商家、用户、银行）和四个安全协议过程（初始化协议、取款协议、支付协议、存款协议），如图 2-6 所示。

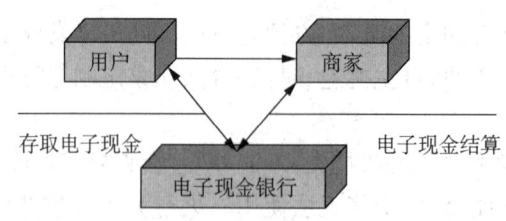

图 2-6 电子现金支付模式

世界上第一个电子现金方案是大卫·乔姆(David Chaum)在1982年提出的,他利用盲签名技术来实现该方案,使之可以完全保护用户的隐私权。但这种完全匿名的电子现金也为许多不法分子提供了方便,他们利用电子现金的完全匿名性进行一些违法犯罪活动。基于这个原因,合理的电子现金系统应该是不完全匿名或条件匿名的。1995年,斯塔德勒(Stadler)等人提出了公平盲签名(fair blind signature)的概念,并将其应用于条件匿名的支付系统。1996年,卡梅尼施(Camenisch)和弗兰克尔(Frankel)等人分别独立地首次提出了公平离线电子现金(fair off-line electronic cash)的概念。公平离线电子现金中的用户匿名性是不完全的,它可以被一个可信赖的第三方(trusted third party,TTP)撤销,从而可以防止不法分子利用电子现金的完全匿名性进行犯罪活动。

1) 电子现金的分类

(1) 根据电子现金的交易载体,电子现金可以分为基于账户的电子现金和基于代金券的电子现金。

(2) 根据电子现金在花费时商家是否需要与银行进行联机验证,电子现金可以分为联机电子现金和脱机电子现金。

(3) 根据一个电子现金是否可以合法地多次支付,电子现金可以分为可分电子现金和不可分电子现金。

(4) 根据电子现金的使用功能,电子现金可以分为专门用途型电子现金和通用型电子现金。

(5) 根据电子现金的使用形式,电子现金可以分为基于卡的预付款式电子现金和纯电子形式电子现金。

2) 电子现金的特点

(1) 不可重复花费。电子现金只能使用一次,不能重复花费。

(2) 匿名性。电子现金不能提供有关持有者身份的信息或用于跟踪持有者的信息,即使银行和商家互通,也不能跟踪电子现金使用者的信息。

(3) 不可伪造性。一是用户不能凭空制造有效的电子现金;二是即使用户从银行提取N个有效的电子现金后,也不能根据提取和支付这N个电子现金的信息制造出有效的电子现金;三是电子现金银行在发放电子现金时使用了数字签名,商家在每次交易中会将电子现金传送给电子现金银行,由电子现金银行验证用户持有的电子现金是否有效。

(4) 可传递性。电子现金可以像普通现金一样在用户之间任意转让,且其交易不能被跟踪。

(5) 可分性。电子现金不仅可以作为整体使用,还可以被分为更小的部分多次使用,只要各部分的面额之和与原电子现金面额相等,就可以进行任意金额的支付。

3)电子现金支付的步骤

(1)用户在电子现金银行开立电子现金账户,用现金服务器账号预先存入的现金来购买电子现金证书,这些电子现金就有了价值,并被分成若干成包的"硬币",可以在商业领域中流通。

(2)使用计算机电子现金终端软件从电子现金银行取出一定数量的电子现金(通常少于100美元)存在硬盘上。

(3)用户同意接受电子现金的厂商洽谈,签订订货合同,使用电子现金支付货款。

(4)接受电子现金的厂商与电子现金银行之间进行清算,电子现金银行将用户购买货物的钱支付给厂商。

6. 电子汇票

电子汇票是指出票人依托电子商业汇票系统,以数据电文形式制作的、委托付款人在指定日期无条件支付确定的金额给收款人或者持票人的票据。它是一种以电子签章取代实体签名签章的支付工具。电子汇票分为电子银行承兑汇票和电子商业承兑汇票。

电子汇票就是传统汇票的电子化,严格意义上讲就是在传统汇票的流转过程中添加电子化的操作步骤,即传统汇票业务中的签发、承兑、交付、托管、背书转让、贴现、质押、委托收款等各项业务流程均没有改变,只是每一个环节都省去了纸质票据的媒介形态,完全由电子化方式处理整个票据信息的流转过程。

1)电子汇票的开户申请

电子汇票的所有运作流程都要求出票人先在网上银行申请开立电子票据账户,即付款行同时担当注册处的职责,对出票人核发电子密钥(电子签名、电子签章),出票人通过银行向认证中心申请电子凭证,认证中心通过注册银行核发出票申请人的电子凭证。其具体流程如图2-7所示。

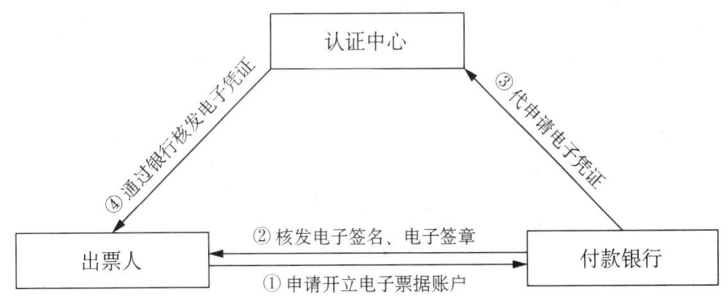

图2-7 电子汇票的开户申请流程

2)电子汇票的出票

电子汇票的出票要求出票人利用终端机进入银行的服务网站,如同实体票据加盖付款签章一样输入电子签名,付款银行检核票据的形式并核对客户的付款验证码,核对一致后,将相关电子信息送交电子票据交换所保管,电子票据交换所再以电子邮件方式通知受票人。这样,电子汇票的出票行为才得以完成。电子汇票的出票行为必须经过电子证书认证,且出票人要经过付款银行才能完成票据的签发行为。其具体流程如图2-8所示。

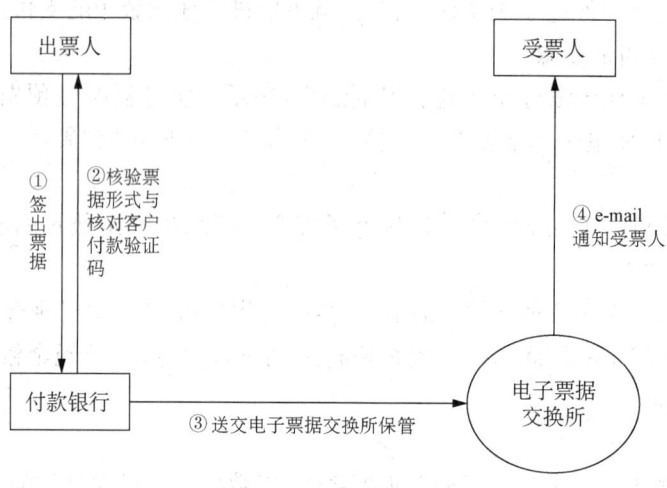

图2-8 电子汇票出票流程

3）电子汇票的背书

无论是纸质汇票还是电子汇票，背书行为都是使汇票得以流通的关键。纸质汇票的背书只要在汇票背面签名即可，过程简单但是容易伪造，风险较高；电子汇票的背书过程需要通过付款银行和电子票据交换所的检核与登记，并以电子邮件形式通知受票人，因此，电子汇票在保障流通性的同时安全性更高。其具体流程如图2-9所示。

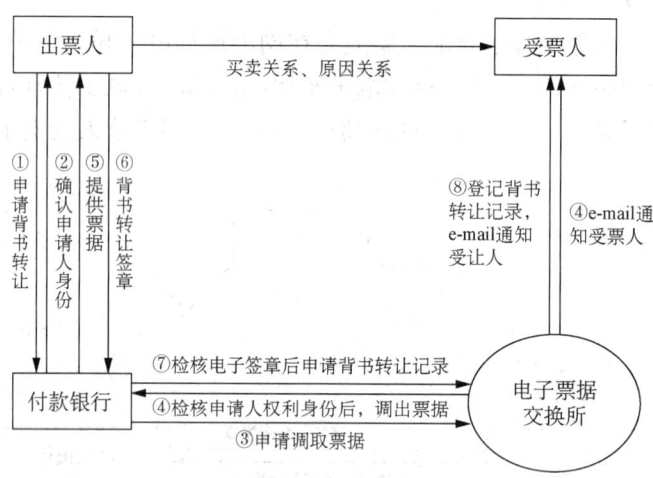

图2-9 电子汇票背书流程

4）电子汇票的付款

电子汇票的付款流程比纸质汇票复杂，电子汇票的付款行为同样需要借助于付款银行的存入托收，但电子汇票的付款是电子票据交换所通过付款银行对收款人的申请进行身份核验，银行成为付款行为的中介机构，这与纸质汇票的付款行为只要人工审核即可付款有很大不同。其具体流程如图2-10所示。

在电子汇票交易中，银行与电子票据交换所发挥了绝对的主导作用，承担了更为广泛的

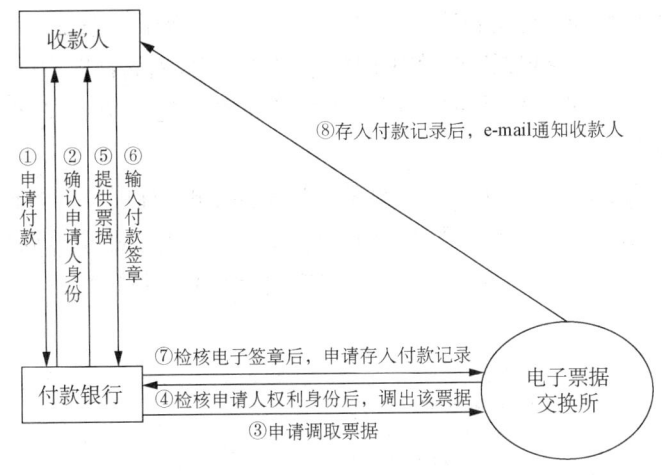

图 2-10 电子汇票付款流程

法律义务和法律责任。

7. 电子支票

电子支票是纸质支票的电子替代物,即将纸质支票改变为带有数字签名的电子报文,或利用其他数字电文代替纸质支票的全部信息,并使用数字签名和自动验证技术来确定其合法性。电子支票上除了必要的收款人姓名、账号、金额和日期外,还隐含了加密信息。

电子支票的支付目前一般是通过专用的网络、设备、软件及一套完整的用户识别、标准报文、数据验证等规范化协议完成数据传输,从而控制其安全性。电子支票的支付遵循金融服务技术联盟(Financial Services Technology Consortium,FSTC)制定的《银行网上支付标准(草案)》。典型的电子支票系统有 NetCheque、NetBill、E-check 等。

电子支票的支付流程不是单一的,它和所要应用的电子支票系统密切相关。以美国卡内基·梅隆大学开发出的 NetBill 电子支票为例,其网上支付流程如下。

(1)客户向商户请求正式的报价单,启动 NetBill 交易。

(2)在收到报价单请求后,商户报出价格,并返回报价单。

(3)如果客户接受商户所报价格,则通过其支票簿向商户收款机发送购买请求。

(4)当收到购买请求后,收款机从商户应用中取出产品后,采用一个密钥来加密该产品,并在计算出密码校验和后,将结果传送至客户支票簿。

(5)客户在收到加密信息后,其支票簿验证商户发来的密码校验和,随后,支票簿向商户收款机送回一份签名的电子支付订单。

(6)收款机对电子支付订单进行背书,然后将之发送至 NetBill 服务器。

(7)NetBill 服务器在验证价格、密码校验和之后,将恰当的数额借记客户账户,记录该笔交易并且保存一次性密钥的复制件,然后再将包含有同意或拒绝信息的数字签名信息发送给商户。

(8)商户对 NetBill 服务器发来的信息做出回答,如果同意,即同时将解密密钥发送给客户支票簿。

电子支票的使用在国外发达国家很普遍,早在 2003 年,美国就通过了支票电子化法案,使得电子支票的应用得到快速发展,同时,北美地区统一的电子支票处理系统也使电子支票的使用范围更加广泛。电子支票账户在美国属于基本账户,和储蓄账户一样重要,相当于我国的活期存款账户,人们的日常消费、水电费支付等都是绑定这个账户,个人信用卡也通常绑定在这个基本账户上。

消费者在用电子支票付款的时候,支票账户余额要足够,且用户需要输入如下支票账户信息:支票号(check number)、路由号码(routing number)、支票账户号码(checking account number)、开户行名称(bank name)。国外电子支票支付界面如图 2-11 所示。

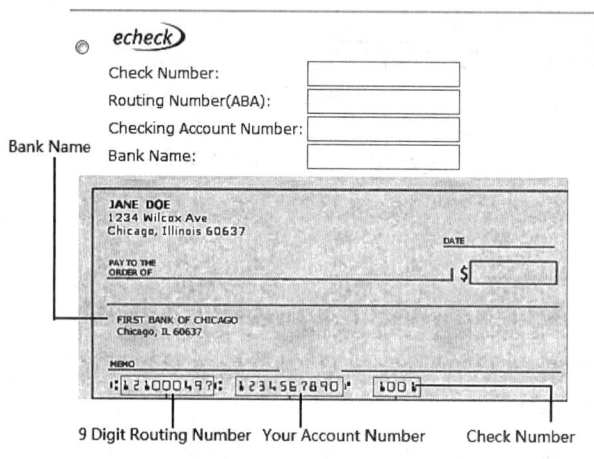

图 2-11　国外电子支票支付界面

(三) 电子支付方式

电子支付方式有多种分类方法,根据是否联机可以分为在线支付与线下支付;根据支付渠道可以分为基于银行网络的支付、基于互联网的支付(即网上支付)、基于移动网络的支付(即移动支付)、基于电话网络的支付(即电话支付)、基于电视网络的支付(如数字电视机顶盒支付)、基于非银行网络的金融网上支付(如邮政、银联)。下面主要介绍网上支付、电话支付和移动支付。

1. 网上支付

网上支付又分为网银支付和第三方支付。

1) 网银支付

网银支付是直接通过登录网上银行进行支付的电子支付方式。网银支付是目前最为成熟的在线支付方式之一,也是电子商务企业提供在线交易服务不可或缺的功能之一。使用网银支付时,银行卡须事先开通网银支付功能,且在支付时完全是在银行网银页面输入银行卡信息并验证支付密码。因此,网银支付具有稳定易用、安全可靠的特点。目前,国内 20 多家银行的借记卡和信用卡都支持网银支付,可实现银联在线支付和信用卡网上支付等。

网银支付具体操作流程如下。

(1) 进入订单支付页面,选择个人网银支付,再选择具体银行进行付款,如图 2-12 所示。

(2) 跳转至网银支付页面,输入银行卡卡号,点击"下一步",输入验证码及取款密码,点击"确认支付",完成付款,如图 2-13 和图 2-14 所示。

图 2-12　订单支付页面

图 2-13　网银支付页面

图 2-14　输入验证码和取款密码页面

2) 第三方支付

第三方支付是指具备一定实力和信誉保障的独立机构,通过与银联清算系统或网联清算系统对接,促成交易双方进行交易的网络支付方式。一个完整的第三方支付过程包括代收、清算(结算)和代付三个环节。其中,代收是指第三方支付平台把资金从买方的银行卡转移到第三方支付平台银行账户(或卖方银行账户)的过程;清算(结算)是指支付完成后,第三方支付公司与银行、卖方之间进行债权债务关系处理的过程(如果涉及跨行支付,还涉及银行与银行之间的清算和结算);代付可以理解为第三方支付公司在完成与银行和买方的清算(结算)之后,与交易当事人之间进行债权债务关系处理,并最终完成资金转移的过程。具体的第三方支付流程详见第五章。

目前,国内的第三方支付产品主要有支付宝、微信支付、百度钱包、中汇支付、拉卡拉、财付通、融宝支付、盛付通、腾付通、通联支付、易宝支付、中汇宝、快钱、国付宝、物流宝、网易宝、网银在线、环迅支付 IPS、汇付天下、汇聚支付、宝易互通等。第三方支付企业呈现三种分类特征:①以支付宝、财付通为首的互联网型支付企业,它们以在线支付为主,捆绑大型电子商务网站,迅速做大做强;②以快钱、汇付天下等为首的金融型支付企业,侧重行业需求和开拓行业应用;③其他非金融机构的第三方支付中介公司,如易宝、拉卡拉等,它们通过经营移动支付产品和国内外各大银行签约,在消费者与银行之间建立一个数据交换和信息确认支付平台,并提供清算、资金归集、多账户管理等综合服务。

第三方支付具有以下五个特点。

(1) 支付的便捷性和安全性。第三方支付既约束了买卖双方的交易行为,保证了交易过程中资金流和物流的正常双向流动,又增加了交易的便捷性和安全性。其支付过程强调支付双方的信用度和支付限额。

(2) 支付的平衡性。第三方支付将守信用、重安全、保守秘密的思想充分运用到支付过程中,优化了原有的传统支付流程,扮演了信用中介的角色,即在买家收到货物后再通知第三方支付平台将货款发给卖家,增加了用户的参与度、满意度和安全感,也符合我国消费者的消费习惯。

(3) 支付的主导性。第三方支付的最终决定者和主导者是消费者,消费者在评判商品的成色、质量及其满意度后再付款,体现了"用户是上帝"的服务特色。

(4) 购买商品的广泛性。在众多提供第三方支付的机构中,除了开展此业务的银行外,多数第三方支付销售平台还为客户提供琳琅满目的商品展示,使消费者可以方便、自由地选择和对比商品。同时,这也为物美价廉、信誉良好、服务高效的企业提供了更广阔的市场。

(5) 交易的安全性。在非面对面进行交易的电子商务过程中,相对于传统的资金划拨交易方式,第三方支付可以比较有效地对货物质量、交易诚信、商品退换等环节,进行约束和监督。

2. 电话支付

电话支付是电子支付的一种线下实现形式,是指消费者使用电话或其他类似电话的终端设备,通过银行系统就能从个人银行账户里直接完成付款的方式。具体地说,电话支付是指以固定电话为支付终端,以固定网络为支付渠道,实现资金从支付方向接收方转移的一种支付方式。经过近年来的发展,电话支付凭借交易安全、成本较低、操作简便、业务扩展性强等特点,成为传统银行卡支付的有效补充。

电话支付为客户提供了更便捷的支付选择,为商户提供了更短的结算周期,缩短了交易订单的执行周期。现阶段,我国电话支付可完成的业务包括:①应用于家庭的服务,如公用事业缴费、信用卡还款、票务订购、数字化产品购买等;②应用于行业的服务,如烟草配送及支付、彩票销售、电子票务及其他物流配送等。

由电话银行直接完成的电话支付比较简单,此时客户只面对一家特定的银行,要完成的支付种类也与该银行有直接的关系,但这种方式必须建立在银行已经与相应的商家有合作关系的基础上。以消费者通过工商银行完成电话支付为例,首先,该客户须持有工商银行理财金卡、工银灵通卡、牡丹信用卡、活期存折等账户,才能进行电话支付;其次,拨打工商银行电话银行 95588 客户服务热线,根据系统语音提示完成支付。目前,工商银行能够为客户提供账户信息查询、转账汇款、投资理财、缴费支付、外汇交易、异地漫游、信用卡服务、人工服务等一揽子金融业务。具体的工商银行电话支付流程如图 2-15 所示。

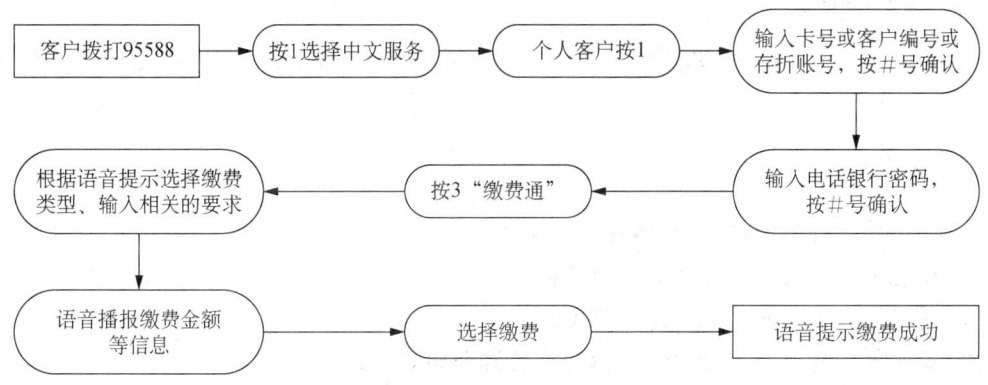

图 2-15　工商银行电话支付流程示例

3. 移动支付

移动支付是指通过移动终端设备,利用无线通信技术转移货币价值,以清偿债务债权关系的一种支付方式。其具体技术实现方式如图 2-16 所示。其中,移动终端设备包括智能手机、平板电脑等移动工具;无线通信技术包括各种近距离无线通信技术(如红外技术、射频识别技术、近场通信技术、蓝牙技术等)和远距离无线通信技术(如 SMS、WAP 等)。目前,市场上最为常见的移动支付为手机支付。

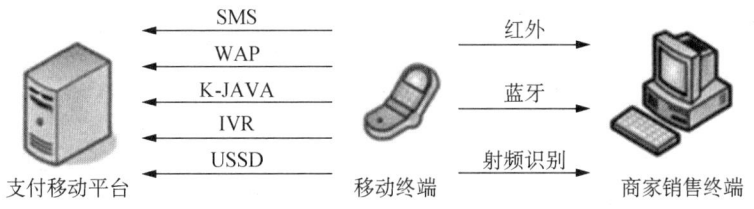

图 2-16　移动支付的技术实现方式

手机支付就是允许移动用户使用其移动终端(通常是手机)对所消费的商品或服务进行账务支付的一种支付方式。手机支付的基本原理是将用户手机 SIM 卡与用户本人的银行卡账号建立一种一一对应的关系。手机支付作为一项个性化增值服务,可以实现众多支付功能。例如,当客户在自动售货机前为找不到硬币而着急时,手机支付可以很容易地解决这个问题;当客户身处外地或者是移动运营商的营业厅下班以后,四处寻找手机充值卡而耗费精力时,手机支付就能真正解决客户的燃眉之急。

目前,我国移动支付的运作模式主要有以下三类:以移动运营商为运营主体的移动支付业务;以金融机构为运营主体的移动支付业务;以独立的第三方为运营主体的移动支付业务。其具体内容详见第六章。

一、名词解释

支付工具　　现金　　汇票　　支票　　本票　　电子现金　　网银支付　　电话支付　　手机支付

二、简答题

1. 列举票据行为的四大特征,并加以说明。

2. 简述支票、本票、汇票的概念和异同。

3. 简述支付工具概念及其基本分类。

4. 简述电子货币、电子现金、虚拟货币的概念和异同。

5. 网上支付工具有哪些? 其面临的挑战是什么?

三、案例分析题

详细阅读导入案例并查阅相关资料,回答下列问题。

1. 现金支付是否仍是目前主流的支付工具? 未来非现金支付的发展趋势是什么?

2. 目前有哪些新技术体现的电子支付形式?

第三章　我国支付清算体系

　　改革开放前,我国一直采用单一的国家银行信用统揽支付结算,货币流通依据国家计划进行组织和调节。中国人民银行按照"钱货两清,维护收付双方正当权益,银行不予垫款"的结算原则,集清算、结算、监督于一身,承担着"正确组织清算,准确及时办理结算,做好结算监督和综合反映"的职能。

　　改革开放后,中国工商银行等国家专业银行陆续恢复开设,并不断演变为大型商业银行;同时,一批新兴股份制商业银行、城市商业银行、农村商业银行等陆续组建。支付结算作为银行业金融机构法定的基础性业务,其中介性、服务性不断得到强化,银行业金融机构逐渐成为向社会公众提供清算和结算服务的主体。2002年3月,为解决银行卡联网通用的问题,降低社会成本,中国人民银行批准成立中国银联,专门从事全国银行卡跨行交易清算服务。为解决城市商业银行、农村信用社的资金汇划渠道不畅问题,中国人民银行分别于2002年10月和2006年4月批准成立了城市商业银行资金清算中心、农信银资金清算中心,专门办理城市商业银行、农村信用社等的汇兑和银行汇票等业务。

　　部分非金融机构运用互联网等新的信息技术,充分发挥其市场反应灵敏、机制灵活的优势,贴近社会公众的支付需求,为客户提供丰富多样的个性化支付产品。此外,随着我国金融市场的逐步发展完善,证券登记结算机构、中央对手方和交易登记机构也逐步成立。经过多年发展,我国已经形成中国人民银行、银行业金融机构、银行间资金清算机构、支付机构、证券登记结算机构、中央对手方和交易登记机构各有侧重、功能互补的支付清算服务组织格局,支付清算服务的专业化分工日益明显,市场化程度不断提高。

　　本章从支付清算的基本概念开始论述,详细介绍了我国支付体系的组成和发展过程,重点论述了我国支付清算体系的分类、演变和总体架构,并且对大额实时支付系统(high value payment system,HVPS)、小额批量支付系统(bulk electronic payment system,BEPS)、全国支票影像交换系统(cheque image system,CIS)、境内外币支付系统(China's domestic foreign currency payment system,CDFCPS)、电子商业汇票系统(electronic commercial draft system,ECDS)和网上支付跨行清算系统(internet banking payment system,IBPS)等中央银行支付清算系统进行——详述,完备讲述了我国支付清算系统的总体风貌。

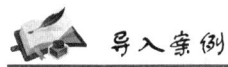 **导入案例**

SWIFT 在华成立全资子公司,将加入中国支付清算协会

　　2019年1月16日上午,北京市政府与环球同业银行金融电讯协会(Society for

Worldwide Interbank Financial Telecommunications，SWIFT)在北京签署合作备忘录。根据双方的合作备忘录,SWIFT 将在京设立外商独资企业,从比利时总部承接中国区业务,为中国用户提供本地化的服务。该公司成立后,将加入中国支付清算协会(PCAC)并由中国人民银行依法进行监督管理。

SWIFT 是一个国际银行间非营利性的国际合作组织,成立于 1973 年 5 月,总部设在比利时的布鲁塞尔。SWIFT 的全球计算机数据通信网在荷兰和美国设有运行中心,在各会员国设有地区处理站,为国际金融业务提供快捷、准确、优良的服务。SWIFT 运营着世界级的金融电文网络,银行和其他金融机构通过它与同业交换电文来完成金融交易。除此之外,SWIFT 还向金融机构销售软件和服务。早在 1977 年,SWIFT 在全世界就拥有会员国 150 多个、会员银行 5 000 多家,日处理 SWIFT 电讯 300 万笔,高峰时达 330 万笔。到 2007 年 6 月,SWIFT 的服务已经遍及 207 个国家,接入 SWIFT 网络的金融机构超过 8 100 家。

中国支付清算协会(Payment & Clearing Association of China，PCAC)成立于 2011 年 5 月 23 日,是经国务院同意、民政部批准成立,并在民政部登记注册的全国性非营利社会团体法人,是中国支付清算服务行业自律组织,其主管单位为中国人民银行,会址设在北京。中国支付清算协会以促进会员单位实现共同利益为宗旨,遵守国家宪法、法律、法规和经济金融方针政策,遵守社会道德风尚,对支付清算服务行业进行自律管理,维护支付清算服务市场的竞争秩序和会员的合法权益,防范支付清算风险,促进支付清算服务行业健康发展。

中国人民银行党委委员、副行长范一飞,北京市委常委、副市长殷勇,SWIFT 全球首席执行官高斐德(Gottfried Leibbrandt)出席会议并讲话。

范一飞指出,SWIFT 在华成立全资子公司并落户北京有利于其在中国的业务迈上新台阶,标志着北京市全面推进服务业扩大开放、提升开放型经济营商环境的新进展,也是人民银行统筹管理金融基础设施的重要一步。人民银行与有关各方密切沟通、共同努力,采取一系列措施规范和改进相关服务,以加强宏观审慎管理,统筹监管金融基础设施,促进金融平稳发展。边界清晰、健康可持续的多层次基础设施体系是各方共同利益所在,加强合作、互利共赢也是大家的共同期待。希望 SWIFT 着力满足市场需求,积极回应中国用户关切,不断提高本地化、合规化服务水平。

殷勇指出,SWIFT 落地北京既是 SWIFT 国际化布局的必然选择,也是中国金融对外开放的必然成果,更是契合北京城市功能定位的共赢局面。北京市将积极完善支持政策,提供优质便捷的公共服务,助力新公司融入北京的市场环境,分享快速成长的中国发展机遇。

高斐德表示,新公司的设立有助于 SWIFT 扩大在中国的用户基础,提升服务能力和合规水平。未来,SWIFT 将以此为契机与中国监管者密切沟通,与中国机构密切合作,助力中国的对外开放和"一带一路"等战略实施。

此外,SWIFT 与跨境清算公司签署了合作意向书,以进一步深化双方在跨境支付业务发展方面的合作。

资料来源:苏诗钰.SWIFT 在华成立全资子公司 将加入中国支付清算协会[EB/OL].(2019-01-18)[2019-12-06].http://www.zqrb.cn/finance/hongguanjingji/2019-01-18/A1547811981890.html.

第一节　支付清算体系的基本概念

支付作为社会经济活动引起的债权债务清偿及货币转移行为,包括交易、结算和清算三个过程。

交易是指双方以货币及服务为媒介的价值交换过程。交易过程主要包括:①确认各当事人的身份;②确认支付工具;③查证支付能力;④付款人金融机构和收款人金融机构对资金转账的授权;⑤付款人金融机构向收款人金融机构通报信息;⑥交易处理。在实践中,金融机构应根据支付工具的不同而采用不同的程序,以便优化支付流程。

清算主要指发生在银行同业之间的货币收付,是一种用来清讫双边或多边债权债务的方法。"清算"这一用语还常见于政府间的协定记账贸易,但其在范围及程序上有别于有中央银行参与的银行同业间的清算活动。清算活动包括国内清算和国际清算。清算过程是指在结算之前对支付指令进行发送、核对以及在某些情况下进行确认的过程,包括指令轧差和最终结算头寸的建立。清算过程主要包括:①在付款人金融机构和收款人金融机构之间交换支付工具和相关支付信息,包括交易的撮合、交易的分拣、数据收集、数据汇总、相关数据的发送,该过程因交易工具的不同而有所变化;②计算出结算债权,包括计算总债权、计算待结算的净额或汇总债权。清算过程的结果是全面处理付款人到收款人的支付交易和双方金融机构的有效债权。

结算是清偿双方或多方当事人之间资金债务的一种行为。结算过程是将清算过程产生的待结算债权债务在收款人与付款人金融机构之间进行相应的账簿记录、处理、完成货币资金最终转移并通知有关各方的过程。结算过程主要包括:①待结算债权的收集和完整性检查;②确保结算资金的可用性;③结算金融机构之间的债权;④记录并向有关各方通告结算。结算通常可通过两类资金账户办理过账:一是通过金融机构相互开立的代理账户进行债权结算;二是通过开立在结算银行(绝大多数情况下是在中央银行)的账户进行债权结算。从结算主体及结算工具等角度,结算可分为不同类型,如现金结算与转账结算、直接结算与间接结算、传统结算与信息化结算、国内结算与国际结算等。在市场经济中,由于银行已成为社会资金流转的渠道和中转站,所以经济体系中的货币结算基本上就是银行结算。

一、结算与清算的区别

结算与清算都是实现债权债务清偿的经济手段,两者紧密相关,在需要清算的支付活动中,只有清算完成了,结算才能最终完成。结算是清偿商务活动中债务债权的最终结果,清算是结清银行间资金账户往来债权债务关系最终结果的过程,两者在支付活动的范围与参与者等方面都有明显的差异。

1. 结算与清算的参与者不同

结算是货币行使流通手段和支付手段职能的综合体现,其参与者可以是各种行为的当事人,因此,结算具有广泛的社会性,每个人均与结算行为有着这样或那样的联系;而清算的参与者则更专业化,其参与者主要是提供结算服务的银行及清算机构。

2. 结算与清算在支付活动中的层次不同

从商业银行的结算业务流程来看,结算活动除采用相应的结算工具、结算方式以外,还必须借助同业银行的协作才能最终实现客户委办的结算业务。另外,出于自身需要,银行会与其他金融机构发生大量的业务往来,而且银行同业之间也会产生债权债务的清偿和资金的划转,这些业务都需要通过一定的清算组织和支付系统进行清算,包括支付指令的发送与接收、对账与确认、收付数额的统计轧差、全额或净额的结清等一系列程序。也就是说,结算是清偿商务活动中债务债权的最终结余,而清算是结清银行间资金账户往来债权债务关系最终结果的一个过程。

3. 结算与清算在支付活动中的范围不同

在银行等金融服务机构参与的支付活动中,结算是一个必需的环节,而清算只有在涉及不同银行账户间支付时才是必需的,无银行介入的结算领域基本上无须清算。

二、支付活动分类

支付活动是参与支付的各方采用某种方式进行债权债务清偿的过程。根据支付过程的不同,可以将支付活动分为三类,如图 3-1 所示。在最初的支付活动中,没有银行参与的面对面交易采用的是单一债权债务关系的支付活动。随着银行等金融服务机构的产生,这种单一债权债务清偿关系变为银行账户间划拨的一种支付结算关系。同时,由于银行业务的差异性及交易双方开户的地域不同,支付活动又产生了另外两种类型:发生在同行内的有债权债务关系但不清算的支付活动和发生在不同银行间的有债权债务关系且需进行清算的支付活动。

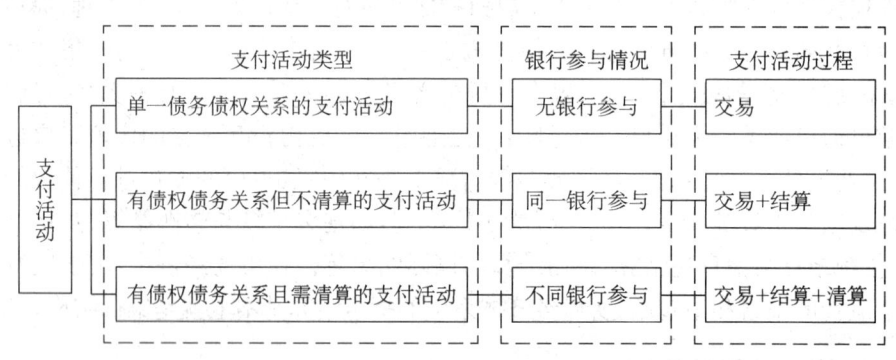

图 3-1 支付活动分类

1. 单一债权债务关系的支付活动

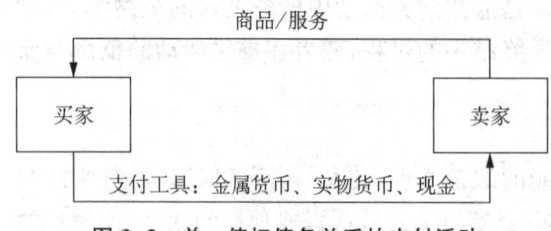

图 3-2 单一债权债务关系的支付活动

单一债权债务关系的支付活动多出现在没有银行参与的面对面的买卖交易中,其中,买家使用货币的支付形式购买商品,而卖家则卖出商品获得货币资金,如图 3-2 所示。此时,支付实现了货币资金从买家到卖家的转移,而这种转移既完成了交易的过程,也完成了由于商品买卖所形成的单一债权债务关系的清偿。

2. 有债权债务关系但不清算的支付活动

如果账户间的划转在同行内进行,买家利用银行发放的支付工具进行支付,卖家要获得货币资金就需要与银行发生关系,银行将买家的资金账户存款数额扣除商品的货币价值金额后记入卖家的存款账户,卖家就获得了存款的货币资金。这种支付过程分为两个环节:购物过程的交易环节和资金账户划转过程的结算环节,如图 3-3 所示。

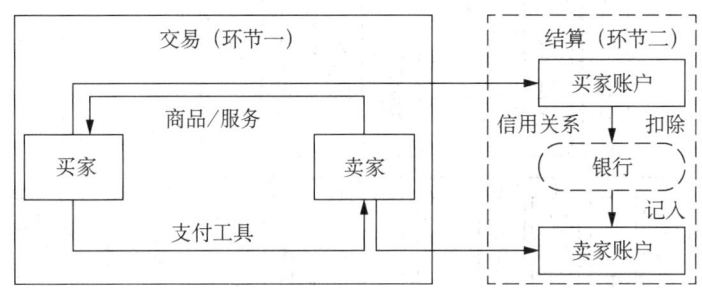

图 3-3 有债权债务关系但无清算的支付活动

3. 有债权债务关系且需进行清算的支付活动

发生在不同银行资金账户之间并使用银行支付工具支付的商务支付活动过程需要在各银行资金账户间进行清算。从社会宏观环境来看,这种商务支付活动的完成会出现三个环节,即交易、清算和结算。其中,清算和结算是紧密相关的,只有清算完成了,结算才能最终完成,如图 3-4 所示。

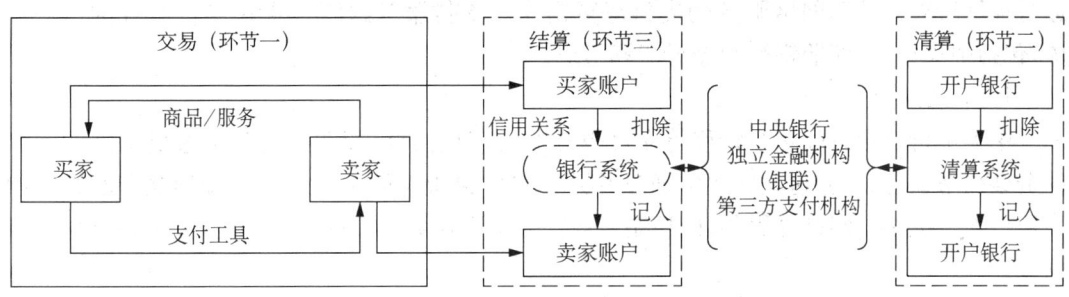

图 3-4 有债权债务关系且需清算的支付活动

第二节 我国支付体系

一、我国支付体系组成

支付体系是指为了实现和完成各类支付活动,由一系列法规制度安排和相关基础设施安排组成的有机整体。它包括传达支付指令的支付工具、支持支付工具运用的支付系统以及确保货币资金流通的一系列法规制度安排和基础设施安排。我国支付体系主要包括支付工具、支付服务组织、支付系统、支付监督管理、支付法规制度等要素,如图 3-5 所示。

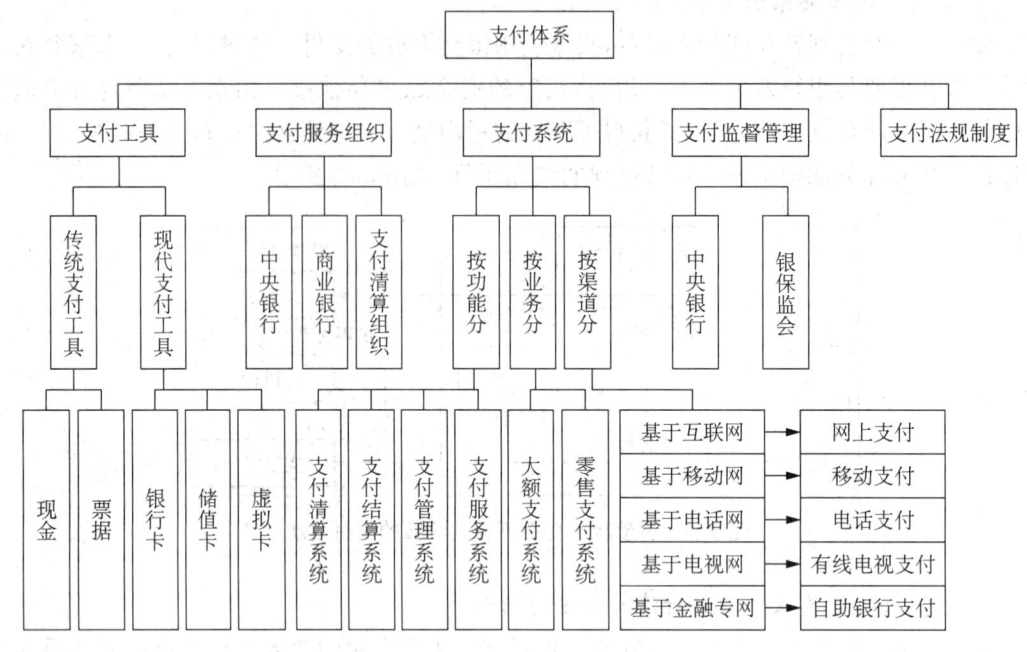

图 3-5　我国支付体系构成

(一) 支付服务组织

支付服务组织是指向客户提供支付账户、支付工具和支付服务的机构,以及为这些机构运行提供清算和结算网络服务的支付清算组织。支付服务组织是提供支付服务的市场主体,包括中央银行、商业银行和支付清算组织。

1. 中央银行

中央银行是银行间资金转移等支付服务的法定提供者,商业银行等金融机构之间发生的资金往来或应收、应付款项通常通过其开立在中央银行的结算账户办理划拨和转账。中央银行除了提供行间结算服务外,还制定与支付结算业务相关的规章制度,并维护支付结算秩序。

2. 商业银行

商业银行直接面向客户,拥有众多的服务网点,服务面涵盖城乡各个角落,为单位和个人提供各种类型的支付产品和支付服务,包括柜台交易形式的支付工具和非柜台交易形式的银行卡、自动取款机以及网上银行、手机银行等新兴的电子化产品和服务。商业银行的支付服务是社会商品和劳务交易的媒介,是连接单位和个人经济活动与货币资金运动的纽带。

3. 支付清算组织

支付清算组织是指提供支付信息转接和交换以及数据清分、汇总的主流金融机构或非金融机构,包括票据交换所、邮政汇兑服务机构以及从事银行卡数据交换的网络公司或第三方服务商、从事证券交易或外汇交易数据清分交换的机构等。支付清算组织是支付服务市场重要的补充力量,在支付服务市场的技术进步、服务创新方面发挥着积极作用。

（二）支付工具

支付工具是传达债权债务人支付指令，实现债权债务清偿和货币资金转移的载体。收款人和付款人的支付指令通过支付工具传达至其开立资金账户的金融机构，开户金融机构将按照支付指令的要求办理资金转账。

支付工具按照发展时间可以分为传统支付工具和现代支付（电子支付）工具。传统支付工具主要包括现金和票据（汇票、本票和支票）；现代支付工具包括银行卡、储值卡和虚拟卡等。目前，经济的发展使现代支付工具成为实现货币债权转移的重要手段。另外，一些现代支付工具并不单单是货币转移媒介，而且还是货币市场中非常重要的金融产品，它们在货币市场中发挥着优化资金配置、灵活流动性管理和畅通货币政策传导等重要作用。

（三）支付系统

支付系统是支撑各种支付工具应用、实现资金清算并完成资金最终转移的通道。各种支付工具的支付信息、业务流程和数据信息标准贯穿于支付系统处理的全过程，因此，支付信息传输和资金结算需要得到支付系统的有效支持。同时，重要的支付系统通常是金融市场和经济运行的核心基础设施，能够实现各个金融市场的有机连接，为金融市场提供高效安全的资金清算结算服务，有效支持金融市场的发展和货币政策的实施。

支付系统根据其处理支付业务的不同可分为大额实时支付系统和零售支付系统，根据功能的不同可分为支付清算系统、支付结算系统、支付管理系统和支付服务系统，根据支付渠道的不同可分为基于互联网的网上支付系统、基于电话网的电话支付系统、基于移动网的移动支付系统、基于电视网的有线电视支付系统和基于金融专网的自助银行支付系统等。目前，我国已建成以人民银行大额实时支付系统、小额批量支付系统为中枢，银行业金融机构行内业务系统为基础，票据支付系统、银行卡支付系统、证券结算系统和境内外币支付系统为重要组成部分，行业清算组织和互联网支付服务组织业务系统为补充的支付清算网络体系，它对加快社会资金周转、降低支付风险、提高支付清算效率、促进国民经济又好又快地发展发挥着越来越重要的作用。

（四）支付监督管理

支付监督管理是指在一系列相关法规制度的约束下，综合运用经济、法律和行政手段对支付结算活动实施监督管理的行为。这些法规制度主要包括立法机构、管理机构制定的规范，管理支付程序和支付行为的法律法规、规章制度和标准，以及关于支付工具和支付服务的定价、市场惯例、合同安排和规则等。

中央银行承担着对支付市场、支付服务组织和支付业务的监督管理职能。国际上，各国中央银行对支付结算的监督管理一般由以下三个层次组成。

（1）法律依据。通常，各国立法机构会通过立法明确规定中央银行在支付体系中的地位和作用，明确中央银行是支付体系的运营者、监管者和支付体系发展的促进者。

（2）中央银行实施支付结算监督管理的法规与政策。中央银行会同相关的立法机构制定有关支付程序和支付行为的法律规定，以规范支付结算行为。中央银行一般也会根据本国实际情况制定监督管理规定，如确定对支付体系各要素的具体监管范围和标准等。

（3）支付市场和支付服务组织在长期的发展过程中形成的约定俗成的规则和惯例。支付市场各参与者间会自愿签署并遵守相关协议和规则，从而形成相对合理的支付市场秩序。

在我国,对支付活动进行监督管理的机构除中央银行外,还包括中国银行保险监督管理委员会(以下简称银保监会)。从职能分工来看,银保监会主要负责对支付结算业务的日常管理和具体违法行为的处罚;人民银行则负责支付结算规则的制定和支付结算市场的准入,作为清算系统的组织者为金融机构提供支付清算服务和对金融机构之间的资金清算行为进行监管。

（五）支付法规制度

支付法规制度是指规范支付服务组织、支付工具、支付系统、支付监督管理的法律法规和行政规章,目前主要包括《中华人民共和国中国人民银行法》《中华人民共和国商业银行法》《中华人民共和国票据法》《票据管理实施办法》《支付结算办法》《人民币现金管理暂行条例》《金融违法行为处罚办法》《人民币银行结算账户管理办法》《电子支付指引》《大额支付系统业务处理办法(试行)》《大额支付系统业务处理手续(试行)》等。

（六）支付体系各组成部分之间的关系

支付工具、支付系统和支付服务组织属于支付体系中的基础设施安排,而支付监督管理和支付法规制度则属于对支付体系前三个要素的整体制度性保障。支付体系的五个组成部分是密不可分、相辅相成的有机整体。支付工具是支付的载体,支付工具的交换和传递贯穿支付系统处理的全过程,其清算与结算通过支付系统进行。支付服务组织是支付工具和支付系统的提供者,支付监督管理和法规制度的作用则是防范支付风险、保障支付过程的安全和效率、维护整个金融体系安全稳定。支付体系这五个部分的有机结合和平稳运行,为一国经济金融的健康发展奠定了基础。

二、我国支付体系的发展过程

我国支付体系的发展,大致可以分为以下四个阶段。

第一阶段为新中国成立后至改革开放前(1949—1977 年)。该阶段以借鉴苏联结算模式为主,具有鲜明的计划经济及国家银行体制色彩。在这一阶段,中国人民银行履行中央银行和商业银行的双重职能,货币流通根据国家计划进行组织和调节。中国人民银行按照"钱货两清,维护收、付双方正当权益,银行不予垫款"的结算原则,集清算、结算、监督于一身,承担着"正确组织清算,准确及时办理结算,做好结算监督和综合反映"的职能。该时期的支付体系适应并支持了计划经济体制下产品生产、交换对支付的特殊要求,经历了结算对公对私分开、颁布账户管理办法、建立高度集中联行清算体制等过程,具有鲜明的计划经济色彩。从 1953 年起,中国人民银行开始建立全国"大联行"的三级联行清算体系,明确了联行往来是银行办理结算业务和调拨内部资金的重要手段。1977 年,为了加强银行账户管理,中国人民银行发布了新中国成立后的第一部《银行账户管理办法》。

第二阶段为改革开放后至中共十四大前(1978—1991 年),是我国支付系统逐步摆脱计划经济色彩的阶段。1978 年,中共十一届三中全会确立了改革开放的基本方针。中国人民银行通过银行结算制度改革、联行清算体制改革、支付工具改革和建设运行电子联行系统等举措,从根本上摆脱了计划经济下支付结算的专用性和计划性。1984 年,中国人民银行不再经营商业性金融业务,开始独立履行中央银行的职能。1985 年,中国人民银行实行"统一计划、划分资金、实贷实存、相互融通"的变革措施,将"大联行"清算体系改为各专业银行自成联行系统、跨行直接通汇清算。1988年,中国人民银行制定并发布了新的《银行结算办法》,确立了票据在结算中的主导地位,推行"三票一卡"(即汇票、本票、支票及信用卡)结算方式,并保留和改进了原有的汇兑和委托收款结算方式,同时废止了国内信用证、付款委托书、托收无承付、托收承付、限额结算和信汇自带结算方式。1989年,中国人民银行着手开发全国电子联行系统。

第三阶段为社会主义市场经济体制初步确立时期(1992—2000年),是我国支付体系由手工操作向计算机处理转变的阶段。1992年,中共十四大正式确立了社会主义市场经济原则和改革目标。随着《中华人民共和国中国人民银行法》和《中华人民共和国票据法》的颁布实施、《支付结算办法》等专门制度的修订完善以及电子联行"天地对接"和金卡工程的实施,我国支付体系建设步入快速发展阶段。1995年,中国人民银行着手实施电子联行"天地对接"工程。电子联行系统的建成和运行,大大提高了联行处理速度,标志着中国的联行清算系统开始步入现代化。1995年3月,《中华人民共和国中国人民银行法》出台,确立了中国人民银行全面承担支付清算管理、维护支付清算系统安全运行的职责。同年5月,《中华人民共和国票据法》出台,从法律上规范了票据的流通使用。1997年7月,《国内信用证结算办法》颁布实施,确立了信用支付工具在支付结算中的主导地位。同年9月,中国人民银行颁布《支付结算办法》,将银行结算改名为支付结算,以支付工具为主线,以支付结算行为为基础,以票据法律制度为依据,进一步确立并规范了"三票、一卡、四方式"的结算方式,即支票、本票、汇票、银行卡、汇兑、托收承付、委托收款、信用证八种结算方式。

第四阶段是进入21世纪以来,是我国支付体系快速发展的阶段。随着我国经济金融、计算机通信技术的发展和金融体制的不断改革,支付清算系统经历了从手工联行、电子联行到现代化支付系统等多种支付清算系统并存的跨越性发展。联行往来是指同一银行系统内的不同行、处之间的资金账务往来,是银行办理异地结算业务和划拨内部资金的重要工具。联行往来管理体制遵循"同一领导、分级管理"的原则,分为全国联行往来、分行辖内往来和支行辖内往来,采取"直接往来、分别核算、集中监督、逐笔核算、轧计汇差、逐级清算、划分年度、结平账务"的办法进行核算和管理。

随着经济金融市场化进程的进一步加快,中国人民银行按照党中央、国务院的部署和要求,以构建安全高效的支付体系为目标,不断完善规章制度,促进支付服务主体的多元化发展,加强银行结算账户管理,鼓励非现金支付工具推广创新,加快推动支付系统建设,步入跨越发展的新时期。目前,我国已经形成了中国人民银行、银行业金融机构、银行间资金清算机构、支付机构、证券登记结算机构、中央对手方和交易登记机构等各有侧重、功能互补的支付清算结算服务组织格局,支付服务专业化分工日益明显,市场化程度不断提高;形成了适应广大企事业单位生产经营活动和百姓居家服务需要的,以票据、银行卡和新兴电子支付方式为主要内容的非现金支付工具体系;形成了以中央银行跨行支付系统为核心,以商业银行行内系统为基础,以相关社会化支付、清算系统为补充的支付基础设施网络。此外,我国还从完善支付体系法律法规、加强银行结算账户管理、完善支付体系评估、加强支付监管和开展支付结算执法检查等方面对支付体系加强监督管理,形成了安全、高效的监督管理机制。

第三节　我国支付清算体系

一、支付清算体系分类

支付清算系统是通过支付指令传送和资金清算,实现债权债务清偿及资金转移的一种金融安排。支付清算系统主要由组织体系、技术手段、法律制度三部分组成。支付清算系统的组织体系包括运营机构、监管机构和参与机构。支付清算系统的技术手段包括实现信息传递和资金清算的信息技术、网络技术等。支付清算系统的法律制度包括规范支付系统运营的相关法律、规章和规范性文件。

（一）按照服务对象分类

根据服务对象不同,支付清算系统可以分为批发支付清算系统和零售支付清算系统。批发支付清算系统具有业务金额大、到账时间快等特点,主要为银行机构和金融市场提供支付清算服务。批发支付清算系统大多采用逐笔、实时发送支付指令和全额结算资金的方式,以提高清算效率。零售支付清算系统具有处理业务金额小、业务笔数多、到账时间要求低等特点,主要为广大社会公众提供日常消费性支付服务,一般采用批量发送支付指令、净额结算资金的方式处理支付清算业务,其资金到账时间较批发支付清算系统慢。

（二）按照结算方式分类

按照系统采用的结算方式不同,支付清算系统可以分为全额结算系统和净额结算系统。全额结算是指资金转账前并不进行账户金额的对冲,而是以实际的支付金额进行转账的结算方式。净额结算是指在进行双方或多方的资金转账前,先对各方账户上的金额进行相互冲减,之后再转移剩余资金金额的计算方式。净额结算又可分为双边净额结算和多边净额结算。由于采用了轧差机制并且具有延时结算的特点,净额结算系统不仅能够有效节约参与者的流动性,而且可以大大提高系统处理能力;而全额结算系统的资金结算则是按照逐笔交易进行的,与净额结算系统相比,其处理效率高、到账时间快,但对参与者的流动性要求较高。此外,同时采用两种结算方式的混合结算系统综合了全额结算系统和净额结算系统的特点,将支付业务分为紧急支付业务和非紧急支付业务,对紧急支付业务提供独立的处理通道,逐笔实时结算;对非紧急支付业务则在持续结算的基础上使用双边或多边抵销算法。

（三）按照币种分类

按照系统处理的币种不同,支付清算系统可以分为本币支付清算系统和外币支付清算系统。本币支付清算系统所处理的支付业务以本国货币为记账货币,所使用的清算账户也是本币账户。外币支付清算系统又称离岸支付系统,其处理的支付业务以其他国家或地区的货币为记账货币,所使用的清算账户为外币账户。

（四）按照服务区域分类

按照服务区域不同,支付清算系统可以分为区域性支付清算系统、全国性支付清算系统和跨境支付清算系统。区域性支付清算系统处理的支付交易的发起方和接收方都在同一个区域(省、市或县)范围内。全国支付清算系统处理的支付交易的发起方和接收方可以是跨区域的,只要在同一国家范围内即可。跨境支付清算系统处理的支付交易的发起方和接收方可以位于两个不同的国家或地区。

（五）按照运营主体分类

按照运营主体不同,支付清算系统可以分为中央银行支付清算系统、商业银行支付清算系统和非金融支付服务组织支付清算系统。中央银行支付清算系统由中央银行负责运行,参与者需要在中央银行开设账户,并使用中央银行货币结算。商业银行支付清算系统由商业银行负责运行,参与者需要在商业银行开设账户,并使用商业银行货币结算。非金融支付服务组织支付清算系统由非银行支付服务组织运行,资金结算一般通过开设在商业银行的账户办理。

二、我国支付清算体系的演变过程

随着我国经济金融、计算机通信技术的发展和金融体制的不断改革,我国支付清算体系的发展经历了手工联行时期、电子联行时期和现代化支付系统时期三个阶段。

（一）手工联行时期

1984年,中国人民银行开始行使央行职责后,确立了法定存款准备金制度,所有金融机构都要在央行开设清算账户,央行成为全国的清算中心。但由于央行一时准备不足,而且各家商业银行的信息化程度也很低,因此在实践中,同一个银行内部的清算还是由各家银行自己负责,各商业银行总行和分支构成一个"联行系统",分行与分行之间的清算由总行负责;跨行的清算可以走央行,也可以由各行直接清算。跨行清算时,各家银行执行轧差结算,然后用特定的公文通知其他行轧差和交易信息,这种公文称为"联行信件",由邮局负责收发。这个时期被称为手工联行时期,一直持续到1990年。

（二）电子联行时期

为适应改革开放形势的需要,彻底改变我国支付结算业务基本依靠手工处理及资金在途时间长达半个月的落后局面,1989年12月,中国人民银行发布了《关于改革联行清算制度的通知》,随后在1990年,中国人民银行清算中心建成,专为金融机构提供支付清算服务。中国人民银行清算中心包括两级处理中心:1个国家处理中心(national process center, NPC)和31个城市处理中心(city clearing process center, CCPS)。1991年4月1日,全国电子联行系统(electronic inter-bank system, EIS)开始试运行,该系统可以处理异地(包括跨行和同行)资金的清算和划拨,它连接了商业银行、央行、NPC和CCPC。也就是说,EIS解决了信息流问题,而NPC和CCPC解决了资金流问题,异地汇款变得简单快速,资金在途时间由原来的半个月缩短为3天。至2005年6月,随着第一代中国现代化支付系统的推广,EIS终于完成其历史使命并退出历史舞台。

（三）现代化支付系统时期

电子联行系统对改进金融服务、加速社会资金周转发挥了重要作用,但随着社会主义市场经济的快速发展,到20世纪90年代后期,电子联行系统已不能适应社会经济发展对中央银行支付服务的新需求。随着信息化的发展,各家商业银行的核心系统逐渐投产运行,同一个银行内部的异地转账业务由各自的核心系统完成,逐渐不依赖于EIS了。1991年10月,我国开始着手建设中国国家金融通信网（China National Financial Network，CNFN）和中国现代化支付系统。第一代中国现代化支付系统由世界银行提供贷款，由英国 PA 咨询公司承担咨询设计，建设周期很长，直到 2002 年 10 月，第一个大额实时支付系统才建成投产，2005 年，小额批量支付系统投产，2007 年，全国支票影像交换系统投产，2009 年，电子商业汇票系统试点投产。由于建设时间长、设备老化、系统架构和功能不能完全满足时代发展的要求，中国人民银行在 2009 年年底决定启动第二代支付系统建设。网上支付跨行清算系统（俗称超级网银）作为第二代支付系统中首个投产的系统，于 2010 年 8 月上线运行。此后，到 2013 年 10 月，大额实时支付系统、小额批量支付系统升级为第二代。

第二代中国现代支付系统和第一代中国现代支付系统的主要区别之一在于：在第一代中国现代支付系统中，各家商业银行分支行可以通过当地 CCPC 接入央行的支付清算体系，这就形成了多点接入；而第二代中国现代支付系统是只有各家商业银行的总行才能接入 NPC，是一点接入央行的支付清算体系。此外，第二代中国现代支付系统中大额、小额、超级网银支付系统相互独立，分别运行，参与清算的银行对支付系统的选择更加灵活，形成了"结算—清算"二级支付体系，即银行与商户、消费者之间为结算关系，各银行之间为清算关系，两个层次交易完成后，支付环节才算结束。其中，银行可以直接接入清算系统，非金融支付公司只能通过自己开户的备付金托管行间接接入清算系统，如图 3-6 所示。

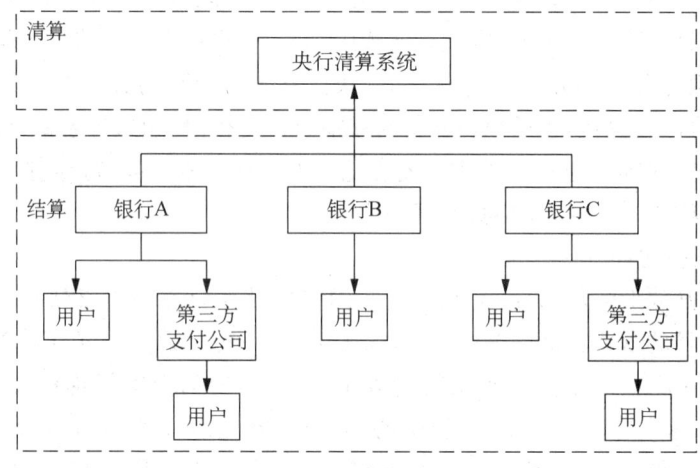

图 3-6 "结算—清算"二级支付体系示意

三、中国现代化支付系统总体架构

中国现代化支付系统是我国利用现代计算机技术和通信网络自主开发建设的，处理我国商业银行各种支付业务及其资金清算和货币市场交易的资金清算应用系统。它主要为各商业银行之间和商业银行与中国人民银行之间的支付业务提供最终资金清算服务，是各商业银行电子汇兑系统资金清算的枢纽系统，是连接国内外银行重要的桥梁，也是金融市场的核心支持系统。

第二代中国现代化支付系统主要包括中央银行支付清算系统、第三方服务组织支付清算系统、银行业金融机构行内支付系统和金融市场支付清算系统。其中，中央银行支付清算系统包括大额实时支付系统、小额批量支付系统、电子商业汇票系统、境内外币支付系统、全国支票影像交换系统、网上支付跨行清算系统（超级网银）等；第三方服务组织支付清算系统包括银行卡跨行支付系统（中国银联银行卡跨行交易系统）、集中代收付中心业务处理系统、城市商业银行汇票业务处理系统、农信银资金结算中心业务处理系统、其他第三方支付组织业务处理系统等，如图3-7所示。

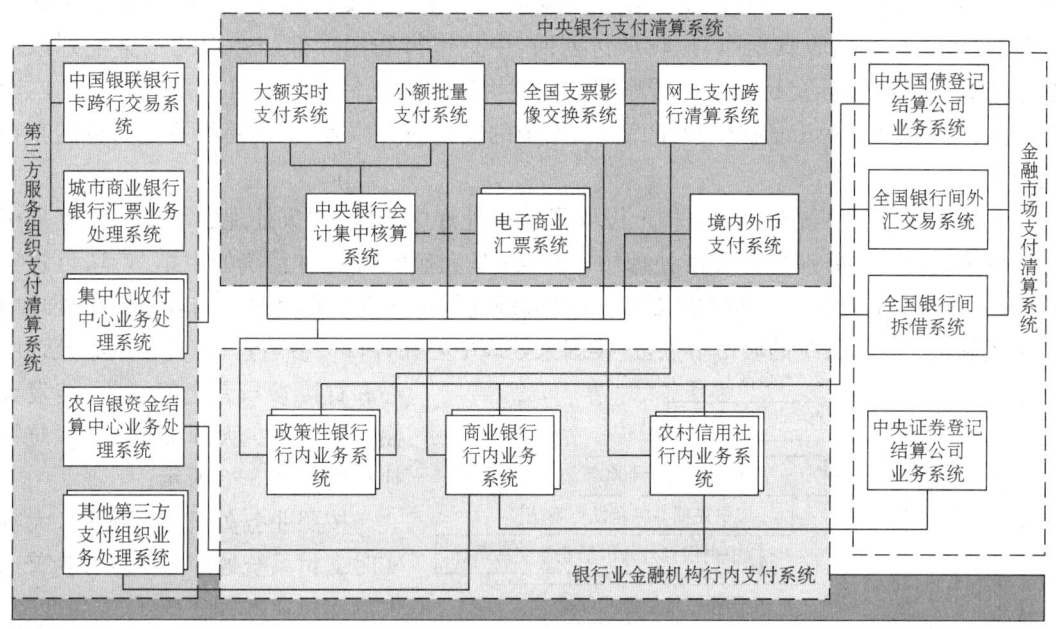

图3-7　中国现代化支付清算系统总体架构

中国人民银行通过建设现代化支付系统，将逐步形成一个以中国现代化支付系统为核心，以商业银行行内系统为基础，各地同城票据交换所并存，支撑多种支付工具的应用和满足社会各种经济活动支付需要的中国支付清算体系。其中，中国人民银行建设并运行的中央银行支付清算系统，主要为各商业银行提供服务，是银行间支付清算的主渠道，是中国支付清算系统的中枢系统。

第四节　中央银行支付清算系统

中国人民银行清算总中心是中国人民银行直属的、实行企业化管理的事业法人单位，是为中央银行、商业银行和全社会提供支付清算及相关服务的全国性金融服务组织。中国人民银行清算总中心负责运行、维护、管理的支付清算系统包括：大额实时支付系统、小额批量支付系统、全国支票影像交换系统、境内外币支付系统、电子商业汇票系统、网上支付跨行清算系统等。

一、大额实时支付系统

在发达国家，大额实时支付系统有美联储转移大额实时支付系统、纽约清算所银行同业支付系统、英国的清算所自动支付系统和瑞士的银行间清算系统等。在我国,中国现代化支付系统以大额实时支付系统为主体,以计算机网络为支撑环境,将中央银行各分支机构和商业银行有机连接起来。

大额实时支付系统是中国现代支付系统的主要骨干系统之一,于2002年10月8日投入试运行,自2005年6月24日起推广至全国。大额实时支付系统主要处理同城和异地金额在规定起点以上的大额贷记支付业务和紧急的小额贷记支付业务。其处理的支付业务种类包括汇兑、委托收款划回、托收承付划回、中央银行和国库部门办理的资金汇划以及公开市场操作和债券交易的实时转账等。建立大额实时支付系统的目的是给银行和广大企事业单位以及金融市场提供快速、高效、安全的支付清算服务,实现跨行资金清算的零在途时间。

大额实时支付系统在物理结构上设立了两级处理中心,即国家处理中心和城市处理中心。国家处理中心分别与各城市处理中心连接,是大额实时支付系统的中枢节点,负责接收、转发各参与者提交的大额支付业务,并将大额支付业务逐笔实时提交结算。城市处理中心是大额实时支付系统的城市节点,连接国家处理中心和各直接参与者,负责在国家处理中心和直接参与者之间接收、转发大额支付业务。大额实时支付系统拓扑结构如图3-8所示。

按照业务处理流程不同,大额实时支付系统处理的业务分为普通大额支付业务、即时转账支付业务、中国人民银行内部转账业务和同城轧差净额业务。其中,普通大额支付业务和即时转账支付业务是大额实时支付系统处理的两类主要支付业务。普通大额支付业务,即贷记支付业务,是指由付款行发起,逐笔实时发往国家处理中心,国家处理中心清算资金后,实时转发收款行的支付业务,主要包括汇兑、委托收款(划回)、托收承付(划回)、银行间同业拆借、外汇交易的人民币资金支付、国库资金汇划、城市商业银行汇票资金的移存、兑付资金的汇划及其他贷记转账业务等。即时转账支付业务是指与支付系统直接连接的特许参与者以第三方的身份直接向支付系统发起借记、贷记有关交易方清算账户的轧差净额信息,支

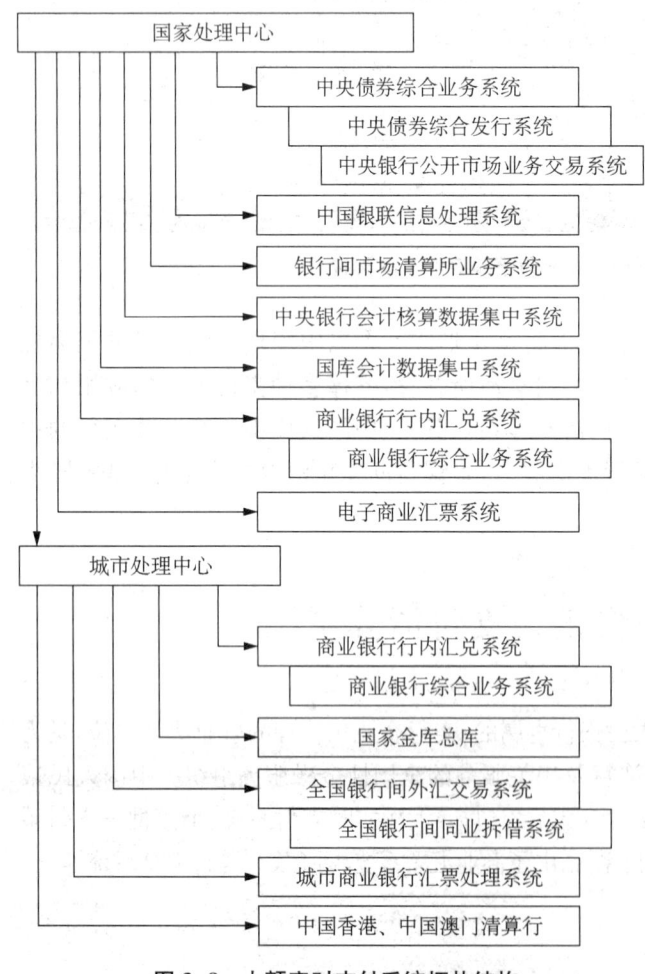

图3-8 大额实时支付系统拓扑结构

国家处理中心
- 中央债券综合业务系统
- 中央债券综合发行系统
- 中央银行公开市场业务交易系统
- 中国银联信息处理系统
- 银行间市场清算所业务系统
- 中央银行会计核算数据集中系统
- 国库会计数据集中系统
- 商业银行行内汇兑系统
- 商业银行综合业务系统
- 电子商业汇票系统

城市处理中心
- 商业银行行内汇兑系统
- 商业银行综合业务系统
- 国家金库总库
- 全国银行间外汇交易系统
- 全国银行间同业拆借系统
- 城市商业银行汇票处理系统
- 中国香港、中国澳门清算行

付系统根据信息立即在有关交易方的清算账户上进行借记、贷记实时清算,并将结果通知第三方和有关借方、贷方的支付业务,主要包括公开市场业务、债券发行、债券兑付、债券交易和银行卡跨行交易的即时转账、质押融资以及还款等。

二、小额批量支付系统

小额批量支付系统是继大额实时支付系统之后中国人民银行建设运行的又一重要应用系统,是中国现代化支付系统的主要业务子系统和组成部分,于 2005 年 11 月 28 日投产试运行,自 2006 年 6 月 26 日起推广至全国。小额批量支付系统是一个净额延时支付系统,主要处理同城和异地纸质凭证截留的借记支付业务以及每笔金额在规定起点以下的小额贷记支付业务。小额批量支付系统旨在为社会提供低成本、大业务量的支付清算服务。小额批量支付系统实行每天 24 小时连续运行,能满足社会多样化的支付清算需求,是银行业金融机构跨行支付清算和业务创新的安全高效的平台。其拓扑结构如图 3-9 所示。

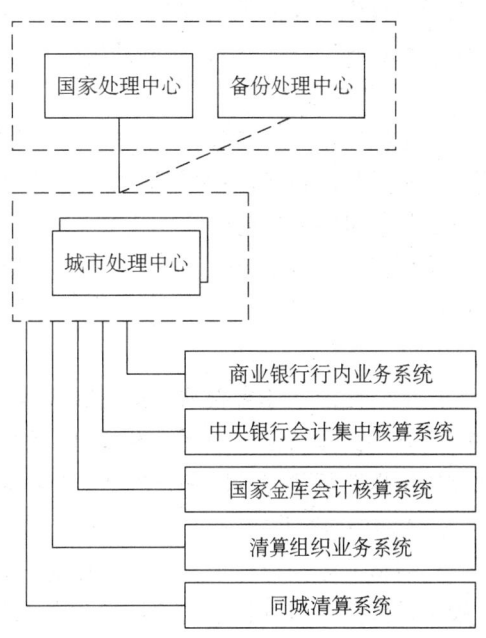

图 3-9 小额批量支付系统拓扑结构

小额批量支付系统是以国家处理中心为核心,以城市处理中心为接入节点的两层结构,并与大额实时支付系统在同一支付平台上运行。其中,商业银行行内业务系统、中央银行会计集中核算系统、国家金库会计核算系统、清算组织业务系统、同城清算系统通过城市处理中心接入小额批量支付系统;国债、银联、外汇、城商行汇票处理系统不接入小额批量支付系统,只处理大额支付业务。

小额批量支付系统处理的基本业务类型可分为贷记业务、借记业务和信息类业务。其中,贷记业务又分为普通贷记业务、定期贷记业务和实时贷记业务;借记业务又分为普通借记业务、定期借记业务和实时借记业务。

1. 普通贷记业务

普通贷记业务指付款行向收款行主动发起的付款业务,主要包括规定金额以下的汇兑、委托收款的划回、托收承付的划回以及国库贷记汇划等业务。普通贷记业务批量组包,批量发送。

2. 定期贷记业务

定期贷记业务指付款行依据当事各方事先签订的合同(协议),定期向指定的收款行发起的批量付款业务,如银行代付工资、养老金、保险金,国库各类款项的批量划拨,银联代理收单机构清算商户资金,代收付中心发起的定期代付业务等。其特点是单个付款人同时付款给多个收款人。定期贷记业务批量组包,批量发送。

3. 实时贷记业务

实时贷记业务指收款行接受付款人委托主动发起的实时汇款业务。实时贷记业务逐笔发起,单笔组包,根据收款行返回的回执进行轧差处理。实时贷记业务主要包括个人跨行通存业务、国库实时缴税、代收付中心发起的实时代付业务等。实时贷记业务处理包括发起业务阶段和处理业务回执阶段。

4. 普通借记业务

普通借记业务指收款人委托收款行向付款人开户银行主动发起的收款业务,包括中国人民银行机构间的借记业务、国库借记汇划业务、支票截留业务等。普通借记业务批量组包,批量发送。普通借记业务处理包括发起业务阶段和处理业务回执阶段。

5. 定期借记业务

定期借记业务指收款行根据当事各方事先签订的合同(协议),定期向指定的付款行发起的批量收款业务,主要包括水、电、煤气、电话费、物业管理费等公共事业费用的代收业务以及代收付中心发起的定期代收业务。其业务特点是单个收款人向多个付款人同时收款。定期借记业务批量组包,批量发送。定期借记业务处理包括发起业务阶段和处理业务回执阶段。

6. 实时借记业务

实时借记业务指收款行接受收款人委托发起的,将确定款项实时借记指定付款人账户的业务。实时借记业务逐笔发起,单笔组包,依据付款行确认回执进行轧差。实时借记业务处理包括发起业务阶段和处理业务回执阶段。

7. 信息类业务

信息类业务指利用支付系统作为信息通道,由各参与者互相发起和接受的,不需要支付系统提供资金清算服务的信息发送与接收业务,主要包括支票圈存、解除圈存及应答信息,商业银行向代收付中心发起的缴款信息查询及应答,发票打印申请及应答等信息业务。支付系统接收参与者发送的各类信息,经由所在国家处理中心实时转发。

三、全国支票影像交换系统

全国支票影像交换系统是综合运用影像、支付密码等技术,将纸质支票转化为影像和电子信息,实现纸质支票截留,并利用信息网络技术将支票影像和电子清算信息传递至出票人开户行进行付款,实现支票全国通用的业务处理系统。全国支票影像交换系统于2006年12月18日试运行,自2007年6月25日起推广至全国。它是中国人民银行继大额实时支付系统和小额批量支付系统之后建设的又一重要金融基础设施。

全国支票影像交换系统只负责影像信息交换,参与者包括银行和票据交换所。该系统采用两级两层结构,第一层是影像交换总中心,第二层是影像交换分中心。总中心负责接收、转发跨分中心的支票影像信息;分中心负责接收、转发同一区域内的支票影像信息,并向总中心发送和从总中心接收跨分中心的支票影像信息。全国支票影像交换系统结构如图3-10所示。

全国支票影像交换系统具有影像业务处理功能、信息管理功能和运行控制功能。其中,影像业务处理功能包括影像业务的识别、接收、发送和登记等;信息管理功能包括影像业务

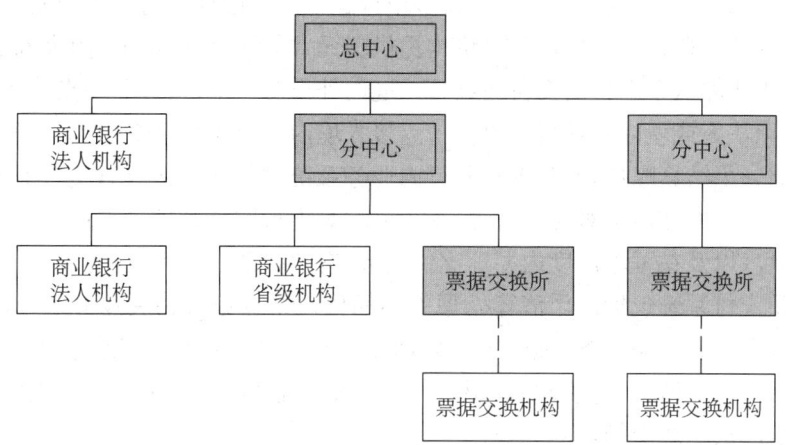

图 3-10　全国支票影像交换系统结构

及其信息的存储、备份、统计、计费、查询查复以及对公共数据的统一管理、维护和分发等；运行控制功能包括对系统运行流程和状态的自动、手动控制与切换等。

四、境内外币支付系统

境内外币支付系统是为我国境内的商业银行和外币清算机构提供外币支付服务的实时全额支付系统。该系统由中国人民银行牵头建设，由清算总中心集中运营，直接参与机构等单一法人集中接入，采用"Y"形信息流结构，如图 3-11 所示。其中，外币清算处理系统负责对支付指令进行接收、清算和转发，代理结算银行相关业务系统负责对支付指令进行结算。

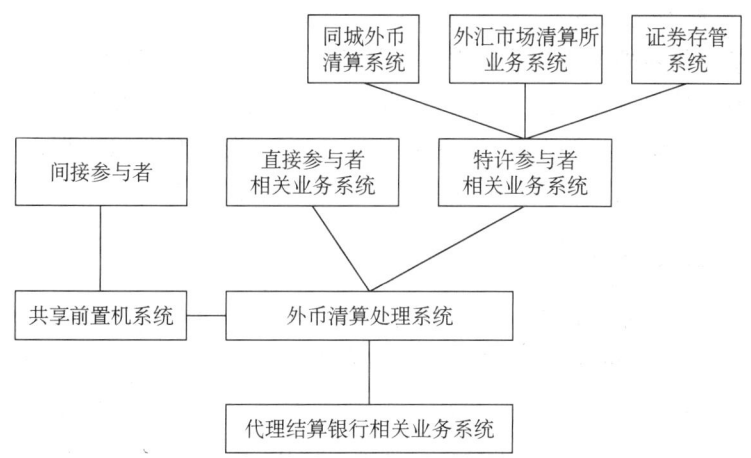

图 3-11　境内外币支付系统结构

2008 年 4 月 28 日，我国境内外币支付系统成功上线试运行，港元清算业务率先开通，随后，英镑、欧元、日元等外币支付业务相继开通，美元支付系统也于同年 7 月 24 日正式开通。这是中国人民银行为完善我国支付体系采取的又一重要举措，对进一步加强我国金融基础设施建设、适应和促进我国经济金融改革发展以及外汇管理体制改革具有重要的意义。

境内外币支付系统是我国第一个支持多币种运行的全国性银行间外币实时全额结算系统，为我国境内的商业银行和外币清算机构提供美元、港元、日元、欧元、澳大利亚元、加拿大元、英镑和瑞士法郎八个币种的支付与结算。境内外币支付系统采用"一点接入，一个账户"架构，即银行以法人或境内管理行为单位一点接入境内外币支付系统，相应币种只需在代理结算银行开立一个结算账户，参与者对其行内业务系统发起行或接收行实行资金统一管理。该系统参照国际标准和惯例对支付流程、系统风险等进行监督管理，通过对参与者设置圈存资金、授信额度，以及在可用额度内办理支付业务，有效防范了信用风险。

境内外币支付系统包括外币清算处理中心和代理结算银行相关业务系统，连接各直接参与者和特许参与者相关业务系统，主要处理支付类业务和信息类业务。支付类业务是指由外币清算处理中心清算和代理结算银行结算的资金收付业务，主要包括境内跨行贷记业务、轧差净额业务、付款交割业务。

1. 境内跨行贷记业务

境内跨行贷记业务是指境内付款银行向境内收款银行主动发起的付款业务。境内跨行贷记业务的范围主要限于国家外汇管理局规定可以外币进行计价结算，收款人和付款人均在中国境内的外汇划转项目。境内跨行贷记业务包括普通贷记业务、转汇业务和退汇业务。

2. 轧差净额业务

轧差净额业务主要是指特许参与者提交的多边业务。为防范流动性风险，境内外币支付系统对特许参与者发起的轧差净额业务实行时序控制，即特许参与者发起轧差净额业务的截止时间将早于系统的支付业务时间。

3. 付款交割业务

付款交割业务是指证券存管机构为同时完成债券交割与资金结算发起的支付业务。

4. 信息类业务

信息类业务是指将外币清算处理中心作为信息通道，无须外币清算处理中心清算和代理结算银行结算的信息发送与接收业务，主要包括转汇信息业务、查询查复业务、撤销申请业务、退汇申请业务、退汇应答业务、圈存资金调整业务、授信额度调整业务、通用信息业务等。参与者发送的各类信息由外币清算处理中心实时转发。

五、电子商业汇票系统

为进一步推动国内票据业务和票据市场的发展，便利企业支付和融资，支持商业银行票据业务创新，在充分调研论证的基础上，中国人民银行于2008年1月决定组织建设电子商业汇票系统。该系统于2008年6月正式立项，之后在北京、上海、山东、深圳四地投产试运行，并于2010年6月28日推广至全国。该系统是依托网络和计算机技术，接收、登记、转发电子商业汇票数据电文，提供与电子商业汇票货币给付、资金清算行为相关的服务并提供纸质商业汇票登记、查询和商业汇票（含纸质、电子商业汇票）公开报价服务的综合性业务处理平台。电子商业汇票系统的建立，大大降低了票据操作风险，同时为金融机构统一管理票据业务提供了基础平台和技术手段。

由中国人民银行建设并管理的全国电子商业汇票系统的建成和运行，标志着我国票据市场迈入电子化时代。电子商业汇票系统运行以来，顺利实现了业务全流程办理，商业银行基本确立了电子票据业务处理模式,全国电子票据业务呈现良好发展势头。商业汇票是主要的票据品种之一,兼具支付结算和短期融资功能,可以满足企业支付需要、拓宽融资渠道、降低财务费用、提高商业银行支付服务水平、强化资产负债管理以及丰富中央银行货币政策手段。

电子商业汇票系统由一个核心功能模块——电子商业汇票业务处理模块以及两个辅助功能模块——纸质商业汇票登记查询模块和商业汇票转贴现公开报价模块组成,如图 3-12 所示。

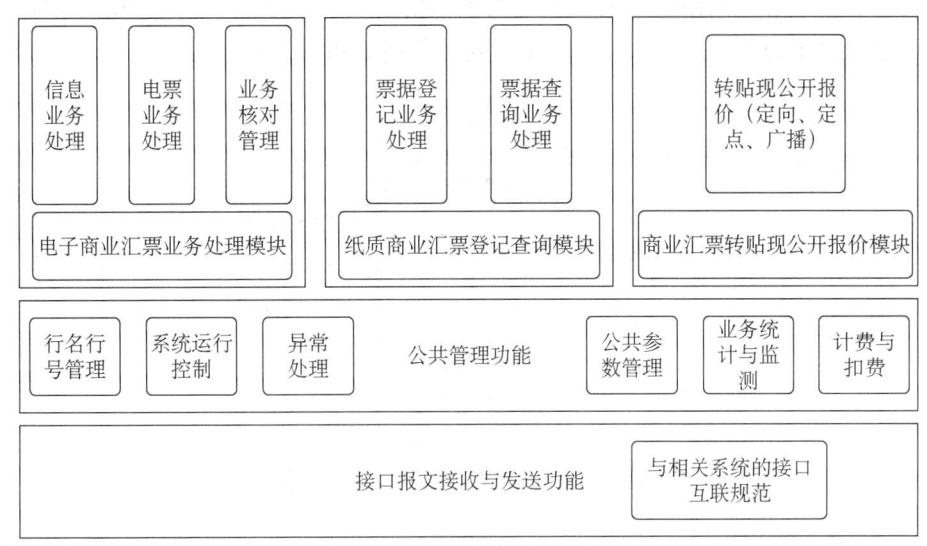

图 3-12　电子商业汇票系统功能模块

电子商业汇票业务处理模块是电子商业汇票系统的核心模块,通过该模块,电子商业汇票系统可为各银行客户签发的电子商业汇票实行集中登记存储,并提供互联互通的流通转让平台,实现电子商业汇票出票、承兑、背书、保证、提示付款、追索等业务流程的电子化。同时,电子商业汇票系统与银行、财务公司行内系统及中国人民银行的现代化支付系统连接,可实现电子商业汇票贴现、转贴现、再贴现等融资交易和提示付款的即时转账结算,同步完成票据融资交易的交割,实现票款对付(delivery versus payment,DVP)。

纸质商业汇票登记查询模块能够实现票据登记业务处理和票据查询业务处理。它能够为纸质商业汇票承兑、贴现、转贴现、再贴现、质押、质押解除、挂失止付等票据行为提供登记查询服务,实现纸质商业汇票票面信息的集中登记存储,便利纸质商业汇票的贴现、质押业务查询。

商业汇票转贴现公开报价模块能够实现电子商业汇票和纸质商业汇票转贴现公开报价,为银行、财务公司进行询价交易提供信息。

六、网上支付跨行清算系统

网上支付跨行清算系统作为第二代支付系统的子系统,于 2010 年 8 月 30 日先期投入运行,并于 2011 年 1 月 24 日推广至全国。网上支付跨行清算系统是一个净额延时支付系统,主要支持网上跨行零售业务的处理。该系统支持商业银行以及经中国人民银行批准的非金融支付服务机构接入,并向客户提供24小时全天候支付服务。该系统采取定场次清算的模式,设置贷记业务金额上限,与大额实时支付系统共享一个清算账户。网上支付跨行清算系统采取实时传输及回应机制,可处理网银贷记业务、网银借记业务、第三方贷记业务、跨行账户信息查询以及在线签约等业务。客户可以通过商业银行的网上银行足不出户地办理多项跨行业务,并及时了解业务的最终处理结果。

网上支付跨行清算系统以网银跨行处理中心为核心,各参与者以直连方式集中一点接入网银跨行处理中心。网银跨行处理中心与大额实时支付系统国家处理中心、小额批量支付系统国家处理中心共享基础数据。网上支付跨行清算系统关系结构如图3-13所示。

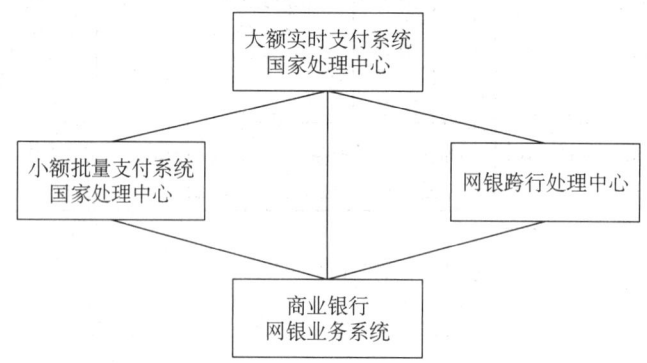

图3-13 网上支付跨行清算系统关系结构

网上支付跨行清算系统处理的业务分为支付类业务和信息类业务。支付类业务主要包括网银贷记业务、网银借记业务和第三方贷记业务。其中,网银贷记业务和网银借记业务只能由商业银行办理;第三方贷记业务可以由商业银行或非金融机构办理。信息类业务主要包括账户信息查询业务、授权支付协议签约/解除业务和账户信息查询协议签约/解除业务。

1. 网银贷记业务

网银贷记业务指由客户通过付款行发起,经网上支付跨行清算系统向收款人主动汇款的业务,主要应用于网上银行转账汇款和缴费等。客户(付款人)可以通过网银贷记业务办理跨行转账、汇款、自助缴费、信用卡还款、网上购物等多种跨行支付业务,并及时了解业务处理的最终结果。网银贷记业务具有逐步发送、实时轧差、定时清算的特点,发起方可实时获得业务最终处理结果。网银贷记业务流程包括两个阶段:发起业务阶段和处理业务回执阶段。

2. 网银借记业务

网银借记业务指由收款人通过收款行发起,根据授权支付协议借记付款人账户的扣款业务。客户(收款人)可以通过网银借记业务办理实时代收费(如水费、电费等公共事业收费)、自动还款(如信用卡自动还款)以及基金定投等网上跨行支付业务。网银借记业务具有逐笔发送、实时轧差、定时清算的特点,发起方可实时获得业务最终处理结果。网银借记业务流程包括两个阶段:发起业务阶段和处理业务回执阶段。办理网银借记业务时,收款人、付款人及其开户银行须事先签订支付协议。

3. 第三方贷记业务

第三方贷记业务指提供支付服务的商业银行或非金融机构(以下统称第三方机构)接受客户的委托,通知付款行(付款人开户行)通过网上支付跨行清算系统向收款行主动汇款的业务。第三方机构可以接受付款人的委托,也可以接受收款人的委托,其中,付款人委托第三方机构办理的第三方贷记业务主要应用于资金汇划、缴费、信用卡还款等支付行为;收款人委托第三方机构办理的第三方贷记业务主要应用于代收费单位从付款人账户上扣收水费、电费、燃气费等公用事业费用及其他费用,以及第三方机构依据持卡人账户进行信用卡还款等。第三方贷记业务具有逐笔发送、实时轧差、定时清算的特点,发起方可实时获得业务最终处理结果。第三方贷记业务流程包括三个阶段:处理信息阶段、发起业务阶段和处理业务回执阶段。

网上支付跨行清算系统是一个安全高效的公共支付清算服务平台,可以处理规定金额起点以下的网银支付业务。该系统采取逐笔实时处理和反馈机制,能够有效地支持基于电子银行、电子商务的多种零售支付业务和信息服务业务,并满足社会公众日益多元化的支付需求。该系统针对网上支付跨行清算系统采用净额清算资金、业务转发和资金清算不同步的特点,采取净借记限额管理机制控制信用风险,确保系统安全、稳定运行。为便于业务收费管理,网上支付跨行清算系统建立了单独的计费模块,实现了对参与者办理网上支付业务、信息服务业务的计费功能,支持网银业务计费及扣费。同时,为调动参与者办理业务的积极性,该系统还应支持按不同业务种类向特定参与者分润。为适应电子银行居家服务、全天候支付的特点,网上支付跨行清算系统实行 24 小时全天候连续运行,提供全时高效的支付清算服务。此外,网上支付跨行清算系统采用通用性较强的报文标准,以适应新兴电子支付业务种类多、发展创新快的特点。

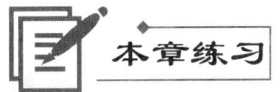
本章练习

一、名词解释

支付   清算   结算   支付体系   HVPS   BEPS   CIS   CDFCPS
ECDS   IBPS

二、简答题

1. 根据支付过程的组成可将支付活动可以分为哪三类?具体是什么?
2. 简述支付过程中清算和结算的区别。
3. 中国支付体系由几部分组成?经过多年的发展,中国支付体系形成了怎样的格局?
4. 中国支付清算系统的演变过程经历了哪些阶段?
5. 央行支付清算系统的组成包含哪些子系统?各自发挥怎样的作用?
6. 全球有哪些大额实时支付系统?我国大额实时支付系统可处理哪些业务?

7. 网上支付跨行清算系统如何为参与者提供安全高效的公共支付清算服务?

三、案例分析题

详细阅读导入案例并查阅相关资料,回答如下问题。

1. SWIFT 是一个什么样的国际组织,能为成员国提供哪些服务,它为何要在中国成立子公司并加入中国支付清算协会?

2. 我国支付清算系统在国际合作中有哪些对应的子系统,它们提供怎样的功能服务?

第二篇

金融支付的表现形式

第四章　电子银行与支付

　　随着经济的发展,金融业成为一个国家的经济命脉。银行作为金融业的主体,在国民经济发展中起着重要的作用。互联网技术的兴起及发展,极大地改变了传统金融的业务流程,同时,计算机网络、计算机技术、通信技术等为银行电子化的发展提供了重要的技术支持。本章详细论述了电子银行的概念、产生背景和基本分类,并详细说明了网上银行、手机银行和自助银行的定义、功能特点和应用模式,给出了网上银行系统的安全性和易用性分析。

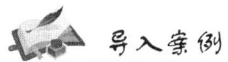 导入案例

富 国 银 行

　　富国银行(Wells Fargo)是一家提供全能服务的银行,业务范围包括社区银行、投资和保险、抵押贷款、专门借款、公司贷款、个人贷款和房地产贷款等。截至 2019 年年底,富国银行的总资产规模高达 1.98 万亿美元,是美国第三大银行,也是美国排名第一的抵押贷款发放者和小企业贷款发放者,拥有全美最好的网上银行服务体系。富国银行是美国唯一一家获得穆迪 Aaa 级和标准普尔 AAA 级两项最高信用评级的银行。

　　富国银行于 1989 年开始为客户提供网上银行服务,到 1995 年 5 月正式发展成为网上银行。目前,富国银行已拥有全美最好的网上银行服务体系,是网上银行的领导品牌。富国银行网上银行的发展和完善,基于其在技术构建、产品功能升级以及增强用户体验上的成功。在技术构建上,富国银行采用 TCP/IP 作为各分行网间的通信协议,并且建立了防火墙。随着家庭使用电脑的用户比例急速上升,越来越多的顾客开始接触互联网并使用网络服务。因此,富国银行开始以个人电脑作为电子商务的解决方案,于 1994 年建立了富国银行资讯网站,并于 1995 年开始通过互联网提供线上银行服务。

　　为解决交易安全问题,富国银行与网景公司合作,解决了网上银行交易的安全性问题,即保证客户离线之后,其电脑硬盘里不会保存有任何的交易记录。当微软推出 IE 浏览器时,富国银行又与微软合作,把所有顾客的资讯都经过编码处理,以便在顾客临时有事离开电脑时确保他们的隐私权。此外,富国银行还通过强大的防火墙功能随时监控网上交易,预防不正常交易的发生。

　　富国银行十分重视网上银行新架构的基础建设,以便顾客通过网上银行进行各式各样的交易。1996 年,富国银行实现了线上不同账户间转账、线上支付信用卡账单等功能,且顾客可以自由选择各种还款方式,如一次付清或循环还款。1998 年,富国银行已经有能力提供线上申请贷款的服务,而且开通了自动账单明细功能。当顾客发现账单上的任何一项明

细有问题的时候,可以直接发送电子邮件提出疑问。这种新方式的成本也远低于从前的纸上作业。

富国银行还将传统的信用卡逐步升级至智慧卡,以便为顾客提供更多样的信用服务。例如,智慧卡可以结合密码或指纹等其他认证方式,通过网络进行更加安全的金融交易;用户可以在智慧卡上储值,用于小额支付。

此外,富国银行十分重视用户体验:重视应用入口网站建设和打造互动性银行。

1. 重视应用入口网站建设

所谓应用入口网站,就是链接其他网站的中转站。富国银行十分重视在入口网站上增加搜索引擎类目的性服务,以满足用户的多样化需求。例如,富国银行与美国花艺公司合作,为线上顾客提供买花、送花服务等。

2. 打造互动性银行

由于到富国银行网站的顾客都有一个共同点——重视财务管理,所以富国银行十分重视为顾客提供一些关于理财规划、财务管理以及投资的资讯和服务,并通过创建客户需要的社区加强客户的这种共同兴趣,以此来增加网站的价值。

富国银行网上银行体系的发展过程有以下经验值得借鉴:第一,富国银行在技术上重视客户关系管理系统的搭建,重视网站建设,以保证网上银行的安全性;第二,富国银行十分重视产品功能的持续升级,如不断增强网站功能,实现自动账单明细功能,将信用卡升级到智慧卡等;第三,富国银行十分重视客户忠诚度的培养,通过与其他商户合作,为顾客提供便利性服务,打造互动社区。

富国银行电子银行业务分为个人电子银行和企业电子银行两部分。其中,个人电子银行主要具有个人网银账户管理、理财与支付、自动生成定制报告、在线安全管理以及免费手机银行五大功能;企业电子银行具有账户管理、支付、财务管理以及免费信息资源提供等功能。

富国银行非常重视维护优质客户资源,通过建立客户分类系统,在现有的优质客户中发现其共同特点,并寻找符合这些特点的潜在优质客户。此外,富国银行还通过推进交叉销售来维护这些优质客户资源,并通过不断提高自身服务质量建立高效的销售管理系统,使购买多项产品的高净值客户得到价格上的优惠和使用上的便利。

资料来源:艾瑞智慧.外国电子银行案例分析——富国银行[EB/OL].(2010-05-12)[2019-12-20]. http://news.iresearch.cn/Zt/119918.shtml.

第一节　电子银行概述

一、电子银行及电子银行业务的概念

电子银行是指以网络为媒介,客户使用个人电脑、固定电话、移动电话、掌上电脑等各类接入设备,自助办理银行业务的新型服务手段;电子银行可为客户提供全方位的金融服务。

2001 年 5 月,巴塞尔银行监管委员会发布的《电子银行的风险管理原则》将电子银行业务定义为:"持续的技术革新和现有的银行机构与新进入市场的机构之间的竞争,使得从事零售和批发业务的客户可以通过电子的销售渠道获得更为广泛的银行产品和服务。"国际清算银行认为,电子银行业务泛指银行利用电子化网络和通信技术从事与银行业相关的活动,即通过电子渠道提供银行产品和服务。电子银行业务的办理过程,实际上是电子货币应用的一种具体表现。就现阶段而言,电子货币以既有的实体货币(现金或存款)为基础而存在,具备价值尺度和价值储藏手段职能,而且能与实体货币进行等比率交换。电子货币的出现极大地突破了现实世界的时空限制,但是,作为支付手段,大多数电子货币不能脱离现金或存款,只是用电子化方法清偿债权债务,实现结算。电子货币的价值储藏手段职能体现为基于各种卡的"电子钱包"和基于网络技术的"数字化现金"。

电子银行业务涵盖的范围比较广泛,各界对电子银行业务的界定并不统一。根据中国银行业监督管理委员会 2006 年 3 月 1 日施行的《电子银行业务管理办法》的有关定义,电子银行业务是指商业银行等银行业金融机构利用面向社会公众开放的通讯通道或开放型公众网络,以及银行为特定自助服务设施或客户建立的专用网络,向客户提供的银行服务。电子银行是一种新型的银行服务方式或渠道,使用户只要通过电脑、电话、手机、ATM、POS 机等电子终端,就可以方便地获得账户查询、转账汇款、缴费、网上购物、外汇买卖、国债、基金、保险、股票等多方位的金融服务。

《电子银行业务管理办法》指出,电子银行业务包括利用计算机和互联网开展的银行业务,利用电话等声讯设备和电信网络开展的银行业务,利用移动电话和无线网络开展的银行业务,以及其他利用电子服务设备和网络,由客户通过自助服务方式完成金融交易的银行业务。电子银行概念的提出是从网上银行普及开始的,目前,各银行已经普遍建立了电子银行业务渠道体系,使 IT 技术(特别是计算机技术)渗透到银行的业务、管理和决策中。

自 20 世纪 70 年代我国银行业推行电子化进程以来,我国电子银行系统和业务已经取得了令人瞩目的进展。尤其是进入 90 年代以后,我国电子银行业务发展进入快车道并已初具规模,在某些产品功能和客户服务等方面已不亚于国外商业银行。在国内,中国工商银行是最早提出电子银行这一概念的银行之一。早在 2000 年,工商银行就推出了领先的网上银行、电话银行、手机银行服务,并旗帜鲜明地将这些服务归为一类,统称为电子银行服务。到目前为止,电子银行已经成为工商银行为客户提供金融服务的重要渠道,占全部业务量的比重高达 25% 以上,而且仍在快速增长之中。电子银行之所以受到客户青睐,关键在于它的方便、快捷、安全,具有传统网点服务无可比拟的优势。比如,电子银行不受时间和场地的限制,可以 7×24 小时随时随地获得服务,不必为缴费、工资查询、汇款等奔波于银行之间;电子银行无须填写各类存款单、取款单等纸质凭证,只要通过点击鼠标或拨打电话等方式就可以享受到快捷的金融服务;电子银行还能够提供许多传统网点无法提供的服务,如网上购物、自动转账、家庭理财等。

二、电子银行业务的特点

电子银行业务的特点如表 4-1 所示。

表 4-1　电子银行业务的特点

特点	具体说明
"3A"服务	真正实现了"3A"(anytime、anywhere、anyway)服务,即只要有网络的地方随时随地均可以进行账务处理
客户自助服务	原先由银行柜员服务的模式改变为客户自助服务模式
低成本	交易无纸化,节约物料成本;客户操作自助化和业务处理自动化,节约了银行人力成本和原本要投资于网点建设的巨额资金
高效率	方便客户,客户足不出户即可享受到银行服务,速度快,效率高
虚拟网络	不设分支机构,没有实体网点的依托,全部银行业务都是在互联网和电话网络上完成,具有网络化、无形化、信息化、国际化等特点
良好的客户体验	满足客户个性化需求,为客户提供高品质的金融服务

三、电子银行的分类

1. 电话银行

电话银行通过电话这种现代化的通信工具把用户与银行紧密相连,使用户不必去银行网点,无论何时何地,只要通过电话就能够得到银行提供的一些金融服务,如账户往来交易查询、利率查询、密码修改等。

2. 网上银行

网上银行是一种虚拟银行,属于电子银行的高级形式,即银行利用互联网使客户无论在任何时间、任何地点都可以得到多方面、个性化的金融服务。它的出现提高了银行的工作效率,降低了银行的管理费用。

3. 手机银行

手机银行是指银行将无线通信技术与银行业务相结合,将银行业务连接到手机上,使客户通过移动支付终端就能完成金融交易。

4. 自助银行

自助银行是银行利用现代通信和计算机技术,为客户提供智能化程度高、不受营业时间限制的 24 小时全天候金融服务,其全部业务流程在没有银行人员协助的情况下完全由客户自己完成。

第二节　电　话　银　行

一、电话银行的发展

电话银行是 20 世纪 80 年代末出现的一种新型银行服务系统,它通过先进的计算机技术、通信技术和数字与语言转换技术,采用预先分配用户编号和个人密码控制,充分利用电话在时间上的及时性和空间上的无限性,为客户提供诸如查询、密码修改、挂失、转账等金融服务,是当今最先进的金融服务工具之一。

以电话为介质开发的电话银行综合服务系统,集成了信用卡、储蓄、对公存款和商户四大模块,使电话银行客户只要拨通专线电话,就可以在电话语音的提示下,通过"对话"方式获得所需的金融信息,完成所需的金融服务,具有快捷、简便、高效、安全等特点。

二、电话银行的系统构成及功能

电话银行系统利用计算机与电话集成技术(computer telephone integration,CTI),通过电话自动语音应答和人工服务等方式为客户提供多种金融服务。它涉及多种技术和设备,其结构如图4-1所示。

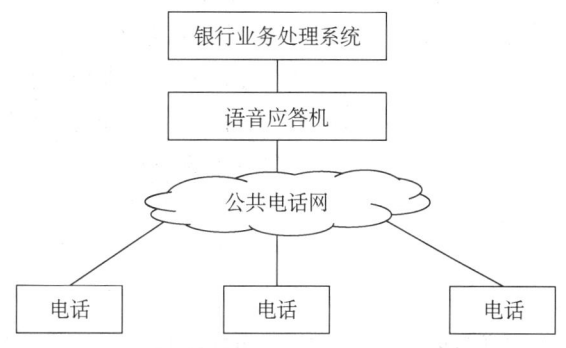

图4-1 电话银行系统结构

电话银行系统中的银行业务处理系统与通常的电子银行业务处理系统并没有很大的变化,只是通过一台语音应答机来完成数字和语音的转换。因此,电话银行中最关键的设备是语音应答机。

语音应答机由计算机、以太网卡、语音卡和传真卡组成,主要完成电话用户的电话接入、主叫识别、按键识别、语音播放、传真处理等功能。目前,银行通常采用交互式语音回应设备(interactive voice response,IVR)做语音应答机。IVR作为银行主机和客户用电话机之间的一道桥梁,客户只要通过电话接通银行主机就可进行数据查询和财务处理。

电话银行语音质量的好坏依赖于IVR,它作为连接电话与计算机的中介,一方面扮演"电话接线生",接受客户通过电话键入的各种请求,另一方面把客户程序的执行结果以人类语言的方式回送给客户。客户用电话接通电话银行系统后,IVR会自动到银行主机系统数据库中查找相关的数据,并依据客户输入的指令进行指定的作业。在电话银行系统中,各种银行服务直接由银行主机系统完成,无须银行柜员操作,从而提高了银行的服务效率。

目前,这种电话银行系统主要提供包括对公业务、储蓄业务、国际业务、信用卡业务、商户业务、各种查询业务以及代收费、银行金融信息发布、投诉留言和证券转账等多项银行业务。具体来说,电话银行可提供的业务包括:①对公业务的余额、发生额查询,修改密码,传真对账单,转账,支票挂失和到款通知;②储蓄业务的余额、发生额查询,修改密码,代收费,转账和口头挂失;③信用卡的卡卡转账、信用卡与储蓄账户之间的转账;④银行、证券资金的转入、转出和转账明细查询;⑤各种代缴费业务和查询各种代缴费业务;⑥各类查询,如银行业务介绍、银行存贷款利率、外汇利率、各种费率、营业网点分布、特约商户分布、银行业务申办程序等。

第三节　网　上　银　行

一、网上银行的概念与特点

（一）网上银行的概念

网上银行（internet bank）又称网络银行或在线银行，是指银行利用互联网技术向客户提供服务的平台。它的主要服务内容有账户管理、交易查询、交易对账、行内转账、跨行转账、投资理财、网上信贷、网上支付等。通过网上银行，客户可以足不出户、安全便捷地进行转账、投资理财、支付结算等活动，可以说，网上银行是在互联网上的虚拟银行柜台。

网上银行的应用类型有两种。一种是完全基于互联网的无实体网点的电子银行，即虚拟银行，这种网上银行完全采用互联网等技术服务手段与客户建立密切的联系，提供全方位的金融服务。1995年10月18日，美国安全第一网络银行（Security First Network Bank，SFNB）在网络上开业，标志着世界上第一家无营业网点的虚拟银行开始营业。它的营业厅就是网页画面，银行员工的主要工作就是对网络进行维护和管理。另一种是将传统柜面业务延伸到互联网上的传统银行，即利用互联网作为新的技术服务手段为客户提供服务，这是目前网上银行的主要形式，也是绝大多数商业银行采取的网上银行发展模式。

我国网上银行的发展历程大概可以分为以下四个阶段。

（1）银行网站阶段：网上银行仅提供账户查询等简单信息类服务，服务内容单一。

（2）银行上网阶段：银行致力于将柜面业务迁移到网上银行，服务内容增加了转账支付、缴费、网上支付等。

（3）因需而变阶段：银行服务内容从以产品为中心转变为以客户为中心，传统银行的网上银行服务部分占比越来越大。

（4）移动互联网阶段：网上银行逐步向移动互联网发展，各大银行先后推出网上银行客户端App软件。

目前，我国网上银行可提供的金融服务主要包括两方面：一是基础服务；二是增值服务。

（1）基础服务是指网上银行向客户提供的基础性电子化金融服务。银行金融服务的电子化和规模化大大提高了经济效益，摆脱了时空的限制，而且还为客户提供了安全可靠的网上支付服务。

（2）增值服务主要体现在金融服务品种的多元化和品牌化两个方面。银行业务品种多元化是网上银行金融服务的优势。目前，网上银行所提供的增值服务包括：①在线交易，包括开户、存款、支付账单、转账、贷款、保险及通过经纪人购买各种金融商品；②各类信息，包括静态信息、动态信息和账户信息；③新型服务，包括向客户提供投资咨询、股票分析等。此外，网上银行提供的增值服务还体现在金融服务的品牌化上。现在人们越来越重视对品牌的选择，因为品牌代表着商家的信誉。同样，在选择网上银行时，人们也对传统的老牌银行情有独钟，因为它们比新创立的银行具有更深厚的企业文化基础和更高超的市场营销策划能力，也更有实力为用户提供更方便、快捷的金融服务。

（二）网上银行的特点

1. 全面实现无纸化交易

网上银行出现后，以前使用的纸质票据和单据大部分被电子支票、电子汇票和电子收据所代替，原有的纸币被电子货币，即电子现金、电子钱包、电子信用卡所代替，原有纸质文件的邮寄变为数据文件的传送。

2. 服务方便、快捷、高效、可靠

通过网上银行，用户可以享受到方便、快捷、高效和可靠的全方位金融服务，即任何时候都可以使用网络银行的服务，不受时间、地域的限制。

3. 经营成本低廉

由于采用了虚拟现实信息处理技术，网上银行不需设置物理的分支机构或营业网点，减少了人员费用，降低了银行服务的成本。

4. 简单易用

网上银行依托互联网设备，重视客户体验，使客户通过网络就可完成原本复杂的各项银行服务。

二、网上银行系统的分类

网上银行系统一般分为企业网上银行系统、个人网上银行系统、信用卡网上银行系统、网银内部管理系统、柜面签约系统。

（一）企业网上银行系统

1. 企业网银的概念及特点

企业网上银行简称企业网银，是指银行以互联网为主要媒介，为一般企业和集团企业提供的各项自助金融服务的一种业务模式。一般企业客户和集团企业客户都需要在银行营业网点通过柜面签约系统办理签约，才能进行企业网银系统的各项操作。

普通企业客户通过企业网上银行系统，可以进行账户管理、账户查询、转账汇款、代收代付、费用报销、定活互转、票据结算、网银互联、电子商务、汇票服务、投资理财、国际结算、资产托管、供应链融资等交易。集团企业客户除了享受普通企业客户的服务外，还可以通过企业网上银行对子公司的账务进行实时监控，并在集团公司内进行资金调拨，完成集团资金的上拨下划、分公司之间划款及分公司账户对外支付等操作。

企业网上银行具有安全可靠、灵活方便、高效快捷、节约成本的特点。首先，银行可以根据客户财务管理安全性的需要，通过各项安全控制手段将企业财务管理安全准则贯彻到网上银行服务之中；其次，客户可以通过企业网上银行对整个资金结算网络进行灵活配置，以最快的速度适应企业变化和业务发展要求。例如，企业网银个性化的授权模式定制、批量交易委托、严格锁定收款人等服务功能，可以满足企业灵活的资金汇划需求；企业网银的第三方存管、银期转账、资产托管服务可以帮助企业及时把握投资机会，实现收益增长。此外，企业网银还可以减轻客户的手工劳动强度，减少人为差错，节约时间、成本，提高工作效率。

2. 企业网银的服务渠道

企业网上银行提供服务的渠道有两种：浏览器渠道与银企对接渠道。浏览器渠道即企业通过浏览器访问银行网站，登录网上银行即可享受账户管理、转账汇款、代收代付等各项企业金融服务。银企对接渠道指企业将财务系统或 ERP 系统与银行的网上银行系统进行直接对接,企业财务人员通过操作 ERP 或财务系统即可完成双方数据传输并获得银行各项企业金融服务。

企业网上银行可为不同客户群体提供查询对账、现金管理、集团理财等服务,为不同需求的企业客户提供安全、优质、高效的全方位服务。以中国银行为例,其企业网银服务在满足不同企业客户需求的基础上推出了财政公务卡服务。此外,中国银行还依托国际业务以及全球服务网络的优势,推出了海外本地版服务、全球跨境版服务等多种网银服务版本供企业客户选择。

随着我国中小企业的蓬勃发展,国内多家银行针对中小企业自身规模较小、企业账户数和操作员人数较少,授权流程简单的特点,推出了企业网上银行中小企业版服务。在提供各类网银金融服务的同时,为中小企业专门提供便利、快捷的企业网银服务,帮助中小企业提高财务管理效率,实现财富与价值的增值。例如,中国银行企业网银中小企业版提供 4 项默认服务(账户管理、对账服务、便捷服务、服务设定)及 19 项服务选择,分别是:定期账户查询、跨行账户查询、转账汇划、跨行实时汇划、对私转账汇款、境内外币汇划、代发工资、其他代发、代收业务、企业第三方存管、银期转账、通知存款、定期存款、跨境汇款、外币结汇、协议付款签约、协议查询签约、B2B 支付服务、单证服务。

3. 企业网银的电子汇票服务及国际结算服务

(1)企业网银电子汇票服务。电子汇票指出票人以数据电文形式制作的,委托付款人在指定日期无条件支付确定金额给收款人或者持票人的票据。与纸质商业汇票相比,电子汇票具有以数据电文形式签发、流转以及以电子签名取代实体签章两个突出特点。例如,中国银行企业网银为企业客户上提供全流程的电子汇票服务,如出票、承兑、保证、背书转让、贴现、质押、提示付款、追索、汇票查询等。

(2)企业网银国际结算服务。企业客户可通过企业网银进行跨境汇款、外币结汇申请书、进出口单证申请并查询处理结果等业务。作为全球国际结算交易量排名第一的银行,中国银行在国际结算服务领域有着独特优势。例如,客户可以通过其国际结算的单证服务查询进口信用证、出口信用证和代收业务的清单和详细信息,可查询各类进出口提示清单,在线提交进口信用证开证申请和修改申请。

(二)个人网上银行系统

个人网上银行系统分为大众版和专业版:大众版无须柜面签约,客户直接通过输入卡号和查询密码即可登录;专业版需要在银行营业网点通过柜面签约系统办理签约后才能进行个人网上银行系统的各项操作。大众版主要面对网银非签约客户,业务功能主要包括账户查询、个人贷款试算及介绍。专业版主要面对网银签约用户,业务功能主要包括账户查询、转账汇款、定期存款、自助缴费、结售汇、电子支付、跨行现金管理、贷款管理、养老金查询以及外汇代理、纸黄金代理、基金代理、证券期货代理、记账式国债代理、贵金属代理等投资服务。

以中国银行为例,中国银行个人网上银行服务包括查询版、理财版和贵宾版服务。查询版服务只能进行账户的查询,不能进行转账汇款、投资及支付等。理财版和贵宾版服务为客户提供的服务功能包括:账户查询、电子现金、转账汇款(含预约转账)、批量转账、跨境汇款、主动收款、信用卡服务、养老金服务、外汇买卖、国债买卖、基金买卖、账户贵金属买卖、B股银证转账、第三方存管、银期转账、贵金属代理、贵金属积存、中银理财计划、网上专属理财、结构性理财、小额结售汇、贷款管理、全球账户管理、中银财互通、借记卡临时挂失、跨行现金管理、网银支付、协议支付、理财直付、银联跨行无卡支付、自助关联账户、银行本票/汇票申请、民生缴费、第三方存管预约开户、密码汇款、ATM无卡取款、预付卡充值、预约换非预制借记卡、安全保护问题设置、跨行资金归集等。中国银行个人网上银行各类金融服务的具体业务内容如表4-2所示。

表4-2 中国银行个人网银各类金融业务服务

业务类型	业务内容
查询服务	电子现金服务、账户查询、服务记录查询
转账汇款	跨行资金归集、转账管理、通知存款、预约管理、定期存款、银行本票/汇票申请、转账记录
民生缴费	预付卡充值、自助缴费
投资理财	贵金属积存、期权、双向宝(个人保证金外汇买卖业务)、中银理财计划、黄金交易、银商转账、保险查询、外汇交易、贵金属代理、基金交易
结售汇	小额结售汇
信用卡服务	信用卡申请、信用卡附属卡管理、信用卡查询、信用卡功能设定、虚拟银行卡服务、信用卡分期付款、信用卡转账还款
电子支付	网上分期付款、协议支付、网上支付、中银快付、理财直付
贷款管理	个人循环贷款、贷款提前还款测算、贷款查询
跨行现金管理	跨行现金管理
便捷服务	账户自助关联、个人设定、中银e信设置
在线预约申请开户	网点预约排队、在线预约申请开户
养老金服务	养老金业务个人账户查询
全球服务	个人全球网银账户余额查询及交易明细查询服务
民生服务	社保服务、公积金服务、银医通服务

（三）信用卡网上银行系统

信用卡网上银行系统主要分为大众版和签约版两种，其主要区别在于，签约版客户可进行金融类交易。大众版网上银行系统的功能主要包括信用卡启用、申请进度查询、客户信息查询修改、账单查询、积分查询、礼品库查询、密码管理、永久信用额度调整申请、积分兑换申请。签约版网上银行系统除了具有大众版网上银行系统的全部功能外，还具有信用卡还款、临时购汇还款申请等功能。

（四）网银内部管理系统

网银内部管理系统直接面向银行内部管理人员。通过该系统，银行管理人员可以完成查询统计、内部管理权限维护、系统参数维护、理财产品协议的管理、信息资料的维护以及网银章程协议的维护等操作。

（五）柜面签约系统

柜面签约系统直接面向银行柜面操作人员。通过该系统,银行柜面操作人员可以完成网银签约、解约、账户冻结、账户解冻、功能设置、添加删除账户、添加删除企业操作员、数字证书发放、数字证书恢复等操作。

三、网上银行系统的安全性和易用性分析

（一）网上银行系统的安全性分析

网上银行是一个直接将账户信息、交易信息、资金信息、控制信息、流程信息等整合在一起的系统,其服务对象数量众多,整个系统的运作涉及很多敏感信息,如资金、交易、商业机密、个人隐私等。与一般信息系统相比,网上银行对整个系统的安全性和可靠性有着更严格的要求。

1. 保密性

保密性是指静态信息不被非授权访问和动态信息不被截取解密。信息的保密性是网上银行系统安全的核心要求和重要保障。

2. 完整性

完整性是指信息在存储或传输时不被修改、破坏,或产生丢失、乱序等情况。信息的完整性是信息安全的基本要求。目前,许多协议采用收错重传、丢弃后续包的方法确保信息的完整性,但黑客的攻击可以改变信息包内部内容,因此,除以上方法外,还应重点考虑信息加密、签名、备份和恢复机制。信息的完整性是网上银行系统正常运转的基本保障。

3. 可靠性

可靠性是指信息的可信度,包括信息的完整性、准确性和发送人的身份真实性等。可靠性是信息安全的基本要素之一。

4. 可用性

可用性一般是指服务器和静态信息的可用性和可操作性。关键服务器的可用性将直接影响网上银行的运行效果。

为了保障网上银行系统的安全运行,银行可以从主机系统安全、网络系统安全和应用系统安全三方面采取相应的安全策略。

（二）网上银行系统的易用性分析

对于网上银行系统和网上银行产品,客户最关心的就是其易用性和安全性。在网上银行的竞争中,易用性和安全性问题将会越来越重要。因此,在网上银行系统的开发建设中,银行可以基于以下几个方面来提高产品的易用性。

（1）在业务流程上,根据客户的操作习惯,通过鼠标和键盘引发特有的事件来完成客户的操作,使系统的操作流程更加合理。

（2）在页面布局上,一是进行首页定制,尽量少用图片和特殊控件,减少页面的下载量,合理利用浏览器的缓存功能,分批下载所需的图片和脚本等;二是进行功能菜单自动定制,优化菜单结构,自定义功能菜单和快捷操作菜单。

（3）在输入、输出习惯上，一是优化页面功能，对系统页面进行全面梳理，尽可能使企业网上银行页面的输入、输出与会计凭证格式一致；二是使前后有依赖关系的页面尽可能符合业务习惯，减少客户的点击次数。

（4）在系统响应速度上，一是提高平台的响应速度，减少页面冗余信息，提高代码的质量，增强代码的可读性；二是采用关键数据重复利用、页面数据局部刷新、同步更新技术，减少页面与服务器交互的次数，减轻服务器的负载，提高客户浏览的速度。

（5）为企业客户或集团企业客户提供脱机使用的工具，便于客户将一笔复杂的交易（如代发工资和批量制单）分期分批录入，提高客户工作效率，降低客户操作强度。

（6）为客户提供简洁高效的帮助信息。例如，在网上银行的每一个界面下方都提供客户操作所必要的帮助信息，做到既能提示客户如何操作，又不至于内容过多而影响客户的操作体验。

网上银行系统作为一个银行部署在互联网上的服务渠道，其功能性、安全性、易用性三方面都要满足客户需求，任何一方面出现短板都会造成客户体验的不足，甚至会造成客户资金的损失。随着网上银行的发展，网上银行系统"以银行为中心"的理念已经被"以客户为中心"所替代，而"以客户为中心"的核心内容是关注客户体验，也就是说，网上银行未来发展的落脚点是客户体验。

第四节　手机银行

一、手机银行的定义

手机银行也称移动银行，是指银行利用手机、平板电脑和其他移动设备实现客户与银行对接，为客户办理账务查询、存款账户间转账、银证转账、证券买卖、个人实盘外汇买卖、代缴费、信息查询等金融服务的一种业务模式。手机银行是银行实现货币电子化的一种渠道，是一种将货币电子化与移动通信业务相结合的崭新的服务方式。

手机银行是我国电子银行的重要发展方向。手机具有方便携带、操作简单等特征，用户可以随时与他人沟通联系，是一种大众化的便捷通信工具。1999 年，我国首次开发手机银行业务，为用户提供账户查询、缴费、转账与证券交易信息等服务。目前，我国商业银行已基本建成由网上银行、手机银行、电话银行、自助银行等构成的全方位电子银行服务体系。

手机银行作为一个实时在线、交互便捷的交易渠道，与单纯的手机业务不同，它是基于银行账户的交易，因此，客户需要将手机与其银行账户对应绑定。同时，银行需要将金融产品以移动银行渠道的方式发布到客户手机上，但由于手机界面表达能力的限制，在手机上不可能把所有的功能一次性全部展示给客户，需要为不同客户提供不同的定制服务。此外，手机银行系统需要支持多通信服务提供商和多接入技术，图 4-2 所示即为移动银行系统网络拓扑结构示意图。

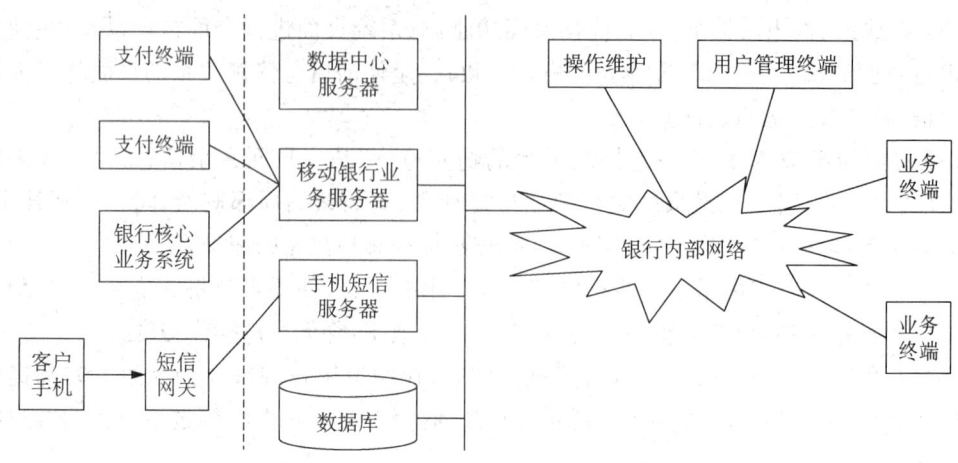

图4-2　手机银行系统网络拓扑结构

二、手机银行的系统组成

1. 集中签约系统

通过集中签约系统,实现客户信息的集中共享,为以客户为中心的服务模式提供基础,方便客户完成签约过程,降低营销成本。目前,移动银行的集中签约系统主要具有以下功能:客户信息集中管理;提供客户定制的个性化信息;产品管理功能;统一的渠道属性管理;统一的产品计费管理。

2. 业务集成系统

业务集成系统主要包含两个方面功能:对于可单独提供产品能力的服务将其通过配置进行发布;对于需要组合使用的服务提供封装服务,以达到通过配置使其以新的产品服务形态表现的目的。同时,业务集成系统根据客户预先定制签约系统中的定制信息,自动组织并完成核心产品需要的交易信息,以满足不同客户对相同金融服务的个性化需求。

3. 交互流程控制

交互流程控制包括两个部分:一是对具体渠道的协议转换;二是对签约系统中制定的产品要素流程的具体交互控制。由于非结构化补充数据业务(unstructured supplementary service data,USSD)接入模式的特性(面向实时连接)和手机终端表达能力的限制,客户在手机上对每个产品的每个交互步骤的控制均由服务提供商前置系统控制。在设计和实施中除去与移动USSD平台的短消息对等协议(short message peer to peer,SMPP)转换部分,服务提供商前置实际上是一个通用的交易交互流程控制系统,能够保持客户在具体渠道终端上的交易流程状态,并交互式再向渠道终端提供交易序列。服务提供商前置的交互流程控制通过与不同渠道的内容管理组件的配合,可以提供基于文本、语音、图形、图像等不同表现形式的业务流程,可以方便地将业务集成系统包装的产品实现在多媒体终端、电话银行、电视银行等渠道上。

三、手机银行的应用模式

手机银行以互联网为网络支持,以手机为接口设备,以IC卡为安全控制工具和交易手段,为客户提供更为方便、快捷的服务。手机银行可以分为以下几种基本模式。

1. SMS 应用模式

短信服务(short message service,SMS)是一种在移动网络上传送简短信息的无线应用,是信息在移动网络上储存和转寄的过程。通过 SMS 技术开展的移动银行服务,客户和银行使用手机短信进行业务的交互。该种方式技术基础比较成熟,但是会产生电信运营商的费用,业务服务方式单一,只能实现请求—响应的非实时业务,单次交互的信息量有限,响应时间也存在一定不确定性。

2. STK 智能卡模式

STK 是"sim tool kit"的简称,即"用户识别应用开发工具"。它包含一组用于手机与SIM 卡的交互指令,这样可以使 SIM 卡运行卡内的小应用程序,实现增值服务的目的。STK 卡与普通 SIM 卡的区别在于 STK 卡中固化了应用程序,通过软件激活提供给用户一个文字菜单界面,允许用户通过简单的按键操作实现信息检索和交易,并可以有选择性地和公开密钥基础设施结合使用,通过在卡内实现 RSA 加密算法来进行签名验证,从而增强手机交易的安全性。目前市面提供的主流 STK 卡主要有 16K、32K 和 64K 卡。

3. WAP 无线应用协议模式

无线应用协议(wireless application protocol,WAP)是由多家大厂商合作开发的无线网络标准,它定义了一个分层的、可扩展的体系结构,为无线网络提供了全面的解决方案。使用 WAP 协议手机可以直接与互联网连接,利用银行提供的各种网上银行服务,摆脱电信运营商对银行增值服务的控制,但这种方式在安全问题方面还有待进一步加强。

4. GSM/USSD 模式

USSD(unstructured supplementary service data)即非结构化补充数据业务,是一种新型基于全球移动通信系统(global system for mobile communications,GSM)的交互式数据业务,当使用手机键盘输入一些网络已预先制定的数字或者符号(如＊、♯等)后,再按发送键就可以向网络发送一条指令,然后网络根据指令选择需要的服务提供给客户。USSD 业务主要包括结构补充业务(如呼叫禁止、呼叫转移)和非结构补充业务(如证券交易、信息查询、移动银行业务)两类。

5. 无线 Java 业务模式

无线 Java 业务是一种新的移动数据业务的增值服务,能更好地为用户提供图形化、动态化的移动增值服务。无线 Java 业务使得手机终端的功能类似于可移动上网的计算机,可以充分利用用户的固定互联网使用习惯及固定互联网应用资源,提供高性能多方位的移动互联网使用体验。用户使用支持 Java 功能的手机,通过 GPRS 接入中国移动无线 Java 服务平台,能方便地享受类似于互联网上的各种服务,如联网游戏、收发邮件、证券炒股、网上银行、信息查询等。

6. IC 卡上网交易模式

通过双卡手机,使用符合 ISO 国际标准的银行 IC 卡,银行可以开发更加广泛的业务,客户不仅可以使用不同银行的 IC 卡上网交易,而且使用成本降低,安全性提高。

目前,手机银行主要服务模式是 SMS 和 WAP 两种形式,SMS 是按条计费,WAP 则是按流量计费。手机银行采用 WAP 通信方式在移动电话上为客户提供金融服务,客户只需手持手机,可以在任何地方遥控自己的银行账户。利用目前开通的功能,客户可以在手机上查询账户余额、交易明细、外汇汇率,进行转账、挂失信用卡、缴纳水电费,甚至可以认购、赎回基金等。使用方法也十分简单,不必更换手机 SIM 卡,不必改变手机设置,不必去银行柜面办理任何手续,只需要客户用手机登录银行网站即可。手机银行的交易采用多重高强度加密技术,确保客户资料和资金安全。客户每次退出交易网站后,系统会自动清除手机内存中关于卡号、密码等关键信息,客户即使丢失手机,也不会影响账户安全。

第五节　自　助　银　行

自助银行(self-service banking)又称"无人银行",它属于银行业务处理电子化和自动化的一部分,是近年兴起的一种现代化的银行服务方式。它利用现代通讯和计算机技术,为客户提供智能化程度高、不受银行营业时间限制的全天候金融服务,全部业务流程在无银行人员协助的情况下完全由客户自己完成。

1972 年 3 月,在美国俄亥俄州哥伦布市开设的亨奇顿国民银行标志着世界上真正的无人服务银行的诞生。这种银行自动服务的出现,为客户提供了方便、快捷的多功能银行服务,也为客户创造了一个良好的自助服务环境。1997 年年初,我国第一家高科技、现代化水准的无人银行(中国银行上海市分行)在上海市虹桥经济技术开发区的启用,标志着我国自助银行从理论研究和技术准备阶段逐步转向实现阶段。

一、自助银行的基本设施

1. 自动柜员机

自动柜员机(ATM)可以提供最基本的银行服务,即出钞交易,还可以提供账户查询、改密、转账、存款等业务。作为自助式金融服务终端,除了提供金融业务功能之外,ATM 还具有维护、测试、事件报告、监控和管理等多种功能。

2. 现金存款机

现金存款机(cash deposit machine,CDM)是银行为个人用户提供的一种能存入人民币现金的自助银行设备,特点是能提供实时小额存款交易。例如,其存款功能可提供钞票清点和真伪识别服务,未被认可或被拒绝的钞票会退回客户,认可部分存款金额将实时入账。其存取款速度比柜台快,能够减轻柜台小额存款的压力,全部过程均由持卡人自己在 CDM 上完成,操作安全,方便快捷,并可提供 24 小时全天候服务。

3. 外币汇兑机

外币汇兑机(foreign exchange machine)适用于机场、旅游区、闹市区等地,主要服务对象为外国游客和有外汇收入的居民。外币兑换机能识别多种不同的货币,在兑换过程中自动累计总数,然后按照汇率进行兑换。

4. 自动存折补登机

自动存折补登机(automatic passbook utility machine)是一种方便客户更新存折记录的自助服务终端设备,其原理是通过存折感受器和页码读取设备的配合,实现存折向前、向后自动翻页和自动打印功能。客户将存折放入补登机后，设备自动从存折上的条码和磁条中读取客户的账户信息，然后将业务主机中的客户信息打印到存折上，打印结束后，设备会自动提示客户取走存折。整个过程自动完成，操作简便。

5. 账户查询服务终端

通过账户查询服务终端(account inquiry terminal)，客户可以查询到自己账户的基本信息，如账户余额等。

6. 公共事务缴费服务机

公共事务包括水费、电费、煤气费、电话费等，客户在缴纳这些费用时，可以通过公共事务缴费服务机(public utility terminal)扫描缴费单据上的条码确认缴费金额，并使用银行卡实现实时缴费，免去在银行柜面排队等候的麻烦。

7. 夜间金库

夜间金库(night deposit)可以进行大额现金、贵重物品的寄存，它是自动柜员机的一种延伸产品，解决了普通存款机巨额存款的烦琐和银行营业柜台网点夜间无法进行交易的矛盾，还增加了夜间贵重物品保管的功能，减少用户在夜间携带现金和贵重物品所造成的风险，积极推进了银行的业务扩展。该系统适合安放在繁华商业旺地，也可单独面向大额存款的企事业单位，如收费站、加油站、超市等。

8. 多媒体查询机

多媒体查询机(multi-media service inquiry machine)利用触摸屏技术提供设备说明、操作指导、金融信息、业务查询等多种服务。精心设计的简洁、直观的画面以及语音提示都可以引导客户轻松操作，进行账户余额、近期交易查询、对账单打印、密码修改，还可以获得业务咨询、客户理财设计等多种信息服务。

9. IC 卡圈存圈提机

IC 卡圈存圈提机可以帮助客户实现储蓄账户、IC 卡账户(电子存折)、电子钱包间的相互转账。

二、自助银行的服务类型

自助银行的服务种类繁多，可以按照服务性质分为以下五类。

(1) 交易服务：包括银行各种金融卡的提现、存款、更改密码等；各类转账、账户资料查询；补登存折；对账单打印；夜间金库等。

(2) 销售交易：包括信用卡还款、信用卡购物消费、新开户申请、支票申请、信用卡申请、银行业务介绍及查询等。

(3) 客户服务：包括公用事业缴费、理财试算服务、自动保险箱服务、金融顾问服务及信用卡缴费等。

(4) 资讯服务：包括为客户提供金融信息、让客户享受高质量的金融附加服务，如金融市场行情、汇率、利率、股票行情、房产销售情报及热点购物信息等。

(5) 外汇买卖、银证转账：客户在银行柜台办理银行卡、交易开通手续，在自助终端可以根据外汇牌价和利率等综合信息的查询，进行外汇买卖交易；同时，还可以通过自助终端完成银证转账业务，提高资金转账效率。

随着计算机技术、通信技术与网络技术的发展,自助银行逐渐与电子银行自助服务终端融合起来。除了常规的存款、取款、付账、打印交易流水、IC卡业务、补登折业务、兑换货币等,自助银行也会逐渐提供购买彩票、邮票、电话充值等业务。同时,还有可能引入生物识别功能来确认客户身份,如通过指纹识别和视网膜识别取代常规的密码输入,用更安全的方式确认客户的身份。此外,随着银行业务的发展,业务数据分析对提高银行服务效率是非常重要的。随着自助银行交易活动的增多、数据量的增大,其交易为银行提供了大量的数据。因此,有效利用这些客户交易数据为银行服务提供决策支持是未来自助银行的发展趋势。

三、自助银行的新模式

随着技术的发展及客户的需求,自助银行服务以客户为导向,充分考虑不同消费者的消费需求,出现了一些新型的自助银行服务模式。

1. 社区模式

社区模式是指在居民小区、厂矿企业、办公楼及其附近提供银行服务的分行模式,强化中间业务服务及营销,是一种增强型自助银行,即以自助设备为主,并不定时地配合必要的人工服务,以期达到高效率服务和业务推广的双重目标。

2. 商业区模式

商业区模式是指在商业区、闹市区提供快速现金服务的自助银行模式,强化快速取现服务和卡发行服务,以自助银行或增强型自助银行为主。

3. 校园模式

校园模式是指在校园及其附近提供简单存取款服务,其交易特征为频度高、单次交易额小,以特殊形式自助银行为主,如网吧银行、书吧银行等。同时,该模式还提供圈存服务,如校园卡充值等。

4. 店中行模式

店中行模式是指在便利店、机场、加油站、商场、酒店等其他行业的营业厅内提供银行服务的自助银行模式。这些营业场所也是银行客户最常光顾的场所,在这些场所提供银行服务可以为银行储户提供了最大的方便。

本章练习

一、名词解释

电子银行　　网上银行　　手机银行　　自助银行

二、简答题

1. 电子银行的概念及特点是什么?

2. 电子银行的分类有哪些?

3. 网上银行的功能有哪些?

4. 简述手机银行的定义及应用模式。

5. 自助银行的优点有哪些?

三、案例分析题

详细阅读导入案例并查阅相关资料,全面分析富国银行的安全性和易用性,并把它与交通银行相比较,说明哪个银行做得比较好及其原因。

第 五 章　第 三 方 支 付

　　我国第三方支付行业随着电子商务应运而生,其发展历程较短,但是发展速度较快,并迅速改变着人们的生活。随着互联网信息技术的不断提升,第三方支付行业发生了深刻的变化:一方面,行业的结构与利润发生了改变;另一方面,企业的市场定位、发展策略与运营模式也在发生改变;同时,政府也加强了对该行业的规范和监管,使得第三方支付行业得以持续、健康发展。

　　本章介绍了第三方支付的概念、特点,阐述了其发展过程,并针对第三方支付的业务类型进行了较为全面的说明,论述了第三方支付模式、第三方支付产业链,并对第三方支付的风险与防范行了分析,给出了当前网联模式下第三方支付发展的建议。

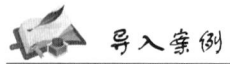 导入案例

ETC 潜在用户过亿 银行与支付机构打响争夺战

　　"收费不等待,秒过收费站,×行 ETC 你值得拥有!"近期,各家银行使出浑身解数,除了拼服务外,更是送洗车优惠、加油优惠、送过路费等。所谓 ETC,就是电子自动收费系统,它可以实现车辆在通过收费站时,通过专用短程通信技术实现车辆识别、信息写入并自动从预先绑定的 IC 卡或银行账户、支付机构账户上扣除相应资金。

　　在 ETC 这个战局中,不仅仅是银行,微信、支付宝、银联等支付机构也低调入局。在微信中,搜索"ETC 助手"小程序和公众号即可线上办理,这是腾讯投资、交通运输部指导的 ETC 线上服务平台。在支付宝中搜索"高速 ETC"也能找到 ETC 生活服务号,同样可以线上提交资料办理,邮寄到家。对于 ETC 这片巨大的用户市场,支付"老大哥"银联自然不会坐视不理。6 月 6 日,银联公告称在云闪付 App 上线了 ETC 记账卡线上申请和绑定扣款服务,与微信小程序一样,只要录入车辆等认证信息,绑定指定银联卡即可完成申请,再快递到家。

　　支付机构的纷纷入局,也是源于政策支持。6 月初,国家发展和改革委员会与交通运输部印发的《加快推进高速公路电子不停车快捷收费应用服务实施方案》中规定,为了拓宽 ETC 发行服务渠道,鼓励银行业金融机构、非银行支付机构和互联网企业等服务机构紧密合作,并且"允许 ETC 绑定既有银行账户和支付账户"。业内人士认为,相比银行,支付机构更擅长运营、用户基数大、黏性高,因此支付机构入场,会快速推动 ETC 普及并做大市场蛋糕。

　　银行和支付机构抢占 ETC 缴费场景,实则是抢占有车一族的高黏性接触入口,以此为桥梁,渗透推广其他金融产品,以充分发掘用户价值。ETC 用户市场到底有多大?据华创证券研报测算,目前全国汽车保有量突破 2.46 亿,已经安装 ETC 的车辆用户约 8 073 万,而

根据交通运输部的要求,ETC 装载量要达到 90%,即需要安装 ETC 车载终端的车辆总数超过 1.4 亿辆。

"ETC 客群的特征十分明显,有车一族多为中产阶层,客群价值极大,以绑定 ETC 支付为契机,可以迅速、有效地拓展该类客户,进行其他产品的交叉营销。"苏宁金融研究院高级研究员黄大智表示,对于银行而言,通过绑卡这一关键步骤,随后可以有效地拓展到信用卡、理财、保险、贷款等高价值业务。而对于微信、支付宝、银联等支付机构,一方面通过 ETC 可以拓展新增用户,另一方面也希望借助出行场景提升用户活跃度,增加用户黏性,让资金更多地从本平台经过,如绑定的是信用卡,还可以通过信用卡还款来获取费用。更重要的是,可以完善支付机构线下场景布局,尤其是 ETC 支付场景兼具高频应用、客群价值高、交通支付重要场景等特点。

资料来源:许莉芸,乔麦.ETC 潜在用户过亿 银行与支付机构打响争夺战[N].新快报,2019-07-01(A21).

第一节　第三方支付概述

网上支付成为电子商务发展过程中必须解决的关键问题,网络的虚拟性、匿名性和开放性等引发的安全问题和信用问题,造成了大多数网民对网上支付的不信任,从而影响了整体网上支付市场的发展。作为"信用缺位"条件下的补位产物,第三方支付(third-party payment)应运而生,在一定程度上解决了网上支付的安全和信用问题。同时,第三方支付作为一种创新型支付平台,为金融经济的发展提供了动力,弥补了传统金融机构服务的不足,促进了金融体系的完整性发展。

一、第三方支付的概念及特点

第三方支付是指非银行支付机构在收付款人之间作为中介机构所提供的网络支付、预付卡的发行与受理、银行卡收单以及中国人民银行确定的其他支付服务。从事第三方支付的非银行金融机构被称为第三方支付机构或第三方支付商,它独立于电子商务商户和银行,是为商户和消费者(在交易过程中,消费者可能是其他商户)提供支付服务的机构。从我国目前的发展情况来看,电子支付服务机构主要包括中国人民银行清算中心、商业银行和包含银联在内的第三方支付服务商。第三方支付服务商是具备一定实力和信誉保障的独立机构,通过与银行、运营商、认证机构等合作,并以银行的支付结算功能为基础,向企业和个人用户者提供个性化的支付清算服务和营销增值服务。

第三方支付的业务流程一般为:买方选购商品后,使用第三方支付机构提供的账户进行货款支付,第三方支付机构在收到代为保管的货款后,通知卖家货款到账,要求商家发货;买方收到货物、检验商品并确认后,通知第三方支付机构;第三方支付机构将其款项转划至卖家账户上。这一交易完成过程的实质是一种提供结算信用担保的中介服务方式。以 B2C 交易为例,其基本的交易流程如图 5-1 所示。

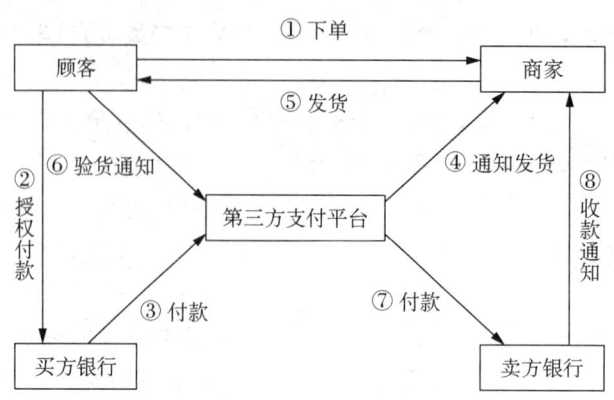

图 5-1　第三方支付流程(以 B2C 交易为例)

从以上的支付过程可以看出,首先,第三方支付平台作为信用中介解决了买卖双方的信任问题,第三方不涉及双方交易的具体事宜,只是起到信用担保和中介操作服务的作用,有效地保障了货物质量、交易诚信、退还要求及资金转移过程等环节,并在交易过程中对交易双方进行一定的约束和监督。因此,信用中介性成为第三方支付最重要的一个特点。其次,第三方支付通过运用互联网技术为买卖双方搭建了一个虚拟的交易平台,并且全程没有现金的收付,均是通过电子货币实现交易。最后,第三方支付平台基于现代互联网技术,在审核商户入网时实现网上集中审核,使商户入网变得更加简单和高效。同时,第三方支付通过整合各大银行网银的支付通道,实现了交易结算与银行的高效对接,使得交易更加便捷,节约了交易时间,方便了商家和消费者,推动了电子商务的快速发展。

二、我国第三方支付的发展历程

在信息技术和电子商务快速发展的现实背景下,电子支付需求不断增长,再加上"互联网＋"的现实政策鼓励,我国第三方支付的发展呈现出爆发式的态势,而且用户的黏性也越来越高。第三方支付在我国的发展历程,大体可以分为以下五个阶段。

(一)1999—2004 年:市场探索阶段,各类支付业态"百花齐放"

在这个时期,第三方支付在中国正式落地生根,出现了多样化的业态模式。例如,首信易、环迅支付等公司专注于在线支付;银联商务主要是提供第三方银行卡收单服务;拉卡拉支付早期深耕个人支付领域,提供包括信用卡还款、缴纳水电煤气费等线下便民支付服务;在预付卡领域中,资和信控股集团设立了全资子公司——资和信电子支付有限公司,用于发行商通卡。

在初始的市场探索阶段中,第三方支付的各类子业态都在各自的领域里摸索发展路径。但是,当时第三方支付仍然是一种新鲜事物,吸引了来自资本的高度关注,导致大量资本涌入几乎没有门槛设置的第三方支付行业,一时间第三方支付同质化服务产品的现象严重。此外,诸如网购等第三方支付主要上游市场彼时尚未兴起,使得第三方支付行业的整体市场规模有限。在规模不大的市场容量中,同时存在着大量同质化的参与者,结果便是大量第三方支付企业处于激烈的恶性竞争状态,多数企业无法取得盈利。在这样的背景下,第三方支付行业迎来了第一次产业调整。

（二）2005—2013 年：支付普及、监管明晰阶段

2005 年可以称之为第三方支付的发展元年。在达沃斯世界经济论坛上，阿里巴巴董事会主席马云首次提出了第三方支付平台的概念，其应用目的主要是为了保障在电子商务交易当中买卖双方的信任问题。同年，同样是基于这一理念，腾讯推出了专业在线支付平台"财付通"，用于在腾讯旗下的拍拍网和 QQ 商城购物。受阿里巴巴的淘宝和天猫等电商平台的推动，电商市场得到了蓬勃的发展，有效带动了整体第三方支付（特别是互联网支付）的快速发展。

阿里巴巴自 2009 年发起的"双 11 购物节"，更是间接地将互联网支付的普及率推到了新的高点。经过电商购物的"培养"，用户开始对第三方支付（主要是互联网支付）产生依赖，在购物以外的领域也开始偏好使用方便快捷的第三方支付。除却解决了交易当中的信任问题，第三方支付相比于银行还具有显著的成本优势和附加价值，这使得银行出于对成本和专业化服务等因素的考虑，也倾向于将相关的支付业务剥离外包于社会第三方。

该阶段中，第三方支付的各类子行业在经过了 5～10 年的摸索，市场优胜劣汰现象开始显现，但是参与主体的盈利能力仍然欠缺。在 2011 年，支付宝、拉卡拉、快钱等具有代表性的支付平台在央行发放牌照的高峰期获得支付牌照，从满足需求到创造需求，第三方支付开始逐渐推动传统企业向电商化转型。

（三）2014—2015 年：开始涉足互联网金融

2013 年余额宝的成功带动支付平台开拓金融服务，成为第三方支付的新增长点。此时的网购、航空等细分市场已接近饱和，由于"价格战"导致的利润大幅缩减，像快钱等部分独立支付企业处于战略考量不再深入拓展 C 端市场；由于传统行业纷纷利用电子商务转型升级，以京东、苏宁、平安为代表企业出于电商化转型战略考虑，进军第三方支付领域。此时，网购等市场利润逐渐趋薄，余额宝等账户理财产品的火爆使得在线销售金融产品给支付企业带来较多利润和流量，第三方支付逐渐涉足传统金融服务领域。第三方支付开展账户类服务，将沉淀资金与货币基金的结合，相继推出"宝宝类"理财产品，利用便捷金融服务维系用户黏性，为第三方支付迎来了新一轮的高速增长周期。

（四）2016—2017 年：红包点燃转账"激情"，移动支付登场

2016 年，支付宝、财付通抓住春节亲友间互送红包的需求点，以电子红包大战为契机，开拓并培养用户社交时利用手机转账的习惯，使转账成为交易规模增长的动力，虚拟账户间转账的用户渗透率进一步上升，交易规模再创新高，达到 14 783.8 亿元。此外，由于虚拟账户间转账使得用户的银行存款流向第三方支付平台，使其账户产生大量资金结余。在这两项主要业务的影响下，自 2016 年以来，第三方支付平台的同比增速及环比增速均保持较高水平，各类支付服务提供商进入线下场景抢占优势。

（五）2018 年至今：线上线下场景融合，更为多样的一体化服务

行业内的支付巨头在转账时期已经成功培养了用户利用手机扫码支付的习惯，线下消费蕴含无限的商机带动交易规模增长。近年来，PC 端的第三方支付交易规模增速已经被移动端赶超，商家的营销重点伴随用户的支付习惯向移动端转移，未来第三方支付移动化趋势显著。

随着技术发展，脸部识别技术、声波感应等人机交互的支付方式，已经在实践中得到应用，移动支付也渗透到生活中的每个消费领域，从线上线下购物、公共缴费、出行到金融服

务。今后,支付平台要想在激烈竞争下生存,必须凭借一体化的综合服务来满足消费者多方位的需求。

第二节 第三方支付的业务类型

第三方支付机构作为收款方及付款方之间的支付桥梁,主要通过搭建支付平台,为收付款双方提供资金划转、资金清结算以及技术、安全保障服务。根据中国人民银行颁布的《非金融机构支付服务管理办法》,第三方支付业务包括网络支付、预付卡发行、银行卡收单与受理以及中国人民银行确定的其他支付业务,如图5-2所示。其中,网络支付下又具体分为货币汇兑、移动支付、互联网支付、数字电视支付和固定电话支付。除了以上基本业务之外,随着第三方支付机构服务丰富度的增加,第三方支付机构逐渐探索出其他业务模式,如利用数据资源开发大数据产品,提供精准营销等增值服务,以实现多样、灵活的盈利模式。

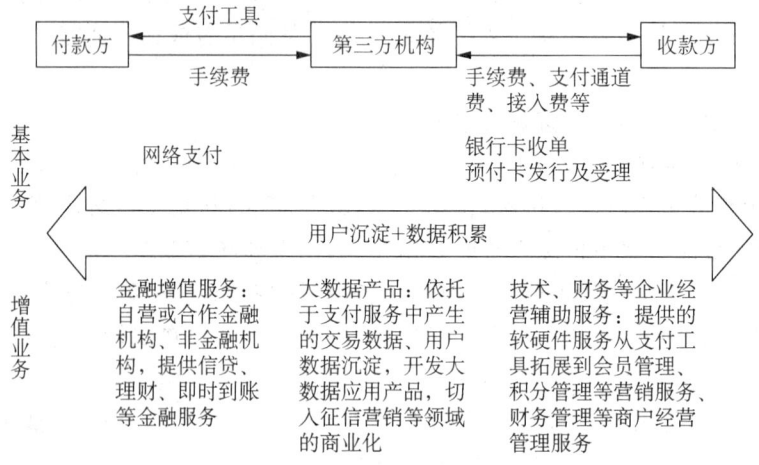

图 5-2 第三方支付的业务类型

2013年以前,网络购物的快速发展逐渐培养了人们线上支付的习惯,第三方网络支付市场兴起。2013年开始,智能手机以及4G网络的快速普及大大推动了移动支付市场的发展,一方面,部分网页端的支付转移至移动端;另一方面,人们线下扫码支付习惯的养成推动了移动支付规模大幅增长。2017年,银行卡收单业务规模占比为32%,网络支付总规模占比68%,其中移动支付的部分超过80%。[①]

一、网络支付

网络支付是指利用公共网络或专用网络实现货币资金在收付款人之间转移。根据支付媒介的不同又可以细分为:货币汇兑、互联网支付、移动支付、固定电话支付、数字电视支付等。在这个过程中,第三方支付平台起到了支付途径与信用中介的作用。

---

① 以上数据来自艾瑞咨询2018年中国第三方支付行业报告。

货币汇兑是指支付机构依托银行,在小额电子商务交易双方之间,提供跨境互联网支付所涉的外汇资金集中收付及相关结售汇服务。该项业务许可证从2012年开始就已经被央行取消。

互联网支付是指以互联网为媒介,通过台式电脑、便携式电脑等设备完成在线支付和资金清算等行为。市场上的代表企业主要有支付宝和财付通。

移动支付是指以移动通信网络为媒介,将移动电话与金融系统相结合,为用户提供商品交易、缴费、银行账号管理等金融服务的业务。移动支付包括远端和近端两种形式。远程支付是指第三方支付机构与电信运营商结合,通过手机完成各种支付业务,代表企业主要有支付宝。近场支付是指通过手机近场通信、红外、蓝牙等通道,实现手机与自动售货机以及POS机的本地通讯,现场完成支付业务。

固定电话支付是在固定电话的基础上增加加密与刷卡的功能,使普通的固定电话机具有支付功能。第三方支付企业主要通过布置线下终端介入,代表企业有拉卡拉。

数字电视支付是通过数字电视与金融相结合,用户可以通过数字电视系统完成相关业务。

网络支付的利润主要来源包括:交易佣金和备付金的利息收入。同银行卡收单业务一样,网络支付的服务商同样收取手续费,佣金率与收单业务相当。收付款双方通过第三方支付机构进行交易的过程中,由于资金在账户流转中产生一定的时间差,故平台会产生资金沉淀,这部分支付机构预收的代付货币资金即是客户备付金。在原有备付金政策下,备付金账户设在银行,由银行计付利息,支付机构得到的利息收入成为其主要收入来源之一;且由于备付金金额较大,支付机构往往能获得银行的支付通道优惠,变相降低自身的通道成本。为防止支付机构挪用备付金,保证备付金的安全,2018年备付金新政实施,央行要求备付金100%集中交存至指定机构,且不计付利息,直接使得支付机构的备付金利息收入消失,并失去与银行间的议价能力。

但是,目前第三方支付的网络支付业务仍然是业务增长点。一方面,个人网络支付服务进入稳定增长的成熟发展阶段,已经从线上的红包、转账App及网站在线支付等标准化支付,向线下基于各类场景的多元化支付快速扩展。支付场景从零售、餐饮、商超、物流等传统小额高频场景,延伸至医院、票务、娱乐、交通等场景,涵盖人们衣、食、住、行、玩等方面需求,作为典型的双边市场,大型支付机构在该领域将继续保持龙头地位。另一方面,对公网络支付服务处于起步阶段,蕴藏着巨大的创新发展空间,企业希望有个性化的解决方案,通过利用大数据、技术服务和产品创新,综合解决支付结算、精准营销、智慧运营等问题。目前,许多支付机构都在朝着这方面努力,如平安付公司进一步扩大向企业客户输出支付服务解决方案的行业覆盖范围和垂直服务深度,同时开拓更丰富的线上、线下交易场景,包括通过联名卡等项目,为商户开拓更多线下场景;通过购物商圈、航旅、生活等服务发展线上场景。

二、预付卡发行与受理

预付卡是指由特定主体发行的、具有一定面值,可以用来购买商品或服务的使用凭证,包括各种购物券、购物卡、提货券等,其本质是发行机构或其合作单位对持卡人的一种负债或者承诺,持卡人可以凭卡要求发行机构或其合作单位支付一定的商品或服务。

目前,我国预付卡以预付和非金融主体发行为典型特征,根据发卡主体的不同,预付卡可划分为单用途预付卡和多用途预付卡。单用途预付卡一般是由某个公司发行,只能在本公司或本公司连锁经营单位使用的预付卡,这种卡片没有第三方支付企业的参与,由商务部监管。多用途预付卡与单用途预付卡不同,多用途预付卡是由获得支付业务许可证的第三方机构发行,可跨地区、跨行业、跨法人单位使用,由人民银行监管。多用途预付卡的业务流程如图5-3所示。

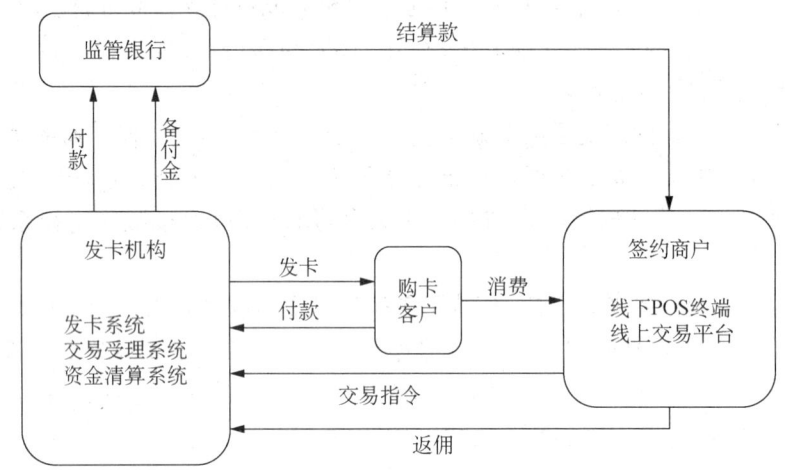

图5-3　多用途预付卡的业务流程

作为一家同时发行和受理预付卡的企业,预付卡企业负责发行预付卡,消费者购买预付卡后,可通过签约商户的POS终端或线上交易平台进行消费,相关交易指令传送给发卡机构,由预付卡企业的结算平台进行数据处理后向监管银行发送付款指令,监管银行与商户结算消费款,商户在收到结算款后向预付卡企业核算返还相应的佣金。预付卡企业的收入主要来自三个方面:手续费、沉淀资金的收益以及消费返佣。手续费收入与银行收单和网络支付的情况一样。预付卡的商业模式使得预付卡在销售和使用完毕之间、持有备付金的发卡企业与受理商户的消费结算之间均存在一定的时间差,于是形成了一定的在途资金。这些在途资金包括卡内过期资金和卡内残值等沉淀资金收益,以及备付金的使用收益等,构成了多用途预付卡从业机构的盈利。

目前,由于受宏观经济环境和监管政策的影响,预付卡的市场需求不足,实体预付卡发行量逐年降低。另外,单用途预付卡的灵活性特别是联名卡业务,也抢占了部分多用途预付卡的市场。同时,由于业务同质化突出,多用途预付卡从业机构的价格战,导致预付卡交易手续费率持续下行。营业税改增值税政策增加了支付机构的税负,这对公司净利润产生了一定的影响。但是,随着线上、线下支付业务的日益融合,监管部门也将对现有支付业务重新定义和分类。如果监管部门放开预付卡业务实体发卡等限制,允许线上购买和充值,预付卡业务将得益于第三方支付机构信用担保优势,避免商户挪用预付资金以及倒闭跑路的风险,搭乘移动支付顺风车,抢占单用途预付卡市场,或将获得"新生"。

三、银行卡收单

银行卡收单是指收单机构通过 POS 机等终端为商户提供银行卡资金结算等服务。该项服务中的主要参与方有发卡行、收单机构和银联。拥有收单牌照的第三方支付机构,通过线下布放 POS 机,替商户收单、结算。

收单业务的流程如图 5-4 所示:有牌照的支付机构,首先在线下布置各类终端,在消费者通过它们布置的终端进行消费的时候,如果是自己合作的银行的业务则收单银行自己处理,如果不是则通过银联转入相应的发卡行进行处理。对于银行卡收单业务,各个参与方主要通过手续费实现盈利,然而刷卡的手续费由商家来支付。手续费的收费标准以央行规定的标准为根据。

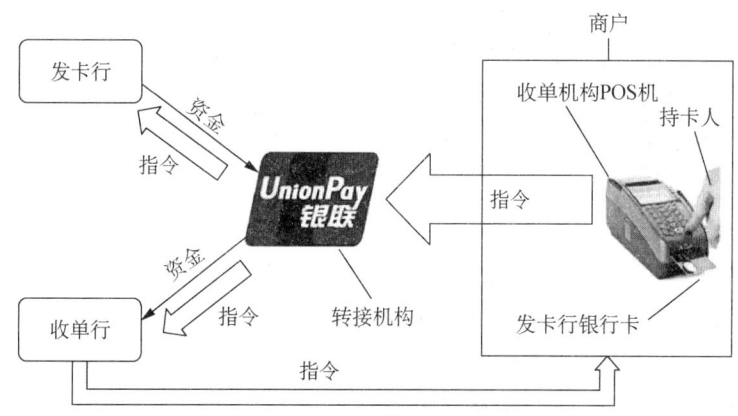

图 5-4　银行卡收单业务简化流程

现阶段,随着二维码支付、NFC 支付等移动支付的普及,日常生活场景中人们对银行卡的使用频率大大降低,但是,新型智能 POS 机的推出为银行卡收单业务拓展了新的增长空间,除了能满足消费者支付需求,如何将 POS 终端进行功能整合成为各个 POS 企业考虑的重要因素。此外,《条码支付业务规范(试行)》对个人客户条码支付业务的交易进行相应的限额管理,因此,一些大额支付(如购车、购房等)仍然是银行卡支付为主流。

从行业格局来看,原有的"721 分配策略"(即按照不同的商户类别,发卡行、收单组织和清算机构分别大致取提成的 70%、20% 和 10%)再也不适合行业的发展需求。一是容易衍生套码、二清等违规行为;二是较高的费率已经不再被市场所接受。2016 年"96 费改"后第三方支付机构的收单费率从原先的政府指导定价变为完全市场化定价,这给收单机构带来了较大压力的同时,也推动了收单机构的激烈竞争。

第三节　第三方支付模式

从是否依托于电子商务网站角度来看,我国第三方支付模式主要分为以下两类,第一类为独立第三方支付模式,第二类为交易平台担保支付模式。

独立第三方支付指第三方支付平台独立于电子商务网站,为线上或线下的商户和消费者提供支付产品和多种支付系统的解决方案。平台一端连接着商户和消费者,另一端连接着众多的银行。平台既负责结算与各银行的账务,又提供账户查询和商户的订单管理等功能。以首信易支付和快钱为典型代表。

交易平台担保支付模式是指依托于自有的 B2C、C2C 电子商务网站的企业实力和信誉为买卖双方提供担保功能的第三方支付模式,以支付宝、财付通等为代表。在商品交易的过程中,买方在购买商品时,先将钱款存入第三方支付平台,之后卖方发货,在消费者收货,查验没有问题并确认付款后,钱款才会打入商家账户。在这个过程中,第三方支付平台承担着一种信用担保的角色,提供代收付服务,资金暂存在虚拟账户中。

电子商务发展过程中,有些销售特定商品的购物网站,为了自身发展的需要而特意建立了第三方支付平台,但是这种支付模式仅是电子商务网站的配套服务方式,只为其所属的网站服务。同时该电子商务网站往往资金雄厚,能为其提供强有力的技术支持,比如云网支付,以及早期的苏宁易付宝、京东钱包。

从支付服务角度来看,我国第三方支付模式分为以下两类,第一类为支付网关模式,第二类为虚拟账户支付模式。

1. 支付网关模式

以首信易支付和银联电子支付作为典型代表的支付网关模式,是最普遍的第三方在线支付模式,也是支付产业发展最成熟的一种模式。该模式的主要特点是在网上商户和银行网关之间增加一个第三方支付网关,由第三方支付网关负责集成不同银行的网银接口,并为网上商户提供统一的支付接口和结算对账等业务服务。支付网关模式业务流程如图 5-5 所示。

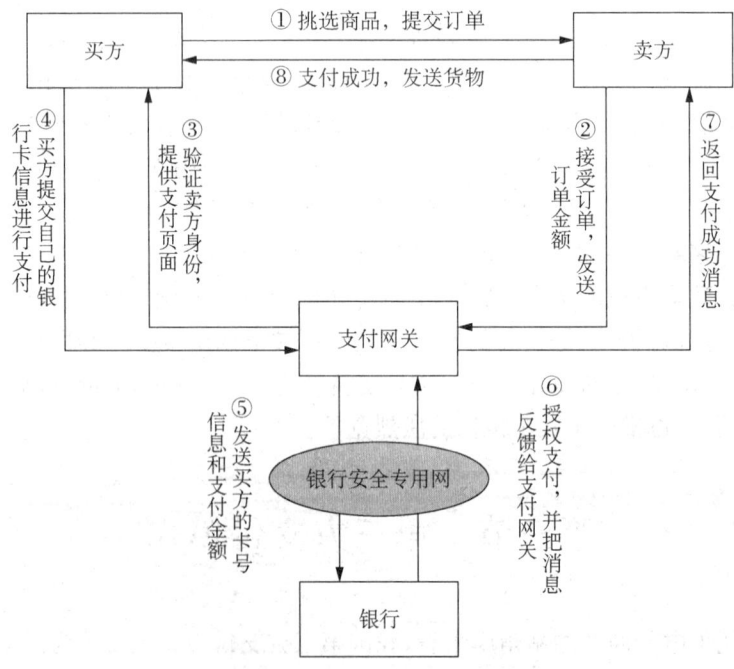

图 5-5　支付网关模式业务流程

第三方支付网关模式的主要价值在于第三方支付机构集成了银行的支付功能,成为各家商户和银行之间连接的"中转站",商户只需要和一家支付网关相连,便可进行绝大部分银行交易,节省了接入、维护、对账和结算等成本。由于第三方支付机构服务于已经达成交易的资金支付,属于被动响应的服务方式,该模式的准入门槛低、技术含量少,缺少创新空间,因此企业要有大的发展和取得成功,必须围绕运营效率、服务创新和安全防欺诈技术形成核心竞争力,在银行的支付网关上面创造难以替代的附加值。

2. 虚拟账户支付模式

虚拟账户支付模式是指第三方支付机构不仅为商户提供银行支付网关的集成服务,还为客户提供了一个虚拟账户,该虚拟账户可与客户的银行账户进行绑定或者对接,客户可以从银行账户等资金源向虚拟账户中充入资金或从虚拟账户向银行账户注入资金。客户在网上的支付交易可在客户的虚拟账户之间完成,也可在虚拟账户与银行账户之间完成。

虚拟账户型支付模式加快了资金清算速度,减少了使用银行支付服务的成本。虚拟账户模式不仅具有支付网关模式集中银行支付接口的优点,还解决了交易中信息不对称的问题。

在虚拟账户模式下,虚拟账户是所有支付业务流程的基本载体,根据虚拟账户承担的不同的功能,该模式又可细分为信用中介型账户模式和直付型账户模式两类。

在信用中介型账户模式中,虚拟账户不仅是一个资金流转的载体,而且还起到信用中介的作用。这里所谓的信用中介,是指提供信用中介型支付模式的第三方支付机构将其自身的商业信用注入该支付模式中,交易发生时先由第三方支付机构暂替买方保存货款,待买家收到交易商品并确认无误后再委托第三方支付机构将货款支付给卖家。支付宝提供的虚拟账户支付服务即为信用中介型账户模式。从信用中介型账户模式的发展来看,该模式有以下两个明显的特点:①具有虚拟账户模式的所有功能,包括基于虚拟账户的资金流转、银行支付网关集成等;②为交易提供了信用增强功能,传统的交易信用来自买卖双方的信用,而通过信用中介型账户模式实现的交易,第三方支付机构在交易中不仅提供了支付功能,还提供了第三方支付机构的商业信用,这就大大增强了交易的信用,提高了交易的达成率。

该模式下通用的交易流程如图 5-6 所示。首先,用户登录相关信用增强型虚拟账户支

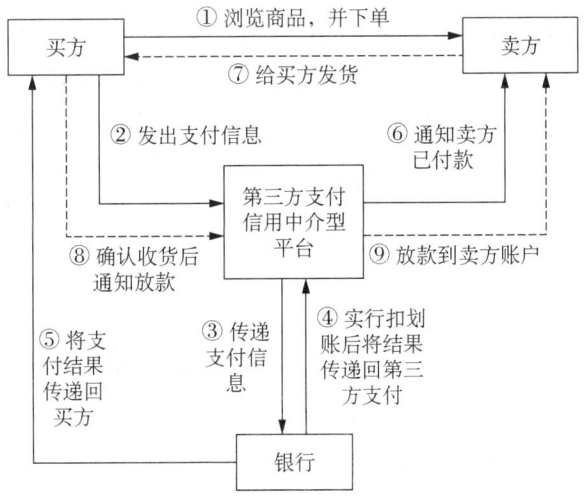

图 5-6　信用中介型账户模式交易流程图(以 C2C 交易为例)

付平台,注册虚拟账户,按照注册页面中的要求认真填写注册信息,激活虚拟账户。其次,确保银行卡已具备网上支付功能。然后,登录虚拟账户,点击"账户充值",输入需充值的金额,金额需大于或等于购买货品所需的金额,选择发卡银行,点击下一步,输入支付卡号和支付密码,即完成充值。最后,打开虚拟账户的交易管理,看到等待自己付款的交易,点击"付款",按要求填写相关信息,此时,如果用户的虚拟账户中有余额并足够支付货款,系统就会跳转到虚拟账户支付页面,只要输入虚拟账户的支付密码,即可完成支付;如果虚拟账户中没有余额,系统会自动默认网上银行支付,回到第三步,进入相关银行网站,输入支付卡号和支付密码,完成充值后,再次进行第四步以完成支付过程。

直付型账户模式的交易流程较为简单(如图5-7所示),支付平台中的虚拟账户只负责资金的暂时存放和转移。在交易发生前,买卖双方要在支付平台上设置一个虚拟账号,并与各自银行账户关联。在交易过程中,支付平台根据交易的支付信息将资金从消费者的银行账户转到虚拟账户,再从买家的虚拟账户转到商家的虚拟账户就可实现支付。

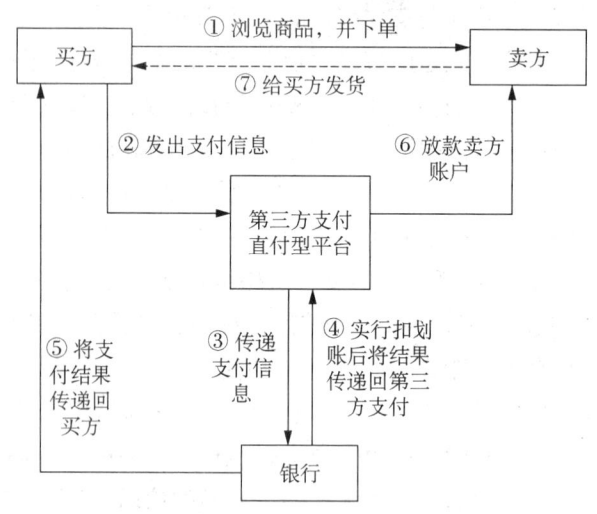

图5-7　直付型账户模式交易流程

Paypal和国内的快钱、盛付通等采用的就是直付型账户模式。形式上看,PayPal的基本模式是"电子邮件支付"方式,但实际是一种基于其平台的虚拟银行账户的记账和转账系统。这种模式的特点在于,网络交易的收款人(卖家)只要告诉付款人(买家)自身的电子邮件地址,即在Paypal的用户名,那么付款人就可以通过Paypal完成付款。这种一站式的便利以及以电子邮件地址作为Paypal账户的方式大大有别于传统的依赖于金融系统的交易和转账模式。

第四节　第三方支付产业链

我国第三方支付产业链的主要参与者,包括第三方支付机构、金融机构、软硬件及基础服务提供商等,如图5-8所示。在发展过程中,这些组织表现出先分工后融合、竞争与合作并存的趋势。从价值链来看,第三方支付机构位于战略地位,属于核心环节,在整个价值链的关系协调机制、利益协调机制、信息协调机制、运作协调机制的建立中都起到非常重要的作用。因此,第三方支付机构不应仅停留在支付工具的层面,要承担起连接各产业链环节的责任,进一步整合信息流、资金流、物流平台,推动互联网、云计算、大数据等与金融业的结合,完善信息平台,提供信息增值服务,实现行业上下游企业的资源整合。

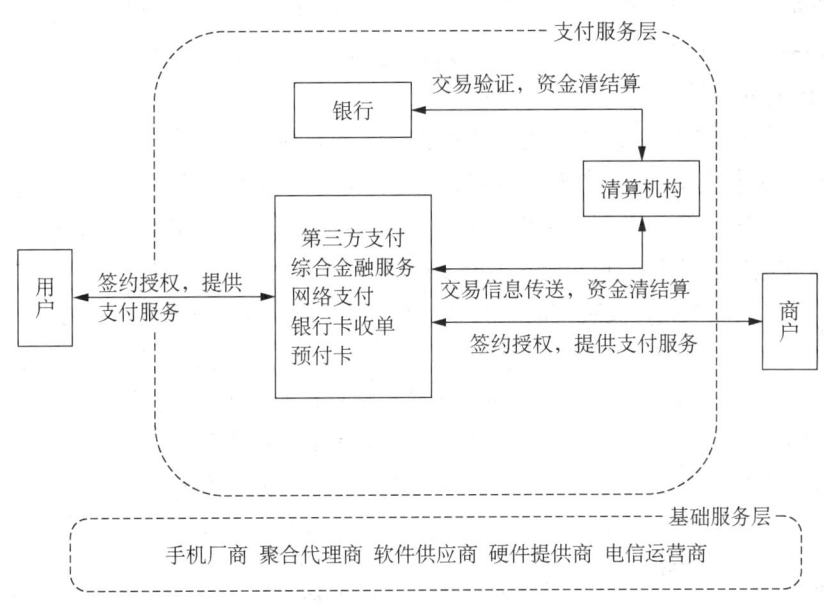

图 5-8　第三方支付产业链

(一) 软硬件以及基础服务层

第三方支付服务顺利运行需要完善的基础产业作为支撑,不仅包括硬件设备等产业,也包括软件及服务。其中,硬件方面,主要指终端设备以及服务器,终端设备包括电脑、手机以及支付卡等,它们作为第三方支付必备的硬件设备,为第三方支付服务提供了物质与技术保证。在软件及服务方面,第三方支付机构需要与银行、互联网运营商、网络设计等行业进行合作。银行等金融机构、银联等银行卡组织为第三方支付机构开立、发行以及管理包括账户、银行卡和票据等不同的支付方式和途径,为其办理支付和清算等相关业务;协助外部的企业与第三方机构进行业务合作,帮助这些机构满足基本的支付结算业务。这些软件与服务为第三方支付的运行安全、效率提升提供了重要支撑。

硬件设备商通过提供设备基础,在保证第三方支付服务顺利进行的活动中实现其价值,软件开发商以及银行、运营商等在为第三方支付机构提供技术支撑与服务中实现其价值。硬件设备分担了第三方支付产业的价值,成为第三方支付服务的重要成本。互联网运营为第三方支付提供网上运营支持,特别在移动支付方面,互联网运营商发挥越来越重要作用,三大互联网运营商相继进入第三方支付行业。

(二) 支付服务层

第三方支付机构通过对产品进行研究和创新满足不同企业和消费者的需要,这些需求包括支付和结算、支付途径的增值以及为不同的客户定制不同的方案等。用户在使用第三方支付服务时,可以避免在银行间转账所遇到的问题,直接使用安全快捷的方式进行结算,且这种方法成本比较低。从中小商户的角度看,这个统一的中间支付平台有了相同的标准,可以享有统一的接口和标准化服务,在这种情况下,对企业来说是一种合理的经济支出,而银行可以显著降低系统建设的投资费用。

第三方支付的价值在于其为用户的网上支付、移动支付、线下支付提供了便利,同时也提高了商家的效率,改变了企业内部结构与人员安排,降低了成本。在这个过程中,第三方支付机构内部价值的核心环节是信息的处理,包括企业与商家、用户的信息传递、处理以及资金信息的传递处理等。

第三方支付机构在整个第三方支付产业链中处于最重要的环节,也是重要的纽带,一方面连接银行,解决资金结算、客户服务、差错纠正以及其他相关问题;另一方面又连接着众多客户,包括个人、企业、政府等,促使客户的支付、结算能够接入的同时,帮助行业上下企业进行资源整合,在给客户提供的增值服务中实现盈利。

2017 年 8 月央行正式发文决定成立网联清算有限公司,这意味着第三方支付市场正式纳入国家金融监管体系,彰显了国家强化第三方支付市场监管,着力化解第三方支付市场系统性风险的决心。自此第三方支付市场经营模式由"三方直联"变为"四方网联",第三方支付市场迎来历史性变革,第三方支付行业进入网联监管时代(如图 5-9 所示)。网联统一清算、信息共享功能的发挥,为第三方支付机构在公平竞争的环境中进行场景创新和业务创新提供了可能。

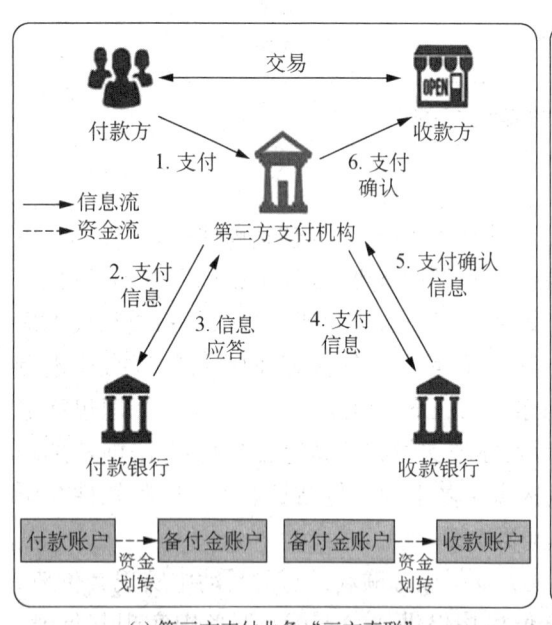

(a) 第三方支付业务"三方直联"

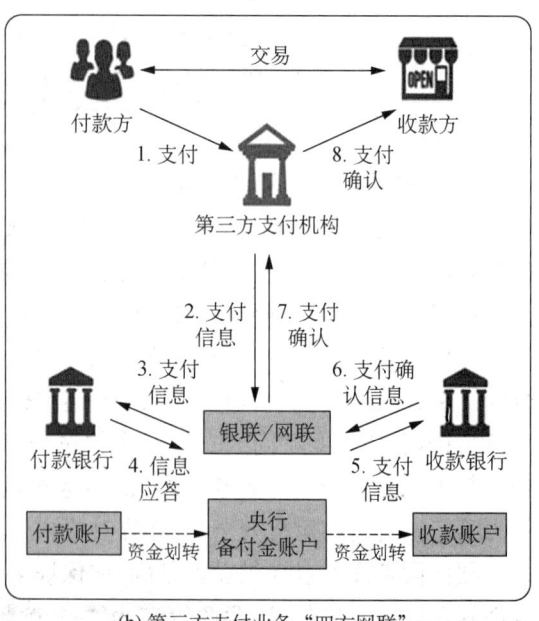

(b) 第三方支付业务"四方网联"

图 5-9　第三方支付业务直联与间联变化示意

当前第三方支付机构应当围绕支付服务主业,主动拓展产业边界,加大垂直市场细分,不断提升支付增值服务比重。

一是努力拓展支付场景。随着互联网、大数据、云计算等信息技术的快速迭代,传统产业边界日渐模糊,跨界经营趋于常态,零售、娱乐、金融等传统行业加速融合裂变,新产业、新业态、新商业模式不断涌现。当前第三方支付机构应当主动适应市场新变化,快速响应客户新需求,主动嵌入新产业、新业态、新商业等领域,从广度、深度、高度等多个维度不断拓展支付场景。

二是努力延伸支付产业链条。支付是商业行为的核心环节,所有商业活动最终都需要依赖于支付行为来实现,第三方支付机构应当充分借助网联监管新规带来的信息共享红利,加强客户交易数据沉淀、分析和应用,深度挖掘交易数据的附加价值。通过对客户交易数据的处理,构建客户消费模型,分析客户购买习惯、决策方式,为上游商户的商业决策和精准营销提供支持;对客户购买行为进行分析,向下游拓展财务决策、征信认证、信用担保、金融理财等业务。以第三方支付业务为核心向上下游业务领域延伸,不断延长、拉伸支付产业链条,逐步实现由单一支付业务向综合金融服务转变。

第五节　第三方支付的风险与防范

第三方支付为网上交易主体带来了极大的便利性,而且对一些商家来说也节约了成本,但是作为融合了金融和互联网两个行业的第三方支付,随着其快速发展以及现代信息技术的深入应用,在具有传统金融风险如信用风险、流动性风险、合规风险、操作风险等的同时,其暴露出来的技术风险更具综合性和复杂性。

一、信用风险及防范

第三方支付信用风险主要是指第三方支付参与主体故意违约或者无力履行义务而造成的损失,第三方支付机构在买方、卖方和银行之间搭起了一个支付桥梁,从而减少了一部分由于信息不对称而产生的信用风险,但与此同时也产生了新的信用风险。这些新的信用风险可分为以下四类。

第一,买方的信用风险。主要是指买方进行虚假交易或者违规操作,比如洗钱、开设虚假账户、信用卡套现等违法行为。这些虽然不一定会对银行和第三方支付机构造成资金或者货物的损失,但是对它们的声誉会造成一定的影响。

第二,卖方的信用风险。主要是指买方付款购买商品后,货物的质量出现明显的问题,即使卖方同意退回货物并重新发货,但是这会造成买方时间成本、物流费用的增加,而且对卖方和第三方支付机构的信誉都会造成很大影响。

第三,银行信用风险。主要是指由于银行员工操作失误或者系统问题导致银行资金结算延误从而延迟交易,这对买方和卖方都会造成影响,同时也可能造成挤兑风险,甚至对第三方支付机构的声誉也会造成一定影响。

第四,第三方支付机构信用风险。主要表现在内部经营管理不善、违规操作、交易过程中的风险控制措施不完善,这些对买方、卖方和银行都会造成很大风险,甚至对整个金融业都带来难以估量的风险。

信用是第三方支付机构生存的基础,建立一个完善的信用体系对整个第三方支付行业来说至关重要。

首先,健全信息机制,维护买卖双方的信用。为了更好维护买卖双方的合法权益,第三方支付机构有义务承担起对买方和卖方的信用维护职责,通过完善个人征信系统,提高对买卖双方的信用评价管理力度。第三方支付机构根据掌握的买卖双方众多交易数据进行多维度综合分析,进行信用评级,对一些可疑行为和大额交易及时跟踪和监控,并对存在信用风险的账户实施一定的管制措施,有效防控风险。

其次,完善第三方支付机构自身的信用体系,防范自身的信用风险。针对信息泄露风险,第三方支付机构要加强内部员工的教育培训,提高职业道德素养,明确信息泄露的惩罚机制,同时员工应实现职位分离,防止因职责重叠出现通过信息互换从事非法勾当。针对携款潜逃的信用风险而言,第三方支付机构内部应做好自有资金备用金储备,防止因机构倒闭或其他原因发生与客户之间的违约事件。另外,为了使自身行为被更好地监督和限制,第三方支付机构需要定时披露机构经营信息,建立自身的信用评级机制并定时披露评级报告,从而约束机构的违规行为。

二、流动性风险及防范

流动性风险是支付清算系统所面临的重要风险,其直接关系到支付清算系统的稳定运行。第三方支付的流动风险主要体现在第三方支付机构盈利能力不足风险与沉淀资金风险。

在第三方支付的运作机制中,沉淀资金分为在途资金和支付工具吸存资金。其中在途资金是第三方机构沉淀资金的主要来源。第三方支付机构作为买方和卖方之间的资金交易平台,在接到买方支付的资金之后不会立即将其转至卖方账户,需在买方确认收货无误之后,再将资金进行释放。中间的这段时间就形成了资金在第三方支付机构的滞留,此类资金称为在途资金。由于第三方支付机构每天会承载较大的交易量,便会积累大额稳定的沉淀资金,若碰上电商大促期间,物流压力大,交货时间延长,该笔资金在第三方支付机构的滞留时间将会更加长,资金规模更大,即客户备付金更多。

支付工具吸存资金是指在交易担保型账户支付模式中,客户需在第三方支付机构内开设虚拟账户。一般来说,用户会将一定的资金预先存入虚拟账户以便用于后期交易。以京东钱包为例。首先,用户对其拥有的京东钱包账户充值,则用户的实体资金将会转移到其京东钱包账户中的备付金账户中,京东钱包账户再为其用户的余额增加头寸。其次,用户与商家进行交易,待交易结束,商家没有将放在京东钱包账户中的货款提现,而是继续存放以备进行其他交易时进行支付,从而形成沉淀资金,也就是第三方支付机构备付金形成的另一种方式。

随着网联平台即非银行支付机构网络支付清算平台的成功上线,支付机构有了专职的网络支付跨行清算基础设施,使得备付金全额集中交存具备了实施的基础。2019 年 1 月 14 日之后,第三方支付机构将全部备付金交存至中国人民银行。同时,中国人民银行不对备付金计付利息。

在备付金集中存管以及支付业务断直连之后①,第三方支付机构的备付金除了预付卡

---

① 《中国人民银行支付结算司关于将非银行支付机构网络支付业务由直连模式迁移至网联平台处理的通知》要求,自 2018 年 6 月 30 日起,第三方支付机构受理的涉及银行账户的网络支付业务必须全部通过网联平台处理。

等少量资金外,其余资金全部存放在中国人民银行集中存管账户,并通过银联或网联平台的系统进行资金划拨,与分散存放模式下的资金管理和结算模式发生较大变化,大大降低了资金管理难度,降低了发生流动性风险的可能性。

同时,第三方支付机构的业务发展思路将逐步从通过做大备付金规模获益回归到注重支付服务体验与产品创新,通过增加用户黏性、服务升级和加大创新投入、提供差异化服务等方式吸引客户,提升品牌知名度和认可度,从而获得支付服务手续费等主营业务收入,维持机构的生存和发展。例如,支付宝应利用现有的客户规模和生活服务,打造非利息业务的品牌,挖掘已有业务的潜力,积极推出新的服务,像与地铁、航空和各类生活缴费对接,实现生活领域全覆盖,快速扩大非利息业务总规模;财付通应充分利用客户规模大且无法离弃的特点,除了与支付宝合法竞争,还可推出有腾讯特色的理财和支付服务。中小企业则应利用公平竞争的机会,打造具有自己特色的短平快服务项目,走品牌差异化道路。

三、合规风险及防范

合规风险是指第三方支付机构违反监管法规而可能受到的行政处罚风险。如今,第三方支付机构众多,良莠不齐,竞争激烈,在价格大战的市场环境中,为追逐利润,存在套码、二清结算、虚假商户等问题,触及了监管红线。

套码是指某些商户违规套用低费率行业的商户类别码(merchant category code, MCC),将高费率商户类别调整为低费率类别,从中套取利差的行为。例如,利用商户类别不同手续费标准不同的费率政策,通过对 POS 机中 MCC 码的设置,让高费率商户套用低费率商户 MCC 码,从而减少缴纳手续费。

所谓二清结算,是相对于一清结算而言的。一清结算指银联、银行或已具有收单资质的机构直接将交易账款清算至商户账户里,资金不经过任何其他渠道。二清结算指交易账款先清算到一个代理账户上然后再由个人或未取得收单资质的公司做第二次清算将款项清算给商户(如图 5-10 所示)。根据中国人民银行下发的相关文件,非经中国人民银行批准的结算单位进行的二次清算行为属于违法行为,是法规不允许的。二清结算所使用的 POS 机被称为"二清机"。由于"二清机"在 POS 交易资金的结算过程中增加了个人或非支付机构这一违规环节。无论对出售或者出租"二清机"的一清企业来说,还是对使用"二清机"的商户以及消费者来说,都存在很大的风险。

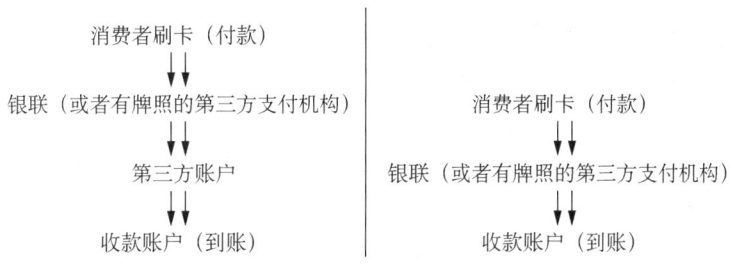

图 5-10 "二清机"与"一清机"的资金清算途径对比

针对此类风险,首先强化合规监管,提高第三方支付机构的风险意识。目前虽然我国颁布了一系列第三方支付行业监管的法律、法规，构建起了初步的监管体制，对这个行业开展监管实践，但是第三方支付行业的发展迅速，金融创新层出不穷，这就要求监管的措施也要与时俱进。

其次，第三方支付机构自身要重视和发挥审计监督职能。内部审计机构是风险管理的监督部门。第三方支付机构应将风险管理纳入内部审计范畴，对包括风险管理部门在内的各单位是否按照规定开展风险管理工作及其工作效果进行监督评价。

加强机构内部的业务风险审计，建立不定期专项审计，对机构业务拓展方式、渠道商资质、业务流程的审核制度、风险防控措施等进行抽查，以便监察审计部有重点、有节奏地对机构业务进行审计，减少合规风险的发生。另外，对软件系统的规划设计、开发运行和管理维护等情况进行审计，从技术层面减少风险发生概率，减少违规使用商户类别码、违规套用MCC码、违规设置交易信息等。

四、操作风险及防范

操作风险可能由内部流程机制不完善、人为违规操作、外部不可控因素等引起，主要体现为洗钱风险和信用额度套现风险。

洗钱指不法分子通过使用一系列掩饰、隐瞒资金来源和性质的手段使不法资金合法化的违法操作。洗钱分为两种：一种是黑客窃取用户信息，将用户账户资金划至自身账户；另一种是不法用户将金融体系外资金非法占用，划入自身账户。就第三方支付机构而言，不法分子在虚拟资金交易平台进行交易时，第三方支付机构并不能准确识别出卖方和买方是否是同一个人或有其他非法联系，由于存在身份识别的难度，第三方支付机构无法监控记录用户的具体账户信息，为监管部门对资金的流向追踪增加难度，容易出现洗钱操作。

信用额度套现指不法分子通过非法操作将信用额度内的资金提取为自身可随意支配的资金使用。信用额度一种是以信用卡形式存在，另一种以线上信用额度账户存在。随着消费升级，消费需求日益增加，信用卡持卡比例逐渐攀升。但信用卡常规只支持线上支付，若想取出卡内现金，需向发卡银行支付一定的利息。不法分子通过信用卡套现的方式提取现金而不向银行支付利息的方式属于违法行为。而且，现阶段许多第三方支付机构在其产品中也加入信用额度的支付产品，如京东支付的"白条"和支付宝的"花呗""借呗"，此类支付工具只支持在线上购物时进行付款，不支持转账、现金提取等功能，但当通过第三方支付机构支付给卖方后，卖方便获得了该类资金的任意调配权。若不法分子抓住此身份监管漏洞，伪装成商家进行自身交易提取信用额度资金，或者与商家串通以利益交换的方式提取资金，这些套现方式都将形成信用额度套现风险。

网联的出现联通了第三方支付和各大银行，并且支付账户实名制的推行将进一步堵住洗钱、套现的漏洞。网联监管模式使权责变得更为清晰，在发生支付故障时，网联平台可以较为轻易地查询产生问题的原因，从而防止责任推诿，给用户带来更好的服务体验。但是，网联监管平台建立不久，监管制度相对来说还不够健全，很多框架条款都需要等到事实发生并有效处理之后才能去补全，制度的引导作用很难发挥。应围绕第三方支付机构的一系列核心问题综合考虑，加快修订、完善现行监管制度，为第三方支付行业健康发展提供健全的法律制度和稳定的政策环境。

五、技术风险及防范

第三方支付的技术风险一般可分为硬件风险和软件风险。硬件风险主要是第三方支付机构的机器设备老化导致发生故障的风险。软件风险主要是指第三方支付机构软件系统性能不佳，使用者数量激增时可能导致服务器崩溃、系统瘫痪等风险。

技术上的不完备、安全控制措施不到位，导致客户个人信息和资金安全受到严重损害。如收单市场业务创新集中在移动设备及 App 端的应用，支付业务的信息安全及交易安全容易受到攻击，最近频频爆出的二维码被调包、隐藏木马、资金被盗刷等都给使用现代支付结算方式的普通老百姓带来了不同程度的损失。

另外，受成本低廉、客户需求等多种因素驱动，商业银行、支付机构等加紧了在聚合支付业务方面的布局，以减少商户与多家支付机构对接，通过帮助转型中的线下实体店提升生产效率，使消费者更好地提升服务体验，从而达到刺激消费的作用。由于聚合支付业务处理过程涉及收单机构、发码机构、发卡银行等多个角色，交易信息传递环节多，交易报文内容不规范，每一个主体、每一个环节都有可能出现不可预知的风险状况，影响支付市场安全。此外，还有敏感信息留存问题。部分聚合技术服务商在合作过程中，存在私自转接交易信息、截留存储商户信息等问题，涉嫌从事交易处理、资金结算等收单核心业务，从而危害到客户敏感信息和资金安全。

针对技术风险，首先，应加强技术研发，确保第三方支付机构的安全可靠性。一是加强第三方支付机构安全工作，及时修复安全漏洞；加大网络安全设施建设，实施网络安全域控制；加强软件开发控制，对软件进行安全测评和漏洞扫描，时刻监控系统的运行情况，强化系统的安全测评，以保障消费者权益。二是强化身份认证环节技术应用，通过利用双因素认证、生物识别等手段提高客户身份验证的安全标准，以保证客户的基本信息和资金安全。其次，针对第三方支付创新中的聚合支付，一是加强聚合支付模式下的信息传递的统一性、规范性，进一步完善对于聚合支付的风险防范要求，指导收单机构在商户准入、交易限额、交易监控、商户巡检等方面强化风险管理措施，同时强化身份认证环节技术应用，提高客户身份验证的安全标准，共同防范业务风险，推动建设良好的支付生态环境。二是通过法律法规的完善及监管加大对开通聚合支付商户准入标准排查，避免聚合支付企业直接接触商户及消费者隐私信息，增加聚合支付企业的违规成本。三是加强行业风险信息共享机制建设，提高信息共享效率。

第六节　网联模式下第三方支付行业发展的建议

2016 年 10 月 20 日，中国人民银行正式批准由中国支付清算协会按照"共建、共有、共享"的原则，组织建设非银行支付机构——网络支付清算平台，即网联平台。网联采用分布式云架构体系，在北京、上海、深圳三个城市设立了六个数据中心，利用大数据、人工智能等新技术来提高监管效率，实现高效、实时监管。这六个数据中心会将清算结果进行汇总，然后一并提交给中国人民银行的大额实时支付系统。六个中心的最大数据处理能力是 18 万笔/秒。

2017 年 8 月 4 日,中国人民银行支付结算司下发了《关于将非银行支付机构网络支付业务由直连模式迁移至网联平台处理的通知》(以下简称为《通知》),要求自 2018 年 6 月 30 日起,非银行支付机构受理的涉及银行账户的网络支付业务要全部通过网联平台处理。《通知》的发布,标志着我国的第三方支付在经历了银联模式、直连模式后,正式进入了第三个阶段——网联模式。

网联模式将用户的交易分为两类,一类是未涉及银行卡的交易,另一类是涉及银行卡的交易。对于前者,用户直接通过第三方支付机构进行资金转移,完成交易;对于后者,第三方支付机构将接收到的用户支付或收款请求自动传递给网联平台,网联平台在记录、保存收付款业务信息后将该请求传递给商业银行,商业银行根据网联所传递的信息进行资金的处理,资金处理的结果再由原路反馈至第三方支付机构,完成交易。在涉及银行卡的支付交易中,网联作为中介机构,虽未触碰第三方支付机构及银行的资金,但通过要求第三方支付机构"报告"支付申请,参与整个支付清算过程,而实现对第三方支付机构与商业银行之间的资金划转的实时监控。

这一阶段最直观的变化是网联平台(如图 5-11 所示)充当了第三方支付机构与商业银行间的"中介+监管"机构,阻断了第三方机构与商业银行之间自由地直接对接,消除了对资金变动的监管盲点。但最根本的改变是重塑了新型第三方支付与商业银行的关系,是在扩大监管范围、加强金融监管的基础上,为第三方支付机构创造了独立发展的机会。

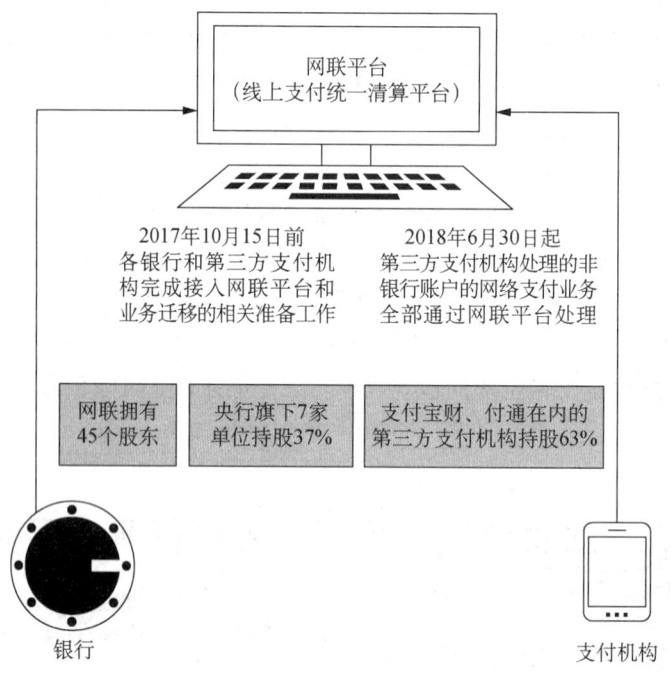

图 5-11 网联平台结构

同时,网联打破了第三方支付机构单独议价空间,大型支付机构原本在银行端的优势地位将动摇,这给中小支付机构带来更多公平和竞争机会。有助于第三方支付机构将重心回归支付业务和相关增值服务,更注重可持续地发展核心竞争力,即改善用户体验,提升支付效率。虽然短期内第三方支付机构将失去备付金孳息等隐性收益,但借此机会转型发展支付周边增值服务,将有助于第三方支付机构发展长期健康的客户关系,提升盈利能力。

在网联模式下,第三方支付机构面临许多新的机遇与挑战,为了能够让第三方支付持续、健康地发展,建议从以下三方面采取措施。

1. 提升核心竞争力,加大支付场景拓展力度,延伸支付产业链

网联统一清算、信息共享功能的发挥,为第三方支付机构在公平竞争的环境中进行场景创新和业务创新提供了可能。当前第三方支付机构应当围绕支付服务主业,主动拓展产业边界,加大垂直市场细分,不断提升支付增值服务比重,打造产品和服务的差异化。

(1)努力拓展支付场景。随着互联网、大数据、云计算等信息技术的快速迭代,传统产业边界日渐模糊,跨界经营趋于常态,零售、娱乐、金融等传统行业加速融合裂变,新产业、新业态、新商业模式不断涌现。当前第三方支付机构应当主动适应市场新变化,快速响应客户新需求,在提升自身核心竞争力基础上,主动嵌入新产业、新业态、新商业等领域,从广度、深度、高度等多个维度不断拓展支付场景。

(2)努力延伸支付产业链。支付是商业行为的核心环节,所有商业活动最终都需要依赖于支付行为来实现,第三方支付机构应当充分借助网联监管新规带来的信息共享红利,加强客户交易数据沉淀、分析和应用,深度挖掘交易数据的附加价值。通过对客户交易数据的处理,构建客户消费模型,分析客户购买习惯、决策方式,为上游商户的商业决策和精准营销提供支持;对客户购买行为进行分析,向产业链下游拓展财务决策、征信认证、信用担保、金融理财等业务。通过以第三方支付业务为核心向上下游业务领域延伸,不断延长、拉伸支付产业链,逐步实现由单一支付业务向综合金融服务转变。

2. 终结第三方支付行业的垄断格局,促进市场公平竞争

公平的市场竞争环境是市场机制发挥最大作用的基本前提,也是市场长期可持续发展的有效保障。当前我国第三方支付市场中支付宝和财付通两家支付机构所占市场份额超过整个第三方支付市场份额的90%,这将非常容易引发系统性风险。一旦这两家机构出现问题,会造成整个第三方支付行业的动荡。这样的格局破坏了市场公平竞争环境,不利于第三方支付整个行业的长期健康发展。

因此,一方面,应依托网联监管平台,加快建立企业备付金比例变动报告制度和信息持续披露机制,要求第三方支付机构持续披露超出规定比例的备付金变动事项和重大对外风险投资行为,力求确保第三方支付机构管理的巨量备付金得到有效、及时、动态的监管。另一方面,长期来看,按照低门槛、严监管的思路,在强化政府对第三方支付市场监管的同时,逐步降低市场准入门槛,适度放宽市场准入条件,鼓励实力雄厚的商业企业参与第三方支付市场竞争,平衡当前市场两家独大的格局,促进第三方支付市场公平竞争格局的重建。

3. 推广我国第三方支付的"品牌文化",拓展其海外市场空间

网联模式下第三方支付行业竞争格局面临重塑,国内竞争将越发激烈,支付机构竞争压力倍增,加快走出去步伐、积极开拓海外市场是占优选择。借助第三方支付的便利性和易接

受性,向世界展示我国在这个领域的技术和管理优势,推广第三方支付的"品牌文化",从而打开国际市场。

(1) 支付标准、技术和产品输出。第三方支付机构加强与国际金融、国际标准等机构合作与沟通,积极推动我国支付标准成为国际电子支付领域通行标准,抢占全球第三方支付市场"制高点";鼓励和支持第三方支付机构将支付技术向国际专利管理机构申请专利技术注册,为第三方支付迈向国际市场保驾护航;推动第三方支付扫描、识别设备及二维码、条形码管理系统等产品的对外输出,使我国支付设备成为国际电子支付领域主流产品。

(2) 支付模式输出。鼓励和支持有实力的第三方支付机构采取直接投资、间接并购等形式投资海外支付机构,输出国内经营模式、盈利模式,推动海外第三方支付市场发展。

(3) 支付服务输出。借助海外购、跨境购、跨境旅游等对外经贸活动,积极吸引海外商业机构、银行机构加入第三方支付体系,加快推进第三方支付服务在海外国家的落地。

 本章练习

一、名词解释

第三方支付　　网络支付　　预付卡　　银行卡收单　　套码　　二清结算

在途资金　　网联平台

二、简答题

1. 第三方支付的模式有哪些? 并分别进行举例说明。

2. 列举当前两个主要的第三方支付机构并进行对比分析。

3. 第三方支付产业链包含哪些内容? 从产业链角度分析第三方支付机构如何进一步发展。

4. 简述第三方支付备付金的形成及监管发展过程。

5. 简述第三方支付的发展过程,并提出你对该行业的发展建议。

三、案例分析题

详细阅读导入案例并查阅相关资料,回答下列问题。

1. 讨论第三方支付机构发展中存在的问题与机遇。

2. 试分析银行与第三方支付机构的竞合关系。

Chapter 6

第六章　移动支付

　　随着智能手机的普及、移动互联网的快速发展,移动支付业务得以快速增长,并成为全球支付产业的重要生力军。目前,移动支付业务和技术模式多元化发展,消费者的移动支付习惯正在快速形成,无论线上还是线下,人们随时可以拿出手机购买商品或服务,甚至用手机支付购买金融理财产品,突破了时间和空间的限制,同时也获得了越来越好的用户体验。

　　本章介绍了移动支付的概念、特点、支付流程及相关技术,分析了移动支付的发展过程及现状,阐述了移动支付的运营模式及产业链,并在对移动支付风险、防范分析的基础上给出了移动支付发展的建议。

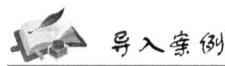 导入案例

BAT 今日头条公布红包成绩单　谁是最大赢家?

　　随着春节假期的结束,一年一度的网络红包大战也正式落下帷幕。2月11日,微信、支付宝、百度、今日头条等企业相继公布春节期间的成绩单。有业内人士认为,网络红包已经从娱乐活动演变成了营销渠道,又从营销渠道变成了广告平台。

　　微信官方发布的2019年春节数据报告显示,从除夕到初五期间,微信中发生的消息发送量较去年同期增长64.2%,8.23亿人收发微信红包,同比增长7.12%。除夕这一天,用户们在微信上的活动最频繁,单日消息和朋友圈信息量达到顶峰。其中,"90后"正在成长为移动互联网世界的主宰,实现了发出最多条微信消息、最多条朋友圈、最多个表情包,以及收发最多次微信红包的"四个最"。

　　微信今年推出微信红包定制封面、拜年红包、表情红包多种形式的红包类型,把抢红包这一春节国民活动变得更加妙趣横生。截至初五,带有定制封面的特色红包被拆开了近2.5亿次,其中包括26 000家企业为其2 000万员工的特别定制,以及境外消费送出的当地特色封面。被拆开次数最多的定制红包前三名,分别来自中国农业银行(420万次)、华夏保险、腾讯。

　　支付宝也公布了"集五福"成绩单,这也是支付宝连续第四年开展"集五福"活动。蚂蚁金服披露的数据显示,从1月25日至除夕的11天里,全国超过4.5亿人参与了支付宝"集五福"活动,和去年相比,今年参与活动的人数同比增长了40%,其中,重庆、广州、深圳、成都、东莞五个地区的增长人数最多,支付宝的用户下沉获得了显著增长。从年龄来看,"95后"集福和送福的人数超过1.2亿。与此同时,今年全球有200多个国家和地区的海外华人在参与集福。除了5亿元红包,支付宝春节红包集福活动,在玩法上增添不少"彩蛋",

除了玩转支付宝小程序及公益环保等,还联合阿里巴巴旗下生态的本地生活服务平台饿了么/淘票票等,开展包括全年帮你还花呗("花花卡")、淘票票全年观影、余额宝100万全年体验金等。

百度作为央视2019春晚独家网络互动平台,可以算得上春晚的"赢家"之一。数据显示,百度在除夕夜共发出1 000万个20.19元的红包,100万个88元红包,10万台小度AI音箱,1万个2 019元红包以及若干手气红包,全球观众参与共同瓜分9亿元现金红包大奖。

今年也是今日头条"发财中国年"连续举办的第二年。用户通过集卡、红包雨等方式,分享10亿活动红包。此外还有见面礼红包和拉好友上头条等玩法。来自今日头条的官方数据显示,今年的"发财中国年"活动最终获得上亿用户参与。超过5 923万人平分了3亿金卡红包,超过1 839万人平分了2亿钻卡红包,约4 100万人分享了5亿红包雨。此外,活动期间,用户互动换卡次数超过5 900万次,北京、成都、上海等城市的用户抢红包最积极。

阿里、腾讯、百度、今日头条相继加入"红包"大战的队列当中,在抢夺移动支付领域更多市场的同时,出手一个比一个阔绰,花样新鲜,玩法新颖。中国电子商务研究中心主任曹磊在接受记者采访时表示,春节历来是互联网公司推广产品的好时机。自从去年春节微信红包"蹿红"后,红包的作用愈发受到国内互联网公司的重视。红包一端连着人,另一端连着钱,是移动互联网与线下商业结合的良好载体之一,是发展新用户的重要渠道。

资料来源:祖爽.BAT今日头条公布红包成绩单谁是最大赢家[EB/OL].(2019-02-11)[2020-3-15]. http://news.zgswcn.com/article/201902/2019021116611372271.html.

第一节　移动支付概述

一、移动支付的概念

移动支付是指通过移动终端设备完成商业活动的交易环节,实现支付的方式。其中,移动终端设备包括智能手机、平板电脑以及各种可穿戴设备等。目前移动支付终端主要以智能手机为主。本章的移动支付主要是指以智能手机为支付终端的移动支付。

二、移动支付的特点

1. 移动性

不管是在任何时间、任何地点,便于携带的移动性可以随时满足需求,不仅可以做到远程控制,还可以通过近场完成支付,突破了时空的限制。

2. 实时性

移动终端和移动互联网的结合正在日益取代传统的人工支付服务,移动支付也不再被一些金融企业或者商家的经营时间所限制,实现全天候的服务。移动支付不仅可以使消费者在家里就能完成支付,而且也为消费者节约了排队等候的时间。

3. 集成性

移动支付平台连接了移动运营商、平台提供商和金融机构,不但为客户提供了支付账户,还为用户提供了各种便利的消费场景,比如超市、交通、酒店、代缴水电费、充话费、理财投资等,服务范围广泛全面,集多种消费场景于一体。用户通过登录手机终端,就可以享受多方面的服务。

4. 定制性

移动支付可以打造多种支付方式,消费者和商户可以根据自身的需要选择自己习惯的支付方式,比如指纹支付或者短信支付。同时,移动支付使用户的消费记录得以保存,如果商家的商品得到用户的认可,那么用户只要翻看交易记录就可以准确地找到商家,以便进行下一次交易,增加了用户的黏性。

三、移动支付的分类

移动支付可以根据多个维度进行分类,不同的分类方法,可以划分出多种不同的类型。

以支付的距离为标准对移动支付进行划分,移动支付可以分为近场支付和远程支付。近场支付是指用户利用移动终端,通过扫码、声波和近场通信(near field communication, NFC)等方式实现支付,主要应用于线下消费,如超市购物、餐厅用餐等小额消费。目前,扫码支付和声波支付均可实现离线交易。远程支付是指在无法面对面接触的情况下,通过无线通信技术和移动通信网络,在不受时空限制的情况下完成货币价值转移,主要应用于线上消费,如转账、缴费、网上购物等。相比于近场支付,远程支付的支付额度较高,由资金来源账户的余额和限额决定。

按支付金额分类,移动支付可分为大额支付和小额支付。此种分类方式是根据支付金额的大小来划分的,但实际上,大小额支付之间并没有一个明确的金额界限。大额支付是指那些对于支付的安全性要求比较高,需要根据相关金融机构对交易进行鉴定,涉及金额较大的支付形式。典型场景是大型商场的购物消费、转账等。小额支付是指那些对于支付的快捷性要求比较高,只需通过移动网络的 SIM 卡的安全鉴别,涉及金额比较低的支付形式。典型场景是公交售票、快餐便利店消费、游戏、视频下载等。

按付费媒介分类,移动支付可分为银行卡支付(包括信用卡和储蓄卡)、手机话费支付、电商平台支付。银行卡支付是指将银行卡与支付进行匹配,通过一系列的确认方式完成支付的全过程。手机话费支付即运营商计费,对于用户而言,这种方式方便,只要通过短信等方式授权就可以完成支付的全过程,但运营商通常会抽取大部分的利润。电商平台支付是指通过电商平台进行支付,如支付宝支付、微信支付等。

四、我国移动支付的发展历程

自 2014 年以来,智能终端的普及和移动互联网技术的快速发展,为移动支付的发展提供了基础条件。在移动电子商务和社交网络快速发展的刺激下,我国移动支付行业进入了高速发展期,移动支付渗入人们生活的方方面面。移动支付的发展历程主要分为以下四个阶段。

（一）2000—2006 年：银行首先布局移动支付市场，占领主导地位

我国的移动支付起步于 2000 年。2000 年，中国移动与中国银行首次推出了手机银行，随后招商银行、广发银行、工商银行等多家银行均顺势推出手机银行，在高端话费用户之间推行基于 STK(SIM tool kit)卡的手机银行服务。由于存在需要换卡这一制约条件，手机银行业务在这期间发展缓慢，用户规模很小。2002 年中国银联成立，中国移动与银联展开合作，在上海、浙江等地试点推出小额支付。基于无线应用协议(wireless application protocol, WAP)、短信、K-Java 等方式的手机银行服务逐渐成为各家银行探索的重点。网上银行的出现推动了电子支付的发展，银联的成立使得多银行接口问题得以解决，在此背景下，第三方支付平台出现。阿里巴巴 2003 年推出了依托于淘宝网并承担中介角色的支付宝平台。此时，第三方支付仍以网上支付为主，尚未进入移动支付领域。

2005 年，我国有 1 560 万人使用移动支付服务，占到手机总用户数的 4%。但由于技术局限及法律监管体系的欠缺，移动支付交易过程中经常出现交易失败或资金损失等损害用户财产的事件。于是，工业和信息化部在 2006 年发布了《关于规范移动信息服务业务资费和收费行为的通知》，对代扣费用的流程、资金来源、服务商做出了限制和规范。这一措施使得手机银行业务逐步放缓。

（二）2007—2012 年：手机银行和第三方移动支付蓬勃发展

2007 年起，随着通信技术的不断发展，手机通信竞争加剧，上网费用、界面环境大为改善，手机用户也持续增加，以短信形式的手机银行业务逐步被 WAP 模式的新形式取代。手机银行的远程支付日渐规范，交易规模迅速扩张。2012 年，中国农业银行推出"掌尚钱包"，开创了银行试水移动近场支付的新模式，用户只需通过手机便可在非接触类读卡方式的 POS 机上完成支付，随后浦发银行、招商银行等纷纷推出自己的近场支付产品，加紧布局近场支付。

与此同时，第三方支付也开始踏足移动支付领域，淘宝、天猫、京东、亚马逊等电商平台纷纷加大力度推广手机购物网站和手机 App 应用。在中国人民银行出台的《非金融机构支付服务管理办法》于 2010 年 9 月正式实施之后，我国有 101 家第三方支付机构于次年获得了准入许可证。第三方支付获得合法身份之后，开始迅速布局移动支付市场。第三方支付的进入极大地缓解了移动支付环节的复杂度，提高了移动支付的便捷性，吸引了大量用户。2012 年，支付宝推出了手机二维码扫码支付，这为第三方支付进军线下近场支付提供了技术支持。

（三）2013—2015 年：第三方移动支付后发制人，呈现爆发式增长

2014 年 4 月，《加强商业银行与第三方支付机构合作业务管理的通知》发布，鼓励银行与获得牌照的合格第三方支付机构开展合作，优势互补，互利共赢；7 月，首批 35 项云服务在由工业和信息化部指导召开的"2014 年可信云服务大会"上通过了"可信云服务认证"，推动第三方移动支付健康发展；10 月，李克强总理在国务院常务会议上明确表态将进一步放开和规范银行卡清算市场。这一系列的措施为第三方支付机构布局移动支付扫清了诸多障碍，有利推动了第三方移动支付的发展。此外，近场支付在这一阶段迅速发展。支付宝、财付通等第三方支付机构联合多家餐饮、超市等商户，开展"双十二""微信支付日"等活动，迅猛"圈地"。

（四）2016 年至今：移动支付面临 NFC 手机终端的挑战，竞争进入新格局

2016 年 2 月 18 日，Apple Pay 宣布入驻中国。3 月底，Samsung Pay 进入中国。苹果、三星助阵银联修复移动支付的失地。随着 NFC 手机终端、NFC 智能卡、安全元件（secure element，SE）芯片及指纹支付识别技术等上下游产业链日渐壮大，近场支付快速发展。此外，我国的移动支付产业正在向全球化布局，例如，支付宝除了与日本、韩国、新加坡、泰国等亚洲国家部分商户有合作，在欧洲部分国家和地区也开展了合作项目。

中国支付清算协会发布的《2019 年支付体系运行总体情况》的统计数据显示，我国移动支付业务增长迅速。2019 年，银行业金融机构共处理电子支付业务 2 233.88 亿笔，金额 2 607.04 万亿元。其中，网上支付业务 781.85 亿笔，同比增长 37.14%，交易金额 2 134.84 万亿元，同比增长 0.40%；电话支付业务 1.76 亿笔，同比增长 11.12%，交易金额 9.67 万亿元，同比增长 25.94%；移动支付业务 1 014.31 亿笔，同比增长 67.57%，金额 347.11 万亿元，同比增长 25.13%。

据艾瑞咨询统计，2019 年第四季度，我国第三方移动支付交易规模达到了 59.8 万亿元，同比增长 13.42%。其中，线下扫码支付交易规模约为 9.6 万亿，环比增长约 11.6%，成为移动支付市场的重要增长点。随着用户移动支付习惯的建立以及移动支付场景覆盖率的提高，我国移动支付市场交易规模从快速增长阶段进入稳步增长阶段。我国第三方移动支付交易规模市场份额如图 6-1 所示。

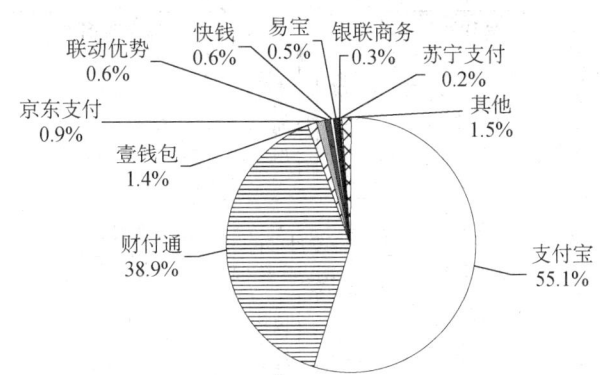

图 6-1 中国第三方移动支付交易规模市场份额（2019 年第四季度）

从图 6-1 可知，第三方移动支付市场份额依然保持比较集中的情况。第一梯队的支付宝、财付通约占据了 94% 的市场份额。第二梯队的支付企业在各自的细分领域发力，其中，中国平安集团旗下的壹钱包为用户打造全能钱包手机应用，面向企业提供完善的商业信息化解决方案，目前壹钱包的服务已全面覆盖平安集团场景，广泛渗透线下中小商户，并向金融、电商、航旅等行业输出，交易规模居第三；京东支付受益于"618 活动"以及金融业务的发力，呈现较为明显的增长，排名第四；联动优势受益于平台化、智能化、国际化战略，推出面向行业的支付＋供应链金融综合服务，促进交易持续增长；快钱在万达场景如购物中心、院线、文化旅游等场景快速扩展；易宝支付加大营销力度，在互金、航旅领域持续发力；银联商务也正在探索如何基于自身的 B 端优势，实现更大范围的 C 端用户引流和转换，以让更多的 C 端持卡人享受到银联商务专业、高效、安全的支付服务和信息服务；苏

宁支付致力于 O2O 化发展,为 C 端消费者、B 端商户提供便捷、安全的覆盖线上线下的全场景支付服务。

第二节　移动支付的支付流程及相关技术

一、移动支付的支付流程

用户与商户进行商品或服务交易时,用户先将资金从其银行账户或移动支付平台的私人账户中转出,进入移动支付平台,待用户确认付款后,移动支付平台再将资金转入商户的银行账户或其在平台开设的账户,最后,商户向平台发送交易完毕的指示,表明支付流程结束,如图 6-2 所示。在这个过程中,移动运营商为消费者和商户提供网络流量支持,并不参与到交易环节中,银行之间通过移动支付平台相连接,而不直接参与交易认证。移动支付平台的出现,解决了移动支付中使用银行 A 的用户无法与使用银行 B 的商户进行交易的难题,用户体验得以提升,通过明确分工,大大提高了交易效率。这也要求移动支付平台具有强有力的技术支持、技术创新和资金周转运作能力,具备较高的认知度和号召力。

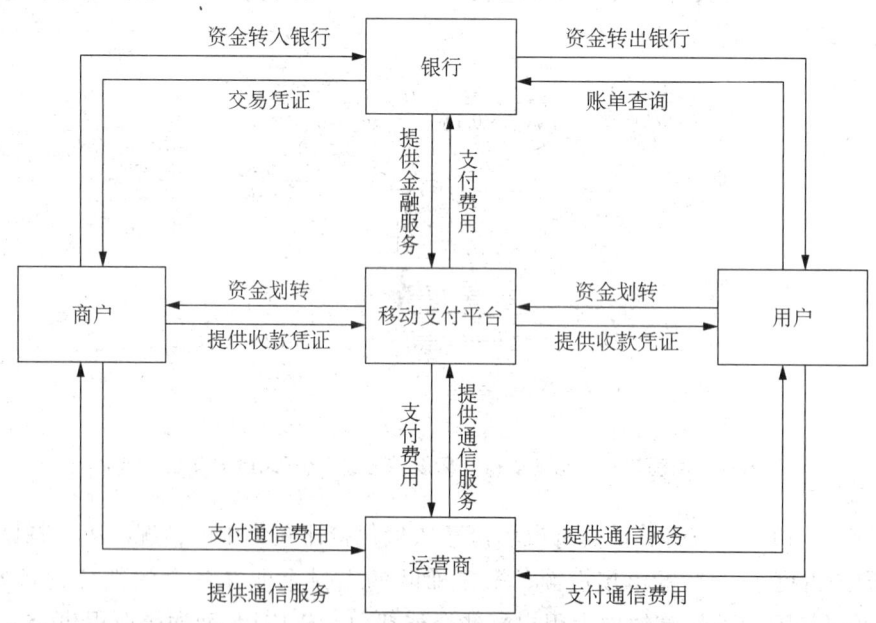

图 6-2　移动支付的支付流程

二、移动支付技术

在电子支付领域,国外的研究起步比较早,国内很多主流应用的移动支付技术都来源于国外。

（一）NFC 技术

NFC 技术产生于 2003 年,最初是飞利浦公司、诺基亚公司与索尼公司一起开发的一种无线短距离(10厘米左右)通信技术,后来经过改良,与非接触智能卡技术结合,最终形成了一种兼容当前 ISO 14443 非接触式卡协议的无线通信技术,取名 NFC。NFC 技术发布之后,并未引起移动终端厂商的很大兴趣,主要原因是支持 NFC 功能需要在终端设备内安装 NFC 芯片、天线等,这需要重新设计产品结构、规划功能,并且还增加了设备成本,终端厂商如手机厂商离智能卡的业务比较远,所以在 NFC 技术出现的前几年里,支持 NFC 技术的终端产品少之又少。

转机发生在 2006 年,智能卡厂商雅思拓与恩智普公司联合开发了单线全双工数据传输协议(single wire protocol,SWP)协议。SWP 协议是采用终端内的电信 SIM 卡实现 NFC 技术中的 SE 的功能,即通过电信运营商发行的 SIM 卡上的 C6 管脚与 NFC 控制器进行通讯,从而替代单独的 NFC 安全芯片,节省了 NFC 模块的成本投入,使终端上的 NFC 功能与电信运营商建立了关联。对一直想进入移动支付领域的电信运营商来说,这是一个对电信业务有利的支付通道,安全模块能够控制在电信运营商手中。

由此,NFC 技术开始得到了国内外终端厂商的推崇,国内外开始出现大量具备 NFC 功能的智能手机,并由此产生了众多移动支付方式,并且支持公交卡应用的 NFC 手机也大量出现,"刷手机坐地铁、公交"也成为很多城市公交一卡通的宣传口号。

(二)基于 Android HCE 架构 NFC 支付技术

NFC 技术借助于电信运营商的支撑并没有为其带来更广阔的发展,反而由于安全模块受限于运营商的 SIM 卡,而使其在小额支付领域受到很多限制。由此,占智能手机操作系统大半江山的安卓(Android)厂商谷歌(Google),开始谋划更好的 SE 解决方案,在 Android 4.4 中集成了主机模拟卡片技术(host card emulation,HCE)架构。

HCE 技术最初是 SimplyTapp 公司提出并实现的,HCE 架构主要是改变之前 NFC 手机应用依赖于 SIM 作为安全模块 SE 的模式,将传统的 NFC 实体安全模块 SE 远程托管到云端 SE 或本地模拟,这样即使移动设备没有 SE 模块,也可实现安全的 NFC 应用,如银行卡、公交卡等应用。

HCE 架构的推出,使国内众多的应用开发商可以越过电信运营商直接与 NFC 手机的用户建立联系,促进 NFC 手机应用的推广。目前此种方式应用很多,并且谷歌公司进一步完善了安卓体系,融合生物识别(指纹等)安全技术,为各类应用提供了安全便捷的支付体验。

(三)标记支付技术

标记支付技术是一种将国外完善的信用卡应用与 NFC 技术完美结合起来的应用模式,标记支付技术由苹果公司在其手机产品 iPhone 6 上于 2014 年推出,2016 年进入中国市场。

标记支付技术是由苹果公司与国际芯片卡标准化组织共同研发,并在 2014 年正式发布的一项新的支付技术。这一技术充分考虑了信用卡交易时的安全保护,设计了一个支付标记 token,用 token 来代替信用卡卡号进行交易,从而避免了卡号信息泄露带来的风险。标记支付过程如图 6-3 所示。

标记支付技术经苹果手机推出,获得了极佳的用户体验。苹果公司将生物识别技术与支付技术整合,为移动支付领域提供了新的支付安全方式,并与国内多家银行进行了合作,将标记支付技术广泛地应用到了国内各类商场等支付场景。继苹果公司的标记支付技术之

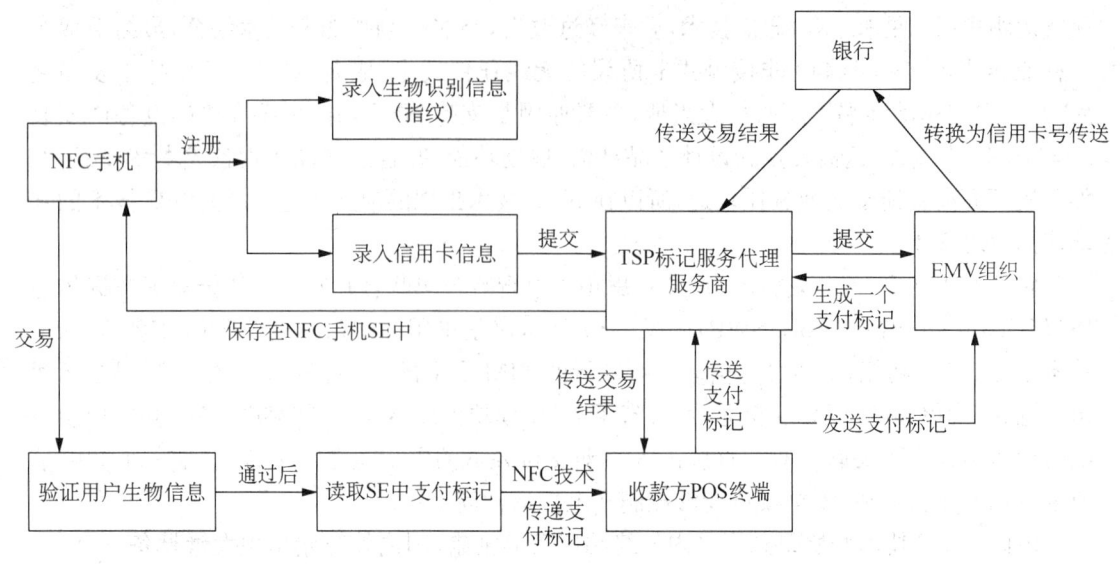

图 6-3 标记支付过程

后,其他手机厂商陆续推出了人脸识别支付、超声波支付、虹膜支付等技术。

近几年来,随着移动网络的普及,国内移动支付技术不断推陈出新,紧跟国际发展并有所创新。下面介绍几种常用的移动支付技术。

1. SIMpass 技术

SIMpass 技术出现在 2010 年前后,是国内的智能卡厂商的技术专利,SIMpass 技术在国内也被称为贴片卡技术。其主要是为了解决没有 NFC 模块的手机模拟刷卡的功能,实现方式是设计了一款双界面 IC 芯片,将其封装成为手机 SIM 卡形式,从而可以使手机在刷卡终端上进行刷卡操作。

SIMpass 技术出现后,得到了国内众多公交领域企业的支持,很多城市的公交系统也进行了相应的技术和产品测试,也有一些城市测试后批量发行了一些产品,在 2014 年前后,国内有一定量的用户在使用。但由于该技术自身的缺陷,如对手机的限制很大,要求手机后盖可拆卸且不能使用金属外壳;适配手机型号有限,对手机的环境要求高,每一款手机要想使用这个技术必须进行测试、适配,可能需要重新定制 SIMpass 天线,比较复杂等,应用场景很受限制,因此应用数量并不多。

2. SD 卡支付技术

与 SIMpass 支付方式的历史时期和产生背景相同,SD 卡支付是中国银联主导的一种移动支付方案,目标也是在 NFC 手机不普及的情况下实现手机模拟刷卡功能。

SD 卡支付方案对手机没有进行任何改动,只需要将 SD 卡置入手机的相应插槽内即可,与 SIMpass 方案相比,SD 卡支付方案更简便。由于 SD 卡支付方案实际推广方是中国银联,所以国内一些芯片厂商和支付类企业都积极参与了这个方案的推广。在实际推广过程中,SD 卡支付方案遇到了与 SIMpass 方案同样的问题:一个是刷卡效果不理想,与手机的结构相关,金属后盖的手机刷卡效果尤其不好;另一个问题是智能手机开始不提供 SD 卡插槽。随着苹果手机的风靡,国内手机厂商纷纷效仿,固定手机内存容量,取消 SD 卡扩展槽位,金属外壳广泛使用,这也使 SD 卡支付方案也慢慢被抛弃。

3. RF-SIM 技术

考虑到手机模拟刷卡的需求以及主流手机终端的结构特性,为了改善刷卡效果,中国移动联合国民技术公司推出了 RF-SIM 移动支付方案。RF-SIM 的移动支付方案既回避了 NFC 手机在中国尚未普及的问题,又实现了电信运营商通过手机端 SIM 卡实现对移动支付的相对控制权,应该说是电信运营商的一个极佳的移动支付解决方案。

事实上,中国移动与中兴下属公司国民技术以及卡商东信和平、恒宝等厂商合作,中国联通、中国电信与厦门盛华电讯合作在国内取得了非常多的应用案例,其中最典型的是校园卡方案,电信运营商通过赠送手机、手机号的方式,使在校学生使用 RF-SIM 技术实现校园一卡通。目前出于对技术安全性的考虑,2014 年中国移动支付标准出台后,对 RF-SIM 要求仅能在封闭环境内使用,不可作为全社会公开的支付方案使用,这对 RF-SIM 是致命打击。因此,目前这种方案仅存于校园一卡通领域,用于配合电信运营进行校园一卡通类项目建设。

4. 二维码支付技术

2013 年以来,二维码支付可以说在移动支付领域飞速发展,国内以支付宝、微信支付为代表,以支付简捷、便利、对移动设备依赖极少等特点见长。

二维码支付可以认为是标记支付技术的国产化。原理很简单,通过安装在智能手机内的 App,将用户账户以二维码的形式展示,每分钟变化一次;收费终端通过条码识别器扫描二维码获取用户账户信息,收费终端通过网络向用户账户发起扣费操作。用户账户信息不是一个真实的银行账号或系统用户账号,而是一个随时间变化的数字,这个数据在服务器端与用户真实账号关联,扣款成功后此数据即在手机上变为新的数字,以保证每次扣款关系的数据不同,以此来保证用户账户安全。实际该模式与 EMV 和苹果公司推崇的"标记支付"很类似,只不过在这个交易过程中没有银行的参与,只发生在扣款方、用户移动设备、用户后台账户之间。

二维码支付与标记支付在安全方面差别很大,二维码自身无法抵御复制拍照等简单窃取操作。中国人民银行曾在 2014 年 3 月 13 日下发了文件叫停二维码支付,但是在国内强势的互联网金融公司的推动下,二维码支付在安全层面上有了较大的提升,从而得以快速发展,成了目前主流的支付技术。

第三节 我国移动支付的运营模式及产业链

一、移动支付的运营模式

移动支付业务不同的产业链拥有不同的主体,按照运营模式的不同移动支付被分为三种,以移动通信运营商为主导的运营模式;以金融机构为主导的运营模式;以第三方支付机构为主导的运营模式。

(一)以移动通信运营商为主导的运营模式

移动通信运营商为主导的模式主要是由移动运营商推动整个移动支付产业链的发展

（如图6-4所示）。该模式一般是将话费账户作为支付账户，用户通过向话费账户充值或者在话费账户中预存款，当用户支付时，交易金额就从话费账户中扣除。如中国移动手机钱包业务（中国移动和包）、中国联通的沃支付等。一端连接用户，另一端连接线上线下的商户，其中线上商户的来源主要是签约线上商户或各移动运营商自行建立网上商城引入的商户。

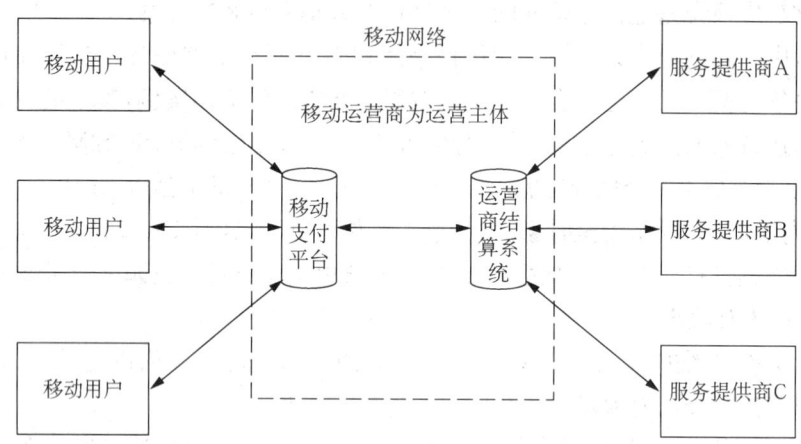

图6-4　以移动通信运营商为主导的移动支付运营模式

作为移动支付平台提供商，移动通信运营商作为用户和平台提供商之间的重要桥梁主要提供语音、短信、WAP上网等多种服务，还为支付业务提供多种安全服务。获得的收益来源有：收取提供商品和服务的商户的佣金，比例为3%到20%；来自数据流量的收益，用户在通过通信网络在手机上进行移动支付购物时会消耗相应的手机流量；沉淀资金收益，用户以话费形式预存在话费账户中的资金产生的额外收入。该模式是由运营商与交易双方直接进行联系，不需要金融机构的介入。

（二）以金融机构为主导的运营模式

以金融机构为主导的运营模式主要包括中国银联主导的移动支付运营模式和商业银行主导的移动支付运营模式（如图6-5所示）。一端连接用户，另一端连接线上线下的商户，其中线上商户的来源主要是签约线上商户或各家金融机构自行建立网上商城引入的商户。

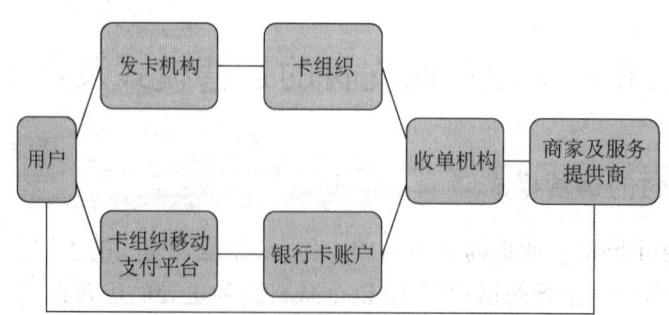

图6-5　银联或商业银行为主导的移动支付运营模式

金融机构为主导的这两种运营模式共同点在于是通过用户自己的银行账户进行交易支

付,无账户沉淀资金,客户账户资金有安全保证。商业银行主导的移动支付运营模式主要是各家银行开发的手机银行模式,其内容多为银行业务,包括查询、转账汇款等基础服务,还可以享受理财投资服务,购买银行提供的理财产品,实现资金的投资增值。这种模式的应用范围有限,开发成本和维护成本较高。手机银行业务给银行带来的收益主要包括:手机银行账户余额给银行增加了可贷资金;利润分成;手机银行有利于用户黏性的增强以及用户活跃度的增加;减少网点投入经营费用,降低经营成本。

中国银联主导的移动支付运营模式是基于其卡组织的基础,开发并推广与银联卡相关的手机支付。"云闪付"是中国银联打造的移动支付品牌,由中国银联、商业银行以及电商等合作平台共同打造支付运营场景,抢占中国移动支付市场。"云闪付"由卡组织——中国银联、发卡行——各大商业银行、持卡人和收单机构商户搭建四方模式,只要在支持"云闪付"的商户中,打开任意合作方的 App,通过 POS 终端即可完成支付。"云闪付"包含二维码支付、手机支付、可穿戴支付、NFC-SIM 卡等支付模式,实现近场支付和远程支付。

(三) 以第三方支付机构为主导的运营模式

在以第三方支付机构为主导的运营模式中,第三方支付机构独立于金融机构和移动通信运营商之外,它为用户提供专属账户,用户既可以将资金放入第三方机构提供的账户中,也可以直接用银行卡内的资金进行支付交易(如图 6-6 所示)。

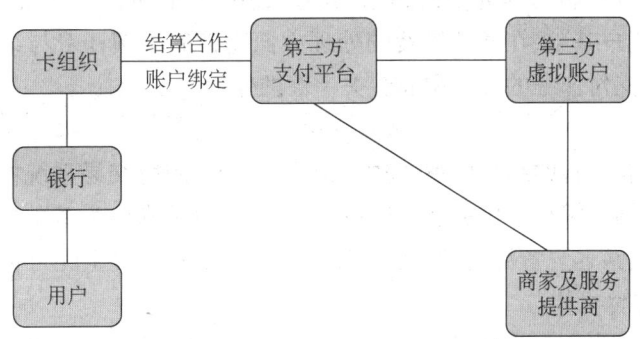

图 6-6　第三方支付机构主导的移动支付运营模式

第三方支付机构主要充当信用媒介,撮合用户和商家之间的交易,并且承当部分的担保责任。同时,主要的第三方支付平台比如支付宝、微信等提供线下扫码支付服务以及近场刷手机支付服务,做到了线上线下双重发展,具有明显的竞争优势。第三方移动支付机构为用户提供更加丰富的移动支付场景,吸引客户提高市场竞争力,收入来源主要分为两方面:沉淀用户资金带来的收益;商家缴纳的服务费以及手续费收入。

二、移动支付产业链

移动支付产业链涉及环节较多,其中最主要的两个环节分别是安全传递资金转移信息的通道和进行资金账户管理的机构。移动支付产业链中主要参与者有移动支付软件与硬件提供商、移动通信运营商、金融机构、第三方支付机构等支付平台提供商、线上线下的商户以及用户(如图 6-7 所示)。

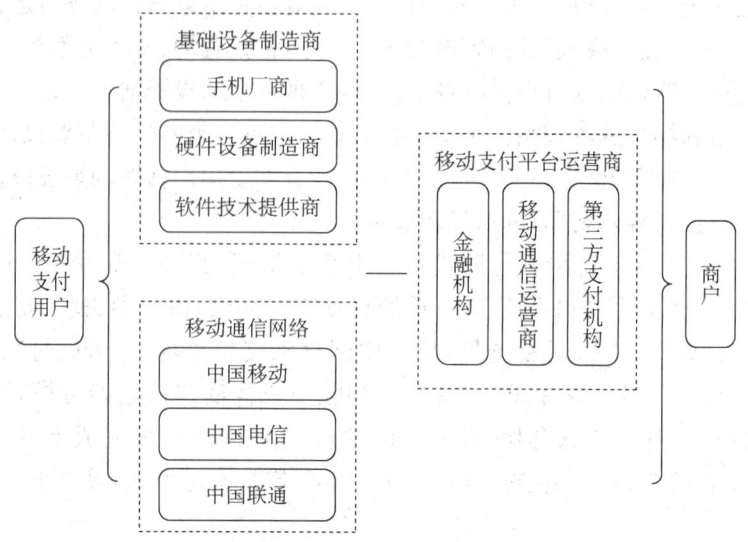

图 6-7 移动支付产业链

(一)移动通信运营商

移动通信运营商的主要任务是搭建移动支付平台,为移动支付提供安全的通信渠道。移动通信运营商拥有控制远程通信的通道,是连接用户、金融机构和服务提供商的重要桥梁。同时,巨大的用户基础、在通信资费的处理方面完善的小额计费与结算系统、强大的资金实力使其在移动支付业务的发展中起着关键性的作用。

(二)金融机构

银行及银联拥有完善的结算体系,完整、灵活、安全的跨行交易系统枢纽,从而保证用户支付过程的安全通畅。银行不仅拥有以储蓄卡、信用卡以及支票为基础的支付系统,还拥有广大的客户资源,其在客户资源上的优势体现了在移动支付市场上无可替代的核心价值。

(三)第三方支付机构

作为银行和运营商之间的衔接环节,第三方支付机构在移动支付业务的发展进程中发挥着十分重要的作用。独立的第三方支付机构具有较强的创新能力,成功的互联网商业模式,协调并整合移动运营商和银行等资源的能力,并拥有庞大的线上用户、线下商户资源,能为其提供丰富的移动支付业务。

(四)基础设备制造商

主要有手机厂商、硬件设备制造商和软件技术提供商。近几年来,手机厂商不断创新,推出的智能手机不论从外观上还是性能上都有很大的突破,成为移动支付业务快速发展的前提。硬件设备主要服务线下商户,有 POS 机、移动刷卡器、NFC 近场支付设备等;而软件技术主要服务线上,为商户提供与支付平台、移动 App 以及与支付安全等相关的软件技术支持。

(五)商户和移动支付用户

商户在移动支付的具体流程中是最具隐性利益的,也是投入产出比最高的。而移动支付用户是移动支付业务的使用者和收益来源,也是移动支付的终端消费者,是移动支付市场最大的产业构成因素。

移动支付产业的发展牵涉到金融、通信、支付服务商、系统集成商等多个行业和企业,任何一个环节或企业都不是完全孤立存在的,上下游企业之间的相互合作、两个或者多个行业联合创新推出产品和服务,都需要多方面的利益博弈和资源共享。只有这样,移动支付才能顺利推进,整个产业链才能协同快速发展。最终而言,用户需求和用户体验是移动支付发展重点,给用户提供安全和便捷兼具的服务,以及对用户消费习惯的培养才是产业发展的基础。

第四节　我国典型的移动支付案例分析

随着移动智能设备和移动通信网络的快速普及,以及应用流量入口和垂直行业支付解决方案的发展成熟,为了与互联网时代小额、碎片、高频的消费趋势相契合,移动支付快速步入 3.0 时代。

一、阿里:新零售领衔的生态闭环建设

长期以来,阿里以其强大的商业模式创新和金融科技赋能不断改变着传统产业的面貌。阿里布局移动支付打通线上与线下、电商与金融,构建自有的生态闭环,而它们的连接器就是支付,特别是支付所衍生出的海量数据,更是互联网时代推动行业巨轮滚滚向前的"石油",意义不言而喻。

首先,B端拓展。主要围绕大卖场、小商超及公共服务展开,致力于库存商品、会员体系和服务体系的全面打通,实现移动支付对多渠道入口的全面覆盖;小商超方面,以零售通和村淘为抓手,兼容和赋能为导向,用数据驱动的方式完成人、货、场的重构,通过免息赊销服务的提供和云管理平台对支付渠道的接入,大力提升小商超移动支付服务能力。

其次,C端服务。最直接的是提升移动支付购物体验,通过大数据的应用,提前感知消费者行为习惯,预测消费趋势,精准投放货品,并在增强现实技术(augmented reality,AR)、虚拟现实技术(virtual reality,VR)、混合现实技术(mixed reality,MR)等科技的参与下,使支付场景更加智能和丰富。另外,通过"会员通"产品在协作商家的使用,打通消费者线上线下各场景的会员积分和优惠体系,这不仅仅提升了购物体验,更使得消费者使用移动支付的频次和金额呈高比例上升态势。

最后,技术赋能。在客户服务层面,通过大数据实现客户精准画像,并根据其需求提升备货速度、降低库存,帮助其精准购物、智能支付。在供应链层面,在实时大数据指导下,智能匹配物流配送的最佳解决方案,未来更可以通过大数据重构新零售智慧门店。

由此,以智能数据为驱动提升支付场景和体验,而支付场景和体验的提升又增加了数据沉淀,形成了支付数据的正向循环。阿里的云在分布式架构基础上,既进一步降低了自身系统建设成本,提高需求交付效率,增强了动态扩展能力,还可以在自身实力提升的前提下做到技术输出,以云计算为抓手建构围绕自己的支付生态圈。

二、腾讯:新时代万物互联

2016年,以春节微信红包为契机,移动支付融入了社交娱乐的全新功能,不仅解决了微信支付上线伊始的冷启动问题,更带来了新一轮的增长空间。在社交娱乐领域的大放异彩和"3Q大战"对战略发展深层次冲击正反两方面经验的作用下,腾讯采取了以服务平台客户为中心并向合作伙伴开放服务的战略,而在此商业模式中起到中心连接作用的正是移动支付。从布局来看,围绕移动支付,腾讯采取了流量入口—场景建设—支付工具三位一体的互联网产品典型设计。

首先,流量入口。近些年,腾讯不断完善微信的产品功能和使用体验,以提升客户黏性和忠诚度,使其始终维持在系统高频应用的层次上。从具体功能看,微信不但整合了即时通信、社交网络服务(social networking services,SNS)、新闻媒体(含自媒体)等跨时代的社交工具,还推出了公众号、小程序等开放式工具,使自己本身就成为信息生产和发布的平台。在此基础上,微信支付嵌入平台内外,既提升了用户便利度,也降低了用户消费的心理门槛,使其更有消费意愿和冲动,这反过来又对商户形成了激励。

其次,场景建设。腾讯最初以小额高频的场景为起点,在用微信红包对客户移动支付习惯进行培育的基础上,结合大量拓展话费充值、信用卡还款、智慧城市服务等线上场景和打车、外卖、商超等线下应用,为其提供快捷无缝的体验,并通过优化服务方案来提高渗透率。此外,腾讯也在努力探索社交娱乐理念在金融投资场景的应用。此外,腾讯在境外支付的布局也应引起关注。2017年5月4日,腾讯携手Citcon进军美国市场;在日本推出WePlan跨境支付方案;与德国支付公司Wirecard合作在欧洲推出WeChatPay平台等。

最后,支付工具。通过客户主扫和被扫两类模式的建设,微信二维码支付已成为最便捷、最受欢迎的支付工具之一。在安全保障方面,腾讯不但基于大数据建设了反欺诈和信用体系,还积极拥抱监管,主动参与网联建设。另外,针对跨境汇款等特别需求,腾讯还研发了"港菲汇款"等创新产品,推动了移动支付的广泛认可和应用。

三、华为:安全也能成为入口

在二维码支付尚未成为移动支付主流方式之前,硬件厂商曾以NFC元件为切入点尝试进入支付市场。不过,由于无法在安全等技术标准上达成一致,加之二维码支付的广泛应用,硬件厂商曾在相当长一段时间处于低迷状态。然而,通过安全技术及服务方案的升级,以华为为代表的硬件厂商们又卷土重来,其布局大致如下。

首先,安全技术。在移动支付领域,最好的体验是便捷,最大的痛点是风险,而华为安全技术的核心就是给客户提供既安全又便捷的解决方案。操作上是通过采用密码+物理介质+生物识别+云端安全的一揽子技术,内置银行卡级别的独立安全芯片,与指纹识别形成双保险,可以兼容目前所有主流支付方式所要求的安全工具,针对安全漏洞形成有效防范,为客户资金安全提供软硬件全方位保护。

其次,服务方案。更加注重本地化功能和支付体验,线上支付支持华为钱包支付、银行卡快捷支付、第三方支付甚至现在已不太主流的移动通信运营商支付,线下支付除支持传统的银行卡和第三方支付外,还能提供公交卡和商超会员服务,基本涵盖了目前绝大多数的应用场景。

最后,商业模式。与大多数硬件厂商们已持有或寻求第三方支付牌照不同,华为明确表态不去申请该领域业务牌照,只聚焦于安全硬件和客户体验部分,其他如客户资金、支付清算、信息处理、营销宣传等均由合作伙伴提供。由于二维码本身在安全上存在固有的缺陷,基于安全硬件的支付技术未来会有较大的发展潜力。

四、银联:海外布局占据优势

在移动支付业态迭代的进程中,银联也一直在努力,发挥自身优势,积极进行布局。

首先,解决方案。在"云闪付"统一品牌下两条腿走路,一方面,迎合市场消费习惯逐鹿二维码支付,瞄准其安全缺陷和标准不统一的行业痛点,采用支付标记化(token)技术提升安全保障并提供标准给银行等合作伙伴。另一方面,仍不放弃 NFC 领域的努力,联合商业银行、手机厂商等大力推广 Apple Pay、Huawei Pay 等以待未来。

其次,创新商业模式。银联在多年发展积累的商户资源基础上,联合 40 余家银行全力铺开"云闪付"营销,京东金融等新巨头积极助阵,这样既可以将各合作伙伴 App 用户转为自己的用户,又可以激发线下 POS 商户潜力,解决了客户和场景的难题。

最后,海外布局。在海外移动支付领域的布局,虽然近年来阿里和腾讯也取得了突破性进展,但相比于银联的雄厚积累仍相距甚远。银联已累计在全球发卡 60 亿张,受理网络已覆盖 160 个国家和地区的 3 600 万商家,支持 200 万台 ATM 转账取现并与维萨、万事达等具有长期合作关系。而就在"云闪付"二维码在国内发布不满一周的时候,银联就宣布将在中国香港和新加坡落地,并将在泰国、印度尼西亚、澳大利亚等亚太国家陆续推出。

五、商业银行:多策并举提升价值地位

与以上主体竞争失败即可能出局的严峻形势不同,商业银行作为从现金支付到移动支付,从银行卡收单到网上银行再到掌上银行一路走来并直接服务客户的金融企业,其面临的挑战则主要是利润不断下降、数据难以获取和产业链地位滑落的威胁。发力移动支付,加强与同业、移动运营商、手机厂商以及第三方支付机构的合作,通过平台对接、流量开放、数据共享、优势互补,同时学习第三方支付机构的互联网思维及移动通信技术,提升客户服务体验,实现共赢。

首先,优化产品布局。主要策略是在互联网思维指导下推动新兴支付与传统支付、线上支付与线下支付等的融合发展,打磨、创新聚合支付、积分支付、信用支付等拳头产品,形成结构合理、错落有致的产品体系并加以品牌包装。

其次,丰富支付场景。与第三方支付机构在 C 端的优势相对应,由于长期在信贷、结算、代发工资等领域的合作,银行在 B 端尤其是大型企业、公用事业单位等具有优势,而这些恰是 C 端服务的最终提供者。银行已在电商服务、社交生活等方面搭建场景,利用固有优势提升服务能力。

最后,拓展商务合作。银行市场足够宽阔且与第三方支付机构等不在一个产业维度,彼此间的商业合作没有障碍。银行既参与了银联"云闪付"的商业推广,又积极与百度、京东、阿里、腾讯等互联网巨头展开合作,通过平台对接、数据共享、能力交流等方式丰富移动支付的服务内涵。

第五节　推动移动支付发展的建议

移动支付的发展一方面加快了我国金融深化进程,方便了民众的生产生活方式;另一方面移动支付尚属新生事物,在密码管理、通信安全、备付金管理、无牌照支付机构的禁止与取缔、相关法律法规完善等方面还存在一定不足,可能面临诸多风险,比如预授权套现、跨境移机套现、各种套码造假行为不断升级、商户收不到结算资金等违法违规事件时有发生,使移动支付的安全与健康发展成为移动支付产业链上各利益相关群体共同关注的问题。

一、完善法律法规,加强监管协调

对于移动支付行业没有相关法律的情形,我国应加快推进立法进程,提高立法层次,充实移动支付的监管依据,让移动支付行业有法可依。同时,要针对移动支付业务发展的新问题,特别是针对消费者权益保护、反洗钱、不正当交易等问题,修订已有的法律法规,制定出可操作性强的详细的规章制度。另外,完善个人金融信息保护、消费者权益保护等法律法规建设。

移动支付产业牵涉多个市场参与主体利益,同时也受多个部门的监督和管理,应建立中国人民银行牵头、相关管理部门共同参与的支付监管协调机制。具体而言,中国人民银行负责对移动支付行业从业机构准入和退出、资金安全、反洗钱等业务的监管;工业和信息化部、交通运输部等负责对电信、交通相关行业技术标准与中国人民银行标准的对接,并对电信、交通相关行业的移动支付从业机构实施日常监管。此外,在移动支付领域,可引入监管沙盒模式,通过测试和了解创新、评估风险,调整监管规则和工具,在风险可控的前提下,促进移动支付的稳健发展。

二、设立行业自律组织,加强消费者教育

(1) 完善移动支付相关企业内控制度,加强行业内部自律。具体来说,就是对相关企业的员工进行风险意识以及职业道德的教育及培训,从而提高员工的内控意识,更大程度上避免道德风险的发生;还应该建立企业内部责任的分工制度、权力制约制度、奖惩制度等制度,以此来提升移动支付相关企业的管理水平,从制度上避免道德风险的发生。

(2) 充分发挥网联平台线上支付清算中心的作用,吸收更多非银行支付机构加入,加强移动支付机构的备付金管理。

(3) 加强移动支付宣传教育,提高消费者安全意识。明确移动支付机构告知义务,支付机构应向消费者提供安全的移动支付服务渠道,让其能及时准确地了解最新的网络支付安全程序;告知消费者如何保护密码、安全口令和其他个人身份信息,如何安装和更新安全防护工具,如何访问正规安全的移动支付界面,了解通过网络下载软件的风险。

三、构建良性发展的移动支付生态圈

未来移动支付已不再局限于一种简单的支付需求,而是一种集产品、服务、数据、支付为

一体的综合解决方案。以目前流行的生活服务为例,商家的经营理念已经从"大而全"转向"小而美",从粗放营销转向划定细分市场,通过服务增值取得客户认同。基于移动互联网的销售已成为小微企业发展的突破口,服务小微、扶持小微是构建和谐移动支付生态圈的重要内容,需要银联、商业银行和非金融支付机构的共同努力。

四、强化反洗钱的责任,加大洗钱处罚力度

(1)加大现有监管制度的执行力度,严格落实中国人民银行现有的关于移动支付的各项规定,加强移动支付客户实名验证管理,严厉打击冒用他人身份开户、洗钱等违法犯罪行为。

(2)明确移动支付机构的反洗钱责任和义务。移动支付机构应及时报告大额交易,监控异常移动支付交易,运用技术手段提高可疑交易的甄别能力,重点监测、记录、保存可疑支付行为并及时向反洗钱管理机构报告。

(3)对不依法履行报告制度等反洗钱规定的移动支付机构,加大执法检查和惩戒力度,做到违法必究。

 本章练习

一、名词解释

移动支付　　近场支付　　远程支付　　NFC　　二维码支付　　移动支付产业链

二、简答题

1. 移动支付的运营模式有哪些?分别进行举例说明。

2. 列举当前两个主要的移动支付平台并进行对比分析。

3. 移动支付产业链包含哪些内容?从产业链角度分析第三方移动支付机构如何进一步发展。

4. 简述实现标记支付的过程。

5. 简述移动支付的发展过程。

三、案例分析题

详细阅读导入案例并查阅相关资料,回答下列问题。

1. 讨论移动第三方支付机构之间的竞争与合作。

2. 讨论分析如何进行移动支付产品的创新。

第三篇

金融支付体系的风险控制与监管

第七章　金融支付体系安全与风险防范

随着现代经济和互联网迅速发展,移动互联网、大数据、云计算等新技术广泛应用于金融行业,金融机构对信息科技的依赖性日趋增强。随着金融业务的快速发展、数据集中度的不断提高以及人们日常经济活动与商业交易中电子支付的逐步普及,数据信息泄露、支付风险等安全问题成为金融机构风险控制的重要方面。如何保障数据安全,防范金融支付风险,成为金融机构经营管理面临的重要课题。

本章由导入案例开始,主要介绍了支付体系中的安全问题和安全电子支付的意义、支付体系的安全策略、电子支付的安全技术、电子支付的安全认证和电子交易的安全认证。

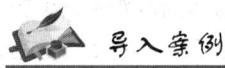 导入案例

携程网被疑储存用户信用卡信息　存在泄漏风险

日前,多名消费者向中国网财经中心反映,称在携程网购买产品时,只需进行简单的信息核对即可完成交易。消费者张先生称,自己持信用卡首次在携程网消费时,需提供信用卡卡种、卡号、有效期、CVV2码(即信用卡验证码)等一系列完整信息,然后提交支付。"然而当我第二次在携程网使用这张信用卡时,只需提供卡号后四位及CVV2码,携程网就会完成这次支付操作。如果当初携程网没有在系统中储存信息,它又是如何完成支付的呢?"张先生表示,如此"便捷"的操作让他对自己的信用卡安全倍感担忧,"只要知道这张信用卡卡号和CVV2码的人,就可以用它来消费,根本不需要任何动态或者其他形式的密码,我的资金安全该由谁来保障呢?"

还有消费者称,携程网的人工客服会向用户直接索要信用卡有效期、CVV2码等敏感信息。中国网财经中心记者以电话购买机票为由,拨通了携程网客服电话,在支付环节,记者按语音要求输入信用卡卡号后,客服人员口头询问记者该信用卡的有效期及CVV2码,当记者提出上述敏感信息不方便透露时,客服人员表示"如不提供,就不能完成预定",并强调携程网不会储存信用卡卡号信息。此外,记者在检索相关信息时发现,不少消费者遭遇过信用卡被盗刷的事件,金额从2万元至500万元不等。

据业内人士介绍,信用卡信息主要包含卡号、有效期、CVV2码等,其中打印在卡片签名区的3位CVV2码又被称作"第二密码",掌握着该卡的交易授权,即只要提供正确的CVV2码,就能完成支付环节。中国网财经中心记者在中国银联风险管理委员会2008年发布的《银联卡收单机构账户信息安全管理标准》中看到如下表述:各收单机构系统只能存储用于交易清分、差错处理所必需的最基本的账户信息,不得存储银行卡磁道信息、卡片验证

码、个人标识代码(PIN)及卡片有效期。

资料来源:马艺文.携程网被疑储存用户信用卡信息 存在泄露风险[EB/OL].(2014-01-10)[2019-12-20].http://finance.china.com.cn/industry/company/20140110/2111174.shtml.

第一节 支付体系中的安全问题和安全电子支付的意义

当前,在经济全球化的形势下随着我国经济的快速发展和技术的不断进步,电子商务产业迎来了快速发展的新时期,而网上支付也从一种支付工具逐渐转变成一个相对独立的新兴行业并日趋普及,并正在彻底改变着人们的经济活动方式和生活模式。

网上支付涉及资金安全的问题,并与社会的稳定有着密切的关系。国内目前已经有很多企业开展了网上支付的业务,按其提供的服务形式进行分类,可以将之划分为两大类:一是账户模式,即用户先在平台上注册自己的账户,然后向平台账户进行充值,消费结算或转账时用平台账户内的资金进行支付或转账活动;二是网关模式,即为用户提供对接各银行支付平台接口的统一支付渠道。电子商务的业务内容主要涉及信息流、资金流和物流三个方面。其中,资金流的核心内容是资金的转移过程,即支付和转账等交易流程,而支付和转账等交易流程都是以网上支付的形式完成的。由此可见,网上支付是电子商务的一个重要组成内容,没有现代化的支付手段,电子商务将面临极大的困难。然而,由于网络系统、计算机系统以及网络支付体系自身存在着安全风险和隐患,网上支付也面临着越来越多的挑战。

一、支付体系中的安全问题

电子支付的实现,促进了电子商务的发展,同时也引发了支付安全、身份认证、电子文件认证的法律问题以及金融监管等一系列问题。虽然安全协议和认证系统的建立解决了金融机构的一些紧迫问题,但安全技术的发展与电子支付的快速发展相比仍显滞后。电子支付的安全问题日益成为一个重要的研究课题。

网络自身的开放性和脆弱性决定了网上支付活动将面临不同类型的网络安全方面的挑战。这种挑战一般表现为对网络和服务器的攻击,如截取 IP 包、更改和伪造数据、欺骗连接等主动攻击手段,以及通过非法监测或分析数据流获取网络数据等被动攻击手段。因此,现阶段的支付安全主要存在以下五个方面的问题。

(一) 支付被中断

在缺乏安全防护措施下,攻击者可能破坏支付系统中的硬件或软件系统使支付系统中的计算机无法正常工作,导致正常的支付流程处理被中断、延迟或完全拒绝服务。

(二) 身份识别问题

在传统支付方式中,交易双方是面对面的,这样很容易确认对方身份,即使不熟悉对方,也可以通过签名、身份认证、印章等一些有形的身份凭证来确认对方身份。然而网上交易支付则完全不同,交易双方很可能在整个交易过程中都未曾见过对方,如果不采取有效的识别措施,就很容易引起身份假冒,进而进行欺诈、诈骗等违法活动。比如,在进行网上支付时,用户如何判别支付窗口是真正银行的网银支付窗口,以及银行如何验证客户发出的支付指令是由真正的合法客户发出的指令,这都涉及身份识别的问题。

（三）支付信息被伪造、篡改

在无安全措施的网上支付过程中,非法入侵者可以修改支付信息中的收款人、支付金额、支付指令序列等,最终的结果就是资金被非法划拨到攻击者指定的非法账户。例如,在一次购物结算支付时,消费者通过网上银行进行支付,消费者给网上银行发出支付指令:"给甲商户支付300元"。支付指令在互联网上传输时被入侵者截获,然后对支付指令进行修改:将收款人甲商户篡改为乙商户,然后把篡改后的数据包重新植入网络支付系统。最后网上银行收到的支付指令就变成:"给乙商户支付300元"或是"给乙商户支付30 000元"。结果是非法乙商户而不是合法甲商户得到了银行划拨的资金。

（四）支付信息被泄漏

在传统的现金交易支付方式中,一般是通过面对面进行现金交易支付,不存在支付信息被泄露的问题。而网上支付中的商户、银行、第三方支付平台、客户等均存在于互联网中,当支付各方在这个开放的公用互联网上交换信息时,如果不采取适当的保密措施,那么重要的支付信息有可能被黑客窃取。例如,网上交易支付时,入侵者通过某种方式得到了消费者的支付账号和支付密码,就可以毫无障碍地冒充消费者本人在互联网上进行恶意消费,给消费者带来巨大损失。

（五）支付信息被抵赖

在网上交易过程中,网上支付是一个通过商业银行提供的网上结算服务将资金从付款人账户划拨到收款人账户的过程。对于资金划出操作,若付款人否认发出过资金划出指令,商业银行将处于被动局面;对于资金划入操作,若商业银行否认资金划入操作,收款人将处于不利境地。电子支付过程的各个环节都必须是不可否认的,即支付一旦达成,发送方或接收方都不能否认其发送的信息或其接收的信息。为达到这一目的,这需要在支付流程中采用相关的支付安全技术来防范被抵赖的风险。

二、安全电子支付的意义

随着电子支付手段的不断推广和应用,轻现金社会正在形成。电子支付在我们的日常生活中扮演着越来越重要的角色,成为日常生活不可或缺的伙伴。现如今,小到超市购物,大到外出旅行,人们越来越习惯扫描二维码甚至"刷脸"支付。然而,轻现金社会在给人们带来实实在在的便利的同时,也对安全的电子支付提出了更大的挑战。

（一）安全的电子支付使交易便捷,效率和速度大幅提升

电子支付在降低社会交易成本、防范洗钱和腐败等方面作用明显,同时便利了民众生活,促进了经济发展,一个消费者、政府、企业都能从中受益的轻现金社会悄然而至。轻现金社会最显著的特点是交易效率和速度大幅提升。一项测算表明:在使用现金交易的停车场,一辆车从到达收费口到开出,人工收费平均要用10秒钟,而采用无现金的电子支付,则只需要不到2秒钟,交易效率成倍数的提升。

（二）电子支付安全挑战凸显,仍需谨慎对待

随着轻现金社会的到来,一些问题也在逐渐凸显并需要谨慎对待。技术层面,二维码支

付可能存在安全漏洞；市场层面，部分支付机构可能会挪用备付金或开展不正当竞争，扰乱市场秩序；合规层面，部分市场机构可能会违规收单等。对此，中国人民银行近期出台条码支付新规，实施支付机构客户备付金集中存管并提高缴存比例，以加强对支付清算市场的整治。

除此之外，一些更深层次的问题也亟待解决。例如，电子支付虽然对于年轻用户表现得相对友好，他们普遍熟悉支付流程并具备一定的信息安全防范意识，能够有效地保护个人信息、财产信息不外泄；但是对于老年人、残障人士等用户，电子支付方式更容易造成他们个人敏感信息泄露及财产损失。因此，这部分人的安全支付问题亟待解决。

安全、高效的支付体系不仅有利于各金融市场的密切联系，改善金融服务，推动金融创新，促进经济增长，满足社会公众日益增长的支付服务需求，而且有利于防范金融风险，维护金融稳定，坚定社会公众对货币及其转移机制的信心。

我国电子商务产业正处于一个高速发展的阶段，政府已经及时出台了相关的政策法规对网上支付行业进行监管，提升了行业规范水平，提高了非金融机构的准入门槛。这对于预防支付市场可能存在的风险、维护金融安全、保护用户权益有着极其重要的意义。

第二节　支付体系的安全策略

保护网络信息的安全是一场没有硝烟的战争，安全策略则是这场战争的战略方针，它负责调动、协调和指挥各方面的力量来共同维护信息系统的安全。安全策略属于网络信息安全的上层建筑领域，是网络信息安全的灵魂和核心。安全策略为保证信息系统的安全性提供了一个框架，提供了管理网络安全性的方法，规定了各部门要遵守的规范及应负的责任，使得信息网络系统的安全有了切实的依据。

一、信息安全概述

信息安全的概念在20世纪经历了一个漫长的发展阶段，进入21世纪以来，随着信息技术的不断发展，信息安全问题也日显突出。如何确保信息系统的安全已成为全社会关注的问题。国际上对于信息安全的研究起步较早，投入力度大，已取得了许多成果，并得以推广应用。中国已有一批专门从事信息安全基础研究、技术开发与技术服务工作的研究机构与高科技企业，形成了中国信息安全产业的雏形。

（一）信息安全的含义

信息安全是一个关系国家安全和主权、社会稳定、民族文化继承和发扬的重要问题。其重要性正随着全球信息化步伐的加快而越发重要。信息安全是一门涉及计算机科学、网络技术、通信技术、密码技术、信息安全技术、应用数学、数论、信息论等多种学科的综合性学科。信息安全是指信息系统的硬件、软件及其系统中的数据受到保护，不因偶然的或者恶意的因素而遭到破坏、更改或泄露，确保信息系统连续可靠正常地运行，保证信息服务不中断。

金融信息安全是根据金融系统的实际应用需求，将密码学、密钥管理、身份认证、访问控制、应用安全协议和事务处理等信息安全技术运用到金融信息系统安全工程中，并能在系统运行过程中发现、纠正系统暴露的安全问题。由于金融信息安全关系到金融机构的生存和经营的成败，所以金融信息安全同资金安全一样，是金融机构的生命。

（二）信息安全的特征

1. 保密性

支付体系必须保证信息在输入、传输、存储和输出过程中的保密性，保证信息不泄露给未经授权的人，确保只有经过授权的人才能访问信息，即使信息被他人截获，也无法理解其内容。

客户的关键信息如登录密码、交易密码是账户安全的关键。在支付系统要求客户输入密码等关键信息时，应采取安全控制措施，防止木马程序截获击键信息；在存储信息时，应对客户信息中的密码、密码问题答案等采取加密存储方式；在金融机构内部输出客户信息时，应设定严格的数据访问控制权限，对敏感数据应做密文显示处理。

2. 完整性

支付体系必须保证信息在传输、存储过程中的完整性，防止信息被未经授权的篡改，保证真实的信息从真实的信源无失真地到达真实的信宿，信息的内容不会被破坏或篡改。

在支付体系中必须保存数据原始的格式和内容，但由于互联网是开放的体系，只要具备特定的知识和工具，完全有可能篡改传输中的数据，因此必须预防对信息的随意生成和修改，同时还要防止数据传输过程中信息的丢失和重复，保证信息传送次序的统一。

支付体系必须采取恰当的数据完整性校验方法，确保数据是真实的原始数据，同时在数据备份时保证备份内容的完整性。

3. 可用性

支付体系应确保经过授权的用户能够在任何时间、任何地点使用其提供的支付服务，保证信息确实为授权使用者所用，防止由于计算机病毒或其他人为因素造成的系统拒绝服务，确保经过授权的用户在需要时可以访问信息并使用相关信息资源。

保证支付服务的可用性是开展网上支付的前提。由于网上支付不受时间、空间的限制，支付系统应能够提供全天候的不间断支付服务，在网络故障、操作错误、程序错误、硬件故障、计算机病毒以及黑客攻击等方面存在的潜在风险加以预防和控制。

4. 真实性

支付体系应确保交易信息来自客户本人，而不是第三方冒名发送者，同时确保信息接收方的身份是真实的，而不是发往与交易无关的第三方。

电子支付是在开放的互联网环境下完成的，要使交易成功，必须能够互相确认身份，即支付系统要考虑客户端是不是假冒的用户，客户端也要识别将要使用的支付系统的确是所想要访问的支付系统，而不是非法的冒名网站。因此，对客户端用户和支付系统相互间的身份认证是电子支付体系中很重要的一个环节。

5. 不可否认性

在电子商务交易过程中，在交易数据发送完成后，双方都不能否认自己曾经发出或接收过的信息。

在传统支付过程中，交易双方通过对银行出具的纸质凭证盖章或签名，以防止抵赖行为的发生。在电子支付过程中,电子签名同样具有法律效力,双方应采用电子签名作为通信的凭证,以确认交易数据已经完成发送或接收,防止接收用户更改原始数据或者否认已收到数据。

(三)信息安全的内涵

1. 物理安全

物理安全手段主要针对各类物理攻击活动,通过必要的监控、安保和灾难预防措施确保目标系统中各类设备的安全。

2. 电磁安全

现代的信息技术借助电磁信号传输信息,在传输过程中不可避免地会形成空间电磁辐射信号,并通过开放的空间电磁场构成对用户信息安全的威胁,因此必须对目标系统中使用的各类设备的电磁兼容性进行设计和处理,或采用光纤等空间辐射小的传输介质。

3. 网络安全

网络安全主要是针对用户数据在网络传输过程中的安全保护问题。网络安全攻击包括直接针对传输的用户数据本身的攻击,即通过对数据传输流进行窃听、篡改和假冒等方式攻击数据,以及针对网络传输服务机制的攻击,主要包括破坏地址解析、路由、网络管理等。

4. 数据安全

数据安全是针对用户信息资源在存储和使用过程中的安全保护手段。主要通过加密、认证和数据备份技术对存储数据的机密性和完整性进行保护,以及通过访问控制、事务处理和残留数据处理等技术在操作系统或数据库层面上实现不同等级的安全保护。

5. 系统安全

客户端应用系统应根据管理员设定的安全策略对用户的访问请求进行授权,确保只有经过授权的合法用户才能使用系统资源,并通过入侵检测机制对来自外部网络的安全威胁进行识别和控制。

6. 操作安全

操作安全是对一般业务操作流程的安全保护。信息技术的普及和应用使传统的业务流程发生了巨大改变,形成信息技术手段和非信息技术手段互相渗透的局面。单纯依靠信息技术安全手段难以保证整个操作过程的安全,必须对操作流程的每个环节进行安全防范并制定所需的操作规范。

7. 人员安全

由于信息技术安全是多样化的,因此必须通过合理的安全职责分配将整体的安全防范任务逐级落实到每一个操作人员的每个日常操作过程,并通过管理手段强制其实施,此外,还要对各级人员进行相应的安全教育和操作规范的培训。

从信息网络系统看,现代信息安全既包含运行系统的安全,又包含系统信息的安全。其中,完整性、可用性、保密性真实性、不可否认性是信息安全的特征;密码技术和管理是信息安全的核心;安全标准和系统评估构成信息安全的基础。信息安全作为信息时代的安全重点和根本保障,已经越来越成为金融安全、社会安全乃至世界安全的基础,成为经济安全的命脉,谁把握了信息安全,谁就把握了信息时代的制高点。

二、支付体系的安全策略

安全策略是为发布、管理和保护敏感的信息资源而制定的一组法律、法规和措施的总和,是对信息资源使用、管理规则的正式描述,是行业内所有成员都必须遵守的规则。

安全策略的制定应该由专门的安全策略部门来负责,人力上应该由安全专业人士和来自系统内不同部门的人员组成。在制定安全策略时,必须兼顾它的可理解性、在技术上的可实现以及在组织上的可执行。

(一) 组织管理策略

在组织管理策略方面,应建立包括设备安全管理、操作系统和数据库安全管理、网络安全管理、场地和设备安全管理、应用系统安全管理、数据安全管理、密码和密钥安全管理、认证管理和应急管理等方面的规章制度。此外,还要明确责任,调动所有员工的积极性,这样才能真正有效地保护系统的安全,而要有效地组织大家协同工作,就必须落实每个人在安全保护工程中的责任和义务。

(二) 风险管理策略

支付系统的风险主要体现在技术、管理、业务、人员和政策上,必须采取完善的管理方法和制度来控制风险。在工作方法上,主要是通过风险评估来识别、控制和降低风险,对系统进行深入的风险分析,列出可能的风险状况,并采取相应的对策;此外,还要保证风险信息在企业内的顺畅流通,做到信息共享,及时通报风险情况,有效预防可能产生的危害。

(三) 质量管理策略

建立一套完善的质量评测体系,及时发现安全隐患,将重大的信息安全风险问题消灭在事件初期,尽可能减少损失。制定相应政策和管理条例,定期进行信息安全的测评。为确保责任的落实,提高大家的安全意识和警惕性,也可以制定相关的处罚条款,并建立监督和管理机制,以保证各项条款的严格执行。

(四) 应急响应与灾难备份策略

支付系统必须考虑灾难发生时的抗毁坏性与迅速恢复的能力,制定并不断完善信息安全应急预案。

(五) 安全技术策略

安全技术策略是指充分运用高新技术,采用安全技术防范措施建立的现代化技术防范指导。它是信息安全的技术保障策略,包括物理安全策略、访问控制策略、信息加密策略等。

1. 物理安全策略

物理安全策略目的是保护计算机系统、网络服务器、打印机等硬件实体和通信链路免受自然灾害、人为破坏和搭线攻击;验证用户的身份和使用权限,防止用户越权操作;确保计算机系统有一个良好的电磁兼容工作环境;防止非法进入计算机控制室和各种偷窃、破坏活动的发生。

抑制和防止电磁泄漏是物理安全策略的一个主要问题。目前主要防护措施有两类:一类是对传导发射的防护,主要采取对电源线和信号线加装性能良好的滤波器,减小传输阻抗和导线间的交叉耦合。另一类是对辐射的防护,这类防护措施又可分为以下两种:①采用各种电磁屏蔽措施,如对设备的金属屏蔽和各种接插件的屏蔽,同时对机房的下水管、暖气管和金属门窗进行屏蔽和隔离;②干扰的防护措施,即在计算机系统工作的同时,利用干扰装置产生一种与计算机系统辐射相关的伪噪声向空间辐射来掩盖计算机系统的工作频率和信息特征。

2. 访问控制策略

访问控制是支付系统网络安全防范和保护的重要策略,它的主要任务是保证支付系统网络资源不被非法使用和非常访问。它也是维护网络系统安全、保护网络资源的重要手段。各种安全策略必须相互配合才能真正起到保护作用,但访问控制可以说是保证支付系统网络安全最重要的核心策略之一。访问控制包括入网访问控制、系统网络访问控制、系统服务器安全控制、系统检测控制、防火墙控制等。

3. 信息加密策略

信息加密的目的是保护系统内的数据、文件、口令和控制信息,保护网上传输的数据。信息加密过程是由加密算法来具体实施,它以较小的代价提供很强的安全保护。在多数情况下,信息加密是保证信息机密性的唯一方法。据不完全统计,到目前为止,已经公开发表的各种加密算法多达数百种。如果按照收发双方密钥是否相同来分类,可以将这些加密算法分为传统密钥算法和公开密钥算法。

在传统密钥算法中,收信方和发信方使用相同的密钥,即加密密钥和解密密钥是相同或等价的。比较著名的传统密钥算法有数据加密算法(data encryption standard,DES)、国际数据加密算法(international data encryption algorithm,IDEA)及其 DES 的各种变形,其中影响最大的是 DES。传统密钥的优点是有很强的保密强度,且经受住时间的检验,但其密钥必须通过安全的途径传送,因此,其密钥管理成为系统安全的重要因素。

在公开密钥算法中,收信方和发信方使用的密钥互不相同,而且几乎不可能从加密密钥推导出解密密钥。比较著名的公开密钥算法有 RSA、Diffe-Hellman、Rabin、EIGamal 算法等,其中最有影响的公开密钥算法是 RSA,它能抵抗到目前为止已知的所有密码攻击。公开密钥的优点是可以适应网络的开放性要求,且密钥管理问题也较为简单,尤其可方便地实现数字签名和验证。但其算法复杂,加密数据的速率较低。当然在实际应用中人们通常将传统密钥和公开密钥结合在一起使用,比如利用 DES 或者 IDEA 来加密信息,同时采用 RSA 来传递会话密钥。

第三节 电子支付的安全技术

针对电子支付所面临的各种潜在的安全风险,国内外学术界和相关厂商已给出了很多相应的解决方案和技术,并且基本满足了人们采用电子支付的方式开展安全的支付活动的愿望。

一、数据加密技术

通常信息加密的途径是通过密码技术实现的。密码技术是网上支付活动中采取的主要安全技术手段。密码技术的基本思想是伪装明文以隐藏它的真实内容,即将明文 X 伪装成密文 Y,伪装的操作称为加密,加密时所使用的信息变换规则称为密码算法。采用密码技术可以满足信息保密性的安全需求,避免敏感信息泄露的威胁。信息加密传输过程示意图如图 7-1 所示。

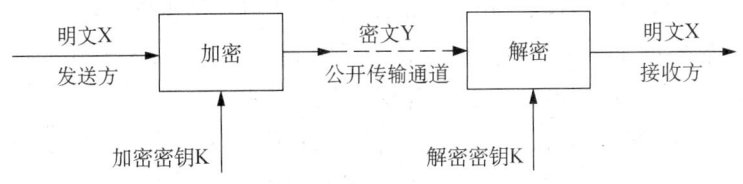

图 7-1 信息加密传输过程

密码技术是保护信息的保密性、完整性、可用性的有力手段,它可以在一种潜在不安全的环境中保证通信及存储数据的安全。此外,密码技术还可以有效地用于报文认证、数字签名等,以防止各种电子欺骗。它是认证技术及其他许多安全技术的基础,也是信息安全的核心技术。

密码技术使用密码算法进行数据变换,使得只有密钥持有人才能恢复数据面貌,主要目的是防止信息的非授权泄漏。现代密码学的基本原则是一切密码寓于密钥之中,即算法公开、密钥保密。常用密码模式可分为传统密钥模式(又称为对称密钥模式)和公开密钥模式(又称为非对称密钥模式)两大类。

(一) 对称密钥模式

对称密钥模式是指加密密钥和解密密钥为同一密钥或者虽然不相同,但是由其中任意一个可以很容易地推导出另一个的密码算法。早期使用的加密算法大多是对称密钥模式,所以对称密钥模式通常也称作传统密钥模式。在这种密码模式下,有加密的能力就意味着必然也有解密的能力,反之,有解密的能力就意味着必然也有加密的能力。因此,信息的发送者和信息的接收者在进行信息传输与处理时,必须共同持有该密码。

对称密钥模式的优点是使用的加密算法简短高效,且具有很高的保密强度,破译极其困难;处理速度快,算法简单,计算开销小,对加密大量数据尤其适合。

由于对称密钥系统的保密性主要取决于密钥的安全,进行密钥交换前要确保通信的安全可靠。密钥交换管理非常困难,在公开的计算机网络上安全地传送和保管密钥更是一个严峻的问题,因为任何人拥有了密钥就可以解开加密信息。因此,密钥管理成为影响系统安全的关键性因素。

对称密钥模式按照对明文数据的加密方式不同,可以分为序列密码和分组密码两类。分组密码模式与序列密码模式相比,在设计上的自由度比较小,但它具有对信息的篡改容易检测、不需要密钥同步等优点,使其具有很强的适应性和广泛的用途。

(二) 非对称密钥模式

非对称密钥模式是指加密密钥和解密密钥为两个不同密钥的密码算法,加密密钥(公钥)和算法都是公开的。不同于对称密码算法,它使用了一对密钥:一个用于加密信息,另一个则用于解密信息。用户采用此模式加密信息时,只需在本地端产生一对密钥:一个是公钥,即加密密钥,一个私钥,即解密密钥,只需把公钥发送给加密人即可。可见,公钥不同于私钥,公钥公之于众,谁都可以用;私钥只有解密人自己才拥有。由公钥加密的内容,只能由私钥进行解密,也就是说,由公钥加密的内容,如果不知道私钥,是无法解密的。

需要说明的是,这两个密钥之间存在着相互依存关系,即其中任一个密钥加密的信息只能用另一个密钥进行解密。若以公钥作为加密密钥,以用户私钥作为解密密钥,则可实现多个用户加密的信息只能由一个用户解密;反之,以用户私钥作为加密密钥而以公钥作为解密密钥,则可实现由一个用户加密的信息可由多个用户解密。

相对于对称密钥模式,非对称密钥模式的优点是通信双方事先不需要通过保密通信交换密钥;并且由于公钥可公开,便于密钥管理、分发;此外它还提供了对称密钥模式很难提供的数字签名服务等。但其缺点也很明显:加解密速度慢、耗用资源大。一般来说只针对少量数据加密。无论是使用软件或硬件实现加解密,速度一直是该模式的缺陷。

二、数据完整性技术

在网络系统中,大量的信息以消息的形式通过网络发送,而消息内容遭受的攻击主要有三种:①消息被拦截并修改,目的是改变接收方所收到的消息;②消息被截获,攻击者可能重复使用这些消息;③偷听者监听消息,从而可能获取以其他方式无法获取的信息。针对上述攻击,使用完整性机制可最大限度地降低这类攻击所造成的影响。

数据完整性包括两个要求:首先,接收到的数据必须与发送的数据相同,即数据完整性系统必须能确保消息在传送过程中没有被修改;其次,在任何时候都可以证明同一文档的不同副本实际上是相同的。

数字签名技术可用于验证数据的完整性。服务请求者可以用发送者私钥对一个文档进行签名,并将它与消息的有效载荷一起发送;服务提供者收到消息后,可以用发送者的公钥来验证签名,查看文档是否被篡改过,从而确保接收端数据的完整性。

三、防火墙

当一个系统接入互联网之后,系统的安全除了考虑计算机病毒、系统的健壮性之外,更重要的是防止非法用户的入侵。而目前防止的措施主要是靠防火墙技术完成。

防火墙是一种用来加强网络之间访问控制的特殊网络设备,它对两个或多个网络之间传输的数据包和连接方式按照一定的安全策略进行检查,从而决定网络之间的通信是否被允许。其中,被保护的网络称为内部网络或私有网络,而另一方则被称为外部网络或公用网络。防火墙能有效地控制内部网络与外部网络之间的访问及数据传输,从而达到保护内部网络的信息不受外部非授权用户的访问和过滤不良信息的目的。

四、认证技术

认证技术是信息安全理论与技术的一个重要方面,也是网上支付安全的主要实现技术。采用认证技术可以直接满足身份认证、数据的机密性、信息的完整性、不可抵赖性等多项网上交易的安全需求,较好地避免了网上交易面临的假冒、篡改、抵赖、伪造等种种威胁。认证技术主要涉及身份认证、报文认证、CA认证等方面的内容。

（一）身份认证

身份认证用于鉴别用户身份。在某些情况下，信息认证比信息保密更为重要。例如，在很多情况下用户并不要求购物信息保密，而只需要确认网上商店不是假冒的，这就需要身份认证，确保自己与网上商店交换的信息未被第三方修改或伪造。

（二）报文认证

报文认证是对网络中交换与传输的数据单元进行认证的一种方式。报文认证方式有传统加密认证、使用密钥报文认证码认证、使用单向散列函数认证和数字签名认证等。

报文（message）是网络中交换与传输的数据单元，即站点一次性要发送的数据块。报文包含了将要发送的完整的数据信息，长度不限且可变。

报文认证是一种认证方式，用于保证通信双方的不可抵赖性和信息的完整性，它是指通信双方之间建立通信联系后，每个通信者对收到的信息进行验证，以保证所收到的信息是真实的过程。

（三）CA 认证

CA（certificate authority）认证即电子认证服务，是指为电子签名相关各方提供真实性、可靠性验证的活动。

CA 是负责签发证书、认证证书、管理已颁发证书的机关，是负责发放和管理数字证书的权威机构，并作为电子商务交易中受信任的第三方，承担公钥体系中公钥的合法性检验的责任。CA 机构为每个使用公开密钥的用户发放一个数字证书，数字证书的作用是证明证书中列出的用户合法拥有证书中列出的公开密钥。CA 机构的数字签名使得攻击者不能伪造和篡改证书。在安全电子交易中，CA 不仅对持卡人、商户发放证书，还要对获款的银行、网关发放证书。

目前，在网上支付活动中广泛使用的认证方法和手段主要有数字签名、数字摘要、数字证书以及其他一些身份认证技术和报文认证技术。

五、电子支付安全协议

目前有两种在线支付安全协议被广泛采用，即安全套接层（secure sockets layer，SSL）协议和安全电子交易（secure electronic transaction，SET）协议。两者均是成熟和实用化的协议，能为电子商务提供有力的安全保障。

SSL 协议是由网景公司推出的一种安全通信协议，用于保障在互联网上传输数据时的安全。SSL 利用数据加密、身份验证和消息完整性验证机制，为网络上数据的传输提供安全性保证。由于 SSL 位于网络应用层和网络传输层之间，所以可以为任何基于 TCP 等可靠连接的应用层协议提供安全性保证。当用户使用浏览器访问服务器时，协议通过交换初始握手信息来实现有关安全特性的审查。目前，SSL 协议已被集成到大部分的浏览器中，这就意味着几乎任意一台装有浏览器的计算机都支持 SSL 连接，不需要安装额外的客户端软件。

SET 协议是由万事达和维萨两大信用卡组织以及其他一些业界主流厂商联合开发的电子商务安全协议，用来保证在公共网络上银行卡支付交易的安全性。SET 是一个非常复杂的协议，涵盖了信用卡在电子商务交易流程中的信息保密、资料完整、CA 认证以及数字签名等问题。它定义了加密信息的格式和完成一笔卡支付交易过程中各方传输的规则。

六、黑客防范技术

目前,黑客攻击已成为网络安全所面临的最大威胁,同时,黑客防范技术也成为网络安全的主要内容,受到了各国政府和网络业界的高度重视。为了有效地防范黑客,首先需要掌握黑客入侵使用的一些技术。这些技术主要包括缓冲区溢出攻击、木马病毒、端口扫描、IP地址欺骗、网络监听、口令攻击、拒绝服务攻击等。

在了解黑客技术的基础上,目前人们已提出了许多相应有效的反黑客技术,主要包括安全扫描工具、防火墙技术、入侵检测技术、防病毒技术等。

七、虚拟专用网技术

虚拟专用网(virtual private networks,VPN)技术是一种在公用互联网络上构造企业专用网络的技术。通过 VPN 技术,可以实现企业不同网络的组件和资源之间的相互连接。虚拟专用网络技术支持客户计算机在公共互联网络上以安全的方式与位于企业内部网内的服务器建立连接。VPN 对用户端透明,用户如同使用专用网络一样进行数据的传输。

VPN 网络可以完全可以利用 IP 网络进行建设。VPN 的具体实现是采用隧道技术,将企业的数据封装在隧道中进行传输。隧道协议可分为第二层隧道协议(PPTP、L2F、L2TP)和第三层隧道协议(GRE、IPSec)等。

这种跨越互联网建立的 VPN 连接在逻辑上等同于两地之间使用专用广域网建立的连接。VPN 利用公共网络基础设施为企业各部门提供安全的网络互联服务,它能够使运行在 VPN 之上的商业应用享有几乎和专用网络同样的安全性、可靠性、优先级别和管理性。

八、反病毒技术

在网络环境下,计算机病毒具有不可估量的威胁性和破坏力,已成为威胁网上支付安全的一个的重要因素。防范计算机病毒是网络安全性建设中重要的一环。

反病毒技术主要包括预防病毒、检测病毒和清除病毒三种技术:①预防病毒技术,通过自身常驻系统内存优先获得系统的控制权,监视和判断系统中是否有病毒存在,进而阻止计算机病毒进入、破坏计算机系统,这类技术有加密可执行程序、引导区保护、系统监控与读写控制等;②检测病毒技术,通过对计算机病毒的特征来判断系统中是否有病毒存在;③清除病毒技术,通过对计算机病毒的分析,开发出具有删除病毒程序并恢复原文件的软件。

从目前病毒入侵系统的情况来看,病毒入侵的途径主要有电子邮件、网上的下载文件、U 盘、光盘等。在新技术环境下,病毒的存在形式也发生了变化。它除了以正常的文件形式进行传播外,压缩文件及可执行文件也成了目前病毒传染的重要途径。

随着系统环境、应用环境和网络环境的不断庞大,病毒种类呈多样化发展,其破坏性也在不断增强。一个安全的网上支付系统首先应具备实时防毒和定时杀毒的技术,在系统的整个工作过程中,针对病毒传播的途径和方式提供全方位的防护,形成一个完善的防护体系。只有随时防止病毒从外界侵入系统,才能全面提高支付系统的可靠性和安全性,达到防患于未然的目的。

第四节　电子支付的安全协议

电子支付的安全协议是指在电子交易过程中实现交易各方支付信息正确、安全、保密地进行网络通信的规范和约定。这些协议可以分为不同的类型。一方面，对应于不同的支付工具，有不同的协议，例如，基于卡的支付协议、基于支票的支付协议以及基于电子货币的支付协议；另一方面，对应 TCP/IP 协议的各层也有不同的安全协议。目前被广泛采用的有两种电子支付安全协议，即安全套接层（secure sockets layer，SSL）协议和安全电子交易（secure electronic transaction，SET）协议。

一、安全套接层协议

SSL 协议是使用浏览器访问 web 服务器时，为了提高安全性而定下的一些规则，包括在接到请求后的动作步骤、何时需要采用身份验证技术和加密技术等。它是一个保证计算机通信安全的协议，对通信对话过程进行安全保护。

在网络分层参考模型中，SSL 协议位于 TCP/IP 协议与各种应用层协议之间。SSL 协议可分为两层：一是 SSL 记录协议（SSL record protocol），它建立在可靠的传输协议（如 TCP）之上，为高层协议提供数据封装、压缩、加密等基本功能的支持；另一层是 SSL 握手协议（SSL handshake protocol），它建立在 SSL 记录协议之上，用于在实际的数据传输开始前，通讯双方进行身份认证、协商加密算法、交换加密密钥等。

SSL 协议主要提供以下三方面的服务。

(一) 用户和服务器的合法性认证

认证用户和服务器的合法性，能够确定数据将被发送到正确的客户机和服务器上。为了验证用户是否合法，安全套接层协议要求以握手方式交换数据进行数字认证，以此来确保用户的合法性。

SSL 利用数字签名来验证通信对端的身份。非对称密钥算法可以用来实现数字签名。由于通过私钥加密后的数据只能利用对应的公钥进行解密，因此根据解密是否成功，就可以判断发送者的身份，如同发送者对数据进行了"签名"。

例如，A 使用自己的私钥对一段固定的信息加密后发给 B，B 利用 A 的公钥解密，如果解密结果与固定信息相同，那么就能够确认信息的发送者为 A，这个过程即数字签名。

需要说明是，使用数字签名验证身份时，需要确保被验证者的公钥是真实的，否则，非法用户可能会冒充被验证者与验证者进行通信。SSL 利用公钥基础设施（Public Key Infrastructure，PKI）提供的机制保证公钥的真实性。

(二) 加密数据以隐藏被传送的数据

SSL 加密通道上的数据加解密使用对称密钥算法，目前主要支持的算法有 DES、TDES、AES 等。

对称密钥算法要求解密密钥和加密密钥完全一致。因此，利用对称密钥算法加密传输数据之前，需要在通信两端部署相同的密钥。

SSL 利用非对称密钥算法加密密钥的方法实现密钥交换,保证第三方无法获取该密钥。SSL 客户端(如 web 浏览器)利用 SSL 服务器(如 web 服务器)的公钥加密密钥,将加密后的密钥发送给 SSL 服务器,只有拥有对应私钥的 SSL 服务器才能从密文中获取原始的密钥。SSL 通常采用 RSA 算法加密传输密钥。

(三) 保护数据的完整性

就是确保数据在传输过程中不被改变。SSL 协议采用消息认证码(message authentication codes,MAC,也称带密钥的 Hash 函数)方法来提供信息的完整性服务,建立客户机与服务器之间的安全通道,使所有经过本协议处理的业务在传输过程中能全部完整准确无误地到达目的地。

二、安全电子交易协议

安全电子交易(secure electronic transaction,SET)协议是为了在互联网上进行在线交易时保证信用卡支付的安全而设立的一个开放的规范。SET 协议是一个基于可信第三方认证中心的方案,专为维护消费者、商家、发卡银行和收款银行之间进行信用卡支付的安全交易协议,用来规范通信协议、请求信息的格式、数据类型的定义等。

SET 协议规定了交易各方进行安全交易的具体流程。在 SET 协议中,使用 DES 对称密钥模式、RSA 非对称密钥模式等提供数据加密、数字签名、数字信封等功能,给信息在网络中的传输提供了安全性保证。SET 协议通过 DES 算法和 RSA 算法的结合使用,保证数据的一致性和完整性。

(一) SET 协议的主要目标

(1) 确保网上传输信息(主要是支付和订购信息)的机密性和完整性。

(2) 提供对交易各方的身份认证,解决多方身份认证问题。

(3) 消费者的信息加密后通过商家抵达银行,但商家看不见消费者的账号和口令信息,隔离了电子商务各方参与者信息,确保了消费者账户的安全。

(4) 规范协议和消息格式,使不同厂家基于 SET 协议开发的软件具有兼容性和互操作性,允许在任何软硬件平台上运行,保证协议能够被广泛应用。

(5) 确保网上交易的实时性,一切支付过程都是在线的。

(6) 协议是一个具有易用性和可实施性的标准,商家、消费者在使用 SET 协议时不需要对自身系统做较大修改,便于 SET 协议应用的推广。

(二) SET 协议应用系统中的角色

(1) 消费者:按照在线商家的要求填写订货单,通过由发卡银行发行的信用卡进行付款。

(2) 发卡银行:电子现金发行机构,负责处理信用卡的审核和支付工作。

(3) 商家:提供商品或服务,具备相应电子货币使用的条件。

(4) 收款银行:通过支付网关处理消费者和在线商店之间的交易付款问题。

(5) CA 认证中心:负责对交易方的身份确认。

(6) 支付网关:银行金融网络系统和互联网之间的接口,由银行操作将互联网上传输的数据转换为金融机构内部数据的一组服务器设备,或由指派的第三方处理消费者的支付信息和商家的收款信息。

（三）SET 协议应用的简单工作流程

（1）消费者网上浏览商品、下订单并选择支付方式,把订单和支付信息发送给商家。此流程中,消费者须对发送的信息进行数字签名,利用双签名技术保证商家看不到消费者的账号信息,银行看不到订单信息。

（2）商家向消费者发送证书拷贝出示自己的身份,同时向消费者的发卡银行请求支付认可,相关信息也通过支付网关送到收款银行。得到确认后,返回确认信息给在线商家。

（3）商家发货或提供服务,并通知收款银行将钱从消费者账号划拨到商家账号,或通知发卡银行请求支付。

三、其他协议

（一）IPSec 协议

IPSec(internet protocol security)是 IETF(internet engineer task force)制定的网络层安全标准,它把几种安全技术结合在一起形成一个体系,通过对数据加密、认证、完整性检查,可保证 IP 层及以上数据传输的可靠性、私有性和保密性。

IPSec 提供了一种标准的、健壮的以及包容广泛的机制,可为 IP 及上层协议(如 UDP 和 TCP)提供安全保证。它用于在 IPv4 或 IPv6 上提供互操作、高质量、基于密码学的服务。该协议可以支持各种应用,可以在 IP 层次上加密或验证所有的通信量。这样,所有的分布式应用,包括远程登录、客户机/服务器、电子邮件、文件传输、web 访问等都可以保证安全。

IPSec 协议的特征使它最适合构建可信的 LAN 到 LAN 之间的虚拟专用网(VPN),即内部网虚拟专用网。现在基于 PKI 技术的 IPSec 协议已经成为架构 VPN 的基础,可以为路由器之间、防火墙之间或者路由器和防火墙之间提供经过加密和认证的通信。虽然它的实现比较复杂,但其安全性比其他协议完善。另外,由于 IPSec 是 IP 层上的协议,因此很容易在全世界范围内形成一种规范,具有非常好的通用性。

（二）安全外壳协议

安全外壳协议(secure shell,SSH)是一种在不安全网络上用于安全远程登录和其他安全网络服务的协议。它提供了对安全远程登录、安全文件传输的支持。它可以自动加密、认证并压缩所传输的数据。该协议可以提供强健的安全性,防止密码分析和协议攻击,可以在没有全球密钥管理或证书基础设施的情况下工作得非常好。

SSH 协议由以下三个主要组件组成。

（1）传输层协议:提供服务器认证、保密性和完整性功能,并具有完美的转发保密性功能;

（2）用户认证协议:负责从服务器到客户机的身份认证;

（3）连接协议:把加密通道多路复用组成几个逻辑通道。

SSH 协议被设计得相当简单而灵活,在 UNIX、Windows 和 Macintosh 系统上都可以实现。它是一种广为接受的协议,使用众所周知的加密算法、完整性技术和公钥算法。

（三）安全超文本传输协议

安全超文本传输协议(secure hypertext transfer protocol,S-HTTP)是一种面向安全信息通信的协议,它可以和 HTTP 结合起来使用,为 HTTP 客户机和服务器提供了多种安全机制。

S-HTTP 客户机和服务器是与某些加密消息格式标准相结合的。S-HTTP 支持多种兼容方案并且与 HTTP 相兼容。有 S-HTTP 性能的客户机也能够与没有 S-HTTP 的服务器连接,但是这样的通信不会利用 S-HTTP 安全特征。

S-HTTP 能与 HTTP 信息模型共存并易于与 HTTP 应用程序相整合。S-HTTP 依靠密钥对的加密保障 web 站点间交易信息传输的安全性。

第五节　电子交易的安全认证

安全认证是电子支付安全的一个重要保障,也是信息安全理论与技术的一个重要内容,它是电子商务、网上银行等业务中的核心环节,可以确保网上传输信息的保密性、完整性和不可否认性,确保网上应用的安全。安全认证主要涉及身份认证、报文认证、CA 认证等方面的内容,常用的认证技术主要包括身份认证技术、数字摘要、数字签名、数字证书和 PKI 系统等技术。

一、身份认证技术

身份认证是信息认证技术中十分重要的内容,主要涉及识别和验证两个方面的内容。识别就是明确正在使用交易系统的用户,要求系统层面对每个合法的用户都要有识别能力。另外要保证识别的有效性,确保任意两个不同的用户具有不同的识别符。所谓验证,指在用户声称自己的身份后,认证方还要对它所声称的身份进行验证,以防假冒。就目前,常用的身份认证基本方式或组织方式有以下三种。

（一）基于口令的身份认证

传统的身份认证技术主要采用基于口令的认证方法。系统为每一个合法用户建立一个用户名及其对应的口令,当被认证对象要求访问提供服务的系统或使用某项功能时,系统作为认证方要求被认证对象提交该对象的用户名和口令。系统收到口令后,将其与系统中存储的用户口令进行比较,以确认被认证对象是否为合法的访问者。

使用这种方法进行身份认证简单、方便,但安全性极差,用户账户的安全性仅仅基于用户口令的保密性,一旦约定的口令泄露或被截取,任何非授权人都可以冒充。通常用户使用的口令较短且容易猜测,因此这种方案不能抵御口令猜测攻击。目前在大多数计算机系统中,为了加强口令的安全性,一般都将用户的口令采用单向函数运算存储。在这种情况下,攻击者不可能利用口令的密文形式恢复出明文形式。

（二）基于物理证件的身份认证

基于物理证件的身份认证是一种利用授权用户所拥有的某种东西来进行访问控制的认证方法。物理证件是一种个人持有物,其作用类似于钥匙,用于启动信息系统,对于电子交易系统而言,主要是发卡银行的银行卡。传统的银行卡是一种嵌有磁条的塑料卡,磁条上记录有用于机器识别的个人信息。这类卡通常和个人识别号一起使用,但这类卡易于制造,磁条上记录的数据也易于转录,因而安全性不高。为了提高卡片的安全性,现在普遍使用智能卡来代替传统的磁卡。

（三）基于人体生物学特征的身份认证

基于人体生物学特征的身份认证，主要是指根据指纹、视网膜、脸型、声音等人体组织特征的识别，进行身份认证。由于大部分人体组织特征具有信息量大、因人而异、特征稳定甚至终身不变等特点，因此它们也被称为一种不需记忆且随身携带的活口令。但从技术上说，根据生物学特征进行认证都还存在一些缺陷，比如误识率过高、使用不便、部署设备成本昂贵等。目前出现的生物识别技术主要有指纹识别、人脸识别、虹膜识别等。

二、数字摘要

数字摘要是将任意长度的消息变成固定长度的短消息，它类似于一个自变量，是消息的函数，即哈希（Hash）函数。数字摘要就是采用单向 Hash 函数将需要加密的明文"摘要"成一串固定长度（128 位）的密文，这一串密文又称为数字指纹，它有固定的长度，而且不同的明文摘要成密文后其结果总是不同的，而同样的明文其摘要必定一致。如果信息在途中有任何改变，则接收者通过对收到的信息进行新的计算产生的摘要与原摘要做比较，就可知道消息是否被改变，因此，数字摘要可以保证支付过程中消息的完整性。

数字摘要是一种 Hash 变换，其简单过程是对要发送的信息做一次哈希计算得到一个 Hash 值，生成信息的摘要。此过程是不可逆的，即无法通过 Hash 值得出原来的信息内容。发送方把信息发送出去时，把这个 Hash 值用私钥加密后作为一个签名和信息一起发出去。接收方在收到信息后，用发送方的公钥进行解密，得到信息的摘要，然后重新计算信息的 Hash 值，并与上一步得到的摘要进行对比，如果一致，就说明信息的内容没有被修改过。

三、数字签名

数字签名技术是在网络系统虚拟环境中确认身份的重要技术，可以代替现实过程中的亲笔签字，在技术和法律上有保证。数字签名主要的功能是确保发送者的身份、防止交易抵赖行为和信息传输的完整性。在数字签名应用中，发送者的公钥可以很方便地得到，但他的私钥则需要严格保密。

数字签名是对电子形式的信息进行签名的一种方法，一个签名信息能在一个通信网络中传输。基于传统密钥加密算法和公开密钥加密算法都可以获得数字签名，目前常用的是基于公开密钥加密算法的数字签名。

数字签名的应用过程是将信息的摘要用发送者的私钥加密，完成对数据的合法"签名"，然后将签名与信息原文一起传送给接收者。信息接收者只有用发送者的公钥才能解密被加密的摘要信息，然后用 Hash 函数对收到的信息原文计算产生一个摘要信息，再与解密的摘要信息做对比，以确认签名的合法性，达到确认信息发送者身份的目的。

数字签名技术是结合消息摘要函数和公开密钥加密算法的典型应用，下面以发送者 A 向接收者 B 发送消息为例子说明创建数字签名的过程。

（1）发送者 A 对将要发送的信息做哈希运算，生成信息摘要，如图 7-2 所示。

（2）发送者 A 用自己的私钥对信息摘要进行加密，生成数字签名，如图 7-3 所示。

（3）发送者 A 将数字签名附加在信息原文后面一起发送给接收者 B，如图 7-4 所示。

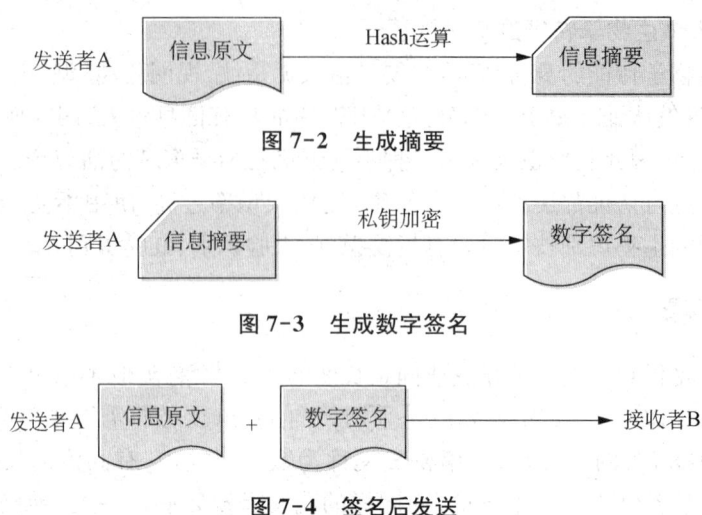

图 7-2　生成摘要

图 7-3　生成数字签名

图 7-4　签名后发送

（4）接收者 B 收到信息后,用发送者 A 的公钥(这里假设接收者 B 之前已经保存了发送者 A 的公钥)对接收到的数字签名进行解密,得到信息摘要,然后再对信息原文进行哈希运算,将得到的运算结果与上一步得到的信息摘要做对比,如果两者一致,就证明发送的信息未被篡改,若比对结果不一致,说明发送的信息在传输过程中已修改或被替换了,如图 7-5 所示。

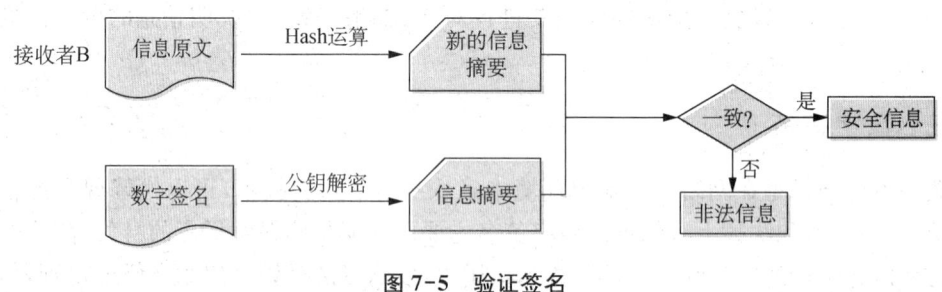

图 7-5　验证签名

由上述数字签名及其验证的过程不难看出,该技术带来了以下三个方面的安全性。

（1）信息的完整性。若信息在传输过程中遭到篡改或替换,接收者重新计算的摘要一定不同于用发送者 A 的公钥解密出的摘要,则接收者 B 可知该信息非发送者 A 最初发送的信息。

（2）信源的确认性。由于公钥与私钥存在一一对应关系。接收者 B 只能用发送者 A 的公钥才能解密出加密的摘要,且其值与重新计算出的摘要一致,则该信息必然是发送者 A 发出的。

（3）不可抵赖性。由于只有发送者 A 持有自己的私钥,其他人不可能假冒身份,所以发送者 A 无法否认他发送过该信息。

四、数字证书

不断发展的电子商务使得顾客能极其方便轻松地在网上购物,但同时也增加了对某些敏感或有价值的数据被盗的风险。为保证互联网上电子交易及支付的安全性和机密性,防范交易及支付过程中的欺诈行为,必须在网上建立一种信任机制。这就要求参加电子商务的买方和卖方都必须拥有合法的身份,并且在网上能够有效无误地被验证。

电子交易安全认证是以数字证书为核心的加密技术,数字证书正是各类实体,包括持卡人、商户和银行在网上进行信息交流及交易活动的身份证明。在网上支付的各个环节,支付的各方都需验证对方证书的有效性,从而解决相互间的信任问题。在网上支付活动中,数字证书大多是由被称为证书授权中心的权威机构发行的,能提供在网上进行身份验证的一种权威性电子文档,人们可以在网上用它来识别对方的身份。

作为身份验证的数字证书必须具有唯一性和可靠性。为了达到这一目的,需要采用很多安全技术来实现。通常,数字证书采用公开密钥模式,即利用一对互相匹配的私钥和公钥进行加密解密。用户自己创建一把仅为本人所有的私有密钥,用它进行加密和签名;同时设定一把公共密钥并由本人公开,为参与用户所共享,用于解密和验证签名。当发送一份保密文件时,发送方使用私钥对数据加密,而接收方用发送方的公钥解密,从而使信息安全无误地到达目的地。公开密钥模式解决了密钥发布的管理问题,用户可以公开密钥,而只需保留私钥即可。

简单地说,证书的构成就是一个公钥,再加上公钥所有者的标识,以及被信任的第三方对上述信息的数字签名。第三方的数字签名保证了公钥及其所有者的对应关系,同时也保证了证书中的公钥信息不会被篡改或替换,为电子交易各方提供了有效的安全认证。

数字证书由独立的证书发行机构发布。数字证书各不相同,每种证书可提供不同级别的可信度。从证书的用途来看,数字证书可分为签名证书和加密证书。签名证书主要用于对用户信息进行签名,以保证信息的不可否认性;加密证书主要用于对用户传送信息进行加密,以保证信息的真实性和完整性。

五、PKI 系统

为解决互联网的安全问题,世界各国信息安全业者进行了多年的研究,形成了全方位、多层次的安全解决方案。其中,目前被广泛采用的公钥基础设施(public key infrastructure,PKI)技术,在安全解决方案中占据了重要地位,它可以保证信息传输的机密性、真实性、完整性和不可否认性,从而保证信息的安全传输。

PKI 是利用公开密钥加密技术为电子商务的开展提供安全基础平台的一套技术和规范。这种技术的主要原理是遵循既定标准的密钥管理平台,能够为互联网的应用提供加密服务以及数字签名服务。简单来说,PKI 技术就是一种基础设施,主要是利用公钥理论和技术来提供一切安全服务。这种技术是目前网络安全建设的核心和关键,也是为电子商务发展提供保障的基础。一个完整的 PKI 系统是由 CA 数字认证中心、数字证书目录服务器、具有高强度密码算法(SSL)的安全服务器、web 安全通信平台和应用 PKI 技术的信息化系统等部分组成。

CA 数字认证中心是 PKI 的重要内容,它主要负责产生、分配并管理所有参与网上交易的实体所需的身份认证数字证书,通过自身的注册审核体系,核实进行证书申请的用户身份和各项相关信息,使网上交易用户属性的客观真实性与证书的真实性一致。数字证书是用户身份信息以及用户密钥的集合,通过认证后用户能与相应的系统进行数据通信。

目前在国内存在的 CA 数字认证中心基本上可以分为三类:第一类是行业性的 CA 数字认证中心,如中国金融认证中心(China Financial Certification Authority,CFCA)、海关 CA 数字认证中心、商务部 CA 数字认证中心等,这些 CA 数字认证中心是由相应行业的主管部门牵头建立的。其中 CFCA 是经中国人民银行和国家信息安全管理机构批准成立的国家级权威安全认证机构,是国家重要的金融信息安全基础设施之一。在《中华人民共和国电子签名法》颁布后,CFCA 成为首批获得电子认证服务许可的电子认证服务机构之一;第二类是地方性 CA 数字认证中心,如北京 CA 数字认证中心、上海 CA 数字认证中心、浙江 CA 数字认证中心等,这些 CA 数字认证中心是由当地地方政府牵头建立的;第三类 CA 数字认证中心是商业性 CA 数字认证中心,如天威诚信 CA 数字认证中心,这类 CA 数字认证中心进行商业化经营,并不从属于任何行业或地域,但它们也必须具有良好的公信力,必须由国家主管部门审批通过才能投入运营,以确保其权威、公正性。CA 数字认证中心的安全性、可信性、可靠性决定了安全电子交易的成功与否。

由于 CA 数字认证中心是 PKI 系统的核心,如果 CA 数字认证中心出现故障停止对外服务,整个 PKI 系统就会瘫痪,因此,CA 数字认证中心自身的安全性显得无比重要。CA 数字认证中心的运作必须符合《认证运作规范》。认证运作规范(certification practice statement,CPS)是关于认证机构在全部数字证书服务生命周期中的业务实践所遵循规范的详细描述和声明。在 CPS 中提供了相关业务、法律和技术方面的细节,涉及 CA 数字认证中心的运营范围、遵循标准、证书生命周期管理、CA 数字认证中心的运作管理、安全管理、CRL 管理等全部内容。

CA 数字认证中心为网上交易各方的信息安全提供有效、可靠的保护机制,它的建立对开放网络上的线上商务安全保障具有非常重要的意义。

 本章练习

一、名词解释

信息安全 安全策略 对称密钥 非对称密钥 SSL 协议 SET 协议 数字证书 KPI 系统

二、简答题

1. 简述信息安全的含义和特征。
2. 信息安全的内涵包括哪几个方面?
3. 支付体系安全策略应包括哪些内容?
4. 电子支付的安全技术主要有哪些?
5. 简述对称密钥模式和非对称密钥模式的优缺点。

6. 简述安全电子交易(SET)协议的工作流程。

7. 简述数字签名的创建过程。

三、案例分析题

详细阅读导入案例并查阅相关资料,说明现阶段主要存在哪些支付安全问题。

第八章　中央银行对支付体系的监督管理

　　支付体系是一个国家经济金融体系的重要组成部分,在社会资金往来领域起着非常基础而重要的作用,支付体系是否完善和发达,决定着该国支付市场的资金支付的安全和效率。资金支付的安全和快速,保证了实体经济发展的连贯性。因此加强我国支付体系监管工作,对促进我国经济发展起到了非常重要的作用。随着信息技术的快速发展,我国支付体系正面临着产品和服务创新层出不穷、支付服务主体日趋多元、支付风险复杂性增强等新形势,特别是非金融机构纳入中国人民银行监管体系后,强化支付体系监管的必要性和重要性显得更加突出。近几年,我国在推进支付体系建设发展的同时积极开展监督管理并取得阶段性成果。

　　本章围绕中央银行对支付体系监督管理的内容展开,主要介绍了支付体系的监管目标、监管原则、监管范围、监管手段和国外的监管经验,详述了中央银行在依法调整定位、更新监管理念、明确监管目标、创新监管手段、健全工作机制等方面对支付体系进行的监督管理。

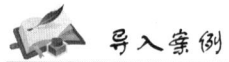 导入案例

亿元罚单背后的支付清算乱象

　　3月16日,央行官网公布了两则罚单,罚单直指民生银行、平安银行的支付清算违规行为,其中,对民生银行的罚单更是达到亿元级别。分析人士指出,这两家银行被处罚的核心原因是违规跨行直联、违规跨行清算。在监管"断直连"的背景下,此次处罚或仅是一个开始。

一、开亿级罚单

　　央行公告显示,2017年7—9月,先后对民生银行厦门分行(新兴支付清算中心)、平安银行开展了支付清算业务执法检查。

　　经查实,这两家银行存在违反清算管理、人民币银行结算账户管理、非金融机构支付服务管理等违法违规行为。央行对民生银行厦门分行(新兴支付清算中心)给予警告,没收违法所得4841.8万元,并处罚款1.14亿元,合计处罚金额约1.63亿元;对平安银行给予警告,没收违法所得303.61万元,并处罚款1030.81万元,合计处罚金额约1334.42万元。

　　分析人士指出,此类处罚在市场预料之中。易观分析师王蓬博表示,从最近央行的一系列动作也能够看出央行整顿支付清算市场的决心,包括给第三方支付机构设立"断直连"时间点等行为。因为各大银行支付清算中心的业务或多或少都涉及非本行业务的清结算服务,在监管不严的条件下,很容易被二清和黄赌毒、诈骗等所利用。

从处罚原因来看,王蓬博分析,"违反清算管理行为"应该是指违规为非银支付机构提供清结算服务,"违反人民币银行结算账户管理""非金融机构支付服务管理"等违法违规行为应该指的是为二清和诈骗等机构提供服务行为。

对于上述罚单,两家银行均做出回应。民生银行回应称,根据央行相关要求,先后落实了多项整改工作:一是撤销了厦门分行新兴支付清算中心;二是成立总行整改督导小组,对中心业务开展全面整改;三是在总行层面,各主管部门通过强化业务、技术管理、优化系统功能等手段,进一步加强全行互联网支付相关业务的规范化开展。目前按央行要求整改已全面完成。平安银行方面也表示,已全面完成专项检查所要求的整改和优化工作。平安银行将进一步加强支付结算业务的内外部管理,改善业务操作和风险管控能力。

二、剑指银行违规清算

事实上,此次被罚的民生银行厦门分行(新兴支付清算中心)早在去年6月就曝出问题。

有市场消息称,去年6月,民生银行厦门分行(新兴支付清算中心)紧急关停网关,多家支付公司资金无差别冻结,并称央行调查组曾于7月进驻民生银行厦门清算中心,清算中心若干项目被定性违规。此前,民生银行未对该事件做出回应,但此次央行罚单印证了上述消息。

公开资料显示,民生银行厦门分行(新兴支付清算中心)成立于2015年,定位为全行新兴支付业态的综合清算平台,负责提供本外币、境内外、线上线下的支付清算综合服务。

据一位银行业人士透露,民生银行厦门分行(新兴支付清算中心)在业界的争议由来已久,事实上承担了清算职责,扮演着线上银联的角色。如网关业务的模式上,在与第三方支付机构的合作中,民生银行厦门分行(新兴支付清算中心)一方面为各个第三方支付机构提供银行接口,另一方面,由于银行之间不能直连,便通过与第三方支付的合作获得其他银行的接口。

"这两家银行被处罚的核心原因其实就是违规跨行直联、违规跨行清算。"中国人民大学重阳金融研究院高级研究员董希淼表示,此次处罚彰显了央行加大支付清算市场乱象整治、防控金融风险的决心。

董希淼直言,以往市场认为,监管只会处罚支付机构,不会处罚银行。实际上,在整治市场乱象、规范市场秩序,央行对所有的机构都公平公正对待。

在谈及支付清算市场乱象时,董希淼还指出,最突出的还是违规直连,银行业金融机构违法为支付机构提供跨行清算业务。在支付机构层面,支付机构存在"无证驾驶"的行为,即没有取得支付业务许可违规开展业务。此外,支付机构也存在违规经营的问题,如超范围经营。对于上述乱象,央行也加大了处罚力度,据不完全统计,2017年全年,央行针对第三方支付共开出109张罚单。2018年至今,已有10家支付公司被罚。

监管对于银行此类清算业务违规行为也做了点名。2月6日,在中国支付清算协会举办的"监管政策解读培训班"上,央行支付结算司工具处处长谭静蕙指出,对于市场上存在所谓层层转包、层层转接的情况,商业银行就做一个通道,收款人也不是银行的,付款人也不是银行的。商业银行已经沦落到去为支付机构当一个技术外包商,枉费了中央银行把银行纳入规范的国家支付体系这样的资源。

三、新一轮严监管开启

在市场人士看来,此次处罚仅仅是一个开头。王蓬博预计,随着央行监管的持续,未来不排除有更多银行清算中心被处罚,处罚也意味着国内清算市场牌照化进程加速,银联和网联作为目前主流的清算机构获得重大利好。

2017年以来,支付清算领域的监管重点是无证支付和无证清算。去年针对部分机构无证经营支付业务问题,央行支付结算司副司长樊爽文透露,央行会同12个部门制定专门方案,组织开展风险专项整治,截至去年5月底,全国已摸排确认的无证经营支付业务机构共243家。

苏宁金融研究院互联网金融中心主任薛洪言表示,在无证支付方面,重点对大商户模式进行整顿,对于变相从事收单核心业务的聚合支付机构影响较大;在无证清算方面,重申"断直连"要求,加强银行和支付机构的接口管理,杜绝通过互相开放支付接口变相跨行清算的行为。这段时间的密集行政处罚,也多集中在变相无证清算和无证支付领域。

央行表态称,下一步,将继续依据相关法律规定,持续加强支付结算市场监管,从严惩处支付结算违法违规行为,保障支付市场的持续、稳定和健康发展。

对于监管思路,央行也有明示。在2018年支付结算工作会议上,央行副行长范一飞指出,支付结算监管工作已步入"深水区",遇到的问题更加复杂、任务更加艰巨。2018年,支付结算监管要统筹处理好"放管服"三者的关系。

资料来源:北京商报网.刘双霞.亿元罚单背后的支付清算乱象[EB/OL].(2018-03-19)[2020-01-09].http://www.bbtnews.com.cn/2018/0319/233296.shtml.

第一节　支付体系监管目标

金融监管目标是实现金融有效监管的前提和监管部门选择监管模式的依据,也是监管部门选择适当监管模式的基础,涉及安全、效率和公平的多元权衡。金融监管目标的选择和达成路径受到多重因素的影响,需要在多目标体系中统筹兼顾,以维护金融稳定和经济的可持续发展。

金融监管目标可分为一般目标和具体目标。一般目标在于纠正金融活动中的市场失灵问题,比如信息不对称、垄断等问题,这既是必要的也是各国现实的做法。一般目标包括:①防范和化解金融风险,维护金融体系的稳定与安全;②保护公平竞争和金融效率的提高,保证中国金融业的稳健运行和货币政策的有效实施。具体目标是保障经营的安全性、竞争的公平性和政策的一致性。具体目标包括:①保护存款人和其他债权人的合法权益,规范金融机构的行为,提高信贷资产质量;②创造一个平等合作、有序竞争的金融环境,保证金融机构之间的适度竞争;③通过金融监管,促进和保证整个金融业和社会主义市场经济的健康发展。

一、支付体系监管的安全性目标

支付体系监管的安全目标主要包括平台安全、系统性安全和资金安全。

平台安全是指保证支付的技术安全,实现系统处理业务的准确和稳定,防止出现漏洞、故障等问题。比如对第三方支付平台的安全监管,随着这类平台的不断增加,业务使用和创新飞速发展,由于平台的技术漏洞或业务存在管理不严格和身份核实不全面等原因,造成犯罪分子使用支付平台开展不法行为,如洗钱、赌博、诈骗等犯罪活动。又如部分预付卡业务存在发卡匿名制、虚开发票等行为,从而滋生腐败,为偷税漏税等犯罪行为提供便利。平台安全问题属于支付监管的表层问题,在监管部门的督促下支付平台组织也具备动力及时解决该类问题,并且也有能力预防此类安全性漏洞。

系统性安全是指支付体系各参与方的安全。支付体系各参与方包括银行、第三方支付机构、消费者(持卡人)及商家等,消费者可能是第三方支付机构的客户同时也是银行的客户,第三方支付机构同时也是银行的大客户,商家也可能是银行和第三方支付机构的双重客户,他们之间的关系纵横交错,形成复杂的利益链条,组成庞大的现代化支付结算网络。监管机构应确保系统性安全,防止多米诺骨牌效应在支付服务市场发生,以保障支付服务市场的稳定安全。

资金安全主要指备付金安全。备付金资金量大,关系到消费者和商家的利益。假设支付机构以逐利为动因将其投资于高风险行业或者由于经营不善而携款潜逃,消费者、商家以及银行等支付参与者的利益链条将一并受损。所以,备付金的安全极为重要,也是建立有效监管的安全性目标的重要组成部分,监管部门应防止支付机构私自挪用资金,要通过备付金和资本金的比例管理对备付金的存放、使用以及进出款项全程监控,确保支付市场各参与方的利益得到保障。

二、支付体系监管的效率性目标

效率性目标是要实现在控制风险的条件下进行支付创新,形成支付创新和监管的良性互动;对于第三方支付机构,还可以进行适度的混业经营。

随着网络技术特别是移动网络技术的快速发展,业务创新是支付发展的动力基础,但过度的创新必然会放大潜在的风险,因此,支付体系监管的效率性目标在于不压抑市场创新动力,同时创造市场化的约束条件,使创新在风险可控的范围内进行。与传统金融监管不同,支付体系监管的效率性目标使监管建立在尊重经济实体自主权基础上,对支付机构的要求是一种规范性的品质管理,以防范风险和促进竞争为目的,取代政府直接的行政干预。目标在于鼓励实体经济及时、准确、全面、公开地向公众披露信息,增加透明度;在信息可得的基础上,通过广大市场参与者以自由选择行为来发挥对经济实体的监督和制约作用,即通过经济力量本身对支付机构和支付市场的活动实施制约。

对于第三方支付机构,混业经营是其发展的重要特点之一,其内部之间的业务交叉,提高了服务效率,特别是针对中小客户时,成本降低更为明显,有利于增强竞争力,但同时也增加了风险的扩散渠道和速度,且容易形成支付市场的垄断,不利于公平竞争。此外,过大的综合性第三方支付机构会产生集团内竞争和内部协调困难的问题,可能会导致新的更大的风险。因此要实现第三方支付监管的效率性目标,需要在发挥混业经营全方位服务、内部资源共享、业务灵活等方面优势的基础上,最大限度地控制第三方支付不同业务之间的风险聚集和传导,鼓励第三方支付机构加强和完善风险内控制度,如在组织设计上注重内部和外部防火墙的建立,以隔离不同业务的交叉风险对支付稳健经营的影响。

三、监管目标应实现效率与安全的统一

考虑到监管和被监管行为可能给监管机构和支付机构带来的成本和收益,监管的框架和指标设计首先必须认识到被监管者的成本,如向监管机构报送信息文件的成本、接受监管机构检查的成本以及监管措施的落实导致企业生产效率的下降所带来的隐形成本;其次还要考虑监管机构的成本,监管机构要为监管本身付出大量人力、物力和财力。如果监管方式过于烦琐,让被监管的支付机构难以承受,也让监管者无法有效监管,那么此类监管框架和指标即为不成功的,将会给社会带来负效应。因此,监管框架和监管机制一定要坚持安全与效率并重的出发点。具体而言,兼顾效率和安全就是要在风险可控的条件下,充分发挥现代支付服务市场业务创新的优势,为经济生活提供更便捷的支付手段和全方位的支付服务。

目前,各国无论采用哪一种监管组织体制,其监管目标基本是一致的:第一,维护金融业的安全与稳定;第二,保护公众的利益;第三,维持金融业的运作秩序和公平竞争。

第二节　支付体系监管原则

(一) 金融监管的基本原则

所谓金融监管原则,即在政府金融监管机构以及金融机构内部监管部门的金融监管活动中始终应当遵循的价值追求和最低行为准则。金融监管应坚持以下五项基本原则。

1. 依法原则

依法原则又称合法性原则,是指金融监管必须依据法律、法规进行。监管的主体、监管的职责权限、监管措施等均由金融监管法规和相关行政法律、法规规定,监管活动均应依法进行。

2. 公开、公正原则

公开、公正原则是指金融监管活动应最大限度地提高透明度,监管当局应公正执法、平等对待所有金融市场参与者,做到实体公正和程序公正。

3. 效率原则

效率原则是指金融监管应当提高金融体系的整体效率,不得压制金融创新与金融竞争。同时,金融监管当局合理配置和利用监管资源以降低成本,减少社会支出,从而节约社会公共资源。

4. 独立性原则

独立性原则是指银行业监督管理机构及其从事管理监督管理工作的人员依法履行监督管理职责,受法律保护,地方政府、各级政府部门、社会团体和个人不得干涉。

5. 协调性原则

协调性原则是指监管主体之间职责分明、分工合理、相互配合。这样可以节约监管成本,提高监管的效率。

（二）支付体系监管的基本原则

在支付发展状态良好的国家和地区，政府基本上都具备清晰的监管思路和法律框架，在强调支付体系的灵活性和创新性的同时将监管原则整体纳入金融监管框架中。支付服务市场的发展与监管密切相关，监管的水平及有效性直接影响着产业的发展状况。因此，我国在建立支付体系监管框架时必须考虑以下四项基本原则。

1. 系统性风险防范原则

2008年发生的美国次贷危机及其引发的全球金融危机，在对金融体系和实体经济造成重创的同时，也暴露出原先金融监管理论和实践中存在的问题。于是，各主要经济体纷纷反思金融监管中存在的问题并进行改革，各项改革措施的一个突出特点就是各国都开始注重金融系统性风险防范。

美国于2010年颁布了《多德-弗兰克华尔街改革与消费保护法》，成立金融稳定监管委员会（Financial Stability Oversight Council，FSOC），加强对系统性风险的监管。该委员会成员包括十家监管机构在内的十几名成员，其职责包括：对可能威胁金融稳定的大型、复杂金融机构制定更为严格的资本要求，并向美联储提出相关监管建议；在特殊情况下，可以直接拆分那些被视为对金融稳定构成威胁的大型金融机构；成立联邦保险办公室，负责甄别具有系统重要性的保险机构，并向FSOC提出建议；美联储负责对大型、复杂金融机构实施监管，以确保美国政府了解这些金融机构的风险性和复杂性。

在欧盟，由于欧盟法律身份与地位的限制，在危机后主要从推动召开多国峰会和成立国际组织方面来强化欧盟内部的金融监管，设计了泛欧宏观和微观层面的金融监管框架。2009年6月，欧盟理事会通过了《欧盟金融监管体系改革》方案，同年9月欧盟委员会又通过了金融监管改革的立法草案，负责宏观性监管，监控和评估在宏观经济发展以及整个金融体系发展过程中出现的威胁金融稳定的各种风险，识别并对这些潜在的风险进行排序，出现重大风险时发出预警并向政策制定者提供包括法律方面的各种建议和措施。

在我国，支付体系是我国整个金融体系的一部分，是连接商品交易和社会经济活动的通道，也是金融系统性风险传递的重要渠道。在支付体系中，某个参与者不能结算其债务或者系统本身的破坏，可能导致其他的系统参与者不能在期满时结算其债务，这种破坏会导致更大范围的流动性问题和信用问题，从而可能威胁到系统稳定或者金融市场的稳定。因此，监管的首要原则是要防范与控制系统性风险。

2. 规范与激励相容的原则

在市场经济中，每个理性经济人都会有自利的一面，其个人行为会按自利的规则行动，如果能有一种制度安排，使行为人追求个人利益的行为正好与企业实现集体价值最大化的目标相吻合，那么这一制度安排就是激励相容的。激励相容理论指出制度设计应达到"没有人可以通过损害集体利益去实现自己利益的最大化。个人利益和集体利益是一致的，每个人努力为实现自己利益的目标工作，得到的结果也是集体利益的最大化"。现代经济学理论与实践表明，贯彻激励相容原则，能够有效地解决个人利益和集体利益之间的矛盾冲突，使行为人的行为方式及其结果符合集体价值最大化的目标，让每个员工在为企业多做贡献中成就自己的事业，即个人价值与集体价值的两个目标实现一致化。

对支付体系的监管也应达到激励相容，在规范支付机构为实现自己的利益而奋斗时，也使社会利益最大化。具体而言,监管对象的目标是企业利润最大化,监管部门的目标是支付体系各个参与方功能的有效发挥以及行业的健康发展,监管底线在于不出现系统性风险。因此,在制定有效监管措施时,监管部门必须考虑如何将监管对象与监管部门的目标相统一,使监管措施能达到激励相容的目标。

3. 公平及可持续发展并重原则

当前,人口不断增长、消费水平日益提高,而资源则不断减少、污染日益严重,制约了生产的增长。虽然科技不断进步能起到促进生产的作用,但这种作用是有一定限度的,因此,生产的增长是有限的。对于支付体系的监管也应坚持公平及可持续发展并重的原则,立足支付服务市场的长远发展,遏制恶性竞争,营造公平、有序、合理的良性发展氛围。

坚持公平竞争原则,主要是正确认识支付体系参与方之一的第三方支付机构与银行金融机构之间既竞争又合作的关系。银行提供的是面向社会、企业、个人的标准化的支付服务,第三方支付机构提供的是个性化、专业化、差异化的支付解决方案。一方面,第三方支付机构进入支付服务市场,增加了服务主体和支付渠道,打破了银行机构专营支付服务的局面,引入了竞争;另一方面,第三方支付机构在客户备付金管理、系统接入等方面又必须与银行机构合作。两者的竞争合作延伸了传统的支付服务,丰富了支付方式,提高了资金转移效率,方便了广大用户。

影响可持续发展的关键问题是支付服务价格。就目前政策来看,支付结算类的收费,除了几类基本业务属于政府指导价外,绝大多数项目是市场调节价。个别支付服务项目收费过高,用户有意见;但也有个别服务机构收费过低,甚至免费,有恶意竞争之嫌。支付机构应本着成本覆盖原则,合理定价。

4. 安全与效率并重原则

安全与效率并重原则是指兼顾安全与效率,要在提高效率的同时将安全放在首位。支付体系监管的出发点是保证支付体系的安全,但是任何监管措施都要耗费一定的人力和物力,监管部门不能也不应该毫无节制地投入资源,而是应该坚持安全与效率并重原则,以适当的成本实现有效监管,在确保支付体系安全的前提下,通过监管成本分析帮助监管部门将有限的资源投入到可以提供更多价值的监管措施中去,从而提高监管的有效性。监管框架的整体设计必须考虑监管行为本身给监管者和被监管者可能造成的成本以及可能获得的收益。这就意味着监管框架的设计必须考虑到被监管者所付出的成本,以及由于监管措施的落实导致企业生产效率下降所带来的隐形成本。如果监管框架的设计过于烦琐,既超过了被监管者的承受能力,也超过了监管者的监管能力,那这样的监管框架是失败的。因此,监管框架和监管机制一定要坚持安全与效率并重的原则。

第三节　支付体系监管范围

金融监管范围是金融监管管辖的金融机构范围和对象。一般来讲,主要市场经济国家金融监管当局管辖范围主要是商业银行或信贷机构,这些机构的特点是能够吸收企业活期存款和社会公众存款(支票账户存款),能够发放流动资金贷款(零售贷款)。一些主要的市场经济国家在经历了多次金融危机或金融体系动荡之后,认识到在金融监管范围之外存在大量不受监管的"自由港"或"灰色地带",对金融体系的稳定构成了巨大的威胁。许多国家都通过立法,将形形色色的非银行金融机构纳入监管当局注册审批的范围,同时规定这些机构必须严格执行有关监管法规和政策,并接受监管当局的监督检查。

这样,使得监管范围除了由商业银行扩大到所有信贷机构外,还将过去不受官方监管的一些非银行金融机构纳入监管的范围,如财务公司或专业金融公司、投资银行、抵押贷款机构、消费信贷机构、合作金融机构、不动产贷款机构、投资信托机构等,同时也开始对商业银行的投资附属机构(包括非金融附属机构)进行监督。对于保险公司和证券机构,由于它们不能吸收公众存款,也不发放贷款,所以一般都没有列入金融监管当局的统一监管的范围。对这些机构,或是另有官方监管当局负责管理,或是由行业自律组织负责管理。

一、支付工具的监管

支付工具是支付体系的重要组成部分。传统的支付工具最初是指现金,随后出现了银行卡、汇票、本票、支票等。然而,随着互联网的飞速发展,支付工具也越来越多元化,传统的支付工具的概念已不足以涵盖。由于互联网和计算机技术的迅速发展,逐渐出现了虚拟卡、电子现金、电子支票等新兴支付工具,我们把互联网背景下出现的支付工具统称为电子支付工具。

与欧美发达国家比较,我国在电子支付行业的监管明显滞后。就现阶段而言,我国专门的电子支付法律极少,目前已颁布的有关电子支付的法律规范主要有:1996 年出台的《信用卡业务管理办法》、2001 年出台的《网上银行业务管理暂行办法》、2005 年出台的《电子支付指引》和《电子银行业务管理办法》、2006 年出台的《支付清算组织管理办法》等。

2010 年 6 月 21 日,央行正式公布了《非金融机构支付服务管理办法》(以下简称《办法》),该制度规定了从事第三方支付业务的非金融机构准入门槛。《办法》中表明,无论是审核程序还是此后的经营,申请机构都必须进行信息披露,这是避免逆向选择和道德风险的有效手段。

可见中央银行将支付工具的监管作为支付体系监管不可分割的一部分,将支付工具明确列入监管范围。监管在关注支付工具使用效率的同时也十分重视支付工具的安全性。2014 年 4 月,银监会与央行下发《关于加强商业银行与第三方支付机构合作业务管理的通知》。该通知以客户身份认证为重点,强调客户建立业务时,第三方支付机构和银行必须对客户进行双重身份鉴别;还强调第三方支付机构应根据客户的身份以及对客户风险能力进行评估后再确定客户的交易限额。

二、支付系统的监管

支付系统可能面临一系列风险,例如,法律的不确定性会导致的法律风险,技术故障或操作失误会造成的运营风险,支付参与者之一无力履行其义务或系统本身的破坏引发的系统性风险等,这些风险都会对金融市场的稳定构成威胁,因此必须对支付系统进行监管。中央银行发布的《重要支付系统核心原则》规定,对重要的支付系统(如大额实时支付系统等)进行监管的核心原则有以下十项。

（1）系统在所有相关的司法管辖区内，应具备充分的法律基础。

（2）系统的规则和程序必须使每一个参与者都清楚，系统对其在参与过程中所承受的各种金融风险会有哪些影响。

（3）系统应该清楚地定义管理信用风险和流动性风险的程序，它应详细说明系统运营方和参与者各自的职责，并规定适当的激励措施来管理和控制这些风险。

（4）系统应当在生效日提供即时的最终结算，最好在白天，至少在当日结束的时候。

（5）一个多边净额轧差的系统，应当在单个结算债务最大的参与者不能结清时，至少有能力保证及时完成当日结算。

（6）用于结算的资产最好是央行的债权，采用其他资产的，应当很少或根本没有信用和流动性风险。

（7）系统应确保高度的安全性和运行可靠性，应有应急措施，以便及时完成日常处理。

（8）系统应提供对于用户实用和对于经济高效的支付手段。

（9）系统应制定客观及公开披露的参与标准，允许公平和公开地系统准入。

（10）该系统的治理安排，应该是有效、负责任和透明的。

另外，央行应清楚定义其支付系统的目标，并应公开披露其职责以及关于重要支付系统的主要政策，确保运行的支付系统符合核心原则。央行应监督支付系统符合核心原则的情况，并应具有能力开展此项监督。

第四节　支付体系监管手段

金融监管方法是监管当局实施金融监管的工作方法和手段，是金融监管方式的具体体现。国际上金融监管方法的总体趋势是扩展金融监管的对象范围（基本涵盖了所有"信贷机构"或"吸收存款机构"以及一些非银行金融机构），制定详细具体的监管标准，实行严格的并表监管，实行严密的非现场监控和分析，实行规范化的现场检查。中国人民银行实施金融监管的方法正在向国际趋同化的标准靠拢，即规范现场稽核工作、探索开展非现场监督、研究并提出金融机构内部控制的基本原则和要求等。

一、非现场检查监管手段

非现场检查监管是监管机构通过收集支付结构的经营管理资料和财务数据，运用模型和比例分析等技术方法研究分析支付机构经营的总体状况、风险管理状况和合规情况等，对其稳健经营情况进行评价。通过非现场检查监管能够及时和连续地检测支付机构的经营风险状况，为现场检查监管提供依据和指导。

非现场检查监管是为了及时发现问题，防患于未然。现场检查通常间隔时间较长，在现场检查间隔时间里，支付机构的经营情况有可能发生变化，需要利用非现场检查及时发现。非现场检查监管包括以下主要环节：采集数据、对有关数据进行核实、生成风险监管指标值、风险监测分析和质询、风险评价与预警和指导现场检查。

中国人民银行建立对支付机构非现场检查监管制度，按照风险为本的监管理念，全面、持续地收集、检测和分析支付机构的非现场检查监管报表等风险信息,关注风险管理制度的完善和有效执行,制订监管计划;通过对风险种类、风险程度、风险发展趋势进行分析判别,对支付机构主要业务的风险状况、风险防范措施的充分性以及外部风险影响因素做出判断,据此评价支付机构整体风险水平;通过风险评估,合理配置资源,实施分类监管。

1. 采集数据

银行业金融机构按国务院银行业监督管理机构统一规定的格式和口径报送基础报表和数据,形成银行业监管的基本数据库;监管部门从数据库中采集所需要的数据,以进行非现场分析。

2. 对有关数据进行核实

银保监会在收到被监管对象报来的资料后,对其完整性、真实性、准确性进行审查,必要时还可到现场予以核实。其统计部门在对银行业金融机构所报送数据口径、连续性和准确性进行初步审查、核实的基础上,按照非现场检查监管指标及风险分析的要求,进行分类和归并。

3. 形成风险监管指标值

监管部门将基础数据加以分类、归并后,按照事先已经设计出来的软件系统和一套风险监测、控制指标自动生成资产质量、流动性、资本充足率、盈亏水平和市场风险水平等一系列指标值,然后根据这些指标值进行风险监测与分析。

4. 风险监测分析和质询

监管部门对计算处理得出的结果进行分析,对被检查单位经营管理上存在和可能发生的问题提出质询;被检查单位应按规定时间和方式对质询事项做出说明,并提供有关资料。

5. 风险评价与预警

监管部门要对历史分析、水平分析的结果与差异以及导致上述结果与差异的原因进行综合分析,最后得出该金融机构风险水平及发展趋势的初步综合评价,及时向被监管对象发出早期预警信号;并按规定写出非现场检查监管报告,提出采取的措施、意见和建议,必要时可作出处理决定,监督被监管对象执行。同时,监管部门应及时将非现场监管结论、处理决定和其他有关分析报告向本级机构负责人和上级机构监管部门报告,对非现场检查监管中发现的重大问题要写出专题报告。

6. 指导现场检查

监管部门根据非现场检查监管发现的主要风险信号和存在的疑问,制定现场检查计划,确定现场检查的对象、时间、范围和重点,并合理分配监管力量,从而提高现场检查的效率和质量。

二、现场检查监管手段

现场检查监管是由监管部门派人进入支付机构,通过查阅各类财务报表、文件档案、原始凭证和规章制度等资料,核实、检查和评价支付机构报表的真实性和准确性,以及支付机构的经营状况、风险管理和内控制度。通过现场检查,有助于全面、深入了解支付机构的经营和风险状况,对合法经营和风险状况作出客观全面的判断。

根据现场检查监管的目的、范围和重点,可将其分为全面现场检查监管和专项现场检查监管。全面现场检查监管涵盖各项主要业务和风险状况,对总体经营和风险状况作出判断和评价;专项现场检查监管则是对一项或几项业务进行重点检查,具有较强的针对性。监管部门大多根据支付机构的经营状况和安全性等因素进行检查,一般来说,支付机构的资质等级越低或经营规模越大,接受现场检查的频率越高。

中国人民银行建立支付机构现场检查监管制度,明确现场检查监管的程序、主要步骤和相应管理措施。对于在现场检查监管中发现的问题,提出明确的整改意见和整改时间要求,并及时跟进整改情况,包括整改措施、整改进度和整改效果等。

非现场检查监管和现场检查监管虽然形式上不同,但都是中国人民银行进行监管的必不可少的手段,两种手段互相补充、互为依据、互相衔接、互相完善。现场检查监管往往限于事后补救,非现场检查监管则防患于未然,两种手段都有各自的优势和不足,不能互相取代。现场检查监管因为能够亲临现场,能够对具体的监管对象进行全面的检查,发现一些隐蔽性的问题,特别是对一些欺诈行为更为有效。因此,非现场检查监管指导性作用也需要现场检查监管的配合。

目前,我国金融监管体制建设仍不够完善,一是统计体系迄今仍缺少全方位监测和预警功能,导致前瞻性不足,日常操作和事后监管均很难达到预防效果;二是各相关监管部门之间信息共享仍不充分,如国家外汇管理局与中国人民银行的征信系统、反洗钱系统仍不能实现完全有效对接等。面对诸多挑战,我国亟须建立健全全方位、多层次的支付结算监管体系,坚持统一监管、功能监管、穿透监管,加强金融科技在支付结算系统等金融基础设施中的创新应用,丰富监管科技手段,提升系统技术,认定各类监管标准,使我国支付体系的监管制度愈加完善。

第五节　国外支付体系监管经验借鉴

国外一些发达国家的支付体系和支付服务市场发展时间较长,相对成熟。为规范支付体系的发展,欧美等发达国家和地区早在 20 世纪 70 年代就开始制定相关法律法规,至今已经形成较为完备的法律法规制度体系。尽管在监管模式、监管措施等方面,各国和各地区法律法规不尽相同,但对我国支付产业的发展,特别是电子支付的发展和完善都具有一定的借鉴意义。

一、法律框架和监管模式

欧美等发达国家和地区早在 20 世纪 70 年代就开始制定针对支付体系特别是电子支付以及非银行类金融机构的相关法律法规。至今大多已形成一套适合本国支付发展的法律框架和监管模式。

(一) 美国的功能性监管

从美国金融监管制度演进历程来看,金融监管制度的发展历史是一个不断遭遇金融危机的历史,历经"自由→管制→再放松→重构管制"的过程。在不同的经济增速、科技引领节奏、全球产业链构建、国际资本流动、金融环境变革等因素交织反馈情况下,相应的监管模式也视市场的发展不断进行调整。第一个时期是 20 世纪 30 年代之前,金融业处于较少管制的自由竞争时期。这一阶段的指导思想是古典自由主义。第二个时期是从 1929 年经济危机反思为起点,直到 20 世纪 60 年代。其间,美国金融制度形成了法律化、制度化的框架,颁布的《格拉斯—斯蒂格尔法案》对金融业进行严格分业管制是重要的标志事件。这一阶段的指导思想是凯恩斯主义。第三个时期是 20 世纪 70 年代石油危机至 2008 年美国次贷危机。从 20 世纪 70 年代开始,面对产业空心化和滞胀的局面,美国各行各业均开始实施放松管制的政策。金融行业也不例外,1999 年颁布的《金融服务现代化法案》(以下简称《法案》)推进金融综合化经营,标志着放松管制达到高峰。这一阶段的指导思想是新自由主义。《法案》颁布以后,美国改进原有的分业监管体制,形成一种介于分业监管和统一监管之间的新的监管模式,学界称之为伞形监管模式,如图 8-1 所示。

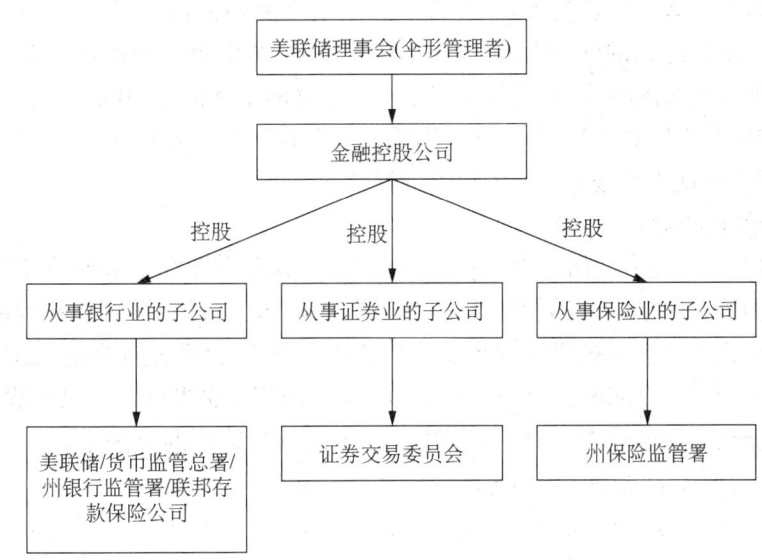

图 8-1 美国伞形监管模式

在这种伞形监管模式中,金融控股公司的各子公司根据业务的不同接受不同行业监管机构的监管,而联邦储备理事会为金融控股公司伞形监管者,负责评估和监管混业经营的金融控股公司整体资本充足性、风险管理的内控措施以及集团风险对存款子公司潜在的影响等。另外,美国的州政府在银行业、保险业和证券业方面也具有一定的监管权限,尤其对保险机构拥有全面的监管权。

第四个时期是 2008 年至今。对次贷危机的审视,以及《多德—弗兰克法案》的推出,就是对新自由主义的内省和反思。主基调是强调稳定、安全和避免风险,一定程度上不再是放松管制和鼓励创新。如今次贷危机已经过去,美国经济恢复速度加快,国际金融危机的负面影响日渐式微,经济自由活力恢复与僵硬的监管之间的矛盾日益激化。新一轮强化金融效率、放松管制的诉求逐日高涨。毕竟过于严厉的金融监管,也会损失经济效率。

总体来说美国实行的是功能性监管,监管的重点为支付业务而不是从事支付服务的机构。功能性监管主要体现在金融控股公司上。所有类型金融控股公司的子公司,均由相应的行业监管机构监管如银行控股公司的证券子公司由证监会监管。另外,行业内的控股公司也由各自的行业监管机构监管。因此,银行控股公司(bank holding company,BHC)、储贷会控股公司与证券控股公司分别由美联储、储贷会监管局和证监会进行监管。对于拥有跨行业子公司的金融控股公司,其母公司的监管实行伞形监管与联合监管共存的制度。美联储对所有金融控股公司拥有监管权,即所谓伞形监管。但在伞形监管条件下,对拥有其他行业大型子公司的金融控股公司,相关的行业监管者也可以作为联合监管者实施监管。如,传统银行控股公司在收购证券子公司后,证监会有权作为联合监管机构实施监管。

美国确立金融持股公司为美国金融混业经营的制度框架,在存款机构、证券与保险三者的监管关系上,美联储拥有对金融控股公司进行全面监管的权力,必要时也对证券、保险等子公司拥有仲裁权,因此美联储是能同时监管银行、证券和保险行业的唯一一家联邦机构,其职能在一定程度上凌驾于其他监管机构之上。

美国国会以及财政部通货监理署、美联储、联邦存款保险公司等多个监管部门先后颁布了一系列适用于支付体系的法律法规。1999年颁布的《金融服务现代化法案》将第三方支付机构界定为非银行金融机构,其监管从属于金融监管的整体框架,其业务属于货币转移业务,本质上是传统货币服务的延伸,因此美国并没有将其作为一类新的业务类型通过专项立法进行监管,而主要从货币服务业务的角度进行管理。

(二)欧盟的机构监管

与美国相比,欧洲没有经历过大规模的金融创新,其资产证券化市场的发展相对较晚,规模也远小于美国。但是,由于美国次贷类资产证券化产品是欧洲主要投资对象之一,欧洲大型跨国银行集团对美国次投资级别企业的贷款比重很高,因此欧洲在此次国际金融危机中蒙受巨大损失。面对金融监管权力分散在成员国的局面,欧盟更加认识到欧盟分散的监管体系不利于金融体系的稳定,与欧盟金融一体化以及全球性的金融市场也不相匹配,因此,加强监管与协调成为欧盟自国际金融危机之后监管改革的主题。

危机发生之前,为了配合欧盟一体化发展的需要,欧盟发布了一系列政策法规,建立了欧盟监管协调委员会,有力推动了欧盟层面的金融监管协调。1985年欧盟在《关于建立内部市场白皮书》中描绘欧洲单一市场蓝图,运用"相互承认""最低限度协调"两项原则来促进欧洲金融市场一体化。为了配合欧元的启动,1999年颁布了《欧盟委员会金融服务行动计划》,旨在消除跨国金融服务的限制和市场壁垒。2000年欧盟启动莱姆法路西框架(Lamfalussy Framework),这一框架成为迄今为止欧盟进行监管协调的主要依据,使欧盟层面的金融监管方法更加灵活、有效。《欧盟委员会金融服务行动计划》以及莱姆法路西框架的建立极大地推动了欧盟金融监管一体化进程。欧盟在2000年以后颁布的有关银行、证券和保险业以及混业监管协调等方面的措施约15项,2003年11月按照莱姆法路西框架建立了欧盟监管体系,欧洲监管协调进入了一个新的阶段。

针对金融发展的新形势,各成员国对本国的金融监管体制与机构设置做出相应的调整,以适应金融市场的发展与创新,增强本国金融业的竞争力。例如,德国为了主动适应混业经营和全能银行发展的监管需要,提高监管效率及其金融竞争力,强化其金融中心地位,于2002年4月22日通过了《统一金融服务监管法》。根据该法授权成立联邦金融监管局,负责对德国的银行业、证券业和保险业进行统一监管。同年5月1日,在合并原来银行业监管局、保险监管局、证券监管局三家机构的基础上,正式成立德国联邦金融监管局作为主要监管机构。德国联邦银行在银行监管方面也有一定权力。法国也对本国的金融监管体制做出调整,其中央银行法兰西银行的金融监管权力不断扩大,目前下设的银行委员会负责信贷机构与投资公司的金融监管,并与保险监管局共同承担保险监管任务,信托及共同基金的监管则由三个金融监管机构合并的金融市场监管局承担。欧洲金融监管新的框架如图 8-2 所示。

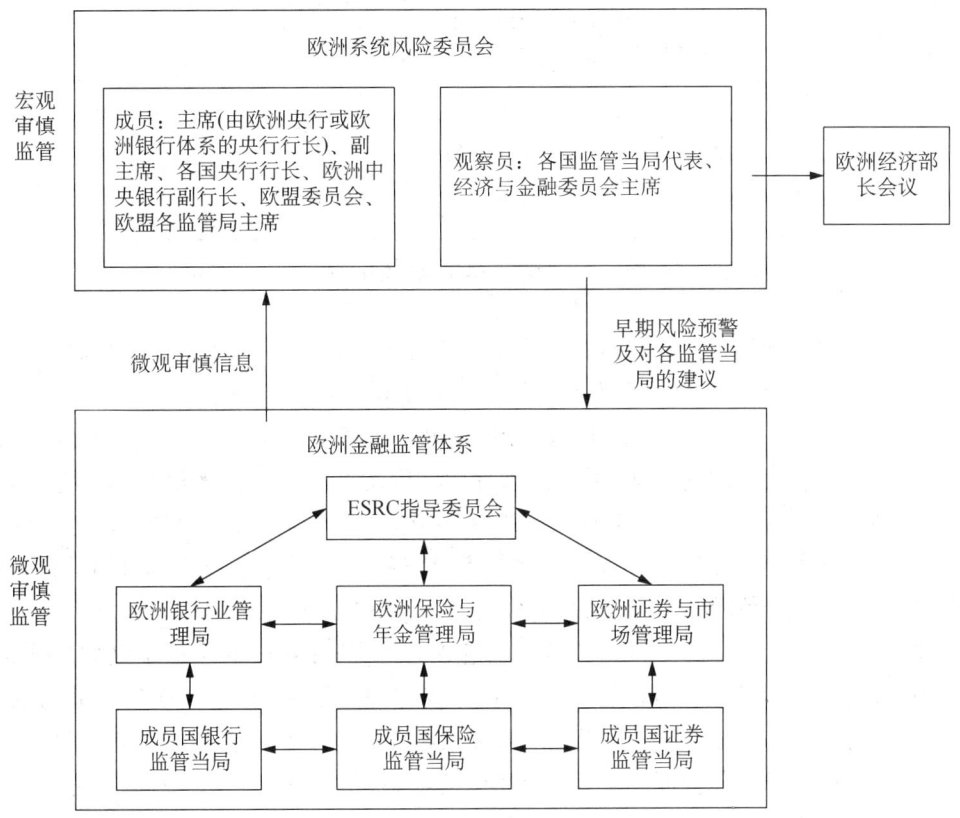

图 8-2 欧洲金融监管新框架

与美国的功能监管模式不同,欧盟对支付服务市场的监管主要针对机构监管,倾向于对支付机构给出明确的界定,先后颁布了《电子签名共同框架指引》《电子货币指引》《电子货币机构指引》《内部市场支付服务指令》等具有针对性的法律法规。早在 1998 年,欧盟就规定网上支付媒介只能是商业银行货币或电子货币。电子支付机构只有在获得银行或电子货币机构营业执照的前提下才能从事相关业务并接受相关监管机构的监管。

(三) 我国监管体系改革

2018 年,我国对国务院机构进行改革,将银监会和保监会职责整合,组建中国银行保险监督管理委员会,作为国务院直属事业单位;同时,将银监会和保监会拟订银行业、保险业重要法律法规草案和审慎监管基本制度的职责划入中国人民银行,银保监会、证监会则专职微观监管职能。新的金融机构监管框架如图 8-3 所示。

银监会、保监会合并主要是为了解决现行体制存在的监管职责不清、监管交叉盲区等分业监管的遗留问题。从该监管措施实行上来看,是对我国金融监管模式的全新探索,金融监

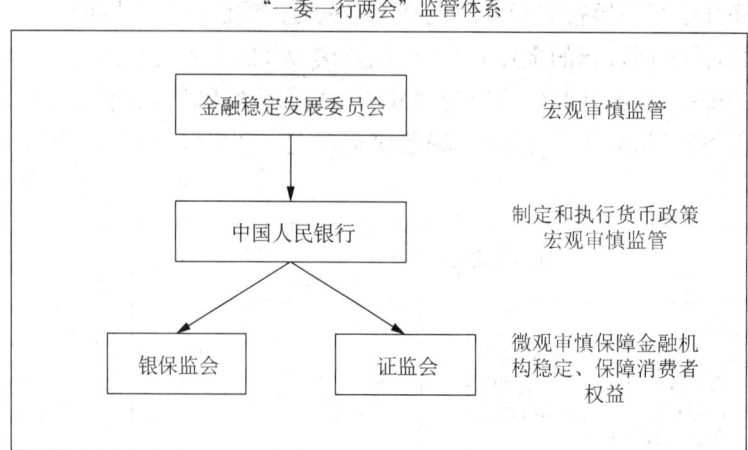

图 8-3 我国金融机构监管框架

管从分业监管转为功能监管,按照监管对象的经营业务属性分别归属不同的行政主管部门监管。除此以外,我国央行肩负着"双支柱"职责,即货币政策及宏观审慎政策。

原先"一行三会"的监管体系下,虽有成效,但也存在着一些弊端,比如会出现监管重叠、监管空白等问题,宏观与微观之间、微观监管部门之间均不协调。为缓解协调问题,国务院金融稳定发展委员会(以下简称金稳会)于 2017 年成立。所以,让央行也加入部分微观的审慎监管工作,是让宏观与微观监管规则更加紧密,缓解了宏观与微观监管割裂的局面,并在金稳会的统一指导下,使政策传导更加有效,利于"双支柱"的最终落实。

在我国,虽然制定了针对支付服务市场的管理办法,但在我国的法律层级划分体系中,法律效力层级比较低,可以采取的监管和处罚方式有限。因此,与支付服务有关的刑事立法、民事立法有待进一步完善。就近几年快速发展的第三方支付服务市场而言,虽然我国制定了《非金融机构支付服务管理办法》,但借鉴欧美经验,我国应该建立针对第三方支付的多层次的、全面的法律体系。

二、监管原则

(一) 谨慎监管原则

美国对支付服务机构谨慎监管原则首先体现在对客户备付金的监管上。比如对第三方支付平台的监管,美国法律将平台上滞留的资金视为负债,而非联邦银行法中定义的存款,规定平台滞留的资金需要存放在商业银行的无息账户中,同时,美国联邦存款保险公司以提供存款延伸保险实现对滞留资金的监管。为保障客户资金安全,支付平台机构必须持有一定金额的担保债券或保持相应的流动资产。

欧洲议会与欧盟理事会于 2000 年颁布的《2000/46/EC 指令》是规范欧盟电子货币支付活动而采取的一项重大立法措施。该指令不仅对电子支付机构提出了自有资金、初始资本金和持续资金要求,也对支付机构能从事的业务范围给予了严格限制。

我国的监管政策则要求支付机构的备付金只能以银行存款形式存在。虽然这不是最经济、最有效的备付金管理模式,但可以很好地防范备付金风险,保障客户资金安全。

（二）监管与支持创新兼顾原则

美国作为电子支付业务和互联网电子商务的先行者，主张政府尽量减少管制措施以促进支付服务市场的发展。因此，尽管美国针对支付业务建立了较为完备的监管框架，但在一些具体规定上相较其他国家仍显宽松，以鼓励创新。

欧盟希望其构建的监管框架一方面可以确保支付机构稳健营运，另一方面又极力避免其成为支付技术不断革新的障碍，以免遏制技术的进一步发展和创新。

我国的监管政策总体上采用了规范与发展并重的原则，但在一些具体的监管政策方面还存在不同程度的重监管、轻发展的情况。比如，对第三方支付平台的监管方面，监管是为了促进其更好地发展，应在对第三方支付存在的问题进行规范的基础上，鼓励其创新和发展，兼顾规范和创新，实现监管的有效性。国外对平台支付业务的监管经历了从放任到监管，再到适度放松的过程，这个过程和监管节奏的把握值得充分借鉴。

（三）消费者保护原则

在防范系统性风险的前提下保护消费者权益是西方市场经济监管的核心原则之一，对支付体系的监管也不例外。从法律规定看，美国相关消费者保护主要从消费者使用信用卡、借记卡以及电子现金等支付工具进行支付的角度来规定；美联储下面成立了独立的金融消费者保护局，负责实施消费者教育计划、受理投诉、收集和公布数据、制定并实施监管规则等职责。

在欧盟，20世纪80年代中期以后，欧盟委员会逐渐从成员国手中接过了制定消费者保护政策的责任。欧盟委员会在1997年发布了名为《增进消费者对电子支付手段的信心》的通告，提到监管机构应考虑与消费者有关的问题：①监管机构必须向电子货币的发行人和使用者提供透明度、责任和争议解决程序指南，以维护使用者的信心；②监管机构必须考虑欺诈和伪造的风险，提高安全性。欧盟委员会在1998年发布了名为《反对非现金支付工具的欺诈和伪造行动框架》的通告，该通告的主要内容是要求各国将欺诈和伪造非现金支付工具的行为规定为犯罪行为，以利于打击欺诈和伪造活动。

在我国，随着电子支付特别是第三方支付等新兴的非现金支付工具的快速发展，业务和产品更新速度快，消费者和厂商之间容易产生信息不对称，引发交易支付风险，因此，政府应加强对违规行为的查处，保护消费者利益。

三、监管措施

欧美等发达国家和地区对支付行业规定了必要的准入门槛，要求通过审批取得执照，审批的内容包括资金实力、财务状况、风险管理以及报告制度等方面。更重要的是，准入审批只是监管的开始，对支付机构营运过程中的动态监管和过程监管能够更好地控制风险、保证支付机构维持良好的经营和财务状况。

美国通过《统一货币服务法》对支付机构实行有针对性的业务许可，并设置了必要的准入门槛。规定所有从事货币汇兑等业务的机构必须登记注册，获得许可并接受监督检查。它对货币服务业务的种类进行了划分，每一业务均有相应的业务许可要求，并从投资主体、营业场所、资金实力、财务状况和业务经验等方面对货币服务业务提供者作出了详细的规定。

欧盟《2000/46/EC 指令》《2007/64/EC 指令》《2009/110/EC 指令》等规定,对各成员国电子货币机构及支付机构实行业务许可制度,申请者必须向所在国的主管当局提交一份包括拟设立电子货币机构的商业计划、初始资本金证明、内控制度和高级管理人员的相关材料等内容的申请材料。

我国对支付行业也规定了相对严格的准入门槛,并在逐步建立完善分类监管和动态监管体系。因为不同的支付模式差别较大,对监管的个性化要求高,因此需要建立分类监管体系,而不采取一刀切的监管做法。同时,应对支付机构的日常营运进行动态监管,建立起支付业务风险控制的动态监管体系。

目前,我国支付体系尚处于发展阶段,我国监管机构应在借鉴发达国家先进经验的基础上,针对国内金融市场的发展情况制定严格全面的法律制度,推出高效的支付系统。同时,为降低系统性风险,应严格实施监控、评估或检查、改进等系列公共政策活动。

本章练习

一、名词解释

非现场检查监管手段　　现场检查监管手段

二、简答题

1. 简述支付体系监管目标和监管的一般原则。
2. 说明支付体系监管范围主要涵盖哪些要素。
3. 分别简述非现场检查监管手段和现场检查监管手段的优势和缺点。

三、案例分析题

详细阅读导入案例并查阅相关资料,说明应如何加强支付清算市场的监管?

Chapter 9

第九章　金融支付体系的网上支付环境建设

　　随着全球网络的普及,尤其是电子商务的发展,网上支付的便捷性和重要性日益凸显,并成为电子商务的核心环节。与传统支付方式相比,网上支付是采用先进的数字技术来完成信息传输,基于一个开放的系统平台(如互联网),更加快捷、方便和高效。但与我国互联网发展以及电子商务对支付的需求相比,国内的网上支付环境建设还处在发展阶段,还存在诸多问题。首先,从承担网上支付核心业务的银行来看,我国网络银行业务纵深度和宽度都还有限,使用的软、硬件缺乏统一的规范标准。其次,信用是市场经济赖以生存和发展的基础,缺乏基本的商业信用,将严重阻碍网上支付系统的发展。再次,网上支付安全问题也是严重阻碍我国电子商务发展的瓶颈。随着黑客行为的日益泛滥,针对网上支付的网络攻击事件屡见不鲜,特别是网络病毒、假冒银行网站和信用卡泄密事件的出现,使得安全性成为人们选择网上支付时的首要考虑因素。最后,网上支付作为近年来迅速发展的新兴产业,相关政策与法规的出台明显滞后于市场的发展,这已成为企业进入该领域的一个必须考虑的风险。

　　本章内容基于以上问题展开,主要介绍了网上支付安全环境建设涉及的几个方面,包括保障支付体系的国家金融通信网建设、金融认证中心建设、国家征信体系建设和法律环境建设等,以确保网上支付业务的持续、规范、有效和健康的发展。

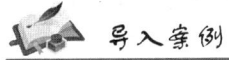

《关于共建网络支付安全环境的倡议书》在京发布

　　今日,在首届全国"网络支付安全宣传周"活动启动仪式上,《关于共建网络支付安全环境的倡议书》发布,呼吁网络支付机构紧密合作,以实际行动打造安全健康的网络支付环境,维护公平有序的市场秩序,保护消费者的合法权益。

　　据了解,此次活动的主题为"构建安全网络支付环境　保护消费者合法权益",旨在通过此次活动,提高消费者网络支付安全意识,切实保护消费者的合法权益,建立消费者对网络支付行业的信心,促进市场成员加强风险管理和消费者权益保护,使更多的消费者能够更加安全、便捷地使用网络支付进行网购、转账等活动。本次活动由40余家银行和30多家第三方网络支付机构参与。

　　以下为协会网络支付应用工作委员会主任委员代表行业宣读《关于共建网络支付安全环境的倡议书》全文。

各位领导、各位嘉宾,大家上午好:

我是来自中国建设银行电子银行部的黄浩,下面我代表中国支付清算协会网络支付应用工作委员会宣读关于共建网络支付安全环境的倡议书。

为提升网络支付市场的风险防范水平,切实保护消费者合法权益,营造安全健康的网络支付发展环境,中国支付清算协会网络支付应用工作委员会向各成员单位发出以下倡议。

(1)自觉维护行业整体利益,树立行业良好形象,积极推进行业发展,营造良好的行业运营环境。

(2)自觉遵守国家有关网络支付业务发展和管理的法律法规、行业自律公约,提高行业发展的规范化水平。

(3)自觉履行对客户基本信息资料和账户信息保密义务;不利用客户信息从事超出法律许可和客户授权的活动。

(4)自觉采取必要措施坚决抵制客户欺诈交易、网络赌博、洗钱、套现等违法犯罪活动。

(5)自觉做好宣传解释工作,提升服务质量,为商户和消费者提供稳定优质的网络支付服务。

让我们携手并进,团结一致,紧密合作,以实际行动打造安全健康的网络支付环境,维护公平有序的市场秩序,保护消费者的合法权益,树立积极向上的行业风貌和良好的行业形象,共同促进网络支付行业的持续健康发展。

资料来源:李孟鹏.《关于共建网络支付安全环境的倡议书》在京发布[EB/OL].(2013-03-13)[2020-01-09].http://finance.people.com.cn/n/2013/0313/c70846-20780452.html.

第一节 我国国家金融通信网建设

中国国家金融通信网(China national financial network,CNFN)是把中国人民银行、各商业银行和其他金融机构有机连接在一起的全国性与专业性的金融计算机网络系统。

CNFN是以我国各类金融信息传输为基点,为提供公用金融数据通信服务而设计的网络。安全可靠的网络结构和独立完善的网络管理系统,使其不仅具有普通公用网络的可靠性高、稳定性强的特点,而且也具备专用网络的封闭性和效率高的特点。CNFN以提供金融网络基础设施为目标,以开放的系统结构使用户的各类计算机处理系统通过网络的连接运行公共的应用程序。另外,在提供金融数据通信服务的基础上,CNFN能够提供金融机构专用的邮件收发、存储转发传真等增值业务,为我国金融领域办公自动化提供高效、便捷的服务。

一、CNFN 的模块结构设计

CNFN采用模块化结构设计,物理网络分主干网和区域子网两层。网管中心设立在承担通信和支付应用处理两项任务的国家处理中心(national processing center,NPC),以两级管理层次覆盖中国人民银行的分行、支行。基于可靠性要求,在国内两地(北京和无锡)设置了两个有能力承担CNFN的全部工作负荷的互为灾难备份的NPC,构成CNFN的两个网络汇接节点。

CNFN 的网络节点设在中国人民银行城市处理中心（city cleaning processing center，CCPC）内，每个 CCPC 不仅为本区域各商业银行分行的处理中心提供跨行、跨区域支付业务的交易处理服务，而且提供本区域金融分支机构的分组交换数据通信服务。中国人民银行约有 2 000 个县级处理中心（country level bank，CLB），将为本县商业银行运行提供支付业务交易处理服务，并且提供本区域金融分支机构的分组交换数据通信服务。

网络接口方面，CNFN 采用五级网络接口的模块式设计，使 CNFN 能够随着中国通信基础设施的快速发展而获益于设施的更新，并能够迅速吸取当今世界最先进的通信技术。CNFN 网络设计灵活，具备能够在混合式通信媒体线路运行的能力。

二、网络框架

为了充分发挥金融通信网的投资效益，实现一网多用，在规划 CNFN 的网络建设时，应将通信子网与资源子系统分离，建设独立于应用的金融通信网络。其网络框架如图 9-1 所示。

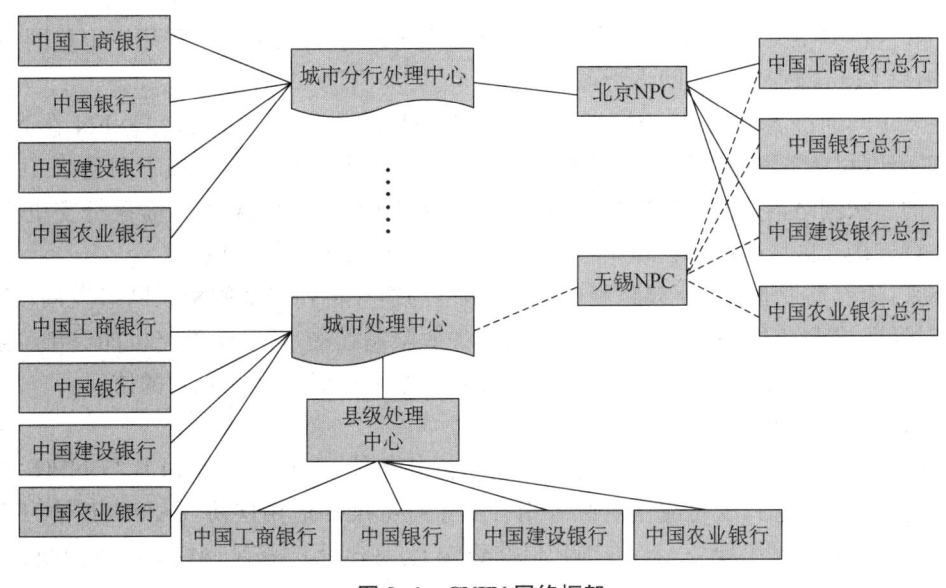

图 9-1 CNFN 网络框架

从图 9-11 可知，CNFN 网络具有以下两个特征。

（1）CNFN 分设两个国家处理中心，即北京处理中心和无锡处理中心，两者互为备份，有同样的结构和处理能力。两个 NPC 之间由单路单载波高速卫星线路和地面高速 E1 线路相连。在正常工作情况下，由主用 NPC，即北京处理中心控制管理全网。如果一旦发生灾难，备用 NPC（无锡处理中心）就无缝接管瘫痪了的主用 NPC 的所有业务。

（2）整个网络分为二级网络、三层节点。二级网络为国家主干网和区域子网；网络的三层节点中，一级节点是 NPC，二级节点是 CCPC，三级节点是 CLB。这三层节点组成一个二级网络，即由 NPC 与 CPC 构成国家主干网络，CPC 与几千个 CLB 构成区域子网络。

在通信媒介上，国家主干网以中国人民银行的卫星通信网为主体，以中国金融数据地面通信骨干网和邮电部门的公用数据通信网（digital data network，DDN）为辅助信道。卫星网与地面网互为备份。区域子网的物理线路,则根据当地通信状况可选用中国金融数据地面通信骨干网、DDN、X.25 或 PSTN 等,少数边远地区及交通不便或有特殊需要的地区,也可采用卫星通信网构成区域子网。

各商业银行总行采用 DDN 线路与 NPC 连接。CCPC 与当地商业银行的连接,可以根据当地通信状况选用中国金融数据地面通信骨干网、DDN、X.25 或 PSTN 等。CLB 与当地商业银行的连接,可以采用拨号线路、租用线路、无线通信等多种通信媒体。

三、网络结构

CNFN 网络是一个基于开放系统结构的、支持国家级金融应用系统的我国金融界公用数据通信网络。CNFN 的网络层以 X.25 分组交换技术为基础,并引入帧中继技术,使 CNFN 网络减少传输迟延时间,并通过动态带宽分配技术,充分利用物理网络资源,提高传输效率。

(一) 物理层网络

CNFN 网络汇接点 NPC 与普通节点 CCPC 之间的物理线路,目前采用以卫星网络为主干线路,以 China DDN 地面网络为备份线路。

区域子网通过 X.25 分组交换机向国家主干网提交业务。该方法使 CNFN 在 NPC 失效期间,将支付业务安全地推进在区域子网,使失效影响尽可能小。区域子网是以 CCPC 为中心点的星状网络,它将 CCPC 与本区域的 CLB 处理中心和商业银行及金融分支机构处理中心进行连接。区域子网的物理线路利用 China DDN、PSTN 等构成。

将来,随着宽带地面数字线路利用,物理网络的拓扑将朝着准网格状网络发展,其优点是,通过迂回技术使重大的节点与通信线路的失效限制在最小范围;网络机能灵敏、能避免集中式网络的瓶颈效应;应用系统可以安装在独立的网络节点,便于用户的访问。

(二) 传输层网络

CNFN 传输网络是以 X.25 协议为基础的公共载体。当 CCPC、CLB 与 NPC 之间的 X.25 虚拟线路建立时,支付应用系统采用开放系统标准的应用层协议 TPC/IP 的 FTP 交换信息。国际标准网络服务运行在国际标准载体上,是建设 CNFN 网络的核心问题。

帧中继技术是在 X.25 分组交换技术的基础上发展的先进技术,CNFN 的骨干传输线路为 NPC 与 CCPC 之间的物理网络,为开通帧中继业务提供了基础。根据应用系统的业务需要,CNFN 的骨干传输网络,可以随时提供帧中继业务,为我国金融系统提供高速率、高效率、低成本的数据通信服务。

四、三级节点的处理功能

在 CNFN 的三级节点中,NPC 负责整个系统的控制管理及应用处理,CCPC 和 CLB 主要完成信息采集、传输、转发及必要的应用处理。

(一) 国家处理中心

NPC 是 CNFN 的全国管理中心,也是中国国家现代化支付系统(China national advanced payment system, CNAPS)各业务系统的全国处理中心。因此,NPC 是 CNFN 的心脏,它的主要功能有以下四项。

（1）数据库管理。负责保持完整的 CNAPS 账户数据库。

（2）交易处理。来自业务发起行的所有支付信息，都要通过 CNFN 发送到相关业务系统按要求进行处理，再转发到接收行。

（3）系统管理和网络管理。NPC 作为 CNAPS 和 CNFN 的通信主站和控制中心，负责系统管理和网络管理。

（4）实现灾难恢复。发生灾难时，保证将事务处理从在用 NPC 切换到备用 NPC。

NPC 主要由中国金融软件开发中心（CFDC）、系统控制中心（system control center，SCC）、网络控制中心（network control center，NCC）、数据库管理中心（DBMC）和应用系统控制中心（ASC）组成。其中，CFDC 的任务是研制和开发 CNAPS 应用软件系统，全面支持 CNAPS 和 CNFN 的运行、维护和管理等软件版本的升级和配置。SCC 的主要功能是终端用户管理，提供专门的应用支持服务；应用软件和网络软件管理，提供与软件开发中心的接口；远程应用软件的分配和配置管理；提供应用系统与终端用户之间的支持接口；对网络和应用系统进行计费统计等。NCC 的主要功能包括网络监控、网络故障诊断和恢复、卫星通信网络和地区通信网络的集成网络管理、网络用户监管等。DBMC 主要对各种数据库进行集中安全管理。ASC 有三个分中心：资金清算处理中心集中管理控制全国清算账户，统一处理大额实时支付系统和小额批量支付系统的资金清算和日终对账等业务；银行卡全国授权处理分中心负责跨行银行卡授权信息的交换处理和财务统计，传送查询授权信息和支付名单等业务；政府债券簿记系统处理分中心负责宏观货币政策信息的采集、分类、汇总和统计处理业务。

（二）城市处理中心

对 CNFN 来说，CPC 是国家主干网络与区域子网的交汇节点，是区域网络内终端用户访问主干网和 NPC 的登录、分发节点。

CPC 的主要功能包括提供金融业务处理纸票据截留服务，各种传输信息的登录和分发，区域内一级和三级节点的信息转发，必要的业务、会计财务处理，区域通信网的控制和管理等。

CPC 由物理分离的应用处理分中心组成，即同城清算所、城市清算处理中心、城市银行卡授权中心、城市政府债券簿记中心、城市金融管理信息处理中心。

（三）县级处理中心

CLB 的主要功能包括：提供金融业务处理纸票据截留服务，各种传输信息的登录和分发，县内一级和三级节点的信息转发，必要的业务、会计财务处理，区域通信网的控制和管理等。

由于 CLB 的通信量和业务处理量都不大，因此，在满足性能的前提下，一般采用双桥局域网客户/服务器结构或单局域网客户/服务器结构，由不同客户机处理不同的金融业务，建立综合性数据库或文件服务器。

五、CNFN 安全

通过 CNFN 传送的信息日通信量和业务处理笔数都很大，而经其处理的信息都是影响金融宏观货币政策的重要金融信息，因此必须确保 CNFN 的安全。

为了保证系统的物理资源安全,在系统的结构设计、设备的配置和选型上,必须安全、可靠;必须确保系统内所有计算机、通信设备、通信线路和机房环境等的物理安全;在系统的运行管理上,必须确保系统的安全、可靠运行;系统还要有保障动态检测和故障联机恢复等功能。

CNFN 的建设,是一项跨世纪工程。CNFN 的试点阶段采用世界银行的贷款,通过国际竞争性招标选择,并由多家公司提供网络设备。CNFN 传输网络是我国最大的分组交换与帧中继网络之一,在中国人民银行的领导下,各商业银行及金融机构的参与和支持下,CNFN 逐渐趋于完善,全方位地为我国金融界广大用户提供各类数据通信服务。

第二节　我国金融认证中心建设

中国金融认证中心(China Financial Certification Authority, CFCA)是由中国人民银行于 1998 年牵头组建、经国家信息安全管理机构批准成立的国家级权威安全认证机构,是国家重要的金融信息安全基础设施之一,是国内唯一一家能够全面支持电子商务安全支付业务的第三方网上专业信任服务机构。

CFCA 专门负责为电子商务的各种认证需求提供数字证书服务,为参与网上交易的各方提供信息安全保障,建立彼此信任的机制,实现互联网上电子交易的保密性、真实性、完整性和不可否认性。同时参与制定有关网上安全交易规则,确立相应技术规范和运作规范,提供网上支付,特别是网上跨行支付的相互认证等服务。

CFCA 认证系统采用基于公钥基础设施(public key infrastructure, PKI)技术的双密钥机制,在保证核心加密模块国产化的前提下,通过国际招标建立了具有世界先进水平的认证系统,并通过了国家信息安全产品测评认证中心的安全评测。CFCA 认证系统具有完善的证书管理功能,提供证书申请、审核、生成、颁发、存储、查询、废止等全程自动审计服务。目前,CFCA 具有覆盖全国的认证服务体系,提供多种用途的证书和信息安全服务,支持金融领域及其他各界用户的应用需求,包括网上购物、网上银行、网上证券、网上保险、网上申报缴税和其他安全业务等,CFCA 证书全面支持电子商务的各种业务运作模式。

目前 CFCA 业务涵盖七大业务板块,即电子认证服务、互联网安全支付、信息安全产品、信息安全服务、大数据服务、互联网媒体及软件测评。

一、CFCA 体系结构

CFCA 认证系统采用国际领先的 PKI 技术,总体为三层 CA 结构:第一层为根 CA;第二层为政策 CA,可向不同行业领域扩展信用范围;第三层为运营 CA,根据证书运作规范(certificate practice statement, CPS)发放证书。CFCA 体系结构如图 9-2 所示。其中,运营 CA 由 CA 系统和证书注册审批机构(registration authority, RA)两大部分组成。

1. CA 系统

CA 系统承担证书签发、审批、废止、查询、数字签名、证书发布、黑名单发布、密钥管理与恢复、证书认定和政策制定等。CA 系统设在 CFCA 本部,不直接面对用户。

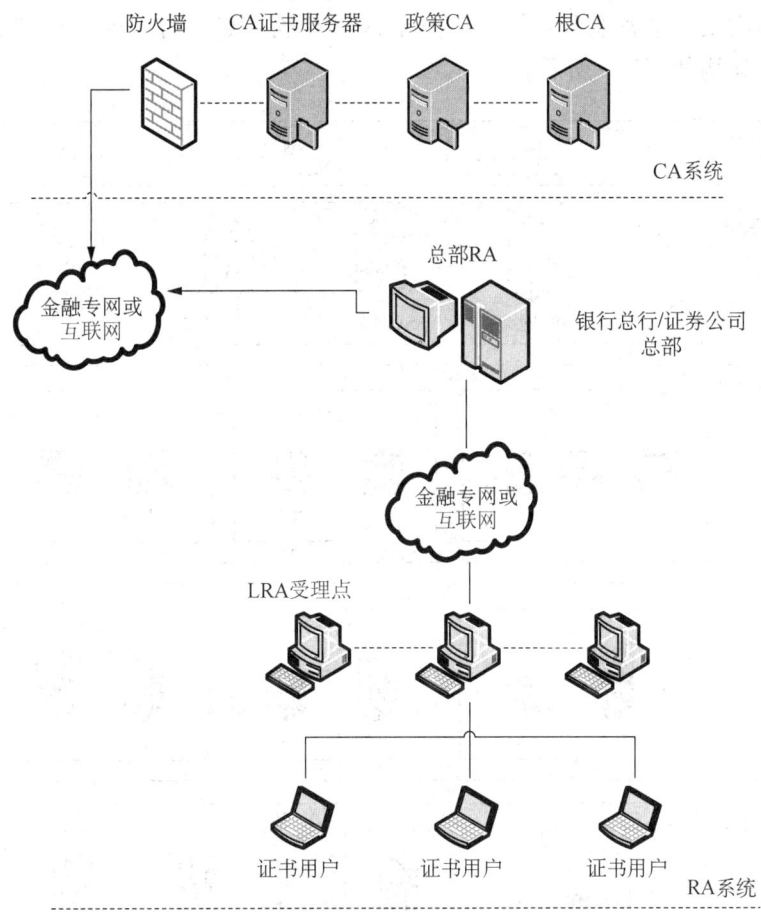

图 9-2　CFCA 体系结构

2. RA 系统

RA 系统直接面向用户,负责用户申请和身份审核,并向 CA 系统申请为用户转发证书。RA 系统一般设置在商业银行的总行、证券公司、保险公司总部及其他应用证书的机构总部。受理点(local registration authority,LRA)设置在商业银行的分行/支行、证券保险营业部及其他应用证书机构的分支机构。

CFCA 认证系统在满足高安全性、开放性、实用性、高扩展性、交叉认证等需求的同时,从物理安全、环境安全、网络安全、CA 产品安全及密钥管理和操作营运管理等方面均按国际标准制定了相应的安全策略。专业化的技术队伍和完善的运营服务体系,确保系统 7×24 小时安全高效稳定运行。

二、典型应用案例

(一) CA 数字证书认证系统建设解决方案

CA 数字证书认证系统是信息系统安全基础设施,在企业内部建设 CA 数字证书认证系统后,签发的数字证书可作为业务系统用户的身份认证凭证,并能对关键交易进行签名,实现防抵赖和防篡改。同时制定统一的安全规范和安全策略,使建设的 CA 数字证书认证系统能够满足未来各业务系统统一安全入口和统一账户管理的扩展需要。CA 数字证书认证系统架构如图9-3所示。

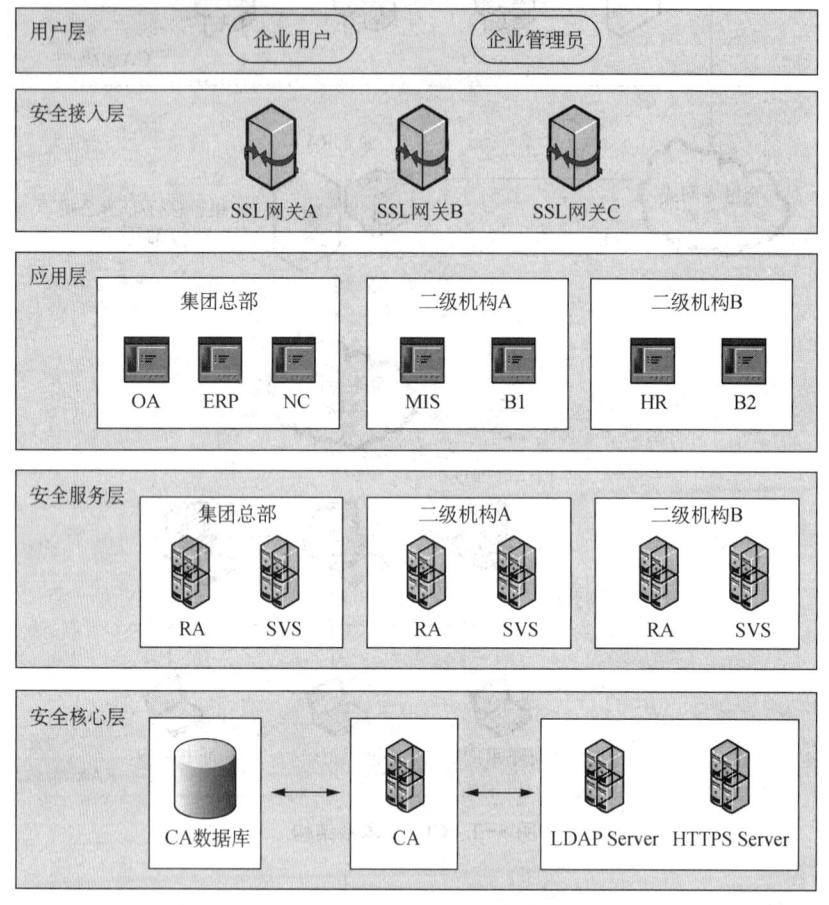

图 9-3　CA 数字证书认证系统建设架构

　　根据图 9-3 可知,原有信息系统分为两层:应用层和用户层,为增强信息系统安全等级、提高身份认证强度、增加关键交易签名机制,并为将来应用提供扩展,满足未来单点登录、统一账户管理的要求,需增加安全核心层、安全服务层和安全接入层。

　　(1) 安全核心层:是核心系统部署位置,主要包括 CA 数据库、CA 中心、LDAP 和 HTTP 服务器。其中,CA 数据库主要承担密钥管理工作;CA 中心即 CA 系统;LDAP 和 HTTP 服务器分别提供 ldap 和 http 访问,并可发布证书作废列表(certificate revocation list,CRL)。

　　(2) 安全服务层:为上层应用系统提供安全服务支撑,包括用户证书的申请和关键交易的签名/验证服务,主要包括注册管理中心(register authority,RA)、签名验证服务器(sign & verify server,SVS)。

　　(3) 安全接入层:在用户与业务系统之间增加 SSL 安全网关,保证信息通道的安全,支持单点登录和统一账户管理。为满足统一账户管理的扩展要求,需在应用层增加统一用户信息库,用来管理、同步各业务系统账户,并同时构建配套的管理流程、运维管理和应用系统安全应用规范。

CFCA 数字证书认证系统建设方案具有以下五个特点。

（1）安全性：在安全设计上详细考虑了物理环境、网络、主机、系统等多方面因素。

（2）可靠性：系统设计合理，软件能够适应长期的、多样的运行环境，从而可靠地保证了数字证书认证系统高效、准确、稳定运行。

（3）标准性：系统所采用的密码算法和协议符合国家密码管理局颁布的相关标准，数字证书格式与目录协议均采用国际标准。

（4）可扩展性：数字证书认证系统在体系结构、功能模块、软硬件以及容量上具备很好的可扩展性，可以满足将来业务不断增长的需求。

（5）高效性：数字证书认证系统相关服务器模块都是采用多线程技术，可以高效地提供服务，并且优化了相关算法，使数据处理安全高效。

（二）数字证书应用与建设解决方案

企业的信息化建设，提升了企业的竞争力，提高了企业的工作效率，而信息安全是企业信息系统不可或缺的重要组成部分。越来越多的企业认识到了信息安全的重要性，不再仅仅将信息安全视为手段、工具，而是从企业信息化建设全局的角度看待信息安全建设。

CFCA 作为业内权威的第三方电子认证服务提供商，一直致力于为客户提供全方位的安全服务。例如，将电子认证服务作为企业安全基础设施之一，以满足企业对电子认证服务的需求；将专业、复杂的数字证书管理、身份认证等安全功能服务化，从而使客户将更多的精力集中在自身业务及业务安全需求方面。

1. 客户一般需求

（1）全面的电子认证服务：包括数字证书管理服务、数字证书签名和签名验证服务、数字证书验证服务等。

（2）可信的安全基础设施：包括基于数字证书的安全基础设施，支持多业务多应用，完全符合国家对密码算法的要求等。

（3）易用性：易实施、易部署、易定位等。

（4）可扩展：具有良好的性能伸展度，服务性能可根据业务发展动态扩展。

2. 建设架构图

数字证书应用与建设架构如图 9-4 所示。

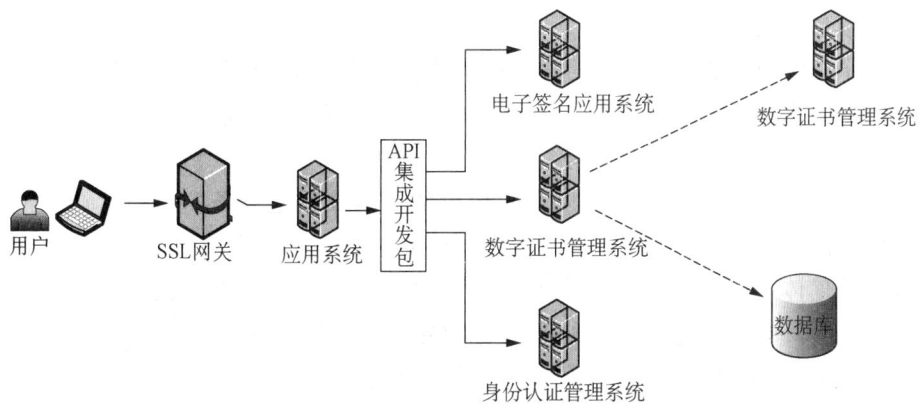

图 9-4　数字证书应用与建设架构

3. 产品功能

数字证书组成方案的产品功能如表 9-1 所示。

表 9-1　产品功能

产品	功能说明
电子签名应用系统	签名生成、数字签名验证、黑名单验证
数字证书管理系统	证书管理、申请、绑定、补办、更新、下载
身份认证管理系统	基于数字证书的身份认证
API 集成开发包	面向应用的开发接口
SSL 网关	高性能的 SSL 安全网关

4. 方案特点

（1）功能强大：可用于身份认证、门户登录；实时在线交易保护，交易确认，产生交易凭证，追溯交易行为等。

（2）支持多应用：对业务应用系统透明，支持客户多业务应用系统的安全需求，门户系统、办公 OA 系统、业务交易系统等。

（3）支持多平台：方案产品具有良好的跨平台特性，支持主流的中间件和数据库产品。

（4）可扩展性：方案支持集群或负载均衡方式部署，以支持业务的高性能、高并发处理需求；同时方案产品设计具有良好的性能伸展度，服务性能主要取决于硬件性能，不受软件限制。

第三节　我国国家征信体系建设

一、征信与征信体系

征信的本质是为信用活动提供信用信息服务，在实践中表现为专业化的机构（征信机构）依法采集、保存、整理、分析、使用和传播有关企业和个人的信用信息，以此满足信用活动主体的信用信息需求的一系列活动。

征信体系指由与征信活动有关的法律规章、组织机构、市场管理、文化建设、宣传教育等共同构成的有机体系。征信体系的主要功能是为借贷市场服务，但同时具有较强的外延性，也服务于商品交易市场和劳动力市场。

征信体系是现代金融体系运行的基石，健全的征信体系是市场经济走向成熟的重要标志。征信体系的建设对防范金融风险、保持金融稳定、推动金融发展、提升金融竞争力具有重要意义。征信体系建设改善了我国社会经济发展环境，为经济发展提供了必要的保障，为社会主义市场经济的运行建立了新规则，是我国社会与经济发展的必然要求，是我国市场经济的最新组成部分，是我国创新社会管理的重要内容之一。

提到征信，首要便是数据源问题，数据源是征信行业的基础生产材料。目前，应用到我国征信体系的数据源主要存在以下三方面问题。

（一）数据采集场景割裂化

有效数据的采集场景不仅包括银行、保险、公安、公共服务部门等线下场景，还包括电商、社交等互联网线上平台。征信机构需要对接不同部门和平台，建立广泛的数据连接，形成数据聚集效应，才能在行业中占据有利地位。但是，这些数据的采集场景是互相割裂的，仍是一个个数据孤岛，并且数据源存在散乱的问题。其中，金融场景的数据未能实现统一征集和标准化处理；公共部门的数据则是由公安、法院、教育及其他事业单位分别使用生活场景的数据则是分散在线上线下的各类场景。大部分征信机构通过自动爬取、合作、购买等方式，从这些有限的场景中整合数据，由于整合是通过市场化的方式进行，因此关于数据源的竞争尤为激烈。

（二）数据获取渠道有限

中国征信市场不仅获取信用数据的渠道极其有限，并且缺乏专业的数据提供商或交易平台，导致征信机构对于数据源的占有成了关键竞争优势，并在采集数据上耗费了大量成本。国外征信公司可以通过收取费用的方式，相互之间共享数据。但是在中国，由于数据源往往涉及核心竞争力，大多数机构并不愿意共享，数据之间的交叉融合很少，也影响到数据的应用和拓展。目前，由人民银行征信中心运行和维护的国家金融信用信息基础数据库已成为世界上收录人数最多、数据规模最大、覆盖范围最广的征信系统。截至2019年6月，该数据库累计收录9.9亿自然人、2 591万户企业和其他组织的有关信息，个人和企业信用报告日均查询量分别达550万次和30万次。

除央行征信中心外，还有一些社会征信机构尝试打破数据孤岛、建立数据共享，但是却面临着诸多困境，如多数金融机构担心数据披露而不愿进行数据反馈，导致进展缓慢。建立数据共享有利于数据形成闭环，优化数据资源供给，也会使征信机构不再将占有基础数据视为关键优势，而把更多的注意力放在征信产业链的其他核心环节。

（三）最强相关数据源稀缺

在数据源中，强变量是指信贷、信用卡、外汇、民间借贷等金融交易数据，往往掌握在传统金融机构手中；中变量是商品生产、销售、流通、消费等环节的交易数据，主要来自各类电商平台；弱变量则是社交、游戏等数据，大多源于互联网平台。由此可见，金融属性的数据是最强相关的数据，而这类数据往往在传统金融机构手中。大多数征信机构能够获取的，是社交记录、个人消费记录等相对弱相关的数据，但难以获取最为重要的金融数据，导致有效数据比较有限。

以芝麻信用为例，芝麻信用评估的信息综合了用户的信用历史、履约能力、行为偏好、身份特质、人脉关系等五个维度。其中，信用历史指信用账户的还款记录及信用账户历史，履约能力是享用各类信用服务并确保及时履约的能力，均属于强变量；行为偏好则是指在购物、缴费、转账、理财等活动中的偏好及稳定性，是中变量；而身份特质和人脉关系则属于弱变量。

同时，数据质量也是大多数征信机构面临的问题。由于没有统一的数据采集和处理规范标准，往往出现数据录入错误、信息缺失、冗余重复、信息主体不明等问题，导致征信机构成本增加、效率变低。

二、征信体系建设的主要作用

(一) 提高经济运行效率

通过专业化的信用信息服务,降低了交易中的信息收集成本,缩短了交易时间,拓宽了交易空间,提高了经济主体的运行效率,促进了经济社会发展。

(二) 扩大信用交易

征信解决了制约信用交易的瓶颈问题,促成信用交易的达成,促进金融信用产品和商业信用产品的创新,有效扩大信用交易的范围和方式,带动信用经济规模的扩张。

(三) 通过建立健全征信制度,防范信用风险

传统经济条件下,经济活动的地理空间限制较大,人与人可以通过互相接触而产生信任,进而进行信用交易。但随着现代经济的发展,信用交易的范围日益广泛,方式越来越复杂,以直接接触的方式了解对方的信用状况变得极为困难,这就需要第三方征信机构提供交易对手方的信用信息。

由于信息不对称和风险评估工具缺乏,导致信贷资源配置错位和效率低下,甚至造成严重的经济损失。因此,建立健全征信制度是社会信用信息服务体系的重要组成部分,能够有效地预测、防范和降低风险。

(四) 通过征信体系建设,改善社会信用环境

信用状况差已成为影响和制约经济发展的突出因素。由于缺乏信用监管,导致不少企业陷入经营危机。面对这种情况,建立和健全征信体系已成为当务之急。

征信体系包括相关法律法规行政监管以及行业自律等内容,主要是通过体系内各要素共同发挥作用,保证征信机构正常营运和规范发展,有效发挥征信市场主体作用。规范征信机构经营行为,保障征信活动各方的合法权益是征信体系建设中一个重要组成部分。

三、我国征信体系建设现状和存在的问题

(一) 建设现状

我国征信体系建设从 1992 年起步,一直由中国人民银行主导。客观地讲,我国现代征信体系建设取得了一定的成就。

(1) 建立了全球规模最大的征信系统,在防范金融风险、维护金融稳定、促进金融业发展等方面发挥了不可替代的重要作用,在改善营商环境方面赢得了国内外的广泛认可。

(2) 征信系统通过广泛的信息共享,有效缓解了金融市场中信息不对称难题,提升了小微与民营企业融资的便利程度,促进金融服务实体经济发展。

(3) 始终将个人信息保护作为我国征信监管的重中之重,通过一系列政策和监管组合,牢牢守住不发生征信信息泄露的风险底线,提升人民群众的安全感和幸福感。

(4) 按照国家金融对外开放的战略部署,坚定不移地推进我国征信业对外开放,丰富市场主体,创新征信产品,激发市场活力,推动我国征信业高质量发展。

自 2006 年我国集中统一的征信系统上线以来,更新改造一直都在持续进行。目前,中国人民银行对征信系统技术和业务不断进行升级,在数据的全面性、及时性和准确性方面有所提高。

现有中国征信市场中,公共征信机构和私营征信机构并存,并且政府主导型的公共征信机构仍然占据主导地位。私营征信机构的数量和规模都相对较小,尤其是私营个人征信机构还处于刚起步的阶段,个人征信牌照尚未完全放开,还没有形成对公共征信机构的补充。同时,在市场格局上,还未出现一家独大或已有巨头的局面,因此,关于未来市场发展还具有无限可能。当前我国征信体系采用政府主导的发展模式,如图9-5所示。

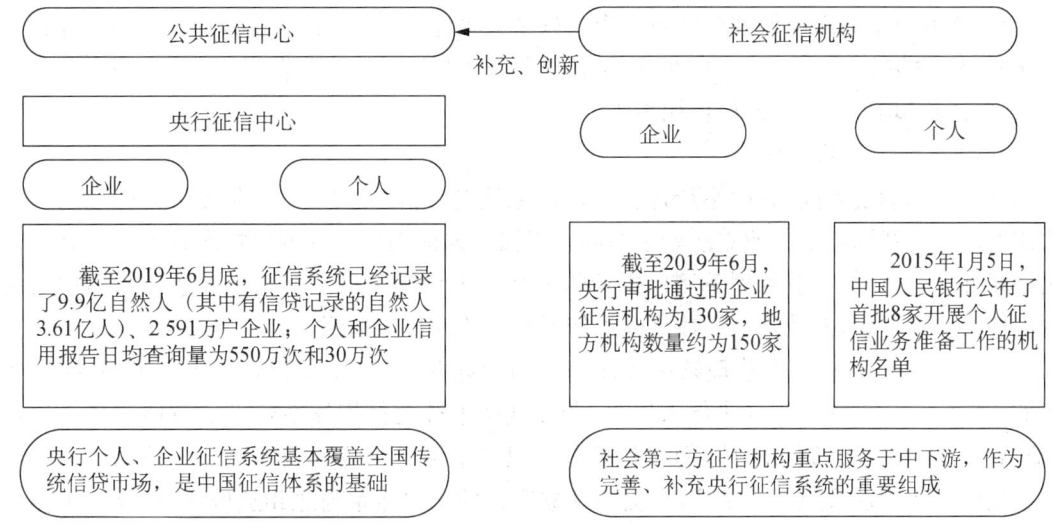

图 9-5　我国征信的政府主导模式

(二)目前现状和存在的问题

1. 现有征信体系覆盖范围极其有限

目前,征信系统反映的只是个人或企业与银行间发生的信用情况,企业与企业间的商业信用关系并没有得到系统的有效记录与反映。

央行征信体系覆盖范围的局限性是其角色定位导致的。首先,央行征信中心的设立初衷是作为银行业监管的辅助工具,同时向被监管的商业银行提供借款人的历史借贷记录。其次,采集数据的来源也仅限于央行管辖权内的金融机构,零售业、电信等不属于其监管范畴内的机构。第三,各部委之间没有形成合力,至今均不愿意与央行征信系统共享信息,致使我国中小企业信用信息库始终建不起来。

2. 差异化定位还在探索中

在我国征信市场中,各征信机构在征信产业链上并没有明确的分工,或者形成各司其职的格局。大多数征信机构的业务囊括了数据采集和处理、分析和建模,也有一小部分机构是专注于产业链中的某一点。从产品上看,大部分征信机构都拥有信用评分、信用报告和反欺诈等服务,产品种类比较趋同,反映出我国征信行业在形成差异化优势和定位上,仍处于探索阶段。

3. 盈利模式单一

在客群上,全球征信巨头益博睿公司已实现了金融服务、零售、电信、公用事业、保险、汽车、医疗、慈善机构、娱乐休闲、房地产和公共部门等行业的全覆盖。同时,其 2015 年收入为

48.1亿美元,其中非金融领域的客户贡献了70%,而传统金融机构贡献收入只占比30%。

而中国征信产品主要应用于金融信贷服务,以及部分反欺诈、身份验证、信用决策的生活场景,而金融机构仍是征信产品的主要客户。

目前国内全部征信机构的收入几乎都主要来源于数据调取量。央行征信中心日均数据调取量约为90万次。商业银行等机构查询企业信用报告基准服务费为每份60元,查询个人信用报告基准服务费则为每份5元。同时,国内社会征信机构中,第一梯队的日均数据调取量在50万以上。而益博睿公司收费模式则更为多元,在其2015年收入中,信用服务收入占比49%,决策分析收入占比12%,市场营销收入占比18%,消费者服务占比21%。同时,益博睿公司日均生产380万份信用报告。

4. 法律保障体系不完善

征信法规制度方面,我国逐步建立了以国家法规、部门规章、规范性文件和标准的多层次制度体系。我国征信行业立法始于2005年的《个人信用信息基础数据库管理暂行办法》,之后相继出台了《征信业管理条例》《银行信贷登记咨询管理办法》等,逐步建立了多层次的制度体系。然而,目前我国信用体系建设依然存在法律保障体系不完善的问题。

(1)所依赖的《征信业管理条例》《征信机构管理办法》主要是行政法规和部门规章,法律效力较低。完善的信用立法仍未出台,严重减缓了社会信用体系建设的总体步伐。虽然《征信管理条例》已经颁布实施,但其只规范了以征信活动为主要内容的部分信用行为。由于信用体系建设涉及范围非常广泛,需要建立完整的法律体系与之相适应,信用立法工作仍有很长的路要走。

(2)未与民法、金融机构相关法律、消费者保护法等形成有效的衔接,对于金融信用信息基础数据库的使用规定并不明确,在有力保障和推动征信行业发展方面稍显不足。中国目前尚无一部调整各种所有制企业的破产法,新企业破产法由于在国企要不要破产这个问题上存在争议,迟迟未能出台。同时,现行的《中华人民共和国合同法》《中华人民共和国反不正当竞争法》《中华人民共和国消费者权益保护法》等与信用相关的法律对失信惩罚的力度太轻。

(3)对于个人信息保护不够明确,容易导致出现不当采集信用信息、滥用数据、侵犯合法权益的现象。因此,在立法层面尽快推进,明确数据采集和使用的原则及边界,对于征信行业健康发展至关重要。

5. 高效的失信惩戒机制有待进一步确立

目前,失信惩戒机制尚未全面有效建立。虽然《中华人民共和国民法通则》《中华人民共和国合同法》等法律法规中有诚实守信的法律原则,《中华人民共和国刑法》中也有对诈骗等犯罪行为处以刑罚的规定,但仍不足以对社会的各种失信行为形成强有力的法律约束,有法不依和执法不严的问题严重。目前尚未达到刑事犯罪程度的失信行为未能得到相应的惩罚或者惩罚力度不足以震慑失信者,使违约的机会成本过低、合规守信者的良好行为未能得到应有的尊重和鼓励。

6. 缺乏信用中介体系

我国还没有建立全国的征信网,只是在北京、上海、广州等大城市初步建立起一些征信机构。要建立全国征信网很难,因为存在地方保护主义干扰,全国征信机构很难进入;会计师事务所与上市公司的雇佣关系也妨碍了审计的公正执行。因此,建立信用中介体系就变得日渐重要。但信用中介不能仅仅发展征信公司,还需要建立更多相关的金融机构、信用评级机构、担保中介机构、资质认证机构、律师事务所和会计师事务所等机构。

7. 信用外延被无限扩大增加了建设难度

目前社会公众对信用的理解存在误区,社会信用体系不健全被认作一切社会和经济问题的根源,将所有管理、执法不到位的情况都归因于失信。目前一些政府部门将已破产、资不抵债或名存实亡的企业作为严重失信企业进行曝光,其逃废银行债务、非法转移资产等违法行为已超出了执行法院判决所能解决的界限,更不应属于信用建设范畴。

8. 存在多重障碍

以行业部门信用建设为主线的信息系统互联互通存在多重障碍。信用信息系统建设既是社会信用体系建设的重要组成部分,也是全社会的系统工程,涉及多部门和跨行业的多样性信息收集整理,从采集、汇总、分析、评估到查询、披露执行不同的标准,为全国各部门系统的共享与集中、形成互联互通的信用信息系统设置了技术障碍。

四、征信体系建设建议

从全国来看,我国现在处于建立社会信用体系的初级阶段,经济体制、法律体系及市场基础与发达国家相比有很大不同,不能完全照搬国外模式,必须在中国特殊国情下寻找符合自己发展趋势的道路。

(一) 构建有效的社会征信体系作为央行征信体系的补充

央行征信系统只能采集银行领域信息,其他领域因为缺乏互惠互利的基础导致其他部委的不合作而无法操作。另外,央行征信系统成立以来一直采取行政化模式,征信中心属于事业单位,较少考虑经济效益,一切以自我为中心,各种限制太多,无法与各地机构进行对等合作,如何更好地为金融机构服务的意识也极其模糊。因此,应构建起有效的社会征信体系作为央行征信体系的补充,让社会征信机构提供多元化的服务,满足不同类型小额融资机构的需求,为更多不和银行发生关系的个人和企业建立起信用档案。

国外大量实证研究表明,社会征信业的发展对信贷业务的扩张,进而促进社会经济发展会起到显著的推动作用。由于民间征信机构将目标市场定位于零售信用和小企业借贷,它们善于运用统计分析的大规模筛选技术使大量小额贷款申请的处理符合成本—效益原则,还能把从各渠道采集来的数据加工成特殊的产品和服务。除向市场提供信用报告外,还有偿提供信用评分和投资组合的监控应用等增值服务,能契合小额贷款机构的需求,便于贷款人更好地了解借款方信用,更迅速地做出授信决策,并提高信用风险管理水平,同时也就更有效地满足了市场上企业和个人多层次的信贷需求。因此,与普惠金融业相匹配的征信体系是社会征信体系。由于目前国内的社会征信体系尚处于起步期,不具备自我发展壮大的能力,因此亟待政府的呵护与培育。

(二) 政府应在信用信息共享方面有所作为

征信体系是采集、分享和运用相关数据的系统,由机构、个人、原则、程序、标准和技术构成,使与贷款决策相关的信息能安全有效地流动。征信体系的核心是受信人信息数据库,连同支持这些数据库高效运转的机制、技术和法律框架。通过向潜在授信人提供受信方的贷款历史记录降低信息的不对称性,有效减少逆向选择和道德风险事件的发生。通过分析征信信息和由这些信息加工的各衍生工具(如信用评分),授信人能更好地基于受信人过去和现在的付款行为、负债水平和其他一些因素来预测其将来的还款前景。

征信体系的目标是提供客观数据库,因此有利于那些过去因某种形式的偏见被拒绝授信的细分人群有获得贷款的机会,还能约束受信人行为。另外,金融监管当局能利用征信数据进行宏观和微观的审慎监管。运用征信工具还有助于市场开放,促进公平竞争的信贷市场形成。总之,征信体系功能的充分发挥能确保小额信贷市场的运作更安全、更有效,促进市场上所有的利益关联方相互信任,平等合作。

征信不是个单一行业,而是一个涵盖了不同行业的网络体系。因此,制定征信活动的规则应顾及这一网络中的所有参与者。为了支持社会征信事业的发展,确保社会征信体系的活力和有效性,政府必须做好以下四方面的工作:①公共征信机构的数据库必须与合格的社会征信机构共享;②鼓励创设民间征信机构,并规范其运营;③在法治尚不健全的条件下,应建立起联合监管机制;④在建立起信息分享的机制前,应广泛征询国内外征信机构的专业建议和意见。

(三)充分重视信用服务业发展

社会信用体系是一种保证经济良性运行的社会机制,信用服务业是信用体系建设的一个重要组成部分,只有通过成熟的市场主体为市场提供面向个人和企业、覆盖社会领域各个方面的信用服务,才能真正创造一种适应并规范信用交易发展的市场环境,保证市场经济向以信用交易为主的信用经济健康发展。

(四)加强国家信用标准化建设

政府应尽快制定和出台国家信用标准。只有实施信用术语、信用信息处理的标准化以及信用信息交换平台和信用产品的标准化,才能促进各地信息共享,提高信用信息数据平台的使用效率。

(五)加强区域信用体系与全国信用体系的协调发展

一方面,全国信用体系建设总体方案要尽快出台,加强国家对区域信用体系建设的宏观指导和整体协调性;另一方面,区域信用体系要注意与全国信用体系相衔接,避免地区分割。在区域信用体系建设过程中,全局观念非常重要。如果不从全局出发而仅局限于局部和本位的考虑,则很容易导致地区信用分割和局部信用孤岛。

(六)要尽快出台信用管理法规

目前,地方立法走在了全国性法规的前面,为全国性立法积累了经验。政府应尽快出台全国性的信用管理法规,一方面要对数据的开放和使用进行规范,另一方面,对信用中介机构的市场准入要制定法规,确保信用体系建设的健康运行。

五、我国未来的征信体系展望

我国的征信体系建设历经十几年的探索,已经初见成效,在政府部门、行业组织和地方政府层面均以不同形式建设和发挥着不同程度的作用。未来,我国将形成三大征信体系,即金融征信体系、行政管理征信体系和商业征信体系。

（一）金融征信体系

金融征信体系是以金融业主管部门为主导进行建设，以金融机构为主要用户，以授信申请人为主要征信对象，以信用信息在金融业内互联互通、共同防范信用交易风险为主要目的的金融业征信系统及信用管理运行机制的总称。

目前我国金融征信体系初具规模，尚待完善。中国人民银行征信中心是我国金融征信体系的数据核心。中国人民银行征信中心设立的目的之一是建设、运行和管理全国统一的企业和个人信用信息基础数据库以及动产融资统一登记公示系统，但目前实际上只是以金融信贷的信用信息为主，未来应扩展到证券、保险、信托等各种金融信用交易信息，甚至还应包括金融机构与上市公司高管人员的个人信用信息、上市公司信息披露与诚信监管信息、企业与个人骗保诈保等信用信息。

（二）行政管理征信体系

行政管理征信体系是以政府及其主要职能部门为主导进行建设，以政府及其各职能部门为主要用户，以企业和个人为征信对象，以信用信息在政府及其各部门间互联互通、实现统一的信用惩戒与预警监管为主要目的的政府行政管理征信系统及运行机制的总称。

目前，我国尚未建立完整统一的行政管理征信体系。主要政府职能部门、地方政府，特别是与经济活动相关的政府职能部门，都已经建立了自己的行政监管征信数据库，数据多少、质量优劣等各不相同，但都对自己的行政管理职能发挥一定程度的作用。在社会实践中，这些政府职能部门的数据互联互通，实现统一的失信惩戒、守信奖励是非常必要的。未来一定会在国家层面新成立一个主管机构或由一个政府职能部门出面牵头，建立能够互联互通的国家级行政管理征信体系。

（三）商业征信体系

商业征信体系是以行业协会组织及其会员为主导进行建设，以政府、企业、个人为主要用户，以企业和个人为征信对象，以信用信息在组织内部及相应市场范围内互联互通、共同防范信用交易与管理风险为主要目的的商业征信系统及信用管理运行机制的总称。

我国商业征信体系的建设和发展取决于我国经济体制改革与深化的发展程度，即取决于市场化水平，具体取决于三大因素：一是授信机构是否真正承担风险、享受收益，这是我国商业征信体系生存的前提。在成熟的市场经济中，授信机构必须是独立的经济主体，必须按市场规则运作，独立承担风险并获取收益。二是受信人守信有益、失信受罚，这是我国商业征信体系发展的保障。只有这样才能做到赏罚分明，坚持正确的价值导向，保证市场交易与社会管理进入到一个良性循环。三是中介机构以信息商品与服务为业务能维持经营，其收益的大小取决于信用交易商品提供与服务需求的活跃程度，这是我国商业征信体系茁壮成长的条件。

总之，金融征信体系、行政管理征信体系和商业征信体系未来将呈现"三足鼎立"的局面，它们之间不是竞争关系，而是相互补充，每个体系都有自己的侧重点，目的都是为整个社会服务，都是征信体系不可或缺的重要组成部分。

在未来我国征信体系发展到一定阶段、征信市场逐步成熟后，可以考虑以市场化的方式，多种投资主体投资建设一家或几家全国性商业征信中心，使其成为商业信用交易支付记录基础数据供应商。

第四节　保障支付体系的法律环境建设

　　健全的支付体系法律制度是支付体系安全、高效运行的基础,是明确支付活动中相关当事人的权利义务关系、保障支付工具正常使用、保障支付系统正常运行的准则,也是支付体系监督管理工作有效开展的准绳。当前,适应我国经济发展需要的支付结算法律制度体系早已形成并不断完善,对规范支付业务参与各方行为、维护各方合法权益、保障中国支付体系正常运行方面发挥了十分重要的作用。

　　目前,我国支付体系已基本形成了以《中华人民共和国民法通则》《中华人民共和国中国人民银行法》等一般通用法律为基础,以《中华人民共和国票据法》《票据管理实施办法》《人民币银行结算账户管理办法》等专业法律法规为核心,以《支付结算办法》和《网上支付跨行清算系统业务处理办法》等系列规范性文件为支撑的法规制度体系。该体系有效支持了支付体系安全高效运作,也为中央银行履职提供了法律支持。但由于近些年来我国经济市场化进程加快,支付体系也经历了巨大的变化,尤其是基于电子信息网络的新兴支付技术、支付系统、支付工具广泛应用,使得现有的法律制度在一定程度上不能适应支付体系快速发展的需要。针对这种状况,要在继续完善支付系统等基础设施、大力推广非现金支付工具的同时,进一步增强健全支付体系法律制度的重要性和紧迫性的认识,努力推动这项工作的有效开展,为支付体系的安全、高效运行提供强有力的法律制度支撑。同时应该看到,支付系统建设和法规制度建设都是支付体系建设的重要内容,是支付体系安全运行的重要支撑,两者缺一不可。系统建设属于"硬件",是业务处理的基础平台;法规制度建设看似属于"软环境",但却具有消除不确定性的法律保障作用。

一、我国支付体系法规制度建设的基本原则、目的框架和实现路径

(一) 基本原则

1. 行业自律和政府监管相结合

　　利用支付行业自律组织在成员机构间的影响力,发挥其贴近市场的优势条件,积极研究零售支付市场的特点和发展趋势,制定零售支付市场行业规范,鼓励支付创新和约束支付风险行为,促进支付体系健康发展。另外,突出中央银行在金融公共政策制定领域的领导作用,着重探索支付市场整体建设方向、市场失灵干预机制、系统性风险管理机制以及业务边界划分等内容,出台相关法规制度,明晰涉及支付系统安全、稳定、高效运行的处理流程,完善和规范支付市场秩序。

2. 国际经验与国内实际情况相结合

　　在构建我国支付体系法律法规框架时,应立足我国支付体系的现状和发展趋势,借鉴国际立法经验,吸收适应我国经济发展的支付研究成果,完善我国支付体系法制环境建设。特别是在政府监管和市场效率的关系方面,应充分借鉴国际立法的做法,在有效控制系统性风险的前提下,发挥市场资源配置的功能,鼓励业务创新。在立法实施阶段,应充分考虑我国支付体系发展现状、未来发展趋势和现有法律基础环境等因素,本着尊重市场发展规律的态

度,制定符合我国国情的支付体系法律制度。

3. 国家利益与对外开放相统一

从我国支付体系现状来看,我国支付体系仍然有较大的发展空间,一方面有利于维护我国支付市场安全、稳定,促进其健康发展壮大;另一方面有利于加快对外开放的步伐。支付安全关系国家金融安全根本,对外开放的步伐应建立在安全保障的前提下,相关立法工作应在充分评估我国支付体系健壮程度的前提下有步骤地实施对外开放。

（二）目标框架

以促进支付体系健康有序发展为方向,以符合中央银行职能定位、监管格局为基点,以行业自律规范为基础,以专业化支付清算机构业务规则为指导,构建我国支付体系多层次的法律规范体系,实现支付体系的系统性、科学性的制度建设目标,提高我国支付体系的创新能力和风险防控能力。

（三）实现路径

支付体系法规制度建设主要涉及中央银行制定的基础类法规,行业自律组织制定的自律性规范文件和专业支付清算服务机构制定的业务处理规则。

1. 基础类法规

中央银行应根据支付体系建设原则,针对支付市场、支付系统、支付工具、支付机构等方面作出原则性的规定,以部门条例的形式予以发布。主要明确支付行为法律地位、行业准入条件、市场开放策略、监管职能、支付安全管理和基本权利义务等宏观基础层面的内容。

目前,我国金融监管方面的法律主要有《中华人民共和国中国人民银行法》《中华人民共和国商业银行法》《中华人民共和国票据法》《中华人民共和国担保法》《中华人民共和国保险法》《中华人民共和国证券法》《中华人民共和国信托法》《中华人民共和国证券投资基金法》《中华人民共和国银行业监督管理法》,金融法规主要有《储蓄管理条例》《企业债券管理条例》《中华人民共和国外汇管理条例》《非法金融机构和非法金融业务活动取缔办法》《金融违法行为处罚办法》《中华人民共和国人民币管理条例》《国有重点金融机构监事会暂行条例》《个人存款账户实名制规定》《金融资产管理公司条例》《金融机构撤销条例》《中华人民共和国外资保险公司管理条例》《中华人民共和国外资银行管理条例》《期货交易管理条例》《中央企业债券发行管理暂行办法》《证券公司风险处置条例》《证券公司监督管理条例》等。

2. 自律公约

发挥支付清算协会的优势,通过制定行业自律规范,完善支付体系法规制度建设框架,灵活满足创新性支付方式对制度建设的需求。协会以行业自律公约的形式发布有关规范文件,主要明确非政策性收费定价、市场秩序维护、行业标准推广、新兴支付业务规范等内容。

为加强自律,促进我国网络支付行业的健康发展,中国支付清算协会印发了《中国支付清算协会银行卡行业自律公约》《网络支付行业自律公约》《预付卡行业自律公约》《支付机构预付卡业务客户权益保护指引》《移动支付行业自律公约》《商业银行信用卡息费计收自律规则》《支付机构互联网支付业务风险防范指引》《中国支付清算协会自律监督检查办法（试行）》《移动支付业务风险防范指引》《票据行业自律公约》《金融IC卡个人终端安全技术指引》《商业汇票业务风险防范指引》《支付清算行业反欺诈工作指引》《条码支付受理终端检测规范》《中国支付清算协会自律惩戒实施办法》等一系列通知和公告。

3. 业务规则

专业支付清算机构根据中央银行制定的有关支付体系的条例法规,通过制定具体的业务处理规则,以业务处理规范等形式向成员机构发布,约束成员机构的支付行为,共同维护支付体系的健康发展。主要内容包括明确具体业务操作要求和日常风险管理、异常业务处理流程、纠纷解决渠道等。

二、现行法规制度框架对支付体系发展的主要影响

(一) 中央银行履行监管职能面临的法律困境

通过立法明确中央银行监管职能以维护支付体系高效安全运行已成为国际通行做法,特别是中央银行对重要的支付系统监管方面,各国立法已经比较成熟。在我国,虽然《中华人民共和国中国人民银行法》明确了中央银行负有维护支付清算系统正常运行的职能,但界定比较笼统,并没有对监管范畴、监管程序和监管要求进行详细规定,由此给中央银行履职带来一定难度。另外,我国中央银行在对支付工具和支付服务主体实施监管时也同样因缺乏明确的法定监管职能和处罚措施而面临监管困境,导致在支付体系的履职能力上受到一定制约。

(二) 支付创新受到不同程度的制约

近年来,为适应市场需求,化解支付难点,实现高效的支付体系建设目标,支付市场各方不断创新业务流程,为社会提供更加便捷、安全的支付产品。但现行法律规章对业务合法性的法律约束影响了创新的实施效果。

(三) 支付服务市场深化发展面临困局

我国支付体系法规制度大多是在银行业竞争秩序不良、市场化条件不成熟的特定历史背景下建立的,在引导、规范我国支付体系建设以及创建支付体系民族品牌的过程中发挥了重要作用,基本实现了支付服务市场的规范化、科学化发展,培育了一些具有影响力的支付企业。但由于我国目前执行的支付体系法规制度建立之初未全盘考虑本土企业全球化发展和外资企业准入、业务拓展方面的因素,在设计上存在一定程度的缺陷,因此难以满足支付服务市场对外开放的要求,难以培育具有国际竞争力的本土支付企业,同时对实现外资企业对我国支付体系建设的增进效应也存在一定障碍。

三、完善我国支付体系法律制度的总体考虑

支付工具、支付系统、支付服务组织和支付体系监督管理等作为支付体系的构成要素,相互作用、相互影响,因而支付体系法律制度的完善应统筹兼顾、协调一致。为健全支付体系法律法规制度,夯实支付体系发展的法律基础,我国的支付体系法律制度主要应从以下几个方面进行建设和完善。

(一) 研究制定支付系统管理法规制度

完善支付系统规则设计,明确支付指令、结算最终性和轧差安排的法律地位及法律效力,做好与《中华人民共和国公司法》《中华人民共和国商业银行法》《中华人民共和国企业破产法》《中华人民共和国反洗钱法》等相关法律的衔接。提升支付系统管理制度的法律层次,研究拟订《支付系统监管条例》《非金融机构支付服务管理条例》。制定重要支付系统判断标

准,提高重要支付系统监管透明度,切实防范系统性风险,保障系统参与者及社会公众的合法权益。

（二）建立健全非现金支付工具法规制度

推动《中华人民共和国票据法》《票据管理实施办法》《支付结算办法》的修订工作,明确电子票据的法律地位及法律效力。做好《银行卡业务管理办法》《银行卡收单业务管理办法》的制定实施工作。制定与完善互联网支付、移动支付等新兴支付方式的业务管理办法。整合完善人民币银行结算账户管理制度,统一规范人民币银行结算账户管理。

（三）完善外汇结算法规制度

明确外汇交易集中清算的法律地位,确保外汇交易的结算最终性,保障清算机构对担保品优先受偿权。理顺外汇交易、清算、结算机构及市场参与者的法律关系,明确各主体间市场协议的法律地位,保障各参与者的合法权益。增强交易、清算、结算过程之间的信息互通与共享。

（四）完善债券交易结算法规制度

推动债券电子簿记法规建设,保障电子化证券的法律权利。研究明确债券结算机构、金融机构和投资者之间的法律关系。处理好《中华人民共和国证券法》与《中华人民共和国企业破产法》相关规定的衔接,落实保障证券结算优先原则,确保结算最终性。

（五）完善支付清算结算服务收费定价机制

根据经济金融的改革与发展水平,不断完善支付清算结算服务收费定价机制,推动支付服务市场化、规范化发展,倡导风险、成本与收益相匹配的定价策略,保护消费者合法权益。协调推动农村地区非现金支付服务优惠支持政策出台,有效降低农村地区非现金支付工具使用成本。

最后需要指出的是,在加强支付体系法律制度建设的同时,要倡导和促进诚信、先进、文明支付文化的形成,树立"安全、高效、便捷、经济"的核心价值观念;要积极推进支付服务行业自律,通过行业组织内部的协调,增强服务意识,加强行业内部合作,促进支付服务业的健康有序发展,满足人民日益增长的对支付服务的需求。

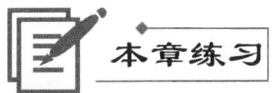 本章练习

一、名词解释

征信　　CNFN　　CFCA

二、简答题

1. 请画出 CNFN 的网络框架图。

2. CNFN 的三级节点是什么？它们分别承担什么功能？

3. 请画出 CFCA 体系结构示意图。

4. 简述征信的含义。

5. 简述征信体系建设的主要作用。

6. 将来我国征信将形成哪三大数据体系?

7. 为完善和健全我国支付体系的法律制度,应从哪些方面进行总体考虑?

三、案例分析题

详细阅读导入案例并查阅相关资料,简述构建安全的网上支付环境的途径和措施。

第四篇

基于区块链技术的电子支付

第十章 区块链技术综述

自 2009 年以来,区块链成为一种潜在的变革性信息技术,有望像互联网影响世界一样具有革命性。区块链最初是用来记录加密货币交易的底层技术,现在区块链技术的共同记账功能应用广泛,如银行、金融市场、保险、投票系统、租赁合同和政府服务等。

本章由案例讲述开始,围绕区块链中的基本概念和工作原理展开,详细说明区块链技术的架构模型和核心技术,以及它的分布式记账功能在金融会计领域的创新及应用,最后对区块链技术的发展前景和面临的挑战进行分析,说明了区块链技术的局限性。

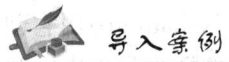 导入案例

区块链技术备受重视

近年来,区块链技术正在经历快速发展,并吸引了超过 10 亿美元的投资规模。而我们认为,最值得重视的是,区块链正在走进金融机构、大型企业、政府决策层的视野,大有从"草根力量"引发经济变革的态势。

证券交易所:2015 年 12 月,纳斯达克首次在个股交易商使用区块链技术,其合作伙伴 Chain.com 在对一位私人投资者发行股票时首次使用了纳斯达克的基于区块链技术的交易平台 Linq,该平台正是纳斯达克与 Chain.com 合作开发的。

会计审计机构:近期,普华永道已经开始组建其区块链技术团队,并开始调查普华永道客户对于区块链技术的潜在应用,以及推动金融行业对于该技术的理解程度。而此前,其两家同行——德勤、安永早已宣布进军区块链。德勤在接受 CoinDesk 的采访中表示,正在尝试将区块链技术应用到客户端的自动审核及众包(公司以自由形式外包给非特定大众网络)公司在应用程序上的咨询服务。

金融主管机构:2016 年 1 月 20 日,中国人民银行数字货币研讨会在北京召开,来自人民银行及国内外知名机构的数字货币研究专家进行了研讨和交流。中国人民银行行长周小川出席会议,中国人民银行副行长范一飞主持会议。中国人民银行表示高度重视移动互联网、可信可控云计算、终端安全存储、区块链等技术对于支付方式的影响和变革,数字货币的发展正在对中央银行的货币发行和货币政策带来新的机遇和挑战。

大型科技企业 IBM 宣布加入由 Linux 基金会推出的全新开放式账本项目(open ledger project),推动区块链技术的进一步发展。该项目旨在构建一个企业级的开源分布式账本框架,使开发者能够根据特定行业需求打造领先的应用、平台和硬件系统,以更好地支持不同行业的业务交易。

区块链联盟 R3CEV 近期宣布,它的首个分布式账本实验将会使用以太坊平台和微软云服务 Azure 上的区块链服务(blockchain as a service,BaaS),并且会有它的 11 个成员银行参与。R3 负责管理的私有点对点台账将会链接巴克莱银行、BMO 金融集团、瑞士信贷银行、澳大利亚联邦银行、汇丰银行、法国外贸银行、苏格兰皇家银行、道明银行、瑞士联合银行、意大利联合信贷银行和富国银行。

资料来源:区块链:起源、原理及应用.[EB/OL].(2016-04-01)[2020-01-16].https://www.liankexing.com/notetwo/6148.

第一节　区块链技术概述

一、区块链的技术背景

区块链技术最早在 1991 年由一群研究人员研发,用来给数字化文档打时间戳,以使这些文档不能被倒填日期或者被篡改。然而,直到 2009 年中本聪(Satoshi Nakamoto)用它创造了数字加密货币——比特币,区块链技术才真正发挥了作用。区块链的概念是由中本聪在 2008 年年末发表的论文《比特币:一种点对点的电子现金系统》(*Bitcoin:A Peer-to-Peer Electronic Cash System*)中提出来的。区块链技术是构建比特币数据结构与交易信息加密传输的基础技术,该技术实现了比特币的挖矿与交易。中本聪认为:①借助第三方机构来处理信息的模式拥有点与点之间缺乏信任的内生弱点,商家为了提防自己的客户,会向客户索取完全不必要的信息,但仍然不能避免一定的欺诈行为;②中介机构的存在,增加了交易成本,限制了实际可行的最小交易规模;③数字签名本身能够解决电子货币身份问题,如果还需要第三方支持才能防止双重消费,则系统将失去价值。基于以上三点现存的问题,中本聪在区块链技术的基础上创建了比特币(如图 10-1 所示)。

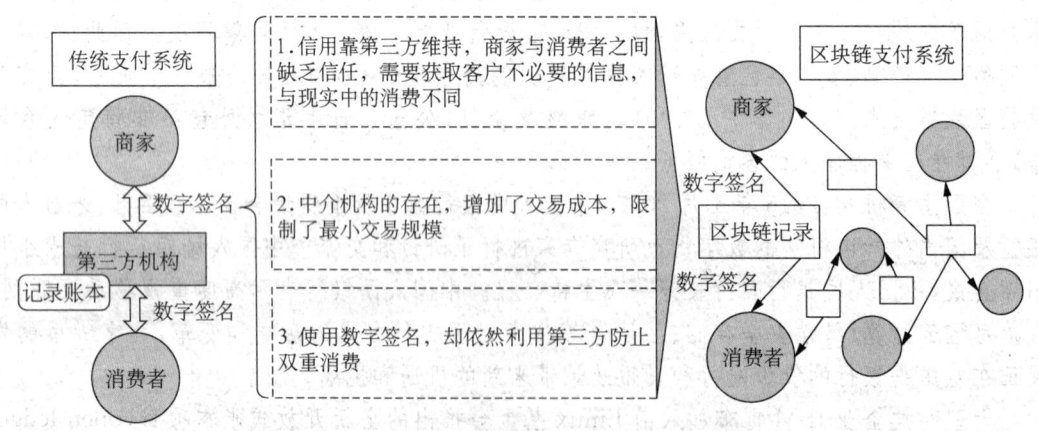

图 10-1　基于第三方机构消费系统存在的问题及比特币创立背景

自 2009 年中本聪提出比特币概念后,比特币就因其高度的隐蔽性和不可追踪性受到了广泛的关注和青睐,但过高的波动性和各国监管层对其复杂的态度抑制了比特币的发展,比特币至今仍没有成为一种主流货币。

比特币不等于区块链,它只是区块链技术的应用之一;同样,区块链也不等于各种币,各种币只是区块链经济生态和模型中的一部分。区块链技术的应用不一定非要有币,但是必须承认,因为有了比特币形成的财富效应,区块链技术才更快、更广泛地被人们所关注、认识。

二、区块链技术的基本概念和工作原理

(一) 基本概念

从狭义上来讲,区块链是一种按照时间顺序将数据区块以顺序相连的方式组合成的一种链式数据结构,是以密码学方式保证的不可篡改和不可伪造的分布式账本。从广义上来讲,区块链技术是利用块链式数据结构验证与存储数据、利用分布式节点共识算法生成和更新数据、利用密码学方式保证数据传输和访问的安全、利用由自动化脚本代码组成的智能合约来编程和操作数据的一种全新的分布式基础架构与计算方式。

区块链本质上是一个去中心化的账本式数据库,是分布式数据存储、点对点传输、共识机制、加密算法等计算机技术的新型应用模式。作为比特币的底层技术,区块链是一串使用密码学方法相关联产生的数据块,每一个数据块中包含了一批次比特币网络交易的信息,用于验证其信息的有效性(防伪)和生成下一个区块。

(二) 工作原理

区块链技术通过去中心化的方式集体维护一个可靠数据库。该技术方案主要让区块通过密码学方法相关联起来,每个区块包含了一定时间内的系统全部数据信息,并且生成数字签名以验证信息的有效性并链接到下一个区块形成一条主链(chain)。区块在大结构上分为块头(header)和块身(body)两部分。块头用于链接到前面的块并为区块链数据库提供完整性的保证,块身则包含了经过验证的、块创建过程中发生的价值交换的所有记录。随着交易不断产生,矿工不断验证交易创造新的区块来记录最新的交易,这个账本会一直增长延长。这些区块按照时间顺序线性补充到原有的区块链上。每一个节点都有一份完整的已有区块链备份记录,而这些都是通过进行数据验证算法解密的矿工网络自动完成。区块链上保留有所有关于每个节点和节点上交易的信息,这些信息也被记录在完整的区块链上。公共式区块链账本完全对外公开,这意味着区块链信息可以通过特定地址在区块链浏览器上进行查询。

区块链包含三个基本概念:交易、区块和链。交易是一次在账本上的操作,结果是账本的状态发生了一次改变。区块是记录一段时间内产生的所有交易的状态和结果,是对当前账本状态的共识。后继区块记录着前导区块的哈希值。链是按照时间顺序将所有区块串联而成,是整个账本从创始到现在整个历史的日志。链上的数据不可修改,不可删除。一个区块包含以下三部分:交易信息、前一个区块形成的哈希散列、随机数。哈希散列是密码学里的经典技术,把任意长度的输入通过哈希算法,变换成固定长度的由字母和数字组成的输出。交易信息是区块所承载的任务数据,具体包括交易双方的私钥、交易的数量、电子货币的数字签名等;前一个区块形成的哈希散列用来将区块连接起来,实现过往交易的顺序排列;随机数是交易达成的核心,所有矿工节点竞争计算随机数的答案,最快得到答案的节点

生成一个新的区块,并广播到所有节点进行更新,如此完成一笔交易,如图10-2所示。

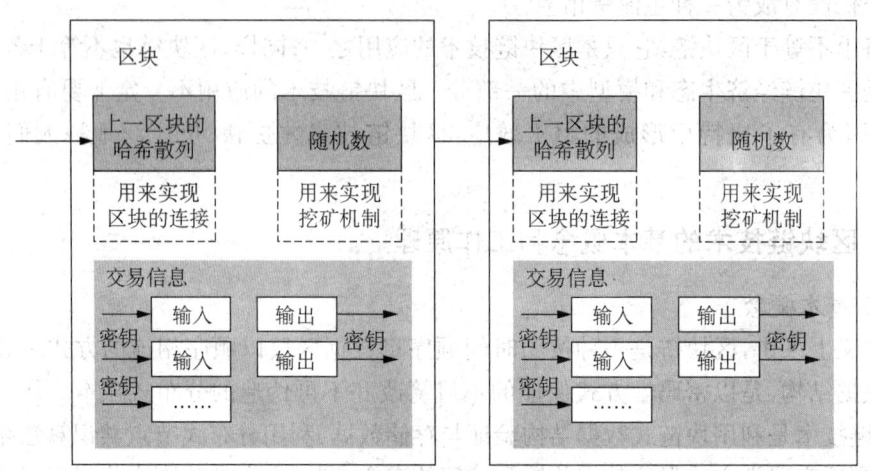

图10-2　区块和区块链的组成

下面以比特币为例,介绍区块链是如何工作的。首先,用户在比特币客户端发起交易,广播到比特币网络并等待网络确认,网络中的"矿工"节点(用于打包交易生成区块)将一段时间内的等待确认的交易打包到一个区块内(打包的交易使用默克尔树的数据结构),加上前导区块的哈希值信息,组成一个临时区块。然后,试图找到一个合适的随机数(nonce)串放入临时区块中,使得临时区块生成的哈希结果小于设定难度值,这个随机数需要"矿工"节点花费一定的时间去尝试。当"矿工"节点找到了合适的随机数,这个区块在共识上就认为是"合法"的了,就可以尝试在网络中将它传播出去。其他节点收到这个临时区块,验证哈希值的确小于设定难度值后,承认这个区块为合法区块,并将区块添加到本地区块链上。当网络中绝大多数节点都将区块添加到本地区块链上时,区块上的交易也就被接受了。像比特币这样的基于计算能力来寻找随机数串的共识机制称为工作量证明(proof of work,PoW)。比特币网络每隔一段时间会按照出块时间动态调整难度,保证平均10分钟左右产生一个合法区块,为了奖励"矿工"节点花费的工作量,节点会得到当前区块打包的交易费和当前区块生成的比特币作为奖励。此外,对于随机数答案难度的调整可以控制新区块的生成速度;私钥的保密性可以保证和实现匿名交易;对于历史交易数据的剪枝可以实现硬盘空间的回收。经过中本聪的测算,经过完全剪枝的区块链数据一年只生成4.2 MB的数据量。

三、区块链技术的硬件保障和数据结构

(一)硬件保障

区块链系统同任何一个数字系统一样,都离不开计算机硬件的支持。去除了第三方机构的同时,也无法得到第三方机构提供的硬件支持。区块链集体记账的特点要求每个支持交易的节点都能够为系统提供计算能力,由此提出了一种鼓励节点竞相提供计算能力的机制——挖矿。

每个节点接收到交易信息以后,生成新的区块并计算该区块的随机数答案,最快得到答案的节点将促成这笔交易的实现,完成交易的区块记录,并将该区块广播至所有节点。同时该节点将有可能获得一枚新的电子货币作为奖励。由于其过程很像矿工挖矿,因此节点提供算力的过程也叫作挖矿。通过挖矿,可以强制性保证块链中的数据按时间顺序存储,保持比特币网络的中立性,且允许比特币网络上不同的计算机对系统状态达成一致。

区块链系统的安全性是通过挖矿形成的强大算力保证的。由于每笔交易都是通过盖时间戳的方式顺序链接的,当一个人想要伪造一笔交易时,他不仅需要伪造该笔交易对应的区块,还需要伪造该区块之后所链接的所有区块。如果伪造者伪造区块的速度不能超过区块链增长的速度,那么伪造的区块就马上会被发现并被弃用。随着区块链矿机网络计算能力的增强,矿机挖矿的难度也在增大。挖矿行业已经成为一个完全竞争的市场,没人可以轻易地、连续地将新块加入块链中。同时,这也意味着区块链的安全性越来越高,通过伪造区块的方式伪造交易变得几乎不可能。

区块链矿机网络的强大运算能力也让人们认识到区块链技术背后群体力量汇聚之后的超级力量。区块链技术中节点的集体竞争式计算由于其独特的计算方式(不断生成随机字符串直到获得正确答案),因此也能达到分布式计算所产生的合作效果,单个节点的计算能力得以汇聚成系统的超强计算能力。区块链的计算能力约为世界上最快的单台计算机的计算能力的 28 000 倍。区块链的集体竞争式计算从技术上实现了群体智慧的逻辑,由个体汇聚而成的超级计算系统的计算能力超越了个体的限制。有技术人员甚至认为,互联网时代将从以信息为基础的数字时代进入以算力为基础的计算时代。

(二) 数据结构

区块链是一个"区块＋链"的数据结构。区块链以区块为单位组织数据,每个区块由区块头和区块体组成,区块头包含了当前区块的版本号、前一区块的地址、时间戳、当前区块的目标哈希值、满足条件的随机数以及记录了当前区块所有交易 Merkle 树的根节点的哈希值,区块之间按时间顺序前后相连形成链式结构。区块体记录了一段时间内区块的交易以及经过验证的、区块创建过程中生成的所有交易记录,具体包括交易双方的私钥、交易的数量、电子货币的数字签名等。这些交易记录将构建成 Merkle 树这样的结构。

Merkle 树是区块链的重要数据结构,其作用是快速归纳和校验区块数据的存在性和完整性,如图 10-3 所示。Merkle 树运算过程一般是将区块体的数据进行分组哈希,并将生成的新哈希值插入到 Merkle 树中,如此递归直到只剩最后一个根哈希值并记为区块头的 Merkle 根。最常见的 Merkle 树是比特币采用的二叉 Merkle 树,其每个哈希节点总是包含两个相邻的数据块或其哈希值。树上的每个节点都是哈希值,每个叶子节点对应块内一笔交易数据的 SHA256 哈希值;两个子节点的值连接之后,再经哈希运算可得到父节点的值,如此反复执行两两哈希,即两个交易记录的哈希值串联作为下一个二叉树的输入,最终生成唯一的 Merkle 根节点并写入区块头,直至生成根哈希值,即交易 Merkle 根。二叉树根据哈希算法的随机性,如果交易记录被篡改,则 Merkle 根节点的哈希值将千差万别,其他节点很快就能发现问题,提高了检验的效率,从而确保交易数据的完整性。Merkle 树支持简化支付验证协议,即在不运行完整区块链网络节点的情况下,也能够对交易数据进行检验,来快速确认交易的存在性和正确性。

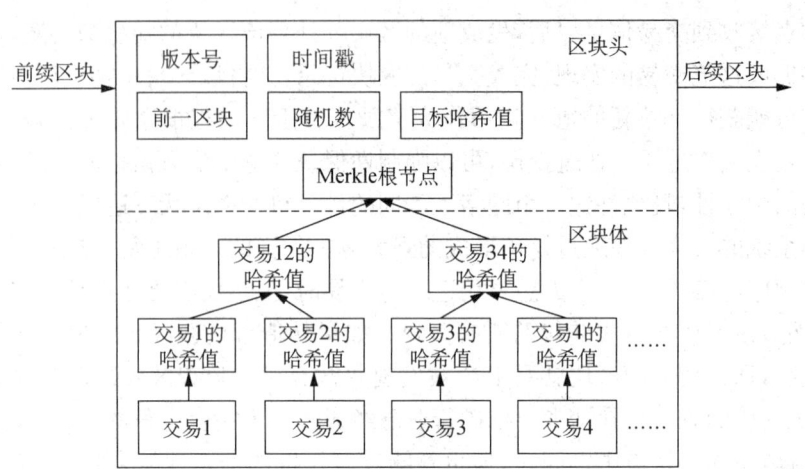

图 10-3 区块链的数据结构

在当前区块加入区块链后,所有矿工就立即开始下一个区块的生成工作:把在本地内存中的交易信息记录到区块主体中;在区块主体中生成此区块中所有交易信息的 Merkle 树,把 Merkle 树根的值保存在区块头中;把上一个刚刚生成区块的区块头数据通过 SHA256 算法生成一个哈希值填入到当前区块的父哈希值中;把当前时间保存在时间戳字段中;难度值字段会根据之前一段时间区块的平均生成时间进行调整,以应对整个网络不断变化的整体计算总量,如果计算总量增长了,则系统会调高数学题的难度值,使得预期完成下一个区块的时间依然在一定时间内。

四、区块链技术的特点和分类

(一) 主要特点

区块链技术作为一种基于开源软件和建构上的 P2P 网络,在和货币相关的如交易支付等领域,相比传统网络的支付方式,区块链可以解决去中心化、交易追踪、分布式记账、保护隐私等问题。

1. 去中心化

区块链技术不依赖额外的第三方管理机构或硬件设施,没有中心管制,任意节点的权利和义务都是均等的。此外,通过分布式核算和存储,区块链中各个节点实现了信息自我验证、传递和管理。因此,去中心化是区块链技术最突出、最本质的特征。

2. 开放性

区块链技术是一种开源技术,除了交易各方的私有信息被加密外,区块链的数据对所有人公开,任何人都可以通过公开的接口,查询区块链数据和开发相关应用。因此,整个系统信息高度透明。

3. 自治性

区块链的交易条件和状态内嵌,不需要人为干预。区块链采用基于协商一致的规范和协议(比如一套公开透明的算法)使得整个系统中的所有节点能够在去信任的环境自由安全的交换数据,使得对人的信任改成了对机器的信任,任何人为的干预不起作用。

4. 信息不可伪造和篡改

区块链采用单向哈希算法,同时,每个新产生的区块严格按照时间线形顺序推进,时间的不可逆性导致任何试图入侵篡改区块链内数据信息的行为都很容易被追溯,而且也会被其他节点排斥。因此,区块链的数据稳定性和可靠性极高。

5. 匿名性

由于区块链中各节点之间的交换遵循固定的算法,其数据交互是无须信任的(区块链中的程序规则会自行判断活动是否有效)。因此,交易对手无须通过公开身份的方式让对方产生信任。

(二)分类

区块链的类型有公有区块链(public block chains)、联合区块链(consortium block chains)和私有区块链(private block chains)。

1. 公有区块链

公有区块链是指世界上任何个体或者团体都可以发送交易,且交易能够获得该区块链的有效确认,任何人都可以参与其共识过程。公有区块链是最早的区块链,也是目前应用最广泛的区块链,各大区块链系列的虚拟数字货币均基于公有区块链,世界上有且仅有一条该币种对应的区块链。

2. 联合区块链

联合区块链是由某个群体内部指定多个预选的节点为记账人,每个块的生成由所有的预选节点共同决定(预选节点参与共识过程),其他接入节点可以参与交易,但不过问记账过程(本质上还是托管记账,只是变成分布式记账,预选节点的多少,如何决定每个块的记账者成为该区块链的主要风险点),其他任何人可以通过该区块链开放的应用数据接口进行限定查询。

3. 私有区块链

私有区块链仅仅使用区块链的总账技术进行记账,可以是一个企业,也可以是个人,独享该区块链的写入权限,本链与其他的分布式存储方案没有太大区别。目前传统金融都想尝试私有区块链,如成立于 2015 年 9 月的 R3 区块链联盟,目前已经有数十家国际银行和金融机构加入,成员遍及全球。

此外,按照区块链技术的发展阶段来划分,区块链可以被划分为区块链 1.0、区块链 2.0 和区块链 3.0,如图 10-4 所示。区块链 1.0 是区块链技术的基本版本,能够实现可编程货币,是与转账、汇款和数字化支付相关的密码学货币应用。比特币就是区块链 1.0 最典型的代表,区块链的发展得到了欧美等国家市场的接受,同时也催生了大量的货币交易平台,实现了货币的部分职能,能够实现货品交易。比特币勾勒了一个宏大的蓝图,未来的货币不再依赖于各国央行的发布,而是进行全球化的货币统一。区块链 1.0 只满足虚拟货币的需要,但是无法普及到其他的行业中,而且涌现出了大量的山寨币。区块链 2.0 是可编程金融,是经济、市场和金融领域的区块链应用,例如股票、债券、期货、贷款、抵押、产权、智能财产和智能合约。智能合约与货币相结合,对金融领域提供了更加广泛的应用场景。区块链相对于金融场景有强大的天生优势。简单来说,如果银行进行跨国的转账,可能需要打通各种环境,货币兑换、转账操作、跨行问题等。而区块链实现的点对点的操作,避免了第三方的介入,直接实现点对点的转账,提高了工作效率。智能合约是一套以数字形式定义的承诺(promises),包括合约参与方可以在上面执行这些承诺的协议。区块链 2.0 的代表是以太坊(Ethereum)。以太坊是一个平台,它提供了各种模块让用户用以搭建应用。平台之上的应用,其实也就是合约,这是以太坊技术的核心。以太坊提供了一个强大的合约编程环境,通过合约的开发,以太坊实现了各种商业与非商业环境下的复杂逻辑。以太坊的核心与比特币系统本身是没有本质的区别的。以太坊的本质是智能合约的全面实现,支持了合约编成,让区块链技术不仅用于发币,而是提供更多商业、非商业的应用场景。就是说,以太坊=区块链+智能合约。区块链 3.0 是价值互联网的内核。区块链能够对于每一个互联网中代表价值的信息和字节进行产权确认、计量和存储,从而实现资产在区块链上可被追踪、控制和交易。区块链 3.0 作为区块链在金融行业之外的各行业的应用场景,涉及生活的方方面面,赋能各行业,不再依赖于第三方或某机构获取信任与建立信用,能够通过实现信任的方式,提高整体系统的工作效率,满足更加复杂的商业逻辑。

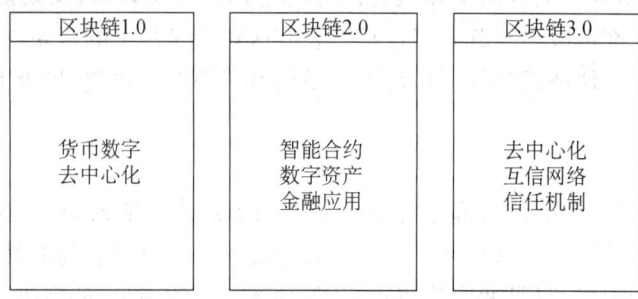

图 10-4　区块链的时代划分

可以说,区块链 1.0 是区块链技术的萌芽,区块链 2.0 是区块链技术在金融、智能合约方向的落地,而区块链 3.0 是区块链技术解决了各行业间的互信问题与数据传递的安全性问题。

第二节　区块链的分布式数据库技术

区块链技术不是一种单一的、全新的技术,而是多种现有技术(如加密算法、P2P 文件传输等)整合的结果,这些技术与数据库巧妙地组合在一起,形成了一种新的数据记录、传递、存储与呈现的分布式数据库技术。

一、区块链的架构模型

区块链作为一种非常特殊的分布式数据库技术,是一种结合了分布式数据存储、点对点传输、共识机制、加密算法等多种技术的分布式基础架构模式。一般说来,区块链系统由数据层、网络层、共识层、激励层、合约层和应用层组成,如图 10-5 所示。其中,数据层是区块构造与链的生成,封装了底层数据区块以及相关的数据加密和时间戳等基础数据和基本算法；网络层是区块链的工作机制，包括分布式组网机制、数据传播机制和数据验证机制等；共识层主要封装网络节点的各类共识算法和共同维护的记录规则；激励层将经济因素集成到区块链技术体系中来，主要包括经济激励的发行机制和分配机制等；合约层主要封装各类脚本、算法和智能合约，是区块链可编程特性的基础；应用层则封装了区块链的各种应用场景和案例，在底层架构上建立智能合约，探索形成"区块链＋"应用的各种场景，实现区块链价值传递网络的最终形式，也是区块链应用的根本价值。该模型中，基于时间戳的链式区块结构、分布式节点的共识机制、基于共识算力的经济激励和灵活可编程的智能合约是区块链技术最具代表性的创新。

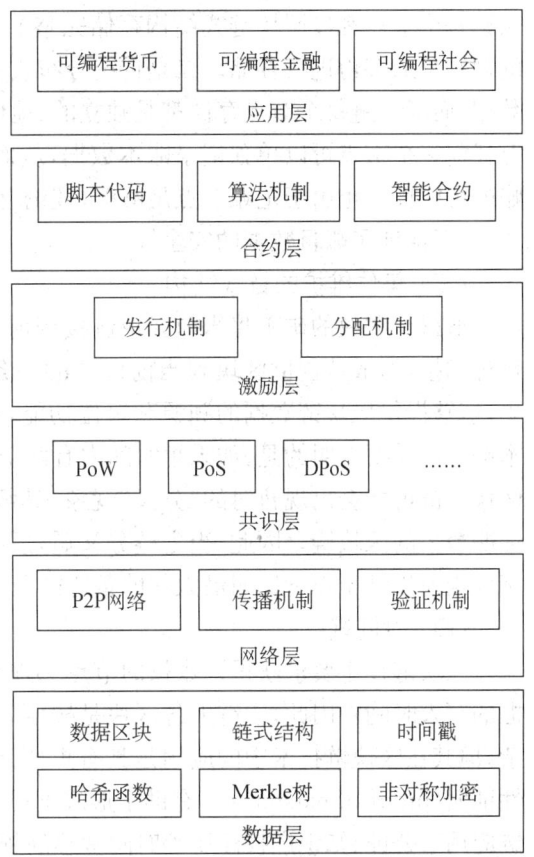

图 10-5 区块链技术的架构模型

二、区块链的核心技术

过去，人们将数据记录、存储的工作交给中心化的机构来完成，而区块链技术则让系统中的每一个人都可以参与数据的记录、存储。区块链技术在没有中央控制点的分布式对等网络下，使用分布式集体运作的方法，构建了一个点对点的自组织网络。通过复杂的校验机制，区块链数据库能够保持完整性、连续性和一致性，即使部分参与人作假也无法改变区块链的完整性，更无法篡改区块链中的数据。区块链技术涉及的关键点包括去中心化的 P2P 网络、去信任的分布式账本、集体维护的链式结构、时间戳、非对称加密、哈希算法和共识机制等关键技术。

（一）去中心化的 P2P 网络

区别于由服务器和客户端组成的网络结构，去中心化的 P2P 网络中每个节点地位平等，客户端之间直接进行通信。P2P 网络分为有结构和无结构两种，有结构的 P2P 网络采用一致性哈希表构建每个节点的路由表，无结构的 P2P 网络中节点之间路由的方式为广播式，每个节点都向其邻居节点读取和发送数据，以此在网络中进行数据的传递和广播。区块链采用的就是这种无结构的 P2P 网络，在这种网络结构下，数据的加密和验证就显得格外重要。

（二）去信任的分布式账本

分布式账本指的是交易记账由分布在不同地方的多个节点共同完成，而且每一个节点记录的是完整的账目，因此，它们都可以参与监督交易合法性，同时也可以共同为其作证。跟传统的分布式存储有所不同，区块链的分布式存储的独特性主要体现在两个方面：一是区块链每个节点都按照块链式结构存储完整的数据,传统分布式存储一般是将数据按照一定的规则分成多份进行存储。二是传统分布式存储一般是通过中心节点往其他备份节点同步数据,而区块链每个节点存储都是独立的、地位等同的,依靠共识机制保证存储的一致性,没有任何一个节点可以单独记录账本数据,从而避免了单一记账人被控制或者被贿赂而记假账的可能性。也由于记账节点足够多,理论上讲除非所有的节点被破坏,否则账目就不会丢失,从而保证了账目数据的安全性。

(三)集体维护的链式结构

取得记账权的矿工将当前区块链接到前一区块,形成最新的区块主链。各个区块依次环环相接,形成从创世区块到当前区块的一条最长主链,从而记录了区块链数据的完整历史,能够提供区块链数据的溯源和定位功能,任意数据都可以通过此链式结构顺藤摸瓜、追本溯源。需要说明的是,如果短时间内有两个矿工同时"挖出"两个新的区块加以链接的话,区块主链可能会出现暂时的"分叉"现象,其解决方法是约定矿工总是选择延长累计工作量证明最大的区块链。因此,当主链分叉后,后续区块的矿工将通过计算和比较,将其区块链接到当前累计工作量证明最大化的备选链上,形成更长的新主链,从而解决分叉问题。

(四)时间戳

区块链技术要求获得记账权的节点必须在当前数据区块头中加盖时间戳,表明区块数据的写入时间。因此,主链上各区块是按照时间顺序依次排列的。时间戳技术本身并不复杂,但其在区块链技术中的应用是具有重要意义的创新。时间戳可以作为区块数据的存在性证明(proof of existence),有助于形成不可篡改和不可伪造的区块链数据库,从而为区块链应用于公证、知识产权注册等时间敏感的领域奠定了基础。更为重要的是,时间戳为未来基于区块链的互联网和大数据增加了时间维度,使得通过区块数据和时间戳来重现历史成为可能。

(五)非对称加密

存储在区块链上的交易信息是公开的,但是账户身份信息是高度加密的,只有在数据拥有者授权的情况下才能访问到,从而保证了数据的安全和个人的隐私。区块链中的共识机制是非对称加密算法,即在加密和解密的过程中使用一个密钥对,密钥对中的两个密钥具有非对称的特点:一是用其中一个密钥加密后,只有另一个密钥才能解开;二是其中一个密钥公开后,根据公开的密钥其他人也无法算出另外一个密钥。在区块链的应用场景中,一是加密时的密钥是所有参与者可见的(公钥),每个参与者都可以用自己的公钥来加密一段信息

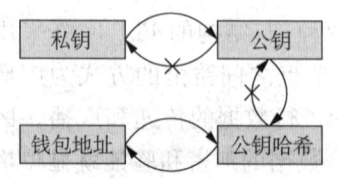

图 10-6 公钥和密钥之间的关系

(真实性),在解密时只有信息的拥有者才能用相应的私钥来解密(保密性),用于接收价值。二是使用私钥对信息签名,公开后通过其对应的公钥来验证签名,确保信息为真正的持有人发出。非对称加密使得任何参与者更容易达成共识,将价值交换中的摩擦边界降到最低,还能实现透明数据后的匿名性,保护个人隐私。如图 10-6 所示。

(六)哈希算法

哈希算法也称散列函数,用于将一列任意长度的值映射成一组固定长度的值,称为哈希值。哈希算法有四个重要的性质:①单向性,几乎不能通过哈希值反推输入值;②定时性,不

同长度的输入得到哈希值的时间大致相同;③定长性,输出长度固定;④随机性,输入稍有变化输出哈希值千差万别。区块链采用的就是双 SHA256 哈希函数,任意长度的数据经过两次 SHA256 哈希运算得到长度为 256 位的哈希值。

（七）共识机制

所谓共识机制是区块链系统中实现不同节点之间建立信任、获取权益的数学算法。共识机制就是所有记账节点之间怎么达成共识,去认定一个记录的有效性,这既是认定的手段,也是防止篡改的手段。区块链的共识机制具备少数服从多数以及人人平等的特点,其中,少数服从多数并不完全指节点个数,也可以是计算能力、股权数或者其他的计算机可以比较的特征量;人人平等是当节点满足条件时,所有节点都有权优先提出共识结果、直接被其他节点认同后并最后有可能成为最终共识结果。比特币的区块链采用工作量证明机制来保证去中心化网络中数据的一致性,节点通过解决一个求解复杂但容易验证的数学难题来竞争获得区块链的记账权,矿工获得区块链记账权后将获得一定的比特币奖励。该数学难题为:通过寻找一个随机数使得区块头的双哈希值小于或等于一个目标哈希值。目标哈希值通常由多个前导零构成,前导零越多,目标哈希值越小,找到满足要求的随机数的难度越大。比特币系统通过动态规定前导零的个数调整随机数的搜索难度,以此来控制区块平均生成时间为 10 分钟/个。如果有两个节点同时取得了记账权,此时会有多个节点在网络中广播他们打包好的区块,某节点若收到多个针对同一前续区块的后续临时区块,区块链主链会出现暂时的分支,随着区块链的持续生成,系统会选择工作量最多,也就是区块链高度最高的区块链作为主链进行延续。

三、区块链与现有 ERP 系统比较

区块链与现有方法进行比较有助于了解这种新兴技术的优势。数据库是被探索最深入的、最广泛的交易记录和组织的应用程序。近年来,随着互联网的高速发展,网络中的数据量也急剧膨胀,传统的集中式数据库越来越无法处理高速增长的电子数据。因此,数据库开始由集中式向分布式结构转变。然而,现有的分布式数据库都只是基于中心化结构基础上的多重存储、多重备份数据库,一旦中心节点出现问题,所有的分布节点数据就会停止更新。因此,区块链更具可比性。两个系统都依赖多台计算机进行操作和维护,但区块链有助于避免分布式数据库系统内不同计算机同时进行多次修改时发生的冲突。这些好处包括创建自动执行合同的能力,以及确保其分类账中存储的数据的安全性、机密性和完整性。

ERP 系统是企业数据库使用中最重要的创新之一,作为预先打包的业务软件,ERP 为组织的信息处理需求提供集成解决方案。ERP 系统通常建立在核心关系数据库管理系统(relational database management system, RDBMS)之上,以自动处理各种业务事务。除了过程自动化,ERP 系统还分发及时、准确的数据,这为信息分析和管理决策支持提供了基础。使用 ERP 系统,企业可以集成来自不同业务部门的数据,重新设计业务流程,改进财务控制,提高信息透明度和可视性。

区块链被认为是一种新型的数据库,既可以在 ERP 系统中发挥会计模块的作用,也可以与现有的会计信息系统结合使用。与通常以集中架构组织的常规 ERP 系统不同,区块链将交易验证、存储和组织的能力分配给一组计算机。这种机制可以在很大程度上降低单点

故障的风险,并使管理层更难凌驾于系统之上。区块链能够防止任何未经授权的数据变更,保护企业数据免受网络攻击。一般来说,区块链是一种只可追加的线性交易数据库。与ERP相比,它具有相对简单的数据组织方案,ERP则通常基于关系数据库,并允许许多数据操作(如插入、更新和删除)。有了这种高效的结构,区块链可以促进标记化对象(如库存项目、会计文档)的跟踪。与需要大量人力投入的ERP系统不同,区块链设计为在很少人工干预的情况下自动运行。区块链创建智能合约的能力允许会计师设计和部署系统上的各种控制。此外,区块链的分散性有助于防止控制机制被操纵。表10-1总结了ERP和区块链系统之间的对比。

表 10-1　ERP 和区块链系统之间的区别

ERP	区块链
集中的	分散的
篡改风险高	篡改风险低
许多数据操作	仅数据追加
关系型数据库	线性交易数据库
劳动密集型	非劳动密集型
目前没有自动执行合同	更容易创建自动执行的智能合约
控制装置通过特殊设计并安装到位	可以通过智能合约来设置控制
会计特定模块	目前没有会计特定模块

第三节　区块链技术的创新与应用

区块链技术旨在降低交易成本,提高交易结算速度,降低舞弊风险,提高交易的可审计性,提高监控的有效性。区块链正在从一个安全的电子货币交易系统演变为新兴技术生态系统的一部分,包括人工智能、物联网、机器人和众包。这些技术共同代表了未来智能商业的技术基础。

一、区块链技术带来了经济结构的变化

工业化的产业经济是一种规模化的资源占有,是一家独大的经济模式。主要研究资源产业科学发展和周边环境的友好协调,促进资源合理开发利用及其综合效益最大化,从而达到各产业内企业之间构建一种长期稳定的结构,实现良性发展,以达到好的市场绩效。

互联网下的信息经济是把碎片化闲置的资源进行网络化整合,连接到中心化的平台上,这种长尾整合的经济效应,关注小利润大市场,倡导普惠金融和一对一服务,开启了共享经济的时代。共享经济是人们公平享有社会资源,各自以不同的方式付出和受益,共同获得经济红利。此种共享更多的是通过互联网作为媒介来实现的。

区块链倡导的信用经济模式是利用分布式生产、自激励社会生产,通过按量计费经济和

去中心化交易把资源规模化,并把碎片化资源进一步整合,使微小交易规模化,最终实现多方共赢的效果。信用是经济领域当中交易双方的承诺准则,信用缺失会带来社会和经济各方面的问题,而诚信是信用的本源。在新的经济情况下,量化参与经济活动的核心要素就是信用,要把信用这种查询工具变成一种资本,需要利用区块链技术进行资本方式衡量的准则设计,因为要得到信用资本的积累,去中心化是一个成熟的信用链条,而数字量化成功的链条组合在一起就是信用资本。区块链是一个不可篡改、不可伪造的技术,为信用体系提供了支撑,保证了数据的真实性。依靠区块链,带来的是防伪真实和不可篡改,一旦录入就是准确无误。区块链自有的自动生成的目录账目,可以记录至数据账号,账号里所有信息都是真实有效不能篡改的,利用分布节点共识的点算方式,形成更新的数据,应用到信用体系当中,完成信用体系数据库更新、延续、积累的过程,解决了不可人为操作的难题。区块链还有数字密码学的理论,为信用体系建设和信用经济发展,以及信用资本应用提供了良好的安全保障。

二、区块链技术创新了数据库形式

数据库最初发展的原点是文件系统,为了满足以银行为代表的金融机构的业务需求,引发了关系数据库领域中的关系模型、事务处理、查询优化三大成就,产生了一系列的关系数据库产品。后来,随着互联网行业的快速发展,非结构化数据的数据量已经远超结构化数据的数据量,从而引发了非关系型数据库(NoSQL)的发展,产生了一系列的非关系型数据库产品。如今,随着去中介的共享经济的发展,区块链作为一种去中心化的分布式数据库,解决了可信的价值传输问题,因此将成为共享经济业务的理想数据库平台。

区块链是一个由去中心化的网络中各个节点共同维护的分布式数据库。传统中心式数据库有增、删、改、查四种操作,可以被概括为 CRUD。其中,C(create)代表创建,R(read)代表读取,U(update)代表更新,D(delete)代表删除。区块链技术的分布式数据库摒弃了传统数据库更新(U)和删除(D)的操作,为这种崭新的数据库增加了两个重要的特点,即不可篡改和不可抵赖,可以概括为 CROSS。其中,C(create)依然代表创建;R(retrieve)被重新定义为可溯源,即各区块严格按时间顺序组合成链,相邻区块间严密的逻辑关系保证了数据库的可追溯性;O(open)代表开放,区块链的数据依托去中心化的 P2P 网络对网络中的所有节点开放,任何人都可以通过公开的接口参与记账;第一个 S(safe)代表安全,区块链依靠现代密码学的非对称加密技术,保证了交易信息的匿名性和安全性,依赖一种称为工作量证明机制(proof of work)的共识过程确保了区块链数据的不可篡改;第二个 S(steady)代表稳定,区块链的数据在 P2P 网络中分布式产生、分布式传播、分布式存储,每一个节点都存储了完整的数据记录。因此,毫无疑问,这种去中心化的存储模式比云存储这种多重存储与备份的多中心化的模式具有更高的稳定性。

区块链技术按时间顺序记录事件的特点创新了数据库的形式。从应用角度看,区块链技术是维护一个不断增长的数据记录的分布式数据库技术,数据除了交易数据还可以有其他表现形式。区块链对于数据库的创新不同于以往任何一种数据库形式,它是一种分布式的、集体维护的、按照时间顺序将事件数据排列的时间轴数据库,如图 10-7 所示。

图 10-7　数据库技术的发展和特征

三、区块链技术全方位改善金融支付环境

区块链技术的出现预示着互联网的用途可能从传统信息传递逐步转变成为价值传递,从而对传统金融行业带来一场前所未有的革命和挑战。信任是金融业的基础。为维护信任,金融业的发展催生了大量高成本、低效率、单点故障的中介机构,如托管机构、第三方支付平台、公证人、银行、交易所等。区块链技术通过全新的加密认证技术和去中心化共识机制维护一个完整的、分布式的、不可篡改的账本,让参与者在无须相互认知和建立信任关系的前提下,通过一个统一的账本系统确保资金和信息安全,这对金融机构来说具有重大的意义。

(1)区块链能够降低信任风险。区块链技术具有开源、透明的特性,系统的参与者能够知晓系统的运行规则,验证账本内容和账本构造历史的真实性和完整性,确保交易历史是可靠的、没有被篡改的,相当于提高了系统的可追责性,降低了系统的信任风险。例如,区块链可以规避当前互联网金融 P2P 平台的跑路、欺诈等事件。

(2)区块链能够提高支付、交易、结算效率。在区块链上,交易被确认的过程就是清算、交收和审计的过程。区块链使用分布式核算,所有交易都实时显示在类似于全球共享的电子表格平台上,实时清算,效率大大提升。例如,美国证券结算制度为 T+3,区块链却能将效率提升到分钟级别,这能让结算风险降低 99%,从而有效降低资金成本和系统性风险。

(3)区块链能够降低经营成本。金融机构各个业务系统与后台工作,往往面临长流程多环节。现今无论维萨、万事达还是支付宝都是中心化机构运营,货币转移要通过第三方机构,这使得跨境交易、货币汇率、内部核算、时间花费的成本过高,并给资本带来了风险。区块链能够简化、自动化冗长的金融服务流程,减少前台和后台交互,节省大量的人力和物力,这对优化金融机构业务流程、提高金融机构的竞争力具有重要意义。西班牙桑坦德银行认为,到 2022 年,区块链技术将帮助金融行业降低 200 亿美元的记账成本。

(4)区块链能够有效预防故障与攻击。传统金融模型以交易所或银行等金融机构为中心,一旦中心出现故障或被攻击,就可能导致整体网络瘫痪,交易暂停。区块链在点对点网络上有许多分布式节点和计算机服务器来支撑,任何一部分出现问题都不会影响整体运作,而且每个节点都保存了区块链数据的副本。因此,区块链技术有着极高的可靠性、容错性。

(5)区块链能够提升自动化水平。由于所有文件或资产都能够以代码或分类账的形式体现,通过对区块链上的数据处理程序进行设置,智能合约及自动交易就可能在区块链上实现。例如,智能合约可以把一组金融合同条款写入协议,保证合约的自动执行和违约偿付。

(6)区块链能够满足监管和审计要求。区块链上储存的记录具有透明性、可追踪性、不可改变性的特征,即任何记录一旦写入到区块链,都被永久保存且无法篡改,而且任何交易都是可以被追踪和查询。

四、区块链在金融领域存在颠覆式应用价值

近年来,区块链技术应用基础不断拓展,可以支持各种金融业务,可以为这些市场带来更快的速度,更短的结算周期,更低价的费用,以及更强的安全性。目前商业银行基于区块链的应用领域主要有:①点对点交易,如基于P2P的跨境支付和汇款、贸易结算以及证券、期货、金融衍生品合约的买卖等;②登记,区块链具有可信、可追溯的特点,因此可作为可靠的数据库来记录各种信息,如运用在存储反洗钱客户身份资料及交易记录上;③确权,如土地所有权、股权等合约或财产的真实性验证和转移等;④智能管理,即利用智能合同自动检测是否具备生效的各种环境,一旦满足了预先设定的程序,合同会得到自动处理,比如自动付息、分红等。目前,包括商业银行在内的金融机构都开始研究区块链技术并尝试将其运用于现实,现有的传统金融体系正在被颠覆。

区块链将重构产业金融。产业金融即产业和金融的结合,通过将金融引入到产业生产经营中加快产业的发展。金融作为经济发展不可或缺的力量,为产业发展提供着源源不断的动力,创造出重要的经济效益。金融对于产业而言不只起到资金融通的作用,同时也有资源整合和价值增值的效果。因此,发展产业金融将会为产业创造更多的商业价值。因产业金融本身存在信息不对称、信用无法有效传递、支付结算方式不能全自动化按约定完成、票据不能拆分支付等问题,导致产业金融目前的发展停滞不前。针对以上问题,区块链的核心技术——分布式账本技术、加密账本结构技术、智能合约技术等,都将为产业金融发展提供更好的创新解决方案。由于区块链的分布式账本技术具有交易不可篡改、所有流程可追溯、便于穿透性监管等特性,使得产业金融从交易、支付结算到融资都能更加便捷可靠,通过区块链驱动的产业金融创新,将会给产业带来更大的价值和社会意义。

第四节　区块链技术的前景与局限

区块链凭借其独特的优势,吸引众多目光,相关研究和应用一时之间呈现井喷的趋势。区块链技术更是被认为是继大型计算机、个人计算机、互联网、移动社交之后的第五次颠覆式计算范式,是人类信用进化史上继血亲信用、贵金属信用、央行纸币信用之后的第四个里程碑。区块链技术有望彻底重塑人类社会活动形态,为金融、科技、文化、政治等领域带来深刻的变革。

一、区块链技术的发展前景

区块链技术是群体智慧的结晶,引领互联网时代进入计算时代。区块链技术的应用体现了互联网思维的新高度。互联网思维的开放式、自主化和体验化的特征,在区块链技术的去中心化、高度透明和集体维护上得到了更好的体现。表 10-2 是区块链技术和普通互联网创新技术的对比。

表 10-2　区块链和普通互联网创新技术的对比

特征	普通互联网创新技术	区块链
本质	功能创新	重构互联网生态逻辑的底层技术
目的	吸引更多用户	承载更多创新产品
收益范围	产品覆盖人群	整个互联网及用户
颠覆性	有限	无限

与之前国内外的一些互联网技术重视互联网思维在功能创新上的应用不同,区块链是从底层技术上对于互联网思维的一种应用,目的是从互联网的生态逻辑层面承载更多功能,而不是简单地通过更好的用户体验吸引更多用户,其颠覆性更强,受益范围更广。下面列举了一些区块链技术跨越货币领域的部分应用前景。

区块链可以用来注册并发行数字资产拥有权。例如,对互联网金融的股权招募,区块链技术中的智能合约可以记录每一笔融资,在成功达到特定融资额度后计算每个投资人的股权份额,或在一段时间后未达到融资额度时将资金退还给投资人。目前,纳斯达克正在和旧金山区块链创业公司 Chain 进行紧密的合作,利用区块链技术建设私有公司股权交易系统,发行和转移私有公司的股票份额。之所以选择从私有股权交易系统开始,主要是因为私有股权的发行和交易目前仍主要依赖于人工(律师)的手动处理,区块链技术可以大幅提升程序自动化。智能合约则可以将众多复杂的衍生品交易条款写入区块链技术支持的注册发行程序中,当交易发生时区块链网络可以迅速地进行正确执行。2015 年 11 月,纳斯达克和 Chain 合作的区块链技术新项目 Linq 已利用基于区块链的发行交易平台完成了第一笔私募股权交易。

区块链技术也被用来实现跨国价值转移。依靠现有技术,建立一个全球性的信用共识体系是很难的,由于每个国家的政治、经济和文化情况不同,让两个国家的企业和政府完全互信是几乎做不到的,这也就意味着无论是以个人抑或企业、政府的信用进行背书,对于跨国之间的价值交换即使可以完成,也有着巨大的时间和经济成本。而区块链技术的信用由数学背书,所有的规则都建立在一个公开透明的数学算法(程序)之上,可以获得全球大部分国家的共识,从而实现跨国价值转移。

还有互联网租借的业务,将房屋或车辆等实体资产的信息加上访问权限控制的智能合约部署到区块链上,使用者符合特定的访问权限或执行类似付款的操作后就可以使用这些资产。甚至与物联网相结合,在智能家居领域实现智能自动化,如室内温度、湿度、亮度的自动控制,自动门允许特定的人进入等。超越货币领域的部分区块链应用如表 10-3 所示。

表 10-3 超越货币领域的部分区块链应用

分类	实例
一般	托管交易、保税合同、第三方仲裁、多方签名交易
金融交易	股票、私募股权、集资、债券、共同基金、衍生工具、年金、养老金
公共交易	土地和产权证、车辆登记、营业执照、婚姻证明、死亡证明
证件	驾驶证、身份证、护照、选民登记
实物资产	豪宅、酒店客房、汽车租赁、汽车使用
无形资产	专利、商标、版权、保留权益、域名

2015 年是区块链发展的元年,大众逐渐了解了区块链内涵和对经济发展的意义。2016 年则是区块链技术的应用之年,世界各国都在积极研发区块链应用场景,使得区块链技术不仅仅只局限于金融领域,而拓展到社会各个方面。随着区块链技术获得越来越广泛的关注以及越来越丰厚的资金投入,有理由相信未来区块链技术将会更加成熟与稳定。

二、区块链技术的问题及建议

区块链技术发展的如火如荼,但是也存在了许多问题。2019 年中国计算机学会(China Computer Federation, CCF)区块链技术大会上,中国工程院院士周仲义在《区块链技术应用中若干问题》报告中指出了当前区块链技术需注意的四大个问题。第一是在区块链的实施中是否清楚应用环境中的用户群体所处的位置是无中心的、有中心的还是到中心的,这样的实施效率是不同的。例如,在比特币的用户环境中,用户群体是有中心的,这种环境中用户完成每一笔交易所带来工作量还是很大的。分布式账本所存储的能力会在用户数量大的时候,随着交易次数增加,网络运行速度降低时发挥作用。而目前银行系统在应用中主要都是有中心的,以银行为中心。用户每完成一笔交易,所带来的工作量基本上是恒定的,分布式账本所存储的内容也是比较少的。因此,用户数量增大,交易次数增加,网络运行的速度变化不会太多。第二是数字认证技术的问题。无中心和有中心所采用的数字认证密码技术是不同的,无中心的用户之间进行交易必须使用工业密码,而有中心的用户要进行交易可以使用公链,也可以使用对称密码进行加密。第三是不同公钥密码算法使用情况不同的问题。国家密码管理局商用密码办公室推出了 SM2 和 SM9 两个公钥密码,这两种算法都是标准算法,但是使用情况可以不完全相同。SM2 比 SM9 早很多年,因此大家对 SM2 更加熟悉,其主要适用于无中心的应用环境。但从密钥管理来讲,SM9 更加适用于有中心的应用环境。第四是单向认证还是双向认证的问题。采用数字认证要关注是需要单向认证还是需要双向认证。随着数字认证技术的广泛使用,单向认证比双向认证要快一半,但是如果双向认证作为标准制定,是否要对标准进行修改就是一个亟待解决的问题了。

区块链技术刚刚起步,作为一种尚未成熟的技术,有着广阔的发展前景,同时也存在安全、效率、资源、监管等各方面的问题。

（一）安全问题

51%攻击是目前区块链技术面临的最大威胁，PoW机制决定了如果有节点掌握了的区块链中超过51%的算力就可以篡改和伪造数据。此外，区块链采用了非对称加密的技术进行信息交互，但是随着密码学、数学以及计算能力的提升，非对称加密算法也有被破解的风险。虽然区块链的技术逻辑清晰，理论上很难被暴力破解，但通过挟持大批僵尸机，或采用工会集群运作模式，仍有篡改数据的可能。比如全球最大的比特币工会控制的算力已达全球比特币算力的42%，距离51%只有一步之遥，一旦区块链应用范围和金额扩大，黑客等技术风险必须予以关注。事实上，尚未成熟的区块链技术已经有了被攻击的记录。2011年6月，一个昵称为Allinvain的用户被盗走了25 000个比特币，成为比特币历史上第一个因为黑客攻击而遭受重大损失的玩家。2012年9月，比特币平台Bitfloor被一个黑客成功攻破，损失24 000个比特币，Bitfloor平台也于2013年4月被迫关闭。2016年6月，基于区块链技术的全球最大众筹项目The Dao被黑客攻击，导致价值6 000万美元的360多万以太币被劫持，引起业内震动和高度关注。而比黑客攻击更尴尬的是，丢失私钥的用户将无法挽回自己的资产。

（二）效率问题

以比特币区块链为例，相比较于维萨信用卡每秒10 000笔交易的处理能力，比特币区块链每秒仅能支持7笔交易的处理。另外，比特币区块生成时间控制在了10分钟/个，交易只能在10分钟以后才能被确认。对于一些小额高频或者时间敏感的交易情景，区块链将受到很大限制。

（三）资源问题

区块链的PoW机制解决了比特币发行、交易和验证的功能，一定程度上保证了系统的安全性。但是每次只有一个矿工获得记账权意味着其他矿工的计算能力都被浪费，而且各节点的算力主要用来解决一个没有实际意义的纯数学问题。其次，区块链消息的广播容易带来广播风暴，大量消耗底层网络的带宽，导致网络性能下降甚至瘫痪。此外，随着比特币的普及以及专业挖矿设备的出现，大量电力资源也被消耗。

（四）监管问题

对于一个分散式网络来说，监管本身的难度也不小。在传统监管模式下，只要锁定客户，通过管理员身份，可以由后台直接调取中心系统的数据，进而掌握客户账户下的资金等往来信息，但在区块链技术下，由于没有中心系统，很难锁定客户的多个匿名账户，除非掌握秘钥，否则很难了解资金去向，这极可能被犯罪分子利用，带来洗钱、诈骗、偷漏税等一系列监管新难题。另外，各个国家对比特币存在差异化认识。采用比特币等虚拟货币作为等价物进而实现全球一体化的实时清算，某种意义上说，对各国央行的实体货币和发钞权本身就是一种挑战。实体货币是国家以自身信用为背书并由此获得铸币税，但虚拟货币的信用就是数学算法，很难体现单一国家的金融意志。作为清算标的，虚拟货币在一定程度上很可能替代本币，这是很多国家无法接受的。目前，德国等国家承认比特币的合法货币地位，但大部分国家仍将其视为大宗商品，无法接受其货币属性，各个国家对此认识不同是该技术在金融领域应用需要关注的问题。

区块链技术在各行各业的应用证明了其价值，但是具体到很多应用如何落地，如何与企业整合提高生产力还需要不断摸索,要产生真正的影响仍需要时间。政府、行业协会、企业要辩证地看待这种创新技术,积极研究、正确引导促进区块链技术发挥其潜力。首先,政府方面要对区块链技术有正确的认知,发挥统筹作用,组织相关专家研究区块链技术的本质及发展趋势,挖掘潜在价值。同时要加快制定相关法律法规,将区块链技术纳入合适的监管框架,引导产业健康发展。其次,金融机构要积极参与数字货币背后的技术创新研究,加入区块链产品开发的行列,优化现有业务流程、提高金融机构竞争力。行业协会也要促进区块链行业标准、国家标准的制定,培育区块链开源生态,促进源代码的开放与协作,构架区块链开源社区,增强我国在区块链领域的话语权和影响力。

新的技术的发展离不开科研工作者持续的研究和探索。科研机构针对区块链技术的潜在问题,应组织人力,加强密码学等相关学科的研究,设计更合理的共识机制,发挥区块链技术解决有实际意义问题的计算能力,不断对区块链技术进行改进。

一个席卷全球的基于区块链技术的时代正在快速地到来,拥抱是毫无疑问的,但是如何拥抱,用什么样的心态和姿势去拥抱,是值得我们思考和探索的。展望未来,虽然面临技术、政策和政府监管等方面的诸多挑战,但正如1792年的梧桐树协议奠定了金融业自律发展的基石,利用新技术降低金融交易成本、减少信息不对称永远是金融业创新的方向。

 本章练习

一、名词解释

区块　　区块链　　比特币　　工作量证明　　挖矿　　Merkle树　　哈希值
公有链　　联合链　　私有链　　分布式账本　　共识机制

二、简答题

1. 简述区块链技术的工作原理。
2. 区块链技术的分布式架构模型有几层? 分别是什么?
3. 区块链有哪些核心技术?
4. 区块链技术如何创新了数据库的形式?
5. 区块链技术从哪些方面改善了金融支付环境?
6. 区块链技术是如何促进产业金融发展的?
7. 区块链技术存在哪些问题? 有什么改进建议?

三、案例分析题

阅读导入案例并查阅相关资料,说明区块链有哪些核心技术可以应用在金融、证券、大型科技企业和银行体系。

第十一章　区块链技术在支付清算领域的应用

　　区块链技术是一项新技术,但不是一种创新技术,它是将许多已有的跨领域的技术整合到一起,涉及数学、密码学、计算机科学等领域。区块链技术可应用到数字货币、票据、清算结算、股权交易、审计、公证等多个金融领域。目前,区块链技术在支付领域中的应用尤为广泛,其中,数字货币可以提高货币发行便利性;在支付清算和跨境支付中实现点到点交易,减少中间费用;在票据与供应链金融业务中,减少人为介入,降低成本及操作风险。

　　本章主要介绍了基于区块链技术的数字货币、支付清算网络以及区块链技术在票据市场中的应用,并对构建基于区块链的会计生态系统进行了探讨。

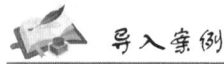 **导入案例**

中国银行自主研发区块链跨境支付系统正式落地

　　近日,中国银行通过区块链跨境支付系统,成功完成河北雄安与韩国首尔两地间客户的美元国际汇款,这是国内商业银行首笔应用自主研发区块链支付系统完成的国际汇款业务,标志着中国银行运用区块链技术在国际支付领域取得重大进展。

　　中国银行继去年在全球推出"中银全球智汇"国际支付创新产品后,在国际支付系统建设上取得新突破,彰显了中国银行在国际支付清算领域的创新活力。新系统下的国际汇款具有速度快、客户体验好、免于对账、有利于流动性管理等优点,进一步提升了国际支付的安全性和透明度。

　　现行传统国际支付业务中,支付交易信息要在多家银行机构之间流转、处理,支付路径长,客户无法实时获知交易处理状态和资金动态,银行的对账、流动性管理等环节也推高了业务处理成本。中国银行自主研发的区块链跨境支付系统投产后,银行通过接入区块链跨境支付系统,在区块链平台上可快速完成参与方之间支付交易信息的可信共享,并在数秒之内完成客户账的解付,实时查询交易处理状态,实时追踪资金动态。同时,银行可以实时销账,实时获知账户头寸信息,提高流动性管理效率。

　　区块链跨境支付系统充分利用区块链分布式数据存储、点对点传输、共识机制等技术,加密共享交易信息,完成行内应用系统与区块链平台的整合,实现了新技术与传统业务的有机融合和新系统与现有应用系统的无缝衔接,突破了原有国际支付的报文网络和底层技术,在区块链智能合约中实现了独特的支付业务逻辑,并支持后续业务扩展、升级。

　　中国银行是中国全球化程度最高的银行,在国际支付领域保持业内领先水平,建立了本外币跨境支付清算业务的系统集群,实现了业务处理的高度自动化。此次区块链支付系统正式落地,将进一步巩固和提升中国银行跨境支付清算优势,为全球客户提供一流的支付清算服务。

资料来源:中国银行.中国银行自主研发区块链跨境支付系统正式落地[EB/OL].(2018-08-21)[2020-01-16].http://www.pcac.org.cn/eportal/ui? pageId=598261&articleKey=604353&columnId=595082.

第一节 基于区块链技术的数字货币

一、数字货币演进历程

随着商品交换和信用制度的发展,货币形态经历了实物货币、金属货币、代用货币、信用货币等阶段,从具体的商品逐渐演变成抽象的符号。计算机的发展大大降低了电子支付成本,于是新的货币形式——数字货币应运而生。

电子货币是数字货币的雏形,是数字货币的初级阶段。电子货币作为央行发行的纸币电子化后的一种流通形式,最初是以银行卡为载体的。这类电子货币的出现,能够更便捷地完成资金支付,但银行卡本身不存储价值,而是提供用于识别用户账户身份的标志。1982年,"数字货币之父"大卫·乔姆(David Chaum)发表题为《用于不可追踪的支付系统的盲签名》的论文,首次提出利用新的密码协议(盲签名)构建一个具备匿名性、不可追踪性的电子货币系统,是典型的中心化数字货币方案。随着电子支付技术的发展,电子货币领域出现了 PayPal、支付宝等第三方支付工具,成为电子化的银行卡,在经济生活中得到广泛应用。

以比特币为代表的去中心化数字货币是在互联网信息技术和数字加密技术的催化下产生的。此类数字货币与电子货币最大的不同在于没有类似于央行的中央发行者。以比特币为例,数字货币的发行量由复杂的数学算法决定,其运行体系则通过所有参与者之间形成的价值链条维持。去中心化数字货币因为和法币之间不存在直接联系,从而不具有国家信用作为后盾保障,去中心化数字货币和国家数字货币的主要区别见表11-1。

表 11-1 去中心化数字货币与国家数字货币的主要区别

比较要素	国家数字货币(法币)	去中心化数字货币(如比特币)
发行方	由中央银行统一发行	基于分布式账本技术生成,任何人都可以"挖矿"
获取方式	社会公众都可获得	在 P2P 网络中奖励给第一个计算出符合难度系数的哈希值并取得记账权的人,但总量上限为 2 100 万枚
定价	央行会保持国家数字货币的币值相对稳定	受获取难易程度和市场供求变化而波动
使用范围	满足全球支付需求	作为社群货币,使用者相对固定和集中

在比特币基础上,又衍生出了大量其他种类的去中心化数字货币,统称为竞争币或山寨币。比较著名的竞争币有 IXC 币(Ixcoin)、莱特币(Litecoin)、狗狗币(Dogecoin)、以太币(Ethereum)、瑞波币(Ripplecoin)等(见表11-2)。其中,IXC 币为第一款竞争币,通过更改

比特币的一些参数,从而增加了货币的发行量;莱特币通过改善比特币技术的一些算法(主要改善了区块链"挖矿"工作量证明算法),将新数据区块产生的时间从比特币的 10 分钟缩短为 2 分半钟。狗狗币是一种基于 Scrypt 算法的小额数字货币,是目前国际上用户数仅次于比特币的第二大虚拟数字货币。全世界前后产生过数千种数字货币,到现在还在运行的大概还有 700 多种,其中超过一半的竞争币克隆自莱特币。

表 11-2　其他去中心化的数字货币

币种	介绍
IXC 币	IXC 币是比特币的确切副本,第一次也是唯一的时间测试替代比特币;出块时间 10 分钟,每块包含 96 个(比特币是 50 个),每 2 016 块调整难度;货币总产量 2 100 万,于 2011 年 4 月 29 日发布
莱特币	莱特币于 2011 年 11 月 9 日上线,完全仿照比特币,出块时间是比特币的 1/4(2.5 分钟),总量是比特币的 4 倍(8 400 万枚)
以太币	世界首枚以太币诞生于 2015 年 7 月 30 日,它是以太坊的一种数字代币,开发者们需要支付以太币来支撑应用的运行,为避免以太坊 DApp 中恶意代码导致的死循环,用户可以通过挖矿获得以太币;每产生一个新区块就会产生 5 新以太币,如果每 14 秒挖出一个区块,每年就有 1 125 个以太币被挖出来;总量无上限
瑞波币	瑞波币的发行时间是 2011 年 4 月 18 日,是 Ripple 网络的基础货币,它可以在整个 Ripple 网络中流通,交易确认时间仅为 3～5 秒,总数量为 1 000 亿个,并且随着交易的增多而逐渐减少
狗狗币	狗狗币诞生于 2013 年 12 月 8 日,基于 Scrypt 算法,是国际上用户数仅次于比特币的第二大虚拟货币;其确认时间只要 1 分钟,第一年挖出 1 000 亿个,以后每年挖 50 亿个,没有上限

二、比特币的诞生过程

比特币系统是第一个采用区块链技术作为底层技术构建的系统,是区块链技术最广泛也最成功的运用。比特币是一种完全基于点对点的电子现金系统,有明显的去中心化、去信任化、安全、可靠的电子现金特征。比特币系统使得全部支付都可以由交易双方直接进行,完全摆脱了通过第三方中介(如商业银行)的传统支付模式,从而创造了一种全新的货币体系。比特币虽然比较特殊,但依然可以归于电子货币的类别。

比特币区块链的第一个区块(称为创世区块)诞生于 2009 年 1 月 4 日,由创始人中本聪持有。一周后,中本聪发送了 10 个比特币给密码学专家哈尔芬尼,形成了比特币史上第一次交易;2010 年 5 月,佛罗里达程序员用 1 万比特币购买价值为 25 美元的比萨优惠券,从而诞生了比特币的第一个公允汇率。最初,比特币只是作为密码学的创新尝试在一小群极客间传播,并没有人愿意用现有货币与其进行兑换。经过几年的发展,比特币逐渐进入大众视野,越来越多的商家开始接受比特币。2010 年,第一个比特币平台 MT.GOX 成立。随着一系列交易市场的建立,比特币的价格也开始迅速攀升,并在 2013 年 11 月创下每枚比特币兑换 1 242 美元的历史高值,超过同期每盎司 1 241.98 美元的黄金价格。据比特币新闻资源网 CoinDesk 估算,目前全球约有 6 万家商家接受比特币交易,其中,中国是比特币交易增长最为迅速的国家。

比特币的生产、转移支付,都由相互独立、对等、去中心化的 P2P 网络节点共同完成,没有一个明确的发行、结算、控制中心。作为典型的去中心化的区块链货币,除非取得半数以上节点支持,没有一个节点,包括比特币系统的创造者中本聪在内,可以独自修改比特币的生产总量、货币分配与交易规则。在货币供应量方面,根据比特币系统算法,在比特币创建的最初 4 年里,会有 1 050 万个比特币被制造出来;每隔 4 年,每个新增数据块包含的比特币减少一半。因此,在第 5 到第 8 年中,会有 525 万个比特币被制造,在第 9 到第 12 年中,会生产 262.5 万个比特币,依此类推。因此,比特币的累积总量,在数学上是一个递减等比数列的累加。预计到 2140 年,比特币的累积总量将趋近于 2 100 万个。这使得比特币具有与黄金类似的特征,任何机构都无法控制比特币的生产总量,杜绝了滥发货币的可能性,有利于公众形成稳定的货币供给预期与货币币值预期。

三、比特币的运行规则

作为一种脱离了实物交接的货币形式,比特币需要解决如下几个基本问题:首先,谁来发行比特币并进行信用背书? 其次,如何建立账户并进行管理? 再次,比特币交易如何确认?

（一）比特币发行和信用背书

与法币不同,没有中央银行负责比特币的发行,也没有政府为其提供信用背书。比特币的发行是通过挖矿来完成的。每一次有效挖矿都将产生新的比特币,直至达到数量上限。比特币的信用,则源自所有参与比特币挖矿和交易的用户所付出的大量计算,以及由此消耗的时间和电力等成本。人们为此投入的劳动越多,就意味着对比特币的认可程度越高。比特币系统是一种互联网环境下的新型信用体系,它既不需要任何历史信用记录,也不需要任何机构或个人提供的信用担保。换言之,比特币主要依靠理论和技术的双重保障来保证其信用。要成功进行欺骗,不仅需要经受其他所有用户的检验,也需要具有高于全网总计算能力 51% 的计算设备。以目前比特币全网累积的计算能力来看,即便是全球最先进的大型计算机距离这一要求也相差甚远。随着越来越多的新增计算力加入,在比特币的世界里,欺骗的难度将变得越来越大。

（二）比特币账户管理

账户管理涉及账户的建立、查询和安全保障,比特币也不例外。对比特币而言,建立账户就是生成一个地址。比特币的账户、地址和公钥等概念是基本重合的。账户就是一个地址(一串数字),相当于银行账户的户名,这当然是公开的。地址是由公钥通过一系列数学计算推导出来的,因此地址仅仅是公钥的另一种形式。有了地址,就可以查询比特币账户的余额。虽然地址类似于银行账户名,但与银行账户不同,该地址的余额并没有特意记录在某个地方。

每一枚比特币自诞生之日起的所有交易路径都是可追溯的,都被记录在主区块链中。因此,每个账户的余额都可以通过对主区块链进行计算得到,而不需要单独记录。这种设计看似麻烦,但有着明显的优势:首先,每个使用者可以拥有的账户数量是没有限制的。随着比特币使用者的不断增多,账户数量也与日俱增,为每个账户单独保存余额是对存储空间的极大浪费。其次,对比特币而言,没有中央节点来保存并管理余额信息,想要保存余额信息,就必须将其合并写入到区块中。否则,全网节点在对新生成区块的有效性进行检验时,就不仅需要对新的交易进行检验,还需要对全网所有账户的余额进行追溯检验,这无疑会显著增加工作量。在传统银行里,储户不能仅仅通过户名就对账户余额进行查询。然而,比特币世界允许上述操作,即任何人都可以通过计算主区块链而查询任何账户的余额。比特币账号是完全匿名的,且每个人可以有多个账号,这就保证了比特币拥有者的个人信息不可能通过分析账号来获得。因此,即使将余额信息完全公开,也可以保证拥有者的个人隐私。

比特币账户的安全管理与传统银行系统完全不同。比特币的所有公开信息(例如交易与公钥)都保存在主区块链中,而主区块链在所有运行比特币软件的计算机上都有完整备份,因此其安全管理的关键在于用户私钥的管理。私钥与公钥一样,都是一长串无规律的数字,很难记忆。而且,私钥是独立存在的,不能被公钥或其他方式反推出来。由于私钥是用户对账户所有权的唯一证明,因此用户每次使用账户时都需要使用私钥。

(三) 比特币交易确认

传统银行账户间的交易是由银行负责确认的,通常在几秒钟内就可以完成。但对比特币而言,任何交易都需要得到全网的确认,而且必须最终进入主区块链才能生效。在挖矿过程中,每个节点在收到其他节点发过来的交易后都要进行验证,验证失败的交易被直接丢弃,而有效交易则会进入区块。由于全网在挖矿过程中可能在同一时间段生成很多有效区块,且由于网络时延的存在,不同地理位置的节点产生的有效区块可能包含不同的交易集合。因此,最终哪个区块能够成为当前时间段的正式区块而进入主区块链,就成为一个问题。

如果一个节点收到了周边节点发来的两个不同的有效区块,它会将它们都挂在主区块链的最后,形成一个 Y 形分叉。后续收到的区块都会基于这两个区块产生,这使得分叉会继续向后延伸。最终,哪个分叉的长度最先达到要求,就会正式变成主区块链的一部分,而另一条分叉则会被抛弃。由此可见,一个交易从发生到最终确认,需要等待一段时间。通常来讲,在包含这个交易的区块出现之后,需要等待 5~6 个后续区块生成后,才能确认当前区块是否已经正式进入了主区块链。由于每个区块的生成时间大约为 10 分钟,这意味着一个交易在发生之后,需要等待较长时间才能够得到确认。

四、比特币的技术优势

比特币凭借区块链技术可以解决两个长期存在于加密数字货币行业的问题:"双花"问题和"拜占庭将军"问题。

加密数字货币和其他数字资产一样,可以将一个文件以附件形式保存并任意发送,具有无限可复制性的缺陷。如果没有一个中心化的机构,我们无法确认一笔数字现金或资产是否已经被花掉或被提取,就有可能产生"双花"问题。为了解决这一问题,可以信赖的第三方通过保留交易总账来保证每笔现金或资产只被花费或提取过一次。区块链是由一组包含信息的信息块组成的信息链,每一个区块都包含了上一个区块的哈希值,从创始区块开始连接到当前区块从而形成块链。哈希值用来标识一个区块和它所包含的所有内容,并且它总是唯一的,就像指纹一样。一旦某个区块被创建,改变区块中的某些内容会改变其哈希值,而且每一个区块都要确保按照时间顺序在上个区块之后产生。同时,由于区块链中所有交易都要进行对外广播,所以只有当包含在最新区块中的所有交易都是独一无二且之前从未发生过时,其他节点才会认可该区块。因此,在区块链中,"双花"问题是可以被解决的。

"拜占庭将军"问题的核心是当战场上多个将军互相并不信任(存在叛徒)且相隔甚远无法碰头,但却要保证进攻时间一致。在这种情况下,某种分布式远程协调沟通机制尤为重要。如果每个将军向其他 9 个将军派出一名信使,也就是 10 个将军每个派出了 9 名信使,即为总计 90 次的传输,每个将军会分别收到 9 条信息,可能每一封都附着不同的进攻时间。此外,部分将军会答应超过一个的攻击时间,故意背叛发起人,所以他们将重新广播超过一条的信息链。这个系统迅速变成不可靠信息和攻击时间相互矛盾的混合体。区块链通过为发送信息加入了成本,也就是基于计算一个随机哈希算法得到遗传 64 位的随机数字和字母组成的字符串的工作量证明,并加入了一个随机元素以保证在一个时间只有一个将军可以进行广播。工作量证明是一种减缓新区块创建过程的机制。在比特币区块链中,大概需要花费 10 分钟来完成所要求的工作量证明,并且添加一个新的区块到区块链中。这个机制使得区块链的篡改更加困难,因为一旦你篡改了一个区块,你需要重新计算所有后续的区块的工作量证明。因此,比特币的安全性主要来自哈希值以及工作量证明机制。

比特币凭借其技术核心优势,目前已经形成体系完备的涵盖发行、流通和金融衍生市场的生态圈与产业链,如图 11-1 所示。这也是其长期占据绝大多数数字加密货币市场份额的主要原因。比特币的开源特性吸引了大量开发者持续性地贡献其创新技术、方法和机制;比特币各网络节点(矿工)提供算力以保证比特币的稳定共识和安全性,其算力大多来自设备商销售的专门用于 PoW 共识算法的专业设备(矿机)。比特币网络为每个新发现的区块发行一定数量的比特币以奖励矿工,部分矿工可能会相互合作建立收益共享的矿池,以便汇集算力来提高获得比特币的概率。比特币经发行进入流通环节后,持币人可以通过特定的软件平台(如比特币钱包)向商家支付比特币来购买商品或服务,这体现了比特币的货币属性;同时由于比特币价格的涨跌机制使其完全具备金融衍生品的所有属性,因此出现了比特币交易平台以方便持币人投资或者投机比特币。在流通环节和金融市场中,每一笔比特币交易都会由比特币网络的全体矿工验证并记入区块链。

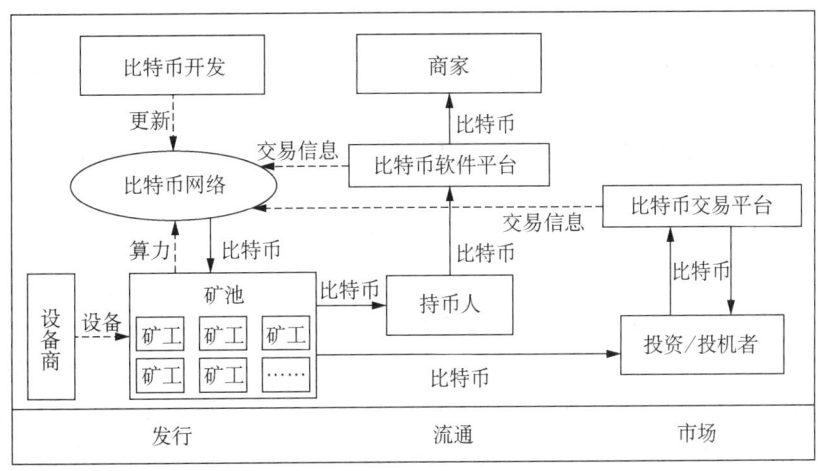

图 11-1　比特币生态圈

五、比特币的典型特征

比特币在设计理念上试图避免现有货币的诸多缺陷，呈现出许多独特的典型特征。

1. 比特币成功地实现了去中心化的货币发行与管理方式

现有货币基本上由央行发行，由一国政府用财政实力担保，一旦出现一国政权动荡等意外事件，该国政府发行的货币就会面临巨大的信任危机。货币发行的中心化会产生特权，使得货币当局能够轻松征收铸币税。而且由于存在多种国别货币，各种货币之间要通过外汇市场兑换，显著提高了国际贸易与投资的交易成本。相比之下，比特币在设计之时就致力于去中心化。为解决信用问题，比特币使用了一套密码学算法，使得参与比特币主区块链构建的所有用户都必须付出相当的努力才能证明其信用；另一方面，比特币产生的过程受到全网的监督，要想骗过全网所有其他用户，需要巨大的计算能力。比特币成功地利用密码学手段，解决了货币在去中心化发行时面临的信任问题，从而使得比特币的发行不需要依赖任何政府或机构，并且与互联网的去中心化特点高度吻合。

2. 比特币是一种高度匿名化的货币

比特币的匿名性主要体现在以下三个方面：①比特币账号仅仅是一串数字地址，通过它无法得知拥有者的任何信息；②比特币账号的生成过程无须任何实名认证，账号拥有者只能通过私钥证明其所有权；③同一拥有者的不同账号之间没有任何关联，这意味着其他人无法得知特定用户的全部比特币持有量。然而，比特币的匿名性是一把双刃剑，它虽然通过技术手段保障了个人财产的私密性，但也为洗钱、贩毒等非法交易提供了天然的温床。此外，匿名性也会削弱政府的征税能力。当前全球税收体系主要依靠监控银行账户的变动来防止逃税，这是一种基于账户实名制的有效办法。若一旦资金流动完全匿名化，征税的难度将会显著上升。

3. 比特币交易具有完整的可追溯性

对任何一枚比特币而言，从其被挖矿生成到当前所经历的全部状态，都被完整地记录在主区块链中。任何特定账户的全部交易也可以被全程追溯。最为重要的是，追溯过程并不需要认证，任何人都可以对任何账号进行查询。这有助于实现全网的互相监督以保障公平透明的市场秩序。

4. 比特币交易具有不可逆性

每笔交易只有成功和失败两种状态，而不允许撤销操作。这种设计的初衷是为了防止付款方利用撤销操作来侵害收款方利益，以及防止退款时因需要重新建立信任关系而额外收集个人信息。比特币可以有效地防范信用风险，但人难免后悔或犯错，因此不可逆性会降低比特币被广泛接受的程度。

5. 比特币的最终总量与生产速度都是事先确定的

如前所述，比特币的生产速度每4年减半，并将在最终达到2 100万个。这种货币发行模式可以防止滥发货币以维护币值稳定。但比特币的发行速度逐渐下降且不可调整，这将导致持续的且不断强化的通缩压力，而且比特币增长速度的下降会形成稳定的升值预期，从而导致人们倾向于持有比特币而不是用其进行交易。这会使得比特币的交易数量日益减少、货币的流动性不断下降。比特币的价值逐渐递增，可能会加剧社会分配失衡。因此，总量固定和增速递减对比特币而言既是突出的优势也是致命的弱点。

六、比特币的风险缺陷

货币产生的背景是社会分工背景下物物交换的发展,而比特币产生的背景则是全球经济一体化和互联网全球化。比特币天生具有全球化和去中心化特征,这是与互联网经济的发展相适应的。然而,货币的使用具有很强的制度依赖与网络外部性特征,因此一种新的货币要想取代传统货币的地位,必须在某些方面具有明显优势,而在其他方面也不能显著弱于现有货币。从这一角度来看,比特币的长期发展显著受制于以下六个方面的因素。

1. 比特币面临巨大的融资难题

无论是直接融资还是间接融资,均需要以借款人的身份和信用信息作为风险评价依据。但对比特币而言,搜集用户信息与其设计理念是相违背的。此外,为降低搜寻交易对象与撮合交易的成本,借贷双方需要依赖银行或债券市场之类的中介机构,这就必然导致中心节点的出现,而中心节点与比特币的设计理念也是不相符的。这意味着尽管比特币融资在技术上是可行的,但这将会破坏比特币的设计初衷。融资难题将成为比特币发展的重大阻力。

2. 比特币既不存在货币乘数,也无货币政策可言

既然用户无法利用比特币融资,这就意味着比特币没有其他货币均拥有的货币乘数。这固然有助于控制通胀,但也导致比特币难以满足市场的流动性需求。此外,比特币也不存在货币政策的概念。比特币的发行无须通过政府,这从技术上限制了政府可能对其进行的干预。鉴于比特币的特殊性,基准利率、准备金率与公开市场操作等传统货币政策工具对其而言均是无效的。比特币的这一特征虽然能够避免过度的宏观政策波动以及维持币值稳定,但也排除了通过货币政策进行宏观调控的可能性。

3. 比特币可能放大全球系统性风险

比特币既没有国界,也无须兑换。因此,比特币作为全球性货币有助于降低国际贸易与资本流动的交易成本。但同时,它也可能会加剧局部危机的传染,放大全球的系统性风险,而且无法被柔性监管。因为比特币在未来5年可能会增长到数以万亿美元计的规模,但它没有得到主权政府的支持,无法判定是否会成为一个国际上都能接受的数字货币,所以比特币疯涨可能会引发市场情绪过热,导致投资过剩以及资产分布不当,从而引发金融危机。

4. 比特币存在一定的安全风险隐患

尽管比特币采用了一套严密的密码学体系,除非相关数学领域出现重大突破,否则其自身的安全性是值得信任的。但由于比特币账户只是一个地址,账户拥有者标识自己所有权的唯一证明就是私钥,因此,盗取比特币的黑客只需盗取用户的私钥就可以获得比特币。迄今为止,黑客盗取比特币的途径主要有以下几种:①通过木马程序盗取保存在用户主机里的私钥文件,并回传给黑客。②利用软件和操作系统的漏洞来截获相关信息,经过分析比对就可推算出私钥的完整内容,从而实现盗窃。③使用 DDOS(分布式拒绝服务,这是一种通过极大数量虚假的网络请求来占用攻击目标的计算和网络资源,从而使其无法处理正常用户请求的攻击方式)攻击网络钱包服务器,使服务器瘫痪。在工作人员进行诊断修复的过程中,利用临时出现的系统漏洞入侵服务器,盗取密钥。④由于部分网络钱包网站的认证过程存在漏洞,因此一旦黑客侵入用户电子邮件账号,取得相关信息后,就可以通过重新设定网络钱包认证信息来绕开认证过程,从而非法进入用户账号并窃取私钥。

事实上,比特币面临的上述威胁,在现有银行的网银体系中也都会遇到,但是由于比特币的匿名性,警方即使查到被盗比特币的去向,也很难锁定犯罪分子。更重要的是,由于没有相应仲裁机构,受害用户无法进行申诉。而即便可以申诉,由于犯罪分子已经掌握了私钥,导致受害用户没有别的途径可以证明自己对账户的所有权,造成取证裁决相当困难。比特币在安全方面的缺陷,恰好是其匿名性和去中心化的典型特征所导致的。这说明比特币在创新的同时,也为自身发展留下了隐患。

5. 比特币存在政策风险

迄今为止,各国政府在面对比特币这一新生事物时,采取了截然不同的态度。以美国和德国为代表的一些国家对比特币给予了充分肯定,而且正在着手修订相关法律法规,以适应比特币可能带来的变化。印度等国家对比特币始终持观望态度,既不明确支持也不明确反对比特币相关产业发展,而是准备等到时机成熟后再采取相应措施。中国、泰国和韩国等国家则是比特币的反对者,都在公开场合明确表示反对,也都要求国内金融机构停止比特币相关服务。

各国对比特币态度迥异的主要原因一是各国对本国金融体系的监管能力不同。尽管电子货币有助于促进新兴市场国家的经济增长,但同时也显著增加了监管难度,并对央行掌控货币政策的能力提出了新的挑战。发达国家的金融市场发展程度较高,在金融监管方面经验丰富、手段多样,且各项制度相对完善,因此对金融创新所造成冲击的消化能力更强。相反,新兴市场经济体的金融市场发展较为落后,政府金融监管能力较为薄弱,对金融创新所造成冲击的防御能力较弱。这就可以说明为何发达国家总体上对比特币更为欢迎。二是各国接触比特币的时间和程度不同,在比特币方面的既得利益也存在较大差异。比特币的匿名性使得我们无从得知各国已取得比特币的具体数额和分布。但鉴于美德等发达国家起步较早,从比特币诞生时起就有大量人员从事比特币的研究和挖矿工作,而且至今有增无减。因此有理由相信,美德等发达国家在比特币的已开采总量中已经持有相当份额,形成了各自的既得利益,甚至有可能已经具备操纵市场的能力。三是比特币在控制犯罪方面向政府提出了新的挑战。由于比特币交易具有匿名性、不易被追踪等特点,只有美国等少数国家才具备追缉罪犯的技术能力。

6. 比特币存在操作风险

(1) 每笔比特币交易都要等待后续若干个区块被加入主区块链后才能最终确认,这是个相当耗时的过程。一般来说,一笔比特币交易的确认时间最少需要 5 分钟,最多接近 20 分钟,这与目前传统银行的交易确认通常只需要数秒形成了鲜明对比。

(2) 比特币市场价值的大起大落也限制了其使用。很少人会愿意接受一种一天之内涨跌幅度超过 50% 的货币,这一波幅已经超出了绝大多数人的风险承受能力。由于比特币汇率的变动规模与波动性远远超过其他常用货币,这破坏了比特币作为一种计价单位与储藏手段的有效性。

(3) 比特币的设计理念中隐含了风险自担的思想,如没有中心节点、缺乏中央监管和仲裁机制、除私钥之外没有其他身份核实机制、交易验证只涉及有效性而不验证合法性等,一旦出现问题,几乎不能给用户提供任何保障。目前,大多数人在使用货币时还是习惯于受到某种保护,而且为了获得保护,甚至可以牺牲部分隐私权。这是长期以来社会演化形成的固有思维,短时间内很难发生实质性改变。

七、比特币的前景展望

比特币要想继续发展壮大,就必须克服上述限制条件,改造现有货币,构建国家数字货币体系。现行的区块链货币,其货币创设与交易维护主要基于区块链技术,由对等的 P2P 网络节点合作完成,一般不存在中心节点,货币交易需要较长确认时间,并有可能遭到 51% 攻击,而铸币收益一般为货币系统的创造者和早期使用者获得,存在许多重大风险缺陷。

在人类社会历史演进中,去中心化的货币制度因为可能出现"以次充好""缺斤少两""以假乱真"等失信现象,影响币值稳定和交易便利性,所以最终被国家强制建立的中心化法定货币制度所取代。中国人民银行等五部委于 2013 年联合下发了《关于防范比特币风险的通知》,不承认比特币的货币属性,不允许其作为货币在市场上流通。但与此同时,央行也在抓紧时间开发法定数字货币。

自行创设某种区块链货币作为法定货币,政府作为中心节点,对区块链货币具有一定程度的控制权,同时也赋予非中心节点一定的投票权。有利于构造货币不被滥发的可信承诺,消除公众的通货膨胀预期;有利于为本国争取铸币收益,降低外汇储备持有量;也有利于本国货币经济的自动稳定与金融监管。

与去中心化货币不同,国家数字货币又称法定数字货币,必须由货币当局垄断发行,基于中央银行—商业银行的二元体系运行;在管理上要有利于货币政策实施和传导,保留货币主权的控制力。

在发行的比特币系统中,货币发行机制和总量由分布式算法决定,交易验证和记录则由网络中的所有节点共同完成。而在国家数字货币体系中,货币的发行则由央行根据货币政策目标来调控,体现国家对货币的主权控制力。同时,国家数字货币要基于中央银行—商业银行的二元体系来运行。因此,可尝试利用区块链技术搭建国家数字货币发行流通模型,央行和商业银行都是区块链系统的参与者。但与一般区块链中所有参与者都担当共同角色不同,基于二元体系的模型中货币发行由央行独立承担,而商业银行则负责验证和记录交易。从技术层面而言,央行和商业银行是区块链中的担任不同角色的节点,通过共识算法协同工作,而其他方只是普通用户,只能使用数字货币交易而不能参与发行或记账。同时区块链具有数据不可篡改机制,并能回溯历史交易和提供实时审计,这样央行可以准确地掌握市场中的现金流通情况,调控货币供应量。

在国家数字货币体系中,还可以使用联盟链的设计实现准入机制,由负责发行货币的央行和负责交易验证与记录的商业银行组成联盟链,在相对独立高效的网络环境中进行数据交换,并采用效率更高的共识算法和大数据技术来显著提高交易处理效率。此外,对于区块链的"51% 攻击"问题,由于比特币是运行在互联网上的公有链,参与节点的任意性可能存在算力被人为集中的安全风险隐患。而国家数字货币采用的联盟链机制可有效保证节点的可信赖性,同时可对节点提出网络安全、信息安全、权限管理等合规要求,确保整个数字货币体系安全稳定运行。

国家数字货币研发是一项长期的系统工程,无论是区块链技术本身的成熟度,还是配套的金融基础设施都有待进一步完善。政府相关部门应立足经济、便民和安全原则,审慎评估国家数字货币的影响,健全监管体系和政策配合,积极稳妥地推进法定货币数字化。

第二节　基于区块链技术的支付清算网络

随着区块链技术的成熟,其对全球货币金融体系产生深远影响。某种类似于黄金本位的区块链式法定货币体系可能在未来出现,货币技术形态、支付体系、货币政策与金融监管,都可能在未来出现重大变化。区块链技术在支付清算上的应用并非遥不可及。目前,环球同业银行金融电讯协会及非银行支付机构已经面临区块链新技术的挑战,一些区块链初创企业和合作机构开始提出一些全新的清算、结算标准,如 R3 区块链联盟已经在制定可交互结算的标准,由最初的 9 家银行,扩大到目前的 42 家银行,成员遍及全球,并于 2016 年 11 月建立了基于加密货币和分布式总账技术的 Corda 开源平台。

以金融行业的清算和结算业务为例,传统中心化的数据库因无法解决多方互信问题,使得每个参与方都需要独立维护一套承载自己业务数据的数据库,这些数据库实际上是一座座信息孤岛,造成清结算过程耗费大量人工进行对账的情况,目前的清结算时间最快也需按天来计。如果存在一个多方参与者一致信任的数据库系统,则可显著减少人工成本及缩短结算周期。区块链技术可改变支付结算的底层基础设施和清算方式。

目前,银行间的支付和清算依赖于支付清算中心的处理,需要经历发起支付、信息回馈、记账、交易对账、余额对账等一系列繁杂流程,因而完成整个流程所需时间较长、成本较高。如果通过央行建立区块链系统,或商业银行建立区块链联盟,商业银行就可以通过区块链技术进行点对点支付,从而绕开目前的支付中心。这种模式一方面可以使支付清算更加便捷,营运成本更低,且 7×24 小时不间断运作;另一方面,也可以改变目前的支付收单分成模式,有利于商业银行获取更多的支付信息,提升商业银行在支付中的话语权。

一、区块链技术对央行支付清算体系的影响

现有的支付系统是沿袭 16 世纪以来的模式,经过几个世纪的演变,其本质和运行机制未发生根本变化。在这种模式中,必须要有一个权威的中央机构作为中心节点进行记录和清算。不同银行间进行资金转移,必须依赖一个中央清算机构进行,这个过程需要耗费大量时间和费用,影响了支付清算的效率,也增加了成本负担。

由于区块链技术本身具有去中心化、去信任中介等特点,所以采用区块链技术可以改变现有支付系统的中心化和中介化等特征,这对现有的以中央银行为中心的集中清算支付系统产生积极的影响。经过十几年的建设,目前我国已建成了成熟稳定的现代化支付清算系统,如大额实时支付系统、小额批量支付系统、各银行自身核心系统、银联系统等,但它们都是一种典型中心化的模式,而跨行交易手续费较高,大额交易时间长,某个系统关闭或者出错,会导致交易无法实现。如果采用区块链技术,使用分布式核算,而非由第三方中心管理,所有交易都实时记录在类似于全球共享的电子表格平台上,数据通过加密无法破译和篡改。只要不全球断网断电,每一用户都能凭密码查询交易状态,资金实时清算,效率大大提升。在此背景下,建设以区块链技术为基础的支付清算系统,作为当前中央银行清算系统的有益补充,在提高资金清算效率的同时,可以进一步完善我国的支付系统体系。

以金融领域的支付业务为例,通过传统模式与区块链模式对比,分析区块链技术的特点及与现有模式的区别,如图 11-2 所示。图 11-2(a)是一个传统银行支付业务的数据交互示意图,当银行客户通过网点、网银、手机发生行内转账交易时,银行通过通信网络完成对账信息确认,通过清算中心,由其完成信息登记和资金划转,而客户的资金、账户等信息都存在基于信任的央行保证金系统的核心服务器上。央行成为交易的中心这种中心化模式是目前全球金融交易的基本模式。基于信任的去中心化数据交互模式不同于传统的中心化的模式,区块链就是一种典型的去中心化的模式。在区块链网络中,每个银行都是一个平等的节点,系统中各个节点可以直接交互,没有中心节点概念,同时,任意两个节点的交易信息都向全网加密传播,所有节点都以加密区块存储方式、按时间序列单独记录系统全部交易信息,进而形成一种全新的去中心化模式,如图 11-2(b)所示。

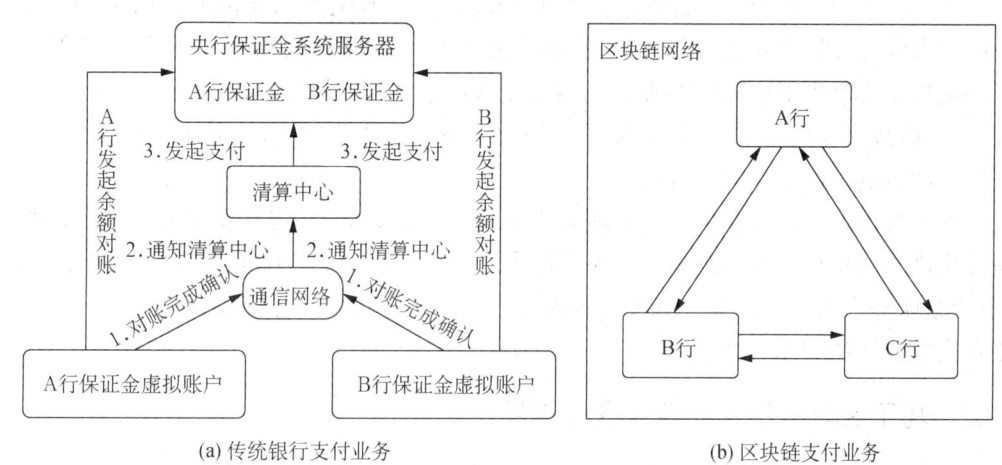

(a) 传统银行支付业务　　　　　　　　(b) 区块链支付业务

图 11-2　基于区块链技术的支付体系的改变

二、区块链技术对跨境清算体系的影响

随着区块链支付技术的发展,商业银行未来将可能通过区块链技术直接进行点对点支付,清算组织的功能将会面临挑战。特别是在跨境支付清算方面,通过区块链技术可省去代理行环节,实现点对点的对接,从而大幅降低业务成本和提升支付效率。

区块链技术带来的分布式清算机制的拓展,如果应用于银行间清算,能够减少大量的管理成本并提高清算的效率。现阶段,商业贸易交易清算支付都要借助于银行,如传统的交易方式要经过开户行、对手开户行、境内清算组织、国际清算组织、境外银行等,过程中的每一机构都有自己的账务系统,彼此之间需要建立代理关系,需要有授信额度;此外,每笔交易不仅需要在本银行记录,还要与交易对手进行清算和对账等,导致速度慢、成本高。跨境支付更是需要借助环球同业银行金融电讯协会等在各个银行、代理行之间进行交互,节点多、流程长、效率低、成本高、易出错。与传统支付体系相比,通过区块链技术进行支付是由交易双方直接完成,不涉及中间机构,即使网络中部分结点瘫痪也不影响整个系统运行。如果基于区块链技术构建一套通用的分布式银行间金融交易协议,为用户提供跨境、跨币种实时支付清算服务,则跨境支付将会变得简单便捷、成本低廉。通过区块链平台,不但可以绕过中转银行、减少中转费用,还因为区块链信息透明、防篡改的特点,提高了跨境汇款的安全性,加快结算与清算速度,大大提高资金利用率。以跨境汇兑为例,一笔汇款在传统支付体系下可能需要两至三天时间到账,而基于区块链的结算技术只需几秒时间。

区块链不仅对客户有利,而且可以为银行本身带来运营效率和成本节约的优势。银行之间基于区块链技术的点对点的支付方式,不但可以全天候支付、实时到账、提现简便及没有隐形成本,也有助于降低跨境电商资金风险及满足跨境电商对支付清算服务的及时性、便捷性需求。在全球范围,区块链应用于 B2B 跨境支付与结算可使每笔交易的成本从约 26 美元下降到约 15 美元。

以国际支付为例,除了传统的卡模式外,电汇和西联汇款是两大跨境支付的重要模式。电汇适合大额汇款,手续费稍低,但到账时间较长,且由于采用代理行模式,很难了解具体进程。西联汇款时间比较快,但额度受限,且收费较高。与传统国际支付模式相比,采用应用区块链技术的虚拟货币转接进行支付,额度不受限制,可实现秒级到账,且手续费极低,这正是区块链技术大量吸引国际银行业参与其中的关键。本质上,各家商业银行希望利用区块链技术,在解决互信的基础上,构建扁平化的全球一体化清算体系,突破现有的系统间割裂的现状,以及额度等监管限制,降低成本。

区块链技术在跨境支付领域的应用具有很高的潜在效应,并将其发展分为三个阶段:初级阶段应用于非银行系统间的账户转账、支付、汇款、外币线上跨境汇兑等第三方支付交易领域;中级阶段在互联网上建立标准化智能合约应用于金融资产方面;高级阶段才是可以运用于现实世界中的交易系统。

三、基于区块链技术的瑞波支付系统

目前,新的大型区块链支付公司的出现,已经开始渐渐改变现有的支付市场格局。大型的区块链支付公司可为各商业银行支付业务提供基础设施支持服务,从而与现有的清算组织形成直接竞争。高盛和美国国际数据集团近期投资的初创公司 Circle 已从纽约州监管机构拿到了第一张数字货币支付许可证。Circle 公司利用区块链技术为客户提供资金的免费即时支付,使其客户在任何地方都可通过网络获得高效率、低成本的支付服务支持。此外,PayPal、Visa 和 MasterCard 等国际支付巨头,也在积极参与区块链技术的探索,试图将区块链技术为己所用,改善原有的支付模式。2012 年法国比特币中央交易所诞生。目前,市场上已涌现了瑞波(Ripple)、Abra、Bitspark、Align 等多种支付清算类应用。其中瑞波支付系统发展最为成熟,是目前唯一实现商业化的区块链应用。

瑞波支付系统是由商业公司 OpenCoin 基于区块链技术构造的,是一个传统意义上的支付结算中心。瑞波支付系统创立时,OpenCoin 公司发行了 1 000 亿瑞波币,且承诺总额不再增加,并在 2013 年 9 月公开了源代码。但是,中心化的电子货币意味着货币总量可以被中心节点修改,OpenCoin 公司仍有独自修改瑞波系统代码的能力,且不需要其他货币持有人加以确认。

环球同业银行金融电讯协会的诞生为银行提供了安全、可靠、快捷的结算服务,但需要收取费用。基于区块链技术的瑞波支付系统具有去中心化、去信任中介等特点,不存在中间节点,不收取任何转账费用。同时瑞波支付系统是 7×24 小时运行的,不受节假日等因素影

响,不会出现资金延迟等现象。因此,区块链技术可能会与环球同业银行金融电讯协会系统形成潜在的竞争关系,从而在跨境支付方式上影响客户的选择。

瑞波是世界上第一个开放的支付清算网络,它以 RTXP 支付协议为基础,具有去中心化的特点,能够快捷、低廉地实现转账业务,支持包括人民币、美元、欧元,甚至比特币在内的多种货币,节省了传统支付中的跨行、异地、跨国等费用。

在跨境支付领域,瑞波支付系统已经开始了的实验性应用,主要为加入联盟内的成员商业银行和其他金融机构提供基于区块链协议的外汇转账方案。目前,瑞波支付系统的成员银行可以保持原有的记账方式,只要做较小的系统改动就可使用瑞波的 Interledger 协议。同时,银行间的支付交易信息通过加密算法进行隐藏,相互之间不会看到交易的详情,只有银行自身的记账系统可以追踪交易详情,保证了商业银行金融交易的私密性和安全性。

(一)瑞波支付系统的功能

1. 提供可靠高效的付款流程

区块链技术能够避开繁杂的系统,在付款人和收款人之间创造更直接、低价、迅速的付款流程。现行的跨境支付网络是分散和孤立的,必须靠不同的消息传递协议和结算协议并利用各种代理银行关系进行信息处理,从而导致成本缺乏竞争,结算时间长,用户体验差。统计显示,这些问题每年令系统中所有的参与者共耗费 1.6 万亿美元。瑞波支付系统利用通用的全球基础架构将这些孤立的网络连接起来,以分布式账本做到实时结算、确保交易的确定性,并减少风险,以此提高金融结算效率,如图 11-3 所示。

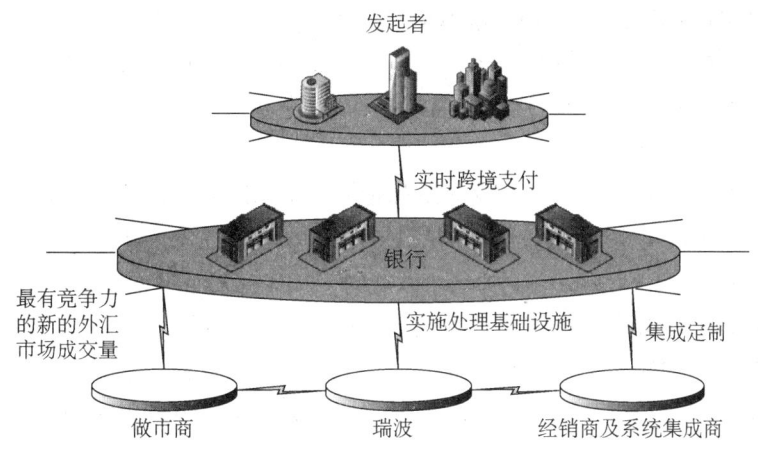

图 11-3 瑞波支付系统结构

瑞波构建的国际支付网络由国际付款发起人、金融机构、做市商和系统集成商组成。该网络能够很好地取代现行的跨境结算系统,为跨货币结算提供一种零阻力机制,金融机构只需几秒钟就能准确无误地结算跨境支付。发起人是指发起交易和转移资金的人。瑞波可以搜索最有竞争力的外汇价格并减少管理费,以最大程度减少结算费用。发起人可以直接获得资金收讫确认。金融机构可以利用瑞波支付系统为其零售客户和企业客户处理实时国际支付事务,还可以选择利用外部做市商提供的外汇流动资金,而不必在往来账户中用全球各种货币保存资金,从而降低结算风险,消除延迟,减少总结算费用。做市商在瑞波支付系统中充当国际支付的流动资金供应商,允许银行为跨境付款用例提供无缝服务,而不必在银行设立内部外汇交易平台。瑞波让银行能够以高资本效率的方式增加其全球影响力,让做市商能够查看此前无法查看的国际支付金额。经销商和系统集成商为金融机构和瑞波支付系统的联系创造方便,可以为银行提供适合其现有基础架构的即插即用产品和全承包解决方案。

2. 降低支付业务成本

在瑞波支付系统中可以使用中介货币——瑞波币对任意一种货币进行转账,包括美元、日元、欧元、人民币以及比特币。瑞波币作为一种价值的存储方式,可以使世界各地的交易方通过瑞波币实现价值的转移。瑞波币在支付系统中不仅是作为桥梁货币,同时也有保障安全的功能。据统计,仅通过瑞波支付系统在各项国际支付业务中就能节省 33% 的支付成本;如果使用瑞波币为国际支付的中间货币,则能节省 42%;若在瑞波币波动较小的情况下,则最高能使国际支付的成本降低 60%。目前,全球排名前 50 的银行中有 10 家与瑞波公司展开了合作,瑞波支付网络已经遍布 60 个国家。

(二) 瑞波支付系统的组成部分

瑞波支付系统是一个开放的支付网络,是由瑞波实验室进行维护的,通过两项关键措施——瑞波币和网关,有效地解决了信任问题,使得支付网络功能更加完善。瑞波由以下四个关键部分组成。

1. RTXP 支付协议

该协议与邮件传输协议(simple mail transfer protocol,SMTP)相似,其成功构建了一个去中心化的支付清算网络,将相关机构和个人节点连接到网络中,所有节点之间通过"点对点"实现资金转移和信息交流,达到方便、快捷的效果。

2. "共识"总账机制

在瑞波支付系统中,发生的每一笔交易都是由网络中所有节点达成共识(一般情况下为超过 51% 的节点确认通过)后生成的,并在系统中进行记录,有效防止非法交易和数据篡改。

3. 做市商机制

通过这种机制,瑞波支付系统实现了资金的转移,发生每笔交易时,通过系统自动选择报价最优的市商,达到转账成本最小化的目的。从理论上讲,瑞波支付系统支持世界上任何一种货币,既包括现实货币,也包括虚拟货币。瑞波支付系统中有很多市商,可以有效防止单一货币兑换服务商的出现。

4. 瑞波币

瑞波币虽然是数字货币,但与比特币等数字货币不同的是,它主要是为了满足瑞波支付系统媒介货币、保护网络安全的需求。瑞波币的媒介货币功能是指无法找到合适的市商完成交易,交易双方可以将瑞波币作为媒介进行交易,因为瑞波币没有交易费用,同时作为瑞波支付系统中唯一的原生货币,没有交易风险。

(三) 瑞波提供的服务

瑞波支付系统主要为银行和个人两类客户提供支付服务。

1. 为银行提供技术服务

瑞波为银行提供的服务主要是底层协议和汇款技术,银行直接通过瑞波支付系统实现资金转移。在这个过程中,银行相当于瑞波的网关,对银行的客户没有任何影响。在实际业务办理中,客户可以选择环球同业银行金融电讯协会或瑞波进行汇款,由于瑞波跨境转账成本低廉,在一定程度上对环球同业银行金融电讯协会有替代作用。目前,瑞波已经和众多全球性银行建立了合作关系,如美国银行、渣打银行、加拿大皇家银行等,我国的上海华瑞银行已与瑞波进行合作,为留学生提供外币汇划服务。

2. 为个人提供转账服务

首先,需要注册瑞波钱包。注册时需要设置钱包的账户和密码,瑞波钱包注册不需要进行实名验证,在注册时会生成私钥,可以用来恢复账户。其次,需要设置信任网关。在瑞波支付系统中,网关是资金进出网络的关口,能够有效保证资金的安全,我国有 XRPChina,RippleChina 和 RippleCN 等三家瑞波网关。再次,需要为瑞波钱包充值。个人用户进行交易前需要保证瑞波钱包里有"钱"。最后,对瑞波钱包进行转账或者赎回操作。在进行交易时,只需要提供对方账户并输入转账金额,就可以完成转账,同时,瑞波钱包中的资金可以进行赎回。

(四) 瑞波支付系统存在的风险

1. 存在违约、欺诈等信用风险隐患

瑞波支付系统的准入条件较低,所有用户都可以创建账号并进行交易,而且是非实名验证,缺乏有效审核,可能导致虚假网关的发生。同时,在瑞波支付网络中,对网关的辨别需要用户自己进行,一旦用户选择了虚假的网关,就可能造成资金损失。

2. 存在洗钱风险

瑞波与环球同业银行金融电讯协会不同,后者是通过银行账户进行资金转移,需要客户进行实名验证审核,而瑞波实行的是非实名制,仅通过用户自己设定的账户和密码就能完成交易,在整个交易过程中并未体现交易双方的真实身份,容易被不法分子利用从而进行洗钱等犯罪活动。

3. 存在资本流失风险

在瑞波支付系统中,货币可以自由实施兑换,个人客户可以通过瑞波支付系统在淘宝平台将人民币充值到个人瑞波账户中,再通过瑞波支付系统将资金转移到其他账户或者兑换其他货币,容易造成资本流失。

第三节　区块链技术在票据市场中的应用

由于规模大、参与方众多、业务链条较长,票据市场被认为是区块链技术极佳的应用场景。区块链技术是一种通过去中心化和去信任的方式集体维护一个可靠数据库的技术方案,能够让区块链中的参与者在无须相互认知和建立信任关系的前提下,通过一个统一的账本系统确保资金和信息安全。这项技术给票据业务从业者很大的启发,利用区块链技术可以搭建一个可信的交易环境,避免信息的互相割裂和风险事件,如图 11-4 所示。

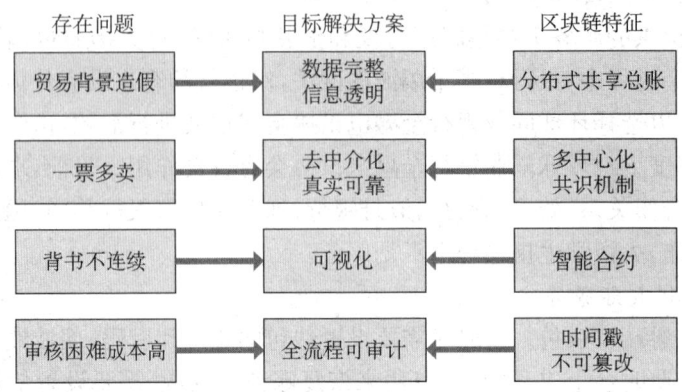

图 11-4　区块链技术与票据业务的融合

在数据层面,通过分布式总账的建立,实现数据的分布式记录,并且数据按照时间先后顺序记录,不可篡改,可以有效地保证链上数据的真实性和透明性。而且,部分节点受到攻击或者损坏,也不会影响整个数据库的完整性和信息更新。在治理层面,与银行承兑汇票不同,商业承兑汇票具有自偿性,一般以核心企业自身的信用做担保。而在区块链联盟链里,不需要中心化系统或强信用中介做信息交互和认证,而是通过共同的算法解决信任问题,保证每个参与角色都是扁平的、互信的,甚至创造信用。在操作流程层面,数字票据环境下,区块链通过时间戳反映了票据的完整生命周期,从发行到兑付的每个环节都是可视化的,可以有效地保证票据的真实性。而加入智能合约的特性,可实现端对端的价值传递和可追溯性。在监管合规层面,得益于区块链技术的特性,在必要的条件下,监管机构可以作为独立的节点参与监控数字票据的发行和流通全过程,实现链上审计,提高监管效率,降低监管成本。

在票据市场,基于区块链技术实现的数字票据能够成为一种更安全、更智能、更便捷的票据形态。数字票据主要具有以下核心优势:一是区块链+票据可以解决票据真实性的问题。从票据发行即对全网所有业务参与方广播,当检验数字票据信息是否被转让或者篡改时,区块链可以提供无可争议的一致性证明。二是能够打破票据中介的现有功能,实现票据价值传递的去中心化。三是系统的搭建、维护及数据存储可以大大降低成本。采用区块链技术框架不需要中心服务器,可以节省系统开发、接入及后期维护的成本。基于区块链数据前后相连构成的时间戳,其完全透明的数据管理体系提供了可信任的追溯途径,可有效降低监管的审计成本。四是能够有效防范票据市场风险,保障交易安全。区块链由于具有不可篡改的时间戳和全网公开的特性,构建了链上确认及结算的交易方式,一旦交易完成,将不会存在赖账现象,从而避免了纸票一票多卖、电票打款背书不同步的问题,同时也能消除目前票据市场的部分中介乱象。

数字票据交易平台上的每张数字票据都是一段包含票据业务逻辑的程序代码及对应的票据数据信息,这些运行在区块链上的数字票据拥有独立的生命周期和自维护的业务处理能力,可支持票据承兑、背书转让、贴现、转贴现、兑付等一系列核心业务类型,各种业务规则可通过智能合约编程的方式来实现。

目前,国际区块链联盟 R3 联合以太坊、微软共同研发了一套基于区块链技术的商业票据交易系统,由高盛、摩根大通、瑞士联合银行、巴克莱银行等著名国际金融机构进行了试用,并对票据交易、票据签发、票据赎回等功能进行了公开测试。与现有电子票据体系的技术支撑架构完全不同,该种类数字票据可在具备目前电子票据的所有功能和优点的基础上,进一步融合区块链技术的优势,成为一种更安全、更智能、更便捷的票据形态。

第四节　基于区块链的会计生态系统

如果不把比特币视为一种潜在的全球货币,而是将比特币系统作为一种点对点的安全交易平台,那么其设计还是非常严谨的。因此,不妨将比特币系统作为一种底层支撑平台,利用它能提供的服务来构建更上层的应用。并不要求比特币本身完美无瑕,而是将其视为一个更大系统中的重要部件,通过构建与之相匹配的上层应用或底层支撑,来构建更宏大的系统。

一、三式记账系统

区块链技术可以理解为一种网络记账系统,共享、加密、不可篡改的技术特点,使其能够提供加密的记账业务,使人们得到准确的资金、财产或其他资产的账目记录。

区块链技术可以保证会计学中的三式记账法的有效实施。最初金融交易和业务活动记录的原始机制是单式记账,其中每个交易只记录在一个账户中。这种机制简单且有效,但其存在很高的错误和舞弊风险,为了提高记账系统的准确性,传统的财务会计采用复式记账系统,该系统能够快速确认交易是否已正确入账,并降低人为记录错误的风险,但不能为企业的财务报表提供全面的保证。为了提高企业财务报表的可靠性,三式记账系统作为一个独立且安全的范例被广泛热议。三式记账系统最初需要中立中介机构的交易处理授权,每一方(参与交易的两方和中介机构)为交易创建一条记录,共有三个账目。但是,这种机制需要一个独立可靠的中介来验证每个单独的交易。此外,由中介存储的账目也会面临因网络攻击而丢失或未经授权更改的风险。而区块链技术则有效解决了这些问题。

区块链技术可以通过分发和自动化存储、验证过程来发挥中介作用,为防止篡改和不规则的会计条目提供一个安全的基础。由于区块链的性质,一旦确认会计分录并将其添加到链中,就很难对其进行修改或销毁。此外,智能合约技术能够按照会计准则或预先指定的业务规则快速验证交易记录。通过将第三个会计分录编码到区块链中,可以生成一个透明、加密、安全和自我验证的会计信息系统,从而促进业务各方之间可靠的数据共享以及持续向股东报告。

在基于区块链技术的三式记账系统中,除了传统的复式记账系统中包含的分录之外,每一笔交易都会创建一个存储在区块链账本中的记录。为了反映一个组织内的数据流,区块链账本中的账目将以账户之间通证转移的形式记录,构成一个持久会计记录的连锁系统。区块链账本中的账户以分层结构组织来汇总不同级别的数据,从而实现会计等式的即时平衡和不同用户的不同信息视图。区块链账本中的通证也将用来证明业务方之间的义务或资产所有权。区块链技术允许及时检查会计分录中的潜在错误或舞弊(例如重复支付),以及使用业务合作伙伴的数据自动进行交易验证。此外,使用会计和业务规则编码的智能合约可以有效地控制记录过程。

以一个简单的购销业务周期为例,当一家企业从其供应商处赊购货物时,它会在其 ERP 系统中记录应付账款和存货。它将同时以数字通证(即会计通证)在两个区块链账户之间转移的形式将此事项提交给区块链账本。区块链账本中的会计凭证可以简单地视为记录和跟踪目的的符号。现代复式记账系统中的每个账户都会有相应的区块链账户。区块链账户相当于比特币钱包,其中包含账户的唯一标识符、相关交易、当前余额和用于验证的加密密钥。区块链账户将形成一个层次结构,将会计记录集中在三个层次:底部的个人账户;中间的总资产、负债和权益;顶部的公司整体。这种结构可以使用智能合约自动确认资产负债表等式。例如,如果公司账户中的余额设置为资产账户中的余额减去负债和权益账户的总余额,则可以创建智能合约来监控公司账户的余额,当余额不等于零时发出警报。账户层次结构的另一个好处是它允许在不同级别查看数据。不同的信息使用者对会计数据采集有不同的要求和限制,因此应根据用户角色授予不同的数据视图。

二、审计范式变革

区块链技术中的去中心化、分布式记账、共治性、数据公开透明、不可篡改等特征嵌入到审计业务流程,可实现由事后审计、抽样审计、人工审计、数据审计,向实时审计、全面审计、智能审计、算法审计转变,由此系统性地提高审计效率,为审计工作带来质的飞跃,促成审计范式的变革。

由于区块链技术能够保证所有数据的完整性、永久性和不可更改性,因而可有效解决审计行业在交易取证、追踪、关联、回溯等方面的难点和痛点。区块链数据带有时间戳、由共识节点共同验证和记录、不可篡改和伪造,可广泛应用于各类数据公证和审计场景。例如,区块链可以永久地安全存储由政府机构核发的各类许可证、登记表、执照、证明、认证和记录等,并可在任意时间点方便地证明某项数据的存在性和一定程度上的真实性。区块链分类账可以可靠地存储所有审计相关文件。随着这些信息和文件不断被多方共享,区块链所提供的保证作用可以从主要审计师扩展到更广范围的参与者,如商业伙伴、债权人、政府机构等。此外,区块链内的会计记录还可以使用许多分析工具,如发现规律,识别异常情况,以及提取其他审计证据。而且,随着越来越多的物理对象(例如机器、生产线和存货)有电子记录且连通互联网,实时业务流程监控可嵌入到区块链技术中并由这些物理对象执行。

区块链技术改变当前的审计范式,从而推动新一代的审计范式发展。在新的范式中,区块链技术可以作为存储和保护所有审计相关数据的基础,审计师和其他服务提供商可以创建在区块链上运行的智能合约,去执行有效的控制和高级分析。

1. 提高了信息的可审计性

区块链基础设施的重要好处之一是提高了信息的可审计性。因为区块链分类账能够保护发布在其上的数据,它还可以保障许多与审计相关文档的真实性,甚至审计的情况可以在区块链上记录,以便于以后的跟踪和审查。同样,电子发票、提单、信用证、收据等信息也可以记录在区块链中,所有文件都是可追溯和不可更改的,这使得审计师能够测试财务信息的完整性。这些文件也可以在相关方之间分享以进行交叉验证。例如，客户方缺少发票的情况说明可能有虚构销售。如果要让这样的机制发挥作用，可能就需要实施新标准强制在会计信息文件记录中加入区块链技术。要求在区块链上提交某些类型的文件后，任何文件的缺失将意味可能有虚假交易或欺诈。经理、审计师、商业伙伴和债权人使用区块链技术可以达到新的保证水平，在交易验证过程，各方能够通过提供可靠和独立的信息来证明义务和所有权，各方的合作也可以通过交易证明机制提供可信的实时保证。

2. 完成了审计系统的智能控制

传统审计的核心是每年或每季度对纸质损益表的审计，但随着商业活动速度和范围的增加，审计师在交易日期附近提供保证的任何进展都是意义重大的。传统的审计由于依赖人工工作以及缺乏有效分析的工具，无法监测大量的交易数据以提供实时的保证。智能合约的引入极大地改良了审计技术。

通过区块链技术的整合，智能合约可以在多方的监督下运作，并在新的商业模式中发挥重要作用。管理人员和审计人员可以将企业特定的控制协议编程为智能控制合同，因此也就可以监控会计记录或业务流程。通过编程协议不仅可以实现一般的会计规则要求，也可以实现更智能的控制，与其他最先进的技术相结合，如大数据、数据分析和连续审计/监控模型。例如，当企业的流程挖掘模型监测到业务的基础流程是违反某些内部业务规则时，智能控制可以撤销交易。

智能控制的一个优点是它们能够根据环境变化自我调整。因此，智能合约可以执行复杂的控制来支持智能、灵活、及时的保证范式。改变与智能控制有关的会计和业务规则的权力分配是至关重要的，因为企业可能会操纵这些规则来获取非法利益。最终，智能控制必须依赖于控制流程，该流程包括更改底层代码的某些要求，以及争议解决的规定。

由于区块链技术的机制确保了发布数据的完整性，因此也将用于保护智能控制中嵌入的代码。通过在区块链上发布（并可能加密）智能控制的代码，管理人员和审计人员的智能控制可以不断验证这些程序。

3. 审计师的角色发生了转换

基于区块链的持续保证涉及有关审计师在自我调节中的角色转换，虽然审计师在验证具体准确性上发挥的作用可能会减少，但他们的判断、监督和洞察力会变得更加重要。其审计的重点会从记录跟踪和验证转变为更复杂的分析，如系统评估、风险评估、审计预测和欺诈检测。此外，审计师扮演的另一个重要角色是智能控制设计、创造、执行的评估和审查，审计师需要了解智能控制中的代码，并调查程序操作的准确性。为了有资格履行这些职责，审计师应接受技术培训并需要专为审计人员设计的辅助系统，用于理解、操作和分析区块链及相关技术。

德勤公司从2014年起成立了专门的团队对区块链技术在审计方面的应用进行研究，目前已与部分商业银行、企业合作，成功创建了区块链应用实验性解决方案。其开发的Rubix平台，允许客户基于区块链的基础设施创建各种审计应用。越来越多的专业审计公司已经部署区块链技术，应用到审计公证流程与方法中去，实现低成本和高效地实时审计。

三、基于区块链的会计生态系统

区块链保护数据的完整性、即时共享必要信息以及过程可编程和自动控制的功能促进了新会计生态系统的发展。这项技术不仅可以作为自动保证的基础,帮助当前审计范式变得更加灵活和精确,而且帮助建立一个实时、可验证和透明的会计生态系统。在生态系统中,区块链将扮演会计信息系统的角色,将交易验证、存储和管理的权力分配给一组计算机,以防止任何未经授权的数据更改。通过整合其他新兴技术(如物联网),系统可以实现对业务活动的实时跟踪和监控,并自动记录和测量经营业绩。

会计行业可以从区块链中受益,区块链以及相关的智能合约可用于安全存储会计数据、与利益相关者即时共享相关信息以及提高业务数据的可验证性等方面。利用区块链技术,企业能够生成新的会计信息系统,并在安全分类账上记录经验证的交易。这些交易不仅包括双方之间的货币交换,如从客户处收取的款项、存入银行的现金等,还包括企业内部的会计数据流。

由于处理、记忆和存储的单位成本大幅下降,以及区块链等分布式公共分类账的出现,外部参与者可以以低成本获取企业的实时会计信息。智能合约可以作为一种根据预先确定的规则监控会计流程的自动控制。此外,随着物联网的发展和普及,控制可以嵌入到区块链中。这些基于物联网的控制可以整合到各种物理对象中,以便实时监控和实施业务流程。此外,数据分析还可以与区块链结合使用,以发现异常情况和其他有用信息。

在这个系统中,管理层、会计师、商业伙伴和投资者可以积极协作来验证交易,并为交叉验证提供可靠的证据。这些组成部分应该结合在一起,并构成一个实时、可验证和透明的会计生态系统,如图 11-5 所示。

图 11-5　基于区块链的会计生态系统

一、名词解释

电子货币　　比特币　　"双花"问题　　"拜占庭将军"问题　　工作量证明
R3联盟　　瑞波系统　　数字票据　　三式记账系统　　会计生态系统

二、简答题

1. 简述去中心化数字货币与国家数字货币的主要区别。

2. 除比特币外,目前比较流行的去中心化的其他货币有哪些? 并对它们进行比较分析。

3. 比特币有哪些典型特征?

4. 比特币存在哪些风险和缺陷?

5. 区块链技术在跨行支付领域应用分为哪三个阶段?

6. 简述在跨境支付领域中瑞波支付系统的功能。

7. 基于区块链的会计生态系统中有哪些参与者? 它们分别起到怎样的作用?

三、案例分析题

详细阅读导入案例并查阅相关资料,说明区块链技术在跨境支付体系改革中的作用,探讨如何利用区块链技术特征构建支付清算网络。

第十二章　基于区块链技术的共识经济与金融安全

　　区块链是一种链式数据结构,它通过加密算法创建不可篡改、不可伪造的电子账簿,并将其分享到分布式计算机网络中,在无须借助第三方中心的情况下,可使参与节点达成共识,具有去中心化、开放性、独立性、安全性等诸多特点。区块链技术从根本上改变了信用创建方式,对银行业强化风险管理、反欺诈产生了重要影响。

　　本章从区块链中断讲起,提出了区块链的共识博弈(consensus game)和治理措施,论述了智能合约在区块链治理中的重要作用,并引入基于区块链技术的共识经济,分别从推动电子认证创新发展、变革现有征信体系、降低金融风险和提升金融监管能力等方面全面阐述了基于区块链技术的共识经济与金融安全体系架构。

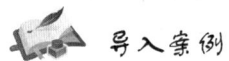 **导入案例**

《区块链＋监管＝法链(RegChain)》正式发售

　　中国人民大学金融科技与互联网安全研究中心主任、中国人民大学大数据区块链与监管科技实验室主任、法链实验室主任杨东教授创作的新著《区块链＋监管＝法链(RegChain)》在 2018 年 6 月 1 日正式出版发行。

　　本书是中国第一本系统性论述区块链＋监管的专著,也是第一本将区块链与众筹理论、数字经济、数字文明相结合的著作。本书从区块链的历史、区块链＋场景、区块链＋风险等多个角度全面解析当前区块链行业,创新性地提出了区块链＋监管,即法链(RegChain)的概念,系统性阐述如何利用区块链技术优化监管,并对当前中国地方政府积极探索区块链＋监管的实践进行了深入研究。本书共分为层次递进的五个部分。

　　第一部分从区块链的历史谈起,以通俗易懂的语言,系统介绍区块链技术的原理、特征、发展脉络,并且提出区块链技术是互联网、大数据、人工智能的基础技术,更是开启未来数字经济、数字文明的一把钥匙。

　　第二部分阐述区块链技术在金融市场基础设施、非金融市场基础设施以及其他重要场景内的落地状况、现有案例。具体的场景包括金融领域的支付清算、证券保险、供应链、信用体系等基础设施,以及身份认证、隐私保护、电子存证、物联网等非金融领域基础设施,还包括数字版权、医疗、能源在内的其他重要场景。

　　第三部分全面论述了区块链及其应用的风险问题,包括区块链自身的技术性风险以及首次币发行(Initial Coin Offering, ICO)、虚拟货币的风险;在此基础上,本书还结合现实热点案例,如 Mt.Gox、Coincheck 和币安,全面分析了当前虚拟货币交易所的风险,并且探索了未来基于区块链的新型交易所的模式。面对层出不穷的伪区块链创新,本书对其进行系统分类分析,帮助投资者识别伪区块链创新的陷阱。

第四部分分析了当前金融监管方式和法律层面存在的问题,提出基于区块链的规制系统将有助于提高监管的有效性,区块链＋监管,即法链是未来监管的新方向。诸如贵阳、青岛、娄底等地方政府已经开始探索区块链＋监管的可能性,并且已经有了落地实践的项目,地方的监管创新将会带动我国政府社会治理能力的现代化。

第五部分讲述了未来如何监管区块链行业。该部分吸纳了笔者及其团队近年来在日本、英国等地金融科技监管考察的成果,并结合实际分析其对于我国区块链行业监管借鉴意义,进而得出如何在中国语境下监管区块链行业。

资料来源: 佚名.国内首本论述区块链与监管科技的理论专著《区块链＋监管＝法链(RegChain)》正式发售! [EB/OL].(2018-06-05)[2020-01-16]. https://www.sohu.com/a/234112491_481893.

第一节　支持区块链共识经济的共识博弈

一、基于区块链的共识经济

共识(consensus)是指社会中不同阶层、不同利益的人所追求的共同认识、价值和理想。共识经济(consensus economics)是指经济活动的主体(如独立的人、群体、社区、国家等组织或者团体)基于某些特定议题或者问题达成一般共识或协议后,通过自组织形成的商务行为或进行的生产活动。共识经济与传统经济相比,具有以下两方面的显著特征:①各主体参与的经济活动是在一个大家都接受的"共识"下进行的;②这个经济活动是由各主体自愿组织、自愿参与的,且参与主体的行为规范在共识机制下接受相互监督。共识经济学是研究共识经济一般规律的学科,它的最终目标是实现人们"共商、共建、共享和共赢"的理论框架。共识经济能够得到实现的一个最基本的核心经济思想是支持经济活动信息的全面分享,即所谓的去中心化的账户管理。这个去中心化的账户管理就诞生了需要配套的技术创新,它就是区块链的出现。通过共识的区块链,可以构建人类经济的命运共同体,实现"共赢、共享"。

在经济活动过程中,共识是契约的基础,契约是指双方或多方共同协议订立的有关买卖、抵押、租赁等关系的文书,也是对经济活动过程中某个产品、商品、服务或者某个规则的效用和边界(包括价格、价值、时间范围)达成共识的总结。如果我们将制度看作一系列契约的集合,那么我们就可以建立共识、契约、制度三者的相互关系,而共识则是这一关系的基础,因此,我们也可以认为,共识经济学研究的是共识、契约与制度的内在逻辑联系及对经济体系的影响,而共识是共识经济学的核心。

一般来讲,共识可以分为两个层次:一般的抽象共识和具化共识,前者是概念层面的共识,后者是具体化的共识。对应为两个基本的核心要素:信用和信任。其中,信用是经济和金融学中的概念层面,而信任是在社会和心理层面支持具体行为的概念。例如,在签合同时,双方只有在基于对方的信用有信任的情况下,才可以签署合同书来保证对合同书中的条款义务等进行承诺。

实际社会经济活动中的具化共识,至少应该包括两个内容:其一是基本具化共识,其二是基本具化共识变迁之具化共识。现实中,人们往往重视前者而忽视后者,这也是造成很大一部分经济纠纷和贸易摩擦的原因。比如,在基于 2008 年中本聪提出的比特币一般共识机制的挖矿实践中,如果挖矿队伍在支持比特币的区块链协议下不诚实地进行挖矿,就会发生所谓的分叉想象。又如,2017 年下半年以来,各种区块链的分叉通证的出现,就是缺乏基本具化共识变迁之具化共识的表现。比特币中应用的工作量证明机制,就是对记账权达成的一种共识机制,其背后的共识就是一种基本具化共识。但是,共识规则是不断更新的,在新共识规则发布后,部分没有升级的节点无法验证已经升级的节点生产的区块,通常硬分叉(hard fork)就会发生。另外据 Ethernodes.org 网站 2019 年 12 月 8 日显示,以太坊在 12 月 7 日开始伊斯坦布尔(Istanbul)硬分叉升级。以太坊联合创始人维塔利克·布特林(Vitalik Buterin)表示,此次分叉后,以太坊将可以每秒处理 3 000 笔交易,这将使以太坊最终走向 2.0 阶段。

一个完善的共识经济学理论体系的构建,至少需要做到以下五点。

(1) 明确支持共识经济的核心概念,即共识通证、共识信用、共识契约、共识机制等。

(2) 结合历史教训,总结和提炼出符合中国国情的共识经济制度、实施规则和监管规则。

(3) 建立对应的共识理论基础。基于共识的定义、共识的来源等方面,从哲学、经济、社会的角度阐述共识的变迁、共识的核心要素以及共识和契约制度之间的关系等基础问题。

(4) 建立共识经济的基本理论——共识博弈论(consensus game theory)。共识博弈论是研究在共识机制下因不遵守共识条款而发生的具有商业斗争或竞争现象的理论和方法,以及博弈行为中竞争各方是否存在着最合理的行为方案,并给出优化策略。它与社会、经济、科技等各方面有密切的关系,也可以对经济活动进行价值评估。

(5) 建立对应的通证论。在区块链经济体系里,数字通证(digital token)与传统经济体系中的货币相对应,它将不同的经济要素连接起来,形成一个有活力的整体。因此,数字通证是区块链经济体系中的关键要素,而通证论的建立则是连接理论与实践最为关键的一环。

二、区块链中断

区块链网络被引用最多的优点之一就是它们几乎是零故障,不中断。有网站专注于追踪比特币自 2009 年 1 月发行以来正常运行的时间,其百分比居然是 99.992 559 576%。以太坊基金会这样描述其网络上的应用,称之"严格按照程序设定运行,没有任何中断、审查、欺诈或第三方干扰的可能性"。但目前,一些主要区块链网络开始出现区块链中断故障。

区块链中断是指区块链平台上由于发生的技术故障,致使区块链无法继续出块,使整个平台停止运作,进而使在最上层的区块链和应用软件进入了休眠的情况。2013 年美卡币(MegaCoin, MEC)曾出现区块链断裂,交易中断一天。美卡币此前堪称山寨币中的翘楚,坐拥超过 200M 的全网算力,让绝大部分山寨币难以望其项背。2013 年 9 月 13 日,诸多

MEC用户在论坛发帖反馈,MEC钱包不再会更新数据包了,而矿池也不再能够挖到矿产(区块)。随后从美卡币的研发者处了解到,由于某种技术原因,导致了MEC的区块链出现了断裂的情况,用户不再能够挖矿、交易、转账,这意味着用户手中所有的美卡币都将瞬间报废并成为一堆没有用的数字。在研发者的努力下,美卡币大约中断了一天后,发布了一个新的版本,重新接了一条区块链,艰难复活。2018年3月,发展智能经济的公有链项目Neo的区块链也曾因共识节点在共识期间断开连接,导致区块链中断。Neo网络的七个共识节点中只要有一个下链就会造成区块链中止,实际上Neo系统非常脆弱。尽管Neo可以承受损失一个共识节点,但导致这次事件的情况要复杂得多。几个月后,商用分布式应用操作系统EOS区块链也出现了将近五个小时无法出块的问题。EOS网络的延期交易没有通过积极的核实,导致了某种"诡异的状态"并且"阻止了区块链继续出块"。

从广泛意义上看,授权共识算法为加密货币带来了一些新的处理手段,以适应此前只有中心化供应商有能力处理的用例扩展性。但是,新的共识机制把中心化供应商的一个缺点也再次带回了区块链世界,即系统故障。也就是说,当同盟系统中的关键节点发生故障或者掉线时,整个网络可能会就此停止运行。

此外,区块链中断的系统故障也与区块即将出现的硬分叉升级有关。下面首先介绍什么是区块链分叉。由于每个矿工的区块数据都不一样,所以他们解题得出的结果也是不一样的,都是正确答案,只是区块不同。于是,区块链在这个时刻就出现了两个都满足要求的不同区块,如图12-1所示。

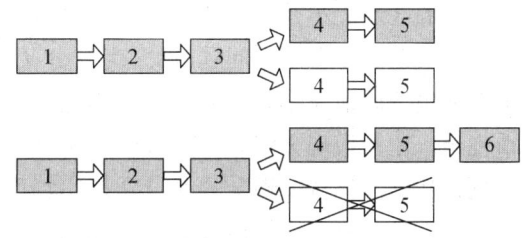

图12-1 区块链分叉和主链的形成

由于距离远近,不同的矿工看到这两个区块是有先后顺序的。通常情况下,矿工们会把自己先看到的区块复制过来,然后接着在这个区块开始新的挖矿工作。于是,出现了这样的情景:当矿工发现全网有一条更长的链时,他就会抛弃他当前的链,把新的更长的链全部复制回来,在这条链的基础上继续挖矿。所有矿工都这样操作,这条链就成了主链,分叉出来被抛弃的链就消失了。一般情况下,一个区块在链接六个区块后就不可能被颠覆了,这被称为六次确认。最终,只有一条链会被保留下来,成为真正有效的账本,其他都是无效的,整个区块链仍然是唯一的。

如果有矿工不遵从这样的机制,那么也会出现分叉。分叉可以创建区块链的交叉版本,在网络不同的地方兼容地运行两个区块链。分叉使之前无效的交易有效,这个分叉的代码由一些节点提前运行,因此,当某些安全措施失效时,这些节点会分裂到不兼容的链上。由于节点意外地提前完成了网络硬分叉,所以这些节点无法就新的区块达成共识,在这种情况下,区块链就会停止出块。对区块链分叉等相关问题的一般讨论,可以归纳为下面要讨论的区块链建设中面临的矿工工作的共识博弈问题。

三、区块链的共识博弈概念

(一)共识与比特币硬分叉

区块链是分布式数据存储、点对点传输、共识机制、加密算法等计算机技术的新型应用模式。所谓共识机制是区块链系统中实现不同节点之间建立信任、获取权益的数学算法。下面以比特币的硬分叉为例子来陈述在实践中要真正达成并执行共识具有的挑战和难度。

2017年8月1日,全球广受欢迎的加密货币——比特币进行了硬分叉,在短短四个月的时间里,由此产生的比特币现金(Bitcoin cash)总市值达到690亿美元,其中一枚比特币的价值就达到了4 000美元。前面提到过,区块链架构是一种链式结构,并且具备了短链服从长链、代码即法律等原则。从共识原理上来讲,不应该出现分叉这种现象。下面简要讲述一下比特币硬分叉的背景和表现形式。

中本聪创造比特币的时候,暂时把比特币的区块大小设定为1M,每10分钟产生一个区块,按照每笔交易大小至少250字节计算,每个区块每秒只能处理大概7笔交易。随着比特币网络转账、交易的用户越来越多,比特币结算的速度越来越慢。你的交易很难挤进交易发生后挖出的第一个区块,得花很长时间等待交易被打包和确认,可能轮到你的时候,前面5个区块都挖出来了。交易拥堵导致了转账速度变慢,手续费也就越来越高。为了缓解常年高峰拥堵的状况,比特币网络需要扩容。2017年7月21日,比特币分叉方案BIP91已经获得全网算力支持,一致同意先进行隔离见证升级,并在之后的6个月内把底层区块链的区块大小升级至2M。这种支持向后兼容的隔离见证方案(SegWit)旨在缓解比特币的区块链大小限制的问题,称之为软分叉。该方案实施之初就遭到了挖矿巨头——比特币大陆旗下矿池ViaBTC的挟持,它准备了一套硬分叉的体系,基于比特币的原链推出比特币现金。比特币现金修改了比特币的代码,支持大区块(将区块大小提升至8M),不包含隔离见证功能。比特币现金的前身就是比特币,在分叉之前它存储的区块链中的数据以及运行的软件是和所有比特币节点兼容的,而到了分叉那一刻以后,它开始执行新的代码,打包大区块,形成新的链。这种分叉我们称之为硬分叉。比特币的硬分叉和软分叉如图12-2所示。

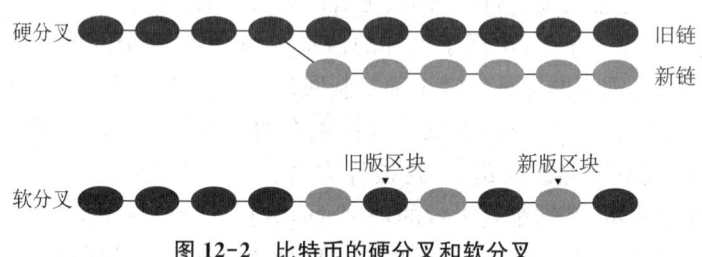

图12-2 比特币的硬分叉和软分叉

比特币现金并不是由少数服从多数这样的机制达成共识而产生的。比特币是去中心化的,即在这样分布式记账的规则下,保证没有单独个体能够有足够大的体量来左右账本中信息的记录。然而,在比特币硬分叉事件中,矿池ViaBTC以它超强的算力实现了单方面操纵区块链走向,从而生成新货币,赚取超额收益的结果。分叉后的区块链,打破了比特币恒定2 100万枚的假设,这不仅打破了中本聪在比特币白皮书中对于比特币优势的构想,更为之后多种硬分叉数字货币的首次币发行埋下伏笔。那么之前所述的比特币不可篡改、可溯源等优势是否不复存在呢?国家大力推行的区块链技术是否失去了原有的意义?下面将通过引入区块链共识博弈论的概念来解决上面提到的区块链分叉问题。

（二）合作博弈、非合作博弈和共识博弈

在改进区块链机制设计的过程中，必须要引入博弈论的相关知识。博弈论是指研究在特定条件制约下的对局中多个个体或团队之间利用相关方的策略，而实施对应策略的学科。一般来讲，根据对应的策略是否可以达成具有约束力的协议，可分为合作博弈和非合作博弈。但是，随着目前金融科技学的发展，又呈现出支持共识经济发展需要的新观点——共识博弈。

1. 合作博弈和非合作博弈

合作博弈是研究人们达成合作时如何分配合作得到的收益，即收益分配问题。合作博弈采取的是一种合作的方式，或者说是一种妥协。妥协之所以能够增进妥协双方的利益以及整个社会的利益，就是因为合作博弈能够产生一种合作妥协，这种妥协就是从这种关系和方式中产生出来的，且以此为限。至于合作妥协在博弈各方之间如何平衡，取决于博弈各方的力量对比和技巧运用。因此，妥协必须经过博弈各方的讨价还价才能达成共识，进行合作。

非合作博弈是研究人们在利益相互影响的局势中如何使自己的收益最大，即策略选择问题。它主要强调一个人进行自主的决策，而与这个策略环境中其他人无关。博弈并非只包含了冲突的元素，往往在很多情况下，既包含了冲突元素，也包含了合作元素，即冲突和合作是重叠的。在博弈理论中，非合作博弈通常提到纳什平衡（Nash equilibrium），即在一个博弈过程中，无论对方的策略选择如何，当事人一方都会选择某个确定的策略，该策略被称作支配性策略。如果两个博弈当事人的策略组合分别构成各自的支配性策略，那么这个组合就是纳什平衡。纳什平衡使每个博弈者的平衡策略都能达到自己期望收益的最大值。

合作博弈与非合作博弈的重要区别在于前者强调联盟内部的信息互通和存在有约束力的可执行契约。信息互通是形成合作的首要前提和基本条件，能够促使具有共同利益的单个局中人为了相同的目标而结成联盟。然而，联盟能否获得净收益以及如何在联盟内部分配净收益，需要有可强制执行的契约来保证。分配向量的存在是执行契约行为的理论描述。因此，人们在研讨合作博弈时，往往更注重强制执行的契约，这是合作博弈的本质特点。如果结盟成本可忽略不计，联盟内部分配可顺利实施的话，联盟在博弈环境中完全可作为与其他对手同样的单一局中人来看待。博弈论专家在研究中指出，合作博弈理论的缺陷是其不可能提供一个清晰的标准来分析现实社会竞争的解。其主要表现为：第一，现实中的协议或契约可能是部分可强制执行，而另一部分不能强制执行。一些局中人可达成契约，另一些人却不能够达成契约。在实施过程中，其中有若干步可执行，其余的则不可执行。于是，实际生活中的博弈大多处于合作博弈与非合作博弈之间。第二，合作博弈具有序列渐进结构。第三，合作博弈所反映的现实经济问题具有不完全信息。这样的观点代表了将合作博弈纳入非合作博弈研究范围的一种发展趋势。然而，从更广泛的意义上来说，合作与非合作两种博弈互为包容，浑然一体，是同一类事物在不同条件下、从不同角度观察时的不同表现形式。它们之间存在着必然联系，有着共同的本质特征，可以用适当的形式把它们统一起来。这就需要找出竞争与合作的内在联系并将它们一体化。从博弈过程和策略选择的角度看，合作博弈是非合作博弈的特例；而从博弈结果和收益分配的角度看，非合作博弈是合作博弈的特例，此时即每个联盟内成员个数为1。因此，它们的存在环境、研究方法都有所不同。合作博弈是由于合作收益的诱惑,相对减少了博弈行为方式和过程的研究,其内容自然是更多地集中于配置问题和解的概念、类型及特点,可用于回答个体与联盟的能力、公平分配方法及社会稳定模式等问题;非合作博弈则是由于个人收益与自己的策略选择有直接联系,因此就会理所当然地对行为过程和策略选择等博弈问题更加关注,主要研究信息结构、策略选择对时间的依赖性、支付风险等问题。更明显的区别是:非合作博弈侧重个体行为特征研究,合作博弈侧重研究集体行为特点。因此,它们对微观和宏观经济领域等应用范围的适宜性也有所不同。

2. 共识博弈

个体有限次的、局部的策略选择行为与整个市场相比仍足够小,在理想的完全竞争的交换市场经济中,参与者(局中人)较多,策略选择行为发生次数足够大时,非合作博弈与合作博弈的差异近乎消失,两者趋于一致。然而,这种理想经济与现实差距甚远。大的企业集团、国家对市场和国际经济的影响仍然举足轻重时,合作与非合作的分类研究及将两者有机结合起来的博弈模型研究仍有重要意义。参与博弈的局中人,为了各自的利益目标,都在努力寻找和实施能够获得更多利益的行为方式。如果联盟或合作更有利于目标的实现,部分局中人自然会以联盟为单位进行博弈,此时只需考虑如何在联盟内部分配这些比成员们单个博弈时所得之和还要多的利益。否则,局中人仍然会是单兵参战。因此,实际中的博弈问题,局中人常常面临着在合作与非合作之间的选择,这就是拟合作问题,例如,经贸谈判,委托一代理关系中的激励相容问题,垄断竞争,国家政府、企业和个人的关系问题等。关键在于合作与非合作相互转化的条件(利益标准)、特点和均衡的实际情况。

区块链的本质是一种多方参与的共识系统,是奖励遵守规则的参与者,制裁破坏规则的参与者的良性竞争激励的一种机制设计。机制设计(mechanism design)是研究在自由选择、自愿交换、信息不完全及决策分散化的条件下能否设计一套规则或制度来达到既定目标的理论,即在给定一般共识原则和对应激励机制情况下,如果有团队进行非共识下的商务活动(即非合作博弈)的时候,是否会有支持区块主链建设的诚实团队存在。我们把这个问题和相关问题的理论研究,称为共识博弈论。目前,这种思想最成功的应用是在拍卖理论(auction theory)上。

图 12-3 是一个在区块链背景下博弈论研究的案例。

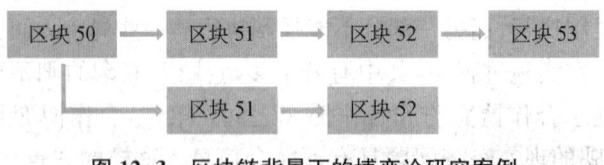

图 12-3 区块链背景下的博弈论研究案例

如图 12-3 所示,假设在一个区块链上,矿工 1 和矿工 2 在第 50 个区块出块后,有两个决策:①继续在主链上挖矿,并且获得收益 3;②分叉,并且获得收益 5。但是,如果有人分叉了,主链上第 51 个区块的收益变则为 2。那么,如果矿工 1 和矿工 2 都选择分叉并且没有惩罚的话,有可能出现大家都会选择分叉。这就是区块链上很常见的双重支付(double spending)问题,如表 12-1 所示。当因分叉而获得收益足够大时,就会出现前述矿池

ViaBTC 直接采取硬分叉(即永久分叉)的行为,对区块链的稳定性造成威胁。

表 12-1 区块链上的双重支付问题

决策收益	矿工 2 挖主链	矿工 2 分叉
矿工 1 挖主链	3, 3	2, 5
矿工 1 分叉	5, 2	5, 5

但是,如果区块链上的经济模型里面规定一些惩罚机制,比如矿工 1 和矿工 2 都有保证金 6,系统如果发现任何人有分叉的行为,都将扣除其保证金,那就会产生新的决策收益矩阵,如表 12-2 所示。

表 12-2 新的决策收益矩阵

决策收益	矿工 2 挖主链	矿工 2 分叉
矿工 1 挖主链	3, 3	2, −1
矿工 1 分叉	−1, 2	−1, −1

这时,区块链上的纳什均衡就变成了矿工 1 和矿工 2 都不分叉继续挖主链,矿工 1 和矿工 2 都会理性地选择对整个链都有好处的决策,从而使得整个区块链系统更加稳定和安全,从而具有存在的共识均衡点。由此可见,区块链博弈论能使没有信任基础的区块链参与者都做出对整体区块链有利、安全和稳定的决策,从而实现去中心化的良好自治目标。因此,良好的博弈论机制设计是区块链经济模型设计中至关重要的一个环节。

博弈论的范畴还有很多,包括前面提到的合作博弈和非合作博弈,还有静态博弈和动态博弈,完全信息博弈和不完全信息博弈,区块链上的经济问题也远不止双重支付这一个,因此,与之配套的顶层设计和对应的监管制度的建立也就显得非常重要。

面对合作与非合作行为的同时出现,我们就需要引进一个称为共识博弈(consensus game)的新概念,它允许我们讨论存在一个可接受的(可能不是帕累托最优)的混合协同策略,该策略包括在给定共性原则下的合作与非合作行为的同时出现。例如,根据中本聪的共识原则,每个矿工应用按照最长链规则(longest chain rules, LCR)进行区块链的建设。这里,我们可以简单地把按照最长链规则进行区块链建设的员工称为合作博弈的执行者,把不按照中本聪的共识原则进行工作的行为就称为非合作博弈行为。在这种情况下,一种典型的行为是矿工通过充当自私的矿工(selfish miner)或采矿池攻击者(mining-pool attacker)来开采比特币,其目的是希望获得高回报。因此,与传统的合作博弈与非合作博弈相比较,共识博弈是一种自然的延伸。

袁先智等学者于 2019 年通过提出共识博弈均衡(consensus equilibrium game)的概念,在给定的一般共识原则下,比如具有相容性的激励机制的情况下,正面回答了是否有支持区块主链建设的诚实团队存在的基础性问题。这个结果可以看作是支持区块链共识经济的核心基础成果之一。其基本结论是:如果支持区块链建设的共识机制具有一般的激励相容性,尽管可能有间隙行为(gap game behavior)、叉链行为或矿工池攻击行为的出现,但是一定会存在诚实的矿工遵守一般共识原则中的最长开采链规则进行区块链的建设,从而保证区块链生态系统的长远运行,支持基于区块链生态系统的共识经济活动的运转。因此,在金融科技中,共识经济学主要是指在共识激励(consensus incentive)原则下基于区块链技术为基础展开的新形态的经济商务等活动的一门新学科,一个典型的例子就是基于区块链的比特币生态系统的产生。正如袁先智等学者指出的那样,在一般共识激励原则下,需要建立基于分布式平台区块链的共识经济学可以长久发展的理论基础,而共识博弈应该是支持共识经济学中基于合作博弈与非合作博弈进行相应均衡机制进行解释的核心概念。同时,作为共识博弈结果的应用,对挖掘(采集)比特币、采集平台矿工各种活动形态的表现,以及对合作博弈的存在和稳定性方面仍需进行深入的研究,以便为支持共识博弈概念在建立共识经济基础理论方面做出更多有益的探索。

四、区块链治理

改变区块链系统的变化,卖出代币是弱退出,区块链分叉是强退出,而发声就是治理。每个区块链体系都有自己的一套治理系统来创建、更新和执行法律。在区块链中代码即法律。治理是区块链发展过程中不可避免的一个问题。一般来说,如果一个决策的协调机制在治理参与者当中存在着某种共同的认识,那么它们就具有合法性。如果一个协调机制是合法的,人们将无可非议地去执行。治理的过程实质上是参与者之间的一种共识博弈。

区块链治理有两个关键部分:一是激励,二是协调机制。系统中的每个组织都有自己的激励机制。这些激励措施并不总是与系统中的其他组织 100% 保持一致。随时间推移,每个组织将提出对它们有利的进化。这通常体现在奖励结构、货币政策或权力平衡的变化上。由于所有组织不可能始终保持 100% 的激励一致性,因此每个组织围绕共同激励进行协调的能力至关重要。

目前,区块链治理处于初级阶段。比特币的激励机制要求维护对系统的信任,这符合每个人的最佳利益。比特币的协调机制主要是离链协调和在链协调。离链协调即开发人员通过比特币改进建议(BIPs)流程和邮件列表进行协调。区块链生态系统中包括众多参与者以及非核心开发者、节点运行者和商标用户的利益相关者等。对于一个成功管理区块链的社区而言,成员们之间需要进行协调。至少,这意味着节点运行者、开发者和商标用户之间必须进行协调。这就涉及区块链治理必然会遇到的决策:核心开发人员必须选择如何发布软件,节点运行者必须决策运行什么软件,商标用户必须决策如何使用区块链商标等。

矿工们可以展开在链协调,因为他们正在创造区块链本身。在实践中,在链协调更容易,在一些新的区块链中,在链协调功能可以改变规则甚至账本历史本身。比特币制定的制衡制度中,开发者提交迭代申请,矿工决定是否在实践中采纳这些申请。网络的节点可以否决与矿工运行版本不同的版本,用户可以反抗系统。矿工们推动改变,这会增加未来的累计交易费用。协调能力的不对称也会给矿工以不相称的权力。矿工之间的沟通更容易,因为他们是一个小而集中的群体。由于采矿业是一个规模经济的行业,预计采矿业将会出现自然垄断的持续趋势,并且会有更大的协调优势。最后,比特币的制衡机制依赖于一定的透明度,一旦单个矿工获得超过 51% 的算力,可以通过审查和冻结资产来控制全网,从而避免技术风险。

通过启用在链治理，新的区块链变得更容易协调，任何人都可以以代码更新的形式更改治理机制，然后进行连续投票，如果通过，更新将用于测试网络，在测试网络上运行一段时间之后，可以发起确认投票，并可以在主网络上进行更改。这个概念被称为自我修正的分类账。这样的系统将权力直接转移给了用户，进而让权力远离了开发人员和挖矿群体这样的中心化组织。在开发人员方面，任何人都可以提交代码更改，最重要的是，每个人都有经济动机去这么做，因为用户能够直接在链协调，显著提高自己的权力并减少矿工的权力。

在链治理是一把双刃剑：有利的一面是确保一贯遵循的流程可以提高协调性和公平性，它也允许更快的决策；不利的一面是风险性，因为元系统一旦建立就变得难以改变，就像任何直接写入代码的东西一样，如果有缺陷的话，它可以更快更容易地被利用。

许多同盟系统在紧急情况下就会中断，通常需要手动干预才能再次开始运行。比特币通常不会中断，但也会在一定时间内反复分叉成两个链。换言之，从用户的角度来看，比特币网络或许永远不会中断，但是如果用户发现自己在一个分叉链上交易，比特币并不保证在确定规范链的情况下是否最终抛弃其他分叉链。虽然大多数时候比特币都缺乏一致性，但所有的分叉在一段时间后都会自动选择新的规范链。但两个彼此冲突的分叉链对网络的威胁比一条中断链的威胁大得多。值得注意的是分叉始终是一种选择。对于以太坊来说，它表现出愿意进行硬分叉以及通过硬分叉维护网络价值的能力。

分叉的能力大大降低了锁定率，增加了多样性，使我们可以尝试更多的路径。与企业衍生品一样，当两条利基链可以更有效地满足不同的需求时，相比一条链无法满足这两套需求的时候，分叉是有益的。但是，尽可能避免硬分叉仍然是必要的。硬分叉是一种非向后兼容的变化，缺点是减少网络效应，引起不必要工作，甚至导致区块链中断。任何使用分叉协议的人都可能会破坏他们的代码，在通过透明且去信任的代码执行而又日益相互关联的世界中，这些影响被叠加放大。硬分叉大大降低了信任，那些之前引用的协议现在必须移出区块链，找出"正确"的新版本使用。由于退出时的阻力大大减少，因此对硬分叉的治理比以往更加关键。

与有机生命体一样，随着时间推移，区块链成功的能力取决于其进化能力。这种演变将带来许多方向性决定，而围绕这些决定的治理最能决定系统的未来。区块链治理应该成为这个领域的首要关注点。这些网络的密码经济学基本面和框架治理模式是生存的关键。像任何新的强大技术一样，区块链是一种可以多方向发展的工具。用得好，我们可以创造一个更加繁荣和自由的世界。如果用不好，也可以把我们带向一个我们不希望去的地方。

第二节　智能合约

智能合约是一种用算法和程序来编制合同条款、部署在区块链上且可按照规则自动执行的数字化协议。智能合约的概念早在 1994 年由学者尼克·萨博（Nick Szabo）提出，起初被定义为一套以数字形式定义的承诺，包括合约参与方执行这些承诺所需的协议，其初衷是将智能合约内置到物理实体以创造各种灵活可控的智能资产。由于早期计算条件的限制和应用场景的缺失,智能合约并未受到研究者的广泛关注,直到区块链技术出现之后,智能合约才被重新定义。

区块链技术的出现重新定义了智能合约,区块链实现了去中心化的存储,智能合约在其基础上则实现了去中心化的计算。比特币脚本是嵌在比特币交易上的一组指令,由于指令类型单一、实现功能有限,其只能算作智能合约的雏形。智能合约是区块链的核心构成要素(合约层),是由事件驱动的、具有状态的、运行在可复制的共享区块链数据账本上的计算机程序,能够实现主动或被动的处理数据,接受、储存和发送价值,以及控制和管理各类链上智能资产等功能。智能合约作为一种嵌入式程序化合约,可以内置在任何区块链数据、交易、有形或无形资产上,形成可编程控制的软件定义的系统、市场和资产。

具体说来,智能合约是一组部署在区块链上的去中心化、可信共享的程序代码。智能合约的运作机制如图 12-4 所示。通常情况下,智能合约封装预定义的若干状态、转换规则、触发条件以及对应操作等,经过各方签署后,以程序代码的形式附着在区块链数据(例如一笔比特币交易)上,经 P2P 网络传播和节点验证后记入区块链的特定区块中。经过区块链网络的传播和验证后被记入各个节点的分布式账本中,区块链可实时监控智能合约的状态,并通过核查外部数据源、确认满足特定触发条件后激活并执行合约。

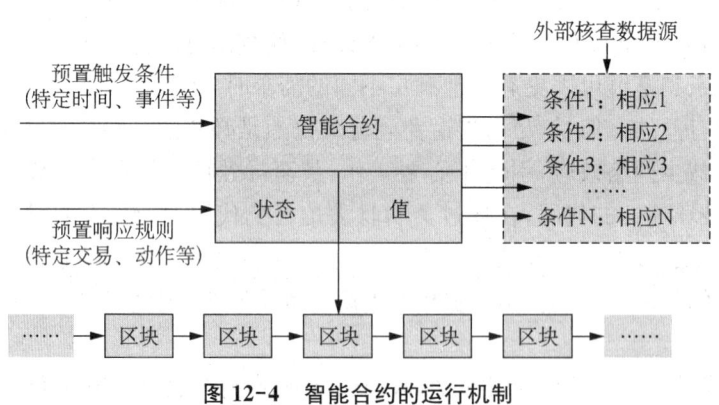

图 12-4　智能合约的运行机制

依照商业逻辑编写完智能合约代码后,需要将其发布到区块链网络节点上。以太坊提供了图灵完备的脚本语言 Solidity、Serpent、Mutan、LLL 与沙箱环境,以供用户编写和运行智能合约。在以太坊中,部署后的合约存放在区块链上,每次被调用时才被以太坊智能合约虚拟机(ethereum virtual machine, EVM)加载运行。以太坊自定义的 Solidity 等图灵完备的脚本语言,为了实现特殊的合约功能,内置了表示账户地址的 address 数据类型,倾向于支持基于数字货币的支付应用。以太坊的合约账户和外部账户共享同一地址空间,合约地址能被看作一个外部账户地址,可通过向合约地址发送交易来调用智能合约。合约执行过程中依据占用的 CPU 和内存会消耗"汽油"(gas),gas 由以太币兑换而来,一旦 gas 耗尽,合约就会终止执行,消耗掉的费用不会退回,从而防范了垃圾交易或含有死循环的智能合约。Solidity 等图灵完备的脚本语言在增强合约逻辑功能、降低合约编写难度的同时,也会带来潜在的一些安全风险。2016 年 6 月,以太坊上最大众筹项目的智能合约因递归调用漏洞而遭遇攻击,约 1 200 万个以太币被非法转移,后虽通过硬分叉追回了损失,但该项目宣布失败并解散。因此,人们正在考虑整合形式化验证以保障智能合约代码的正确性。

智能合约不能直接运行在区块链节点上,因为合约中若含有漏洞或恶意代码,就会直接威胁到区块链节点的安全,所以智能合约必须运行在隔离的沙箱环境中。以太坊使用自定义的以太坊虚拟机作为沙箱,运行由 Solidity 等语言编译生成的字节码不能访问 EVM 宿主机的网络系统、文件系统和其他进程,合约之间也只有有限的调用,保护了宿主机不受容器中恶意合约的攻击,也防止了容器之间的相互影响。这样,合约和宿主系统之间、合约与合约之间被沙箱执行环境有效隔离、互不干扰,这就限定了漏洞或恶意代码的影响范围。

智能合约只能访问链内数据,无法主动监听并响应链外事件。智能合约定义了交易逻辑及访问状态数据的业务规则,外部应用(如以太坊中的去中心化应用)需要调用智能合约,并依照合约执行交易和访问状态数据。外部应用与智能合约间的关系非常类似于传统数据库应用与存储过程间的关系,存储过程运行于数据库管理系统之中,访问关系数据库数据;而智能合约运行于区块链系统之中,访问区块和状态数据。

智能合约具有自治、自足和去中心化等特征。自治表示合约一旦启动就会自动运行,而不需要其他签署方进行任何干预;自足则意味着合约能够通过提供服务或发行资产来获取资金,并在需要时使用这些资金;去中心化则意味着智能合约是由去中心化存储和验证的程序代码而非中心化实体来保障执行的合约,能在很大程度上保证合约的公平和公正性。智能合约的以上特征是区块链治理的有力工具。分布自治协议可以通过智能合约实现。智能合约本身也可以成为治理主体,如和人工智能结合,可以令区块链实现自我管理和自我升级。

智能合约对于区块链技术来说具有重要的意义。一方面,智能合约是区块链的激活器,为静态的底层区块链数据赋予了灵活可编程的机制和算法,并为构建区块链 2.0 和 3.0 时代的可编程金融系统与社会系统奠定了基础。另一方面,智能合约的自动化和可编程特性使其可封装分布式区块链系统中各节点的复杂行为,成为区块链构成的虚拟世界中的软件代理机器人,这有助于构建各种去中心化应用(decentralized application, DApp)、去中心化自治组织(decentralized autonomous organization, DAO)、去中心化自治公司(decentralized autonomous corporation, DAC),甚至使构建去中心化自治社会(decentralized autonomous society, DAS)成为可能,是区块链治理的利器。

智能合约是在区块链治理方面的发展方向,可以将区块链治理系统与智能合约相结合,实现去中心化应用的灵活控制,并且不需要任何中断;也可以把智能合约作为外部治理的接口,使区块链本身能够对外部治理做出反应。可见,智能合约在区块链治理中具有重要作用。

第三节　区块链技术助推电子认证创新发展

第一代互联网成功实现了信息去中心化,然而无法建立全球信用。网络主体之间必须通过一定的手段来建立信任。电子认证服务是典型的第三方信任机制,由权威第三方认证和维护网络主体的真实身份,并通过非对称密码和时间戳等技术手段来保证网络主体行为的不可篡改性,进而保证在出现法律问题时可以追溯到物理世界法律主体。第三方机构是网络主体间信任的基础。需要信用做保证的都是中心化的、有第三方认证机构参与的活动,人们无法在互联网上通过去中心化的方式参与价值交换活动。但随着互联网技术的发展,这种基于信用而存在的第三方认证机构的运营成本已经大到无法忽视,人们开始尝试新的技术。区块链技术能在无法保证人们互相信任的前提下,还可以从事价值交换的活动,从而做到真正的去中心化、去第三方中介机构,实现从信息互联网到价值互联网的转变。它通过使用共识机制维护一个分布式的、不可篡改的账本,该技术体系不需要中心化的管理机构,杜绝了因管理机构内部问题而引发的信任危机,让区块链中的参与者在无须建立信任关系的前提下实现统一的账本,建立一种共识机制。这种基于去中心化思想实现的全新网络信任机制,为电子支付构建信任关系提供了新思路,其广泛应用必然会对电子认证产生重大冲击。

(一) 区块链实现了网络身份认证的功能

网络身份认证的核心是实现网络身份与物理世界法律主体间的对应关系。电子认证具有一整套完备的技术和管理手段,通过非对称密码技术保证物理介质与网络身份的对应,通过权威第三方机构对申请、审核、吊销、挂起等全生命周期的管理来保证物理介质与法律主体的对应,该技术手段和管理机制经过几十年的实践验证已经成为国际公认的网络身份认证方案。区块链作为一种通用技术框架,可以融合使用生物特征、数字证书等多种技术手段,但这种身份认证往往不关注其物理世界法律主体的真实身份,如在基于区块链的身份认证解决方案 CryptID 中,建立身份卡时需要输入姓名、生物特征等信息,并不需要到权威机构去验证其真实身份,这个网络身份主要用于确保唯一性和区分权限,对于中心化的私有链和联盟链等区块链方案,实际上也可以使用第三方电子认证服务。

(二) 区块链更能代表全球化治理的新方向

区块链提供了一种去中心化、去权威化的身份管理机制,代表了全球化治理的新方向。一是区块链为网络空间治理提供了新思路,通过技术手段解决了中介信用问题,比特币是人类第一次在没有任何中介机构参与下完成双方可互信的转账行为,基于区块链的网络身份管理体系的建立,将在维护互联网开放、透明的基础上实现网络空间治理。二是区块链为推进全球化治理提供了实践,去中心化意味着减少管理成本、减少腐败,能够在信息共享、透明和信任机制方面更好地建立政府与公民间的关系,同时为跨越国界的全球化治理提供了借鉴。

(三) 区块链颠覆了电子认证行业的发展根基

区块链短期内难以替代电子认证的法律地位,但长期看则可能颠覆整个电子认证行业。在当前中心化管理模式的体系中,网络身份的法律地位必须由权威机构或中立第三方机构来确认,由电子签名法明确法律效力的第三方电子认证服务将一定时期内保持其在网络空间身份管理中的法律地位,区块链的匿名性特征无法实现监督管理和法律追溯,其私有链和联盟链等变化形态实际上是采用中心化身份管理来解决这一问题。但长期看,随着经济全球化进程的加快,去中心化的治理理念将不断深入人心,区块链将引发身份管理乃至社会治理的系统性变革,去中心化的管理方式将逐步被接受并成为主流,在这种情况下,面向中心化身份管理的第三方电子认证服务将失去存在的意义,只留下非对称密码体系作为支撑信任建立机制的技术手段。

区块链应用前景十分广阔,与互联网应用具有天然适应性,将大幅压缩电子认证服务的应用领域。经过十几年的发展,电子认证行业已经取得了较大进展,但严格的管理体系和单一的应用模式限制了其发展空间,电子认证仅在电子政务、金融等领域取得较深入的应用,在其他领域特别是个人应用方面进展缓慢。究其根源主要有两方面:一是应用体验较差,电子认证为确保安全性牺牲了较多用户体验,电子认证服务机构往往也不重视与应用的深度整合,而且存在证书间互联互通等问题,这都降低了用户主动选择电子认证服务的积极性。二是信任环境仍未形成,中心化模式下第三方机构的权威性十分重要,监守自盗或被攻破都会造成重大损失,电子认证服务机构的整体实力仍难以赢得用户充分的信任。

相比而言,区块链则显现出强大的适应性,其完全基于技术手段的信任建立机制大大提升了用户体验,比特币的应用基础也证明其可以与互联网深度融合,区块链甚至将成为全球信任的基础协议,这将严重影响传统电子认证行业的应用拓展。

区块链与电子认证存在功能重合,区块链的广泛应用将压缩传统电子认证的应用场景。电子认证的核心是身份认证和电子签名应用,其中身份认证业务相对单一和固定,而电子签名业务则与应用领域紧密接合,如电子商务领域的电子合同,是电子认证业务模式创新的重点方向。然而,区块链提供了一种新的网络主体信任建立机制,其中的分布式账本和共识机制能够保证网络主体行为数据不被篡改和不丢失,可以替代现有电子签名应用,切断电子认证与应用领域具体业务的关联,彻底使电子签名沦为仅提供身份认证的工具。

(四)区块链推动了电子认证与区块链融合发展

电子认证应加快提升第三方公信力,应不断优化行业创新环境,紧密拥抱区块链技术。一是构建以电子签名技术为基础的网络信任服务行业,除电子认证服务外,将上下游的电子签章服务、时间戳服务等纳入其中,依托电子签名法,理清电子认证服务其他技术手段的关系,为行业引入新的区块链技术手段、创新业务模式提供依据。二是进一步优化行业管理规范,分析区块链、手机盾、生物特征、网络行为分析等技术手段的特点,结合电子签名应用需求,适当调整现行管理规定,探索基于信任程度分级的管理要求,以兼容电子签名的新技术手段和应用模式,提高行业创新发展空间。

在推动电子认证与区块链融合发展中,一是组织力量深入研究区块链,分析区块链与电子认证之间的关联性,提出依托电子认证服务的区块链解决方案,为电子认证服务在私有链和联盟链等中心化区块链模式中应用打下基础。二是制定和完善区块链应用相关政策法规,依托电子签名法等现有法律法规,明确电子认证在区块链应用中的重要作用,为将电子认证作为区块链应用监管抓手打下基础,如数字货币中涉及网络身份法律地位的规定等。三是依托电子认证服务产业联盟,成立区块链专委会,整合行业力量对接区块链技术和应用部门,积极参与到金融、电子商务等领域区块链应用中去,充分发挥电子认证在区块链中的重要作用。

第四节 区块链技术变革现有征信体系

征信是金融市场发展的重要基础设施,其根本作用是解决交易双方的信息不对称问题,进行信用风险管理。目前,商业银行信贷业务的开展,无论是针对企业还是个人,最基础的考虑因素都是借款主体本身所具备的金融信用。商业银行将每个借款主体的信用信息及还款情况上传至央行的征信中心,需要查询时,在客户授权的前提下,再从央行征信中心下载信息以供参考。这其中存在信息不完整、数据更新不及时、效率较低、使用成本高等问题。区块链以分布式储存、点对点传输、共识机制与加密算法等技术直击征信业痛点,变革现有的征信行体系。

一、征信业痛点

数据作为征信业的核心,数据隐私保护问题一直是征信业发展过程中的痛点之一。目前征信行业许多用户数据泄露事件,直接涉及用户的姓名、电话号码、地址、驾照信息、信用卡信息等隐私信息。在传统征信模式下,信贷机构需主动报送数据,并且数据是物理留存的,征信体系的关键弱点是极易被黑客攻击,还存在滥用、竞争使用和泄露等风险。因此,传统征信模式下的信息中介服务机构往往不被信任。区块链具有分布式储存和点对点传输特点,可以解决中心服务机构的系统稳定性问题,并且利用非对称加密技术可以在一定程度上解决信息滥用和竞争使用问题,从而改善信任。

数据真实性问题也是征信业的一大痛点。征信工作主要包括如下三个主要环节:数据采集、数据整合、数据利用。因此,保证数据采集的有效性与解读的准确性是决定互联网金融成败的关键。以数据为本,用区块链技术改变现代信用体系是可行的。在传统征信模式下,信贷机构报送数据的真实性主要是通过政策规定和惩罚机制来保证的,而对于使用了区块链技术的征信模式,其接入机构的数据真实性是靠行业自律和惩罚机制来保证的。100%保证上链前的数据真实性虽然有困难,但基于区块链上链数据不可篡改特性,同时结合联盟成员实名入驻、数据抽检、系统交叉验证和举证核查等机制,可以保证数据的质量。

此外,信用数据的共享与征信企业的经济利益发生的矛盾也是征信业的痛点。如果企业将拥有的企业与个人信用数据共享,将会影响其核心支撑力量。但同时,各企业又想得到其他企业的信用数据。因此,寻求一种新的数据处理方法,一方面既不会威胁到企业的商业经济利益,另一方面又能够得到想要的信用数据,此时区块链技术变得尤为重要。

二、区块链的解决方案

在征信领域,区块链的优势在于可依靠程序算法自动记录信用相关信息,并存储在区块链网络的每一台计算机上,信息透明、不可篡改、使用成本低。商业银行可以用加密的形式存储并共享客户在本机构的信用信息,客户申请贷款时,贷款机构在获得授权后可通过直接调取区块链的相应信息数据直接完成征信,而不必再到央行申请征信信息查询。

1. 建立区块链信用黑名单征信系统

目前,对于互联网金融企业,尤其是互联网借贷企业最迫切得到的是信用黑名单数据的共享。如果信用黑名单数据不共享,即使某个企业或者个人上了一家互联网借贷企业的黑名单,但他还是能够从其他公司借到资金。陆金所作为中国第一家 P2P 企业,联合中国当前最大的 10 家互联网金融企业组成了网络信贷服务企业联盟,其目的是进行信用黑名单共享。该联盟的信用数据共享属于传统型数据共享,联盟中的各企业组成一个巨大的数据中心,成员可以在其组成的数据中心进行查询,进而规避风险。但这种传统型数据共享将存在三个问题:①数据是中心化的,存在被窃取与篡改的可能;②数据的汇总与更新速度不可控,会有延迟性;③数据的查询速度会随着数据量的不断增大而降低,并且构建数据共享系统复杂度较高。而使用区块链技术可以有效解决传统数据共享的弊端:①将中心化的数据存储改为分布式存储,这将使数据不可篡改,并且如果有虚假数据出现,将可以追溯到数据源头;②区块链技术的数据采用节点同步,保证数据共享的及时性;③数据的查询方式采用 P2P 方式,并且将设置访问权限,只有正确的秘钥才能访问信用数据。具体而言,基于区块链信用黑名单征信系统的建立分为四大部分:①制定统一的黑名单登记规则;②有偿地提供各自企业的黑名单;③黑名单数据以分布式账本形式储存并进行加密;④有偿性地提供数据查询。具体的区块链提交黑名单流程如图 12-5 所示。

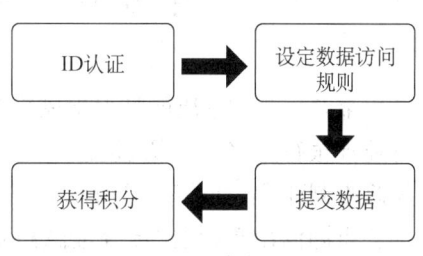

图 12-5 区块链黑名单提交流程

2. 建立区块链信用白名单征信系统

黑名单是互联网金融企业规避风险的有效手段,但是白名单却是互联网金融企业获利的主要手段,因此从互联网金融企业经营的角度来看,白名单征信系统更具有现实意义。同样,对于一个国家而言,只有信用黑名单征信系统,缺乏正面数据的征信系统是不全面与不完整的。针对多家 P2P 平台跑路情况,我国商务部直属机构国际贸易经济合作研究院制定了《互联网金融机构信用评级与标准》,这是我国第一个互联网金融机构信用评级和认证的国家标准,各大互联网金融企业也寄托于互联网金融企业白名单能够有效减少甚至消灭欺骗性互联网金融企业,保证互联网金融行业健康发展。但白名单与黑名单具有同样的问题,即互联网金融企业的信用等级是由第三方组织评价的,因此,如果要保证评价信息的中立性,必须由没有经济利益相关的律师事务所或会计师事务所进行评价,这可能引出更多的问题。因此,通过信息数据共享的区块链技术,使互联网企业不仅成为征信系统的参与者也成为监督者,是解决传统信用白名单建立弊端的最好方法。区块链白名单征信系统的建立主要是由四部分构成:①采用无中心化的分布式信息储存和共享。公开透明的数据将保存所有的交易数据,并采取密码协议避免造假的可能。②全员参与积分奖励。互联网企业是该征信系统的核心,每个企业的征信数据是决定该征信系统成功的关键,并且对于上传更多数据的企业奖励更多积分,具有查询更多数据的资格,帮助互联网金融企业寻找潜在客户。③信用查询方式采用点对点的快速查询方式,该方式具有查询速度快、效率高的特点。④每个企业可以设置查询权限,数据的提供方有权限制哪些企业可以访问它们的征信数据库,而哪些企业不能访问。区块链信用白名单征信系统的特征与规则和信用黑名单征信系统的特征与规则一致,唯一不同的地方在于:白名单的目的在于帮助互联网金融企业寻找潜在优质客户;而黑名单则在于排查不良征信用户,进而提供互联网金融企业不能合作的对象,防止风险的发生。

3. 构建联盟链,搭建征信数据共享交易平台

征信管理的问题在于数据缺乏共享,征信机构和用户信息不对称,正规市场化数据采集渠道有限,数据争夺战消耗大量成本,数据隐私泄露等,传统征信体系难以满足要求。在征信领域,尝试采用区块链技术,利用其去中心化、去信任、时间戳、非对称加密和智能合约等特征,应用于征信的数据共享交易领域,面向征信相关各行各业的数据共享交易,构建联盟链,搭建征信数据共享交易平台。在技术层面保证了可以有效保护数据隐私,实现有限度可管控的信用数据共享和验证。

第五节　区块链技术降低金融风险

金融行业的本质就是承担风险获得风险收益,风险控制是金融行业的核心。传统金融行业如银行已经是经历过百年历史,通过每几十年就会发生的金融危机,早已探索出一套风险控制流程,如图12-6所示。互联网金融由于是新兴事物,每个新事物都不是完美的,都会有漏洞出现,相比传统金融行业面对的风险会更多。借助区块链技术中的去中心化和去监管化这两个核心思想可以帮助互联网金融企业做好风险控制。

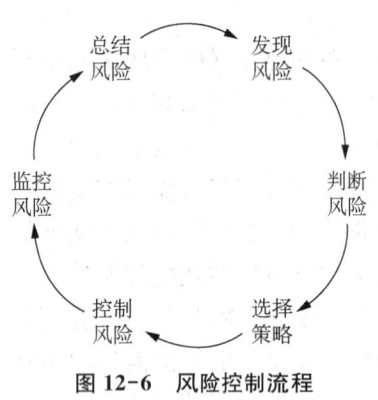

图 12-6　风险控制流程

目前,互联网金融难以平衡安全性、效益性和流动性三者之间的关系是导致风险控制不足的主要原因。如果互联网金融企业资金周转不足,缺乏资金的流动性,将会影响其盈利能力,在极端状况下,会导致该金融机构的倒闭。而安全性与效益性两者就存在竞争与冲突。因此,互联网金融企业不能一味地追求经济效益而不顾资金的流动性与安全性,也不能过于强调流动性和安全性忽视潜在的经济效益。所以如果解决三者在时间与空间上的冲突,就可以解决当前互联网金融风险控制难题,而基于数据搜集与共享的区块链技术正是解决该冲突的最佳手段。

(一)防止交易欺诈

风险控制的首要任务是防止交易欺诈。传统上,银行账簿存放于集中数据库中,控制权由一个中心机构管理,客户端身份验证后,中心机构就会提供数据库的访问权限。这种模式容易成为网络罪犯的攻击目标,他们利用不断发展的数字技术,绕过现有的安全控制措施,攻击中心机构获取数据库访问权限实施欺诈。相比之下,区块链采用的分布式账簿,不仅能够执行实时交易,还具有信息透明、防篡改等特点,能有效防范欺诈行为发生。

区块链是一个可以存储各类信息和价值交换记录的分布式账簿或数据库,这些信息和记录对所有参与节点是公开、透明的,在账簿或数据库增加任何数据,都需要得到所有参与节点确认。任何更改数据的恶意尝试会被如实地记录下来,使攻击者的行为无所遁形。每

一条被记录在区块链上的交易,一方面可以提供证据证明银行已按监管机构的合规要求进行了业务处理,另一方面可用于识别和发现欺诈交易行为的攻击者。因此,区块链分布式账簿在反欺诈方面比现行的银行和支付系统更具优势。

区块链技术能够组织一个分布式电脑网络来自动处理交易,通过加密手段来保障交易安全,让交易欺诈变得难以实现。一切交易行为的背后都是协议,协议和协议组成了程序。安全性、收益性、流动性这三个金融要素全部通过区块链技术进行管理,全部弱化了人为操作,而这可以说是物联网金融的基本理念。当然,理论归理论,实践归实践。当前,金融世界依然是人的世界,人是金融世界中最宝贵的资产。风险控制是金融世界中最为重要的元素,人依然是风险控制的主力军,并且不是一朝一夕就可以改变的。信用卡公司包括各大发卡银行,每天都在和欺诈做搏斗。仅在 2014 年,全球信用卡欺诈金额总数有 163 亿美元之多。再强大的支付工具,也难免会面临造假和重复支付的挑战。基于区块链技术的交易系统凭借不可逆性和可追溯的特点,可以做到在不依赖任何中心的情况下建立一个不能重复支付的系统,它规定每 10 分钟就要进行一次全网记账簿的同步,每个节点都记账,每一笔都要盖上时间戳,全网核实见证。让时间戳和全网所有节点做公证,使得造假的可能性几乎不存在。

互联网金融的欺骗行为主要在交易过程中发生。区块链可以针对其独有的分布式特征,通过运用加密手段来保证交易的安全进行。区块链的交易协议与程序全部实行物化操作,弱化人的作用,使其对风险的把控更加严格,避免了在操作过程中人为的失误。此外,区块链的分布式交易系统还具有交易不可逆性与交易可追溯性特征。区块链交易系统通过建立一个全网络定时刷新记账系统,使每一次交易都具有一个唯一标识的时间标记,并且全网络可见,从而保证交易的唯一性。这样,一方面可以避免重复交易,另一方面还可以防止伪造交易记录的投机行为,进而最大限度地减少互联网金融行业的欺骗行为。另外,大数据技术可精确识别金融系统中可能的欺诈模式、参与者的欺诈行为以及可能存在的欺诈网络,提升反欺诈绩效,降低理赔风险。通过基于大数据和人工智能的反欺诈以及基于区块链的风险管理与合规管理,提高金融反欺诈的有效性,降低道德风险和欺诈行为,提升金融公司风险控制水平,实现与客户共赢。

(二) 区分价值客户

在金融机构中,客户可被划分为三类:优质客户(白名单)、中间地带客户和风险客户(黑名单)。对金融机构来说,白名单是其主要服务对象,意味着收益。对任何一家机构来说,白名单都是它的生命线。而黑名单刚好相反,每家机构都需要仔细做风险控制,不赔钱即为赚钱,能有效地防范一个风险强于做成十单生意。同时,对于中间地带的客户资源,都希望能把他们尽量转化为白名单成员,那么这就需要从多个维度、各种琐碎的日常行为中筛选出有用的数据点加以提炼,变成可供金融机构参考的具有含金量的数据。这方面的风险控制和征信体系上的征信是很类似的。区块链对风险的防范主要以区块链征信系统为基础,通过对征信系统的个人或企业进行详细的区分,划分为三类:优质类顾客(白名单)、风险类顾客(黑名单)与中间类顾客(未上榜名单)。对于白名单上的优质顾客,互联网金融企业必定将全力为其提供金融服务,保证收益。对于黑名单上的风险顾客,互联网金融企业必将其拒之门外,减少损失比潜在的收益更具有吸引力。而对于判断中间客户是潜在的白名单客户还是黑名单客户则是区块链的主要任务。区块链技术将通过未上榜的潜在客户的网上日常活动进行全方位的资料搜集,对其网上消费习惯、网页浏览习惯、借贷次数等方面进行筛选与分析,得出可供互联网金融企业参考的有效数据并对其进行评分,这将极大减少互联网金融企业风险的发生,进而有效减少企业的经济损失。

（三）防范操作风险

操作风险一般指的是金融企业内部或者关联企业的人员将资金挪用,从而给支付双方造成资金损失。如果牵涉的金额数目较大,那么风险可能会被扩散,转移到其他关联的互联网金融公司或者传统金融机构中。在传统金融机构中,操作风险也是一直都存在的,一般都是规章制度和监管防控等措施进行控制。区块链系统的风险防控可以做到在没有人工干预的情况下,把操作风险降到最低。首先,基于区块链的金融支付系统是分布式的,而且不止一个节点上有完整的账本,所以如果只是有人不小心误操作修改了某一个账本或者某一条记录,则系统后续的运营会自动把正确的账本同步到这个节点上,从而误操作会被自动修正。其次,基于区块链的金融支付系统是自治的,不需要一个中心的管理机构,也就是说,所有的节点都是按照一个规则在行事。就算是系统上某些节点失效,依然不会影响整个系统的正常运行,导致误操作的发生。再有,这个系统是不需要第三方仲裁的,系统上所有的交易和过程都是按照一定的规则或合约来执行的。例如,金融衍生品交易是金融领域中比较复杂的操作,目前仍然需要大量的人工操作和干预,而且一旦发现问题,可能就需要重复对账,其混乱和复杂程度让人难以想象。但如果在金融衍生品交易中将区块链系统结合智能合约,那么当需要操作的时候,系统会自动完成,不会发生人工操作失误的情况。最后,区块链系统上的所有交易都是可追溯的和不可逆的。在应对操作风险的时候,可追溯是最关键的特性。任何一个节点上的账本都是整个系统中的一部分,所有的交易记录都是可追溯的。所以,误操作发生的概率会非常低,而且一旦发生了误操作,则通过追溯历史记录就可以修正错误。

（四）控制逆向选择

在做金融风险评估,特别是互联网金融评估时,需要考虑的因素有很多,其中逆向选择是必须要考虑的风险。每个寻找贷款机会的人都有遇到不良贷款的风险。在信息不对称的条件下,那些不良借款者往往会采用各种手段骗取贷款机构或者个人的信任,从而导致过高比例的贷款投向不良借款者而非优质借款者。在信贷交易上,最需要贷款的往往是资金链最紧张的企业,它们也愿意付出最高的利率,而结果是它们会拿到最多的贷款。显然,如果这样的情况真的发生了,那么坏账率也就会比普通的情况要高。把坏账率考虑进整体的成本后,放贷的公司就不得不提升整体的利率,而这又进一步使得那些不是非常迫切需要资金的企业放弃向其借款,转而向别的渠道借款。这样又再次提高了在所有的贷款中高风险贷款的比例。这就是逆向选择(adverse selection)。在经济学理论中,逆向选择是指由于交易双方信息不对称,导致市场价格下降,从而产生劣质品驱逐优质品,进而出现市场交易产品平均质量下降的现象。用一个通俗的说法就是劣币驱逐良币。

举例来说,对于一家金融公司,如果它并不完全了解借款方的实际信息,就会存在严重的信息不对称。当超过正常比例的不良贷款发生时,坏账率会超过应有的比例。为了保持盈利,可能不得不提升贷款的平均利率。愿意接受高利率的企业往往有较高的风险。这就出现了逆向选择问题,结果必然是过高比例的高风险中小企业获得了贷款,从而扩大了金融风险。

目前,信贷机构一般使用征信系统获取借款者(企业)信用风险的信息。只有充分了解申请借款者(企业)的全部特征从而准确预测他们的还款概率时,信贷审批才进入流程,从而降低逆向选择风险。但这种征信机构普遍存在高成本、低效率和数据存储不安全等问题。区块链本身凭借去中心化、保密性强以及透明度高等特点,通过创造"信任机器",打造了一个无须信任的系统。运用哈希算法、数字签名、时间戳、分布式共识和经济激励等手段,在节点无须互相信任的分布式系统中建立信用,实现点对点交易和协作,令原本不熟悉的人或企业,在没有可信任的中介机构参与的情况下,依然可以进行可信的交易。

在区块链网络中,通过算法的自我约束,任何恶意欺骗系统的行为都会遭到其他节点的排斥和抑制,因此其不依赖征信机构支撑和信用背书。传统的信用背书网络系统中,参与人需要对于中央机构足够信任,随着参与网络人数增加,系统的安全性下降。与之相反,区块链网络中,参与人不需要对任何人信任,但随着参与节点增加,系统的安全性反而增加,同时数据内容可以做到完全公开。区块链采取单向哈希算法,同时每个新产生的区块严格按照时间线形顺序推进,时间的不可逆性导致任何试图入侵篡改区块链内数据信息的行为很容易被追溯,导致被其他节点排斥,从而限制了相关不法行为的产生和施行。

(五)抵御黑客攻击

作为高度分布式的系统,区块链天生比传统数据安全系统更安全。在大多数现有数据安全系统都集中放置的时候,区块链的分布式特性就代表着其更难以被黑客攻击成功。没有单一组织管控,意味着不会发生单点故障。区块链的分布式特性引领数据存储革命,数据安全与数据存储紧密相关,而后者正是区块链革新的领域。与将数据存放在云端不同,区块链利用的是分布式存储:将数据打散成无数小块,加密数据以防黑客获得真正信息。这一分布式存储过程因为数据存储在多个位置而不是单一位置,不会受到某一网络掉线的影响,即便一部分网络被黑客攻击致瘫,用户仍能从其他地方获取到数据。加密过程也有效防止了无权用户对数据的访问,可确保隐私及敏感个人数据免遭黑客毒手。一旦有人篡改了记录,数据签名也就失效了。如果是传统存储模型,黑客只需攻破某个服务器即可。而在区块链模式下,想要进行欺诈交易或伪造余额,黑客得搞定网络中绝大部分节点才行,这成为几乎不可能完成的任务。

第六节 区块链技术提升金融监管能力

区块链技术能达成互联网中的全网校验、全网信任共识。由于信息更加透明、数据更加可追踪、交易更加安全,整个社会用于监管的成本会大为减少,法律与经济将会自动融为一体,区块链技术极大提升了金融监管能力。

(一)国家数字货币的无欺诈转账

目前,中国人民银行正在探索国家数字货币发行涉及的隐私保护与金融监管要求。在比特币系统中,虽然交易信息全网公开,但货币拥有者完全匿名,保护了用户隐私。而国家数字货币,需同时满足隐私保护和维护社会秩序、打击违法犯罪等金融监管要求。因此可考虑采用专有链的方式来实现,央行和商业银行共同维护数字货币运行的账本,负责验证和记录交易的商业银行只有权限访问与本行相关的交易和账户信息,而央行虽然可以访问所有交易信息,但并没有权限访问账户信息。这样的非相容职责分离设置可保证任何一个参与者都不能同时获得整个数据库中所有账户及交易信息,实现了对用户隐私的保护。在进行反洗钱(antio money laundering,AML)等金融监管时,央行可要求商业银行提交特定的账户信息,保证打击犯罪的可行性。同时,金融机构为满足"了解你的客户"(know-your-customer,KYC)监管要求,需要掌握用户信息,这可由商业银行通过专有链颁发和管理用于验证用户身份的私钥等电子证明信息来实现。

区块链采用非对称加密算法,公私钥对数据存储和传输进行加密和解密。公钥可公开发布,用于网络各节点验证发送的信息,私钥用于接收方解密接收到的加密内容。国家数字货币可考虑利用该算法实现无欺诈转账交易。首先,A 要将 100 个数字货币转账给 B,A 写一条信息,转账 100 个数字货币给 B,钱包加密后发送到 P2P 网络上。网络各节点都用 A 的公钥验证这条信息是 A 发出的,且利用区块链交易的可追溯性看到 A 确实有 100 个数字货币。然后,整个网络公认这次转账操作,A 的钱包存款减少 100 个数字货币。B 用私钥解密后,其钱包增加 100 个数字货币,此次有效交易被记在新的区块。若验证 A 没有 100 个数字货币,整个网络不会承认此次转账操作,及时避免交易欺诈行为发生。

(二) 高效率的 KYC 流程

银行需要对客户信息进行充分了解,如果银行没有正确遵守 KYC 流程,就会受到监管机构的惩罚,特别是在美国,罚款金额巨大,且呈上升趋势。由于国际公认标准的缺失,银行需要遵守不同国家和地区的合规要求,往往需要花费较高的成本在 KYC 流程上,不仅影响了新客户的用户体验,而且不同部门之间及银行之间还经常为同一个客户做重复劳动,导致资源和人力的浪费。

区块链解决方案可以帮助银行实现高效率的 KYC 流程:某家银行完成一个客户的 KYC 验证,可将该客户的 KYC 声明放在区块链上,这样其他银行和授权组织就能通过区块链使用和验证客户的 KYC 信息,无须客户重新启动 KYC 流程。区块链解决方案一方面可以降低这些机构的管理负担和成本,另一方面降低了客户的操作成本。根据高盛集团估算,在全球范围,将区块链技术应用于反洗钱和 KYC 工作,可以为行业一年节约 30 亿~50 亿美元的成本。

目前,KYC 信息的安全性和隐私性还存在一些问题,可以通过以下措施来缓解:一是将 KYC 信息以私有链的形式存放,存放的数据仅仅是含有数字签名或加密散列的索引点,这将使授权用户能够访问与区块链分开保存的存储库中的相关客户信息,确保以一种受控和保密的方式来执行客户 KYC 信息的访问操作;二是为确保金融机构只能基于临时需求而获得访问权限,可以规定只有在严格必要的情况下才能获得 KYC 信息。

区块链可在精简 KYC 流程方面发挥重要作用,但实现这一目标,还需要跨国机构之间达成共识,确定可接受的 KYC 流程文件的形式。

(三) 权益证明

区块链技术能为数据赋权,确定数据的归属与确权。由于区块链每个参与节点都能获得一份完整的数据记录,因此可以利用区块链可靠性和集体维护的特点,对权益的所有者确权。银行可以基于区块链交易协议建立一个新的交易平台,在没有集中信托或中间人的情况下,区链技术为交换资产提供了潜在的新媒介。区块链的追溯性和永久性,将备份每一笔交易,从而为交易资产的可靠性和真实性提供充分依据。例如,当高价值物品被首次认证时,可由值得信赖的中央管理机构颁发相应的数字证书,对产品本身进行认证;此后,每当该产品被购买和销售时,数字证书随之转移,从而构建一个映射到真实世界的所有权链,并通过该数字证书的区块链历史进行镜像;在收到数字证书后,产品的最终接收者能够一直追溯到证书创建点。这样,区块链固有的不变性和数字独特性,确保了高价值物品的安全转让。

股权证明交易是目前尝试较多的领域,股权所有者凭借私钥,可证明对该股权的所有权,股权转让时通过区块链系统转让给下家,整个交易过程产权明晰、记录明确,且无须第三方的参与。

(四) 数据存证、鉴证

在电子商务中,存在大量的电子合同、电子协议、资产总额、收益证明等重要的文件,而电子数据易篡改、易伪造,如何让电子数据可信、可溯源、难篡改是当前电商中亟须解决的问题。智能合约能安全存储各类电子许可证、登记表、执照、证明等,并记录其时间点,方便溯源。区块链应用于数据存证领域,大大减少了文件记录、独立审计以及遵守监管条例的成本和难度,提升了系统的安全性和效率。区块链技术在存证、鉴证中的应用流程及优势如下。

(1) 用户身份认证,电子认证机构颁发 CA 证书,确定电子合同、电子协议、电子发票等票据所有人、参与人的身份。

(2) 签约便捷即时,双方无须线下签约,无须纸质合同。

(3) 应用数字签名,确保身份不可伪造。

(4) 电子协议、合同、票据等内容不可篡改,任何修改伪造都能被发现。

(5) 电子协议、合同、票据存储在云平台,其分布式文件系统安全可靠。

(6) 对每份电子协议、合同、票据等运用哈希算法,生成全球唯一的哈希值,实现重要文件的数据指纹存证。

(7) 比对两份文件的哈希值,若相同,确认文件一致,否则文件相异,实现鉴别文件真伪。

区块链技术在电商存证、鉴证中的应用,将用户账户、证据文件的哈希值等关键信息写入区块链,实现电子商务中重要证据文件的存证。通过比对待鉴定文件与区块链上存证文件的哈希值是否一致,实现文件一致性及文件真伪的鉴证。基于区块链的存证、鉴证系统,不仅可以应用到电商领域,同样适用于需要为重要证据文件存证、鉴证的所有业务领域。

(五) 科技监管

金融领域目前面临着监管环境不断变化,合规成本不断提高,监管数据日益庞大等问题。2008 年,国际金融危机对世界主要经济体产生了巨大的冲击之后,各国金融监管部门通过一系列措施加强了对金融机构、金融衍生品的监管。金融机构面对不断变化的监管环境,为之投资的合规成本和罚款金额增加已成为沉重的负担。同时对于监管机构,日益严格和不断升级的金融合规要求,让监管数据日益多样和庞大。政府迫切需要通过技术手段来改变监管方式,提高监管效率,降低监管成本,提升自身的服务能力,基于区块链的规制系统将有助于提高监管的有效性。

金融监管日益变得复杂且相互冲突,采取监管科技是必然的。监管科技(RegTech)由监管(regulation)和科技(technology)两个词组成,国际金融协会(Institute of International Finance,IIF)把其定义为有效解决监管和合规要求的新一代技术应用。监管科技的发展将大幅提高金融监管水平、降低监管合规运营成本。

监管科技将金融监管业务 IT 化,给金融领域带来提高监管运营水平,有效防范金融风险的效果。区块链的中心化技术可用于科技驱动型的金融监管。监管者在区块链技术模式下将担负双重角色:①立法者制定法律法规,为监管者及企业提供法律支持,形成新的有效的监管路径,减少不确定因素带来的风险;②与技术专家合作,将金融等方面的监管法律法规内嵌入区块链技术之中,从而使法律法规的执行通过代码实现。

通过代码来实现自动化的监管,是建立在数据和协议基础上的解决方案。数据主要包括风险数据(risk data)、交易数据(transaction data)和流程数据(process data)。协议简单说就是监管规定、监管政策和合规要求的数字化。数字化带来的主要好处是无须离线的人工干预,减少自由裁量带来的问题,同时可以建立统一的执行标准,在金融机构与监管机构两端都采取自动化的程序进行处理,大大降低成本、提高效率和减少道德风险。监管机关可以提供机读形式的监管文件及其他文件,这明显让同步获取监管动态更加容易。立法者对现行规则的修改采用数据形式加以记录存储,这种数据形式可以被金融机构直接获取处理,反过来根据它可以自动修改其内部设置、自动更新规章制度和报告机制。

需要注意的是,因为撰写代码需要特定的专业技能,若不与去中心化技术生态系统中的专家合作,监管者将无法起草可以让机器识别的规则。只有法律的起草者和代码的撰写者之间高频合作并互相回应,才能最终产生严密且有价值的监管规则。另外,在监管者与金融科技行业合作的过程中难免要对目前监管的功能目标进行讨论,那么如何将这些目标内嵌于一个由代码支撑的体系并使其发挥同等功能将非常关键。

在一个法律代码化的金融监管环境中,保证代码或其背后的算法可信是有效监管的前提。但是,数据科学中用于监管目的的日益复杂的模型和大量且多样的数据集,使得监管者与合规管理者越来越难以理解和应用,同时,目前采用的自动化决策系统可能会产生错误、不公平或者不公正的结果,因此需要采取措施保证所构建的自动化系统是可信且可控的。基于区块链的监管系统可以提高监管的有效性与精准性,其实时透明的共享账簿使监管者能够在结果恶化之前予以识别并回应,甚至监管者可以将合规机制直接内嵌于区块链系统中,借助区块链技术建立一套既能解决潜在市场失灵和政府失灵问题,又能够充分考虑新兴技术独特性的有效监管体系。

传统金融监管由于其信息不对称、技术性落后和滞后性等的固有弱势,难以应对互联网金融时代的到来,运用区块链等技术构建科技驱动型监管体系,以数据驱动监管为核心,构筑起分布式的平等监管、智能化的实时监管、试点性的监管沙盒为核心的金融监管体系,突破传统金融监管的固有困局,创新监管方式,从而有效应对金融科技的风险,保护金融消费者,维护金融稳定。

一、名词解释

区块链中断　　共识博弈　　合作博弈　　非合作博弈　　在链协调　　区块链分叉
智能合约　　沙盒环境　　电子认证　　AML　　KYC　　权益证明

二、简答题

1. 什么是区块链的软分叉和硬分叉？哪个更具有危害？

2. 简述区块链协调在链治理的优缺点。

3. 简述智能合约的运行机制。

4. 区块链技术在存证、鉴证应用中的工作流程是什么？

5. 区块链技术是怎样推动电子认证的创新发展的？

6. 征信行业的痛点有哪些？区块链技术如何变革现有征信体系？

7. 区块链技术可以在哪些方面降低金融风险？

8. 区块链技术如何提升金融监管能力？

三、案例分析题

详细阅读导入案例并查阅相关资料，说明"区块链＋监管＝法链"思想对金融安全的实际作用和价值。

参 考 文 献

[1] 励阅.中国支付体系[M].北京:中国金融出版社,2017.

[2] 谢众.支付体系创新与发展[M].北京:中国金融出版社,2018.

[3] 中国人民银行支付结算司.中国支付体系发展报告(2016年)[M].北京:中国金融出版社,2017.

[4] 十国集团中央银行支付结算体系委员会.支付体系发展指南[M].北京:中国金融出版社,2010.

[5] 周金黄.现代支付体系与支付经济研究[M].北京:中国金融出版社,2015.

[6] 帅青红,苗苗.网上支付与电子银行[M].北京:机械工业出版社,2019.

[7] 瞿彭志.网络金融与电子支付[M].北京:化学工业出版社,2014.

[8] 张卓其.电子金融[M].北京:高等教育出版社,2008.

[9] 贲圣林,张瑞东.互联网金融理论与实务[M].北京:清华大学出版社,2018.

[10] 徐连金.商业银行支付结算业务[M].上海:上海财经大学出版社,2010.

[11] 中国互联网络信息中心.第41次《中国互联网络发展状况统计报告》[EB/OL].(2018-01-31)
[2019-03-16].http://www.cac.gov.cn/2018-01/31/c_1122347026.htm.

[12] 许猛.移动支付业务发展综述[J].信息通信技术,2009(2):22-26.

[13] 张宽海,李良华.网上支付与结算[M].北京:高等教育出版社,2007.

[14] 曹红辉.中国电子支付发展研究[M].北京:经济管理出版社,2009.

[15] 黄超,龚惠群.网络支付[M].北京:机械工业出版社,2007.

[16] 李洪心,马刚.电子支付与结算[M].北京:电子工业出版社,2015.

[17] 金川.电子银行业务现状及存在的问题[J].大众商务,2010(2):278-279.

[18] 郭畅.我国商业银行绩效影响因素的实证分析[D].南京:南京理工大学,2009.

[19] 栗卉.电子银行业务对银行绩效功效效率的测度研究[D].长沙:湖南大学,2014.

[20] 郑录军,曹廷求.我国商业银行效率及其影响因素的实证分析[J].金融研究,2005(1):91-101.

[21] BERGER A N, HUMPHREY D B. Efficiency of financial institutions:International survey and
directions for future research[J].European Journal of Operational Research, 1997(98):175-212.

[22] 樊志刚."以客户为中心"触发金融服务七大变革[EB/OL].(2014-07-19)[2019-03-16].http://news.
xinhuanet.com/fortune/2014-07/19/c_126771949.htm.

[23] 祁荣新.推进电子银行业务,有效提升服务质量[EB/OL].(2015-12-01)[2019-05-09].http://www.
zgjrjw.com/news/fxsk/2015121/1653184879.html.

[24] 张劲松.网络金融[M].北京:机械工业出版社,2006.

[25] 于功弟.银行自动客户服务系统技术讲座(六)无人银行[J].中国金融电脑,1997(6):61-63.

[26] 张宝明.电子金融学[M].上海:立信会计出版社,2011.

[27] 付巍伟."微信银行"的营销优劣势分析[J].中国信用卡,2013(11):68.

[28] 中国银行北京市分行.微信争胜地——银行服务的渠道[N].北京晨报,2014-6-17(03).

[29] 刘达.中国第三方支付的金融效应和衍生价值的研究[D].北京:北京交通大学,2018.

[30] 张媛媛.第三方支付的风险及防范对策研究——以支付宝为例[D].天津:天津商业大学,2018.

[31] 苏东骁.第三方支付对我国商业银行的影响研究[D].北京:首都经济贸易大学,2018.

[32] 周岳.第三方支付平台发展研究——以"快钱"为例[D].杭州:浙江大学,2018.

[33] 张勋.第三方支付在互联网金融产业中的作用研究[D].北京:北京邮电大学,2018.

[34] 李直.第三方支付对传统银行业带来哪些挑战[J].商业银行,2018(7):96-97.

[35] 刘燕云.第三方支付风险及防范[J].中国金融,2018(20):71-72.

[36] 杨剑.第三方支付的发展趋势与风险分析[D].武汉:华中科技大学,2015.

[37] 段文海,郭健伟.第三方支付业态发展方向及政策建议——基于深圳的调查研究[J].福建金融,2019(6):13-22.

[38] 王建华,张春颖.网联时代背景下第三方支付市场可持续发展研究[J].财会月刊(下),2018(7):117-121.

[39] 孙方江.我国多用途预付卡支付风险及监管思考[J].金融科技时代,2016(2):22-29.

[40] 屠晓雯.预付卡企业资金运用及风险控制[D].杭州:浙江工业大学,2015.

[41] 曾之明.网联出世,"收编"第三方支付[J].金融经济,2017(9):10-13.

[42] 刘瑾.网联的影响及其面临的挑战研究[J].新金融,2019(4):56-59.

[43] 王嘉懿.网联对第三方支付平台的监管完善及监管创新问题研究[J].财经界,2018(9):111-113.

[44] 李成弦.网联监管模式下第三方支付行业发展分析[J].现代营销(创富信息版),2018(12):48-49.

[45] 李晶.我国第三方支付的风险与防控研究[D].杭州:浙江大学,2018.

[46] 杨玉国.网联运行后第三方支付与商业银行竞合关系[J].现代营销(经营版),2019(6):222-223.

[47] 冯彦明,高璇.网联模式对支付结算体系与金融监管的影响[J].银行家,2019(2):90-93.

[48] 杨剑.中国第三方支付有效监管研究[D].沈阳:东北大学,2012.

[49] 徐显峰.我国第三方支付发展研究于产业分工与融合的视角[D].成都:西南财经大学,2013.

[50] 杨意.我国第三方支付的风险监管研究[D].北京:首都经济贸易大学,2018.

[51] 危怀安,李松涛.我国第三方支付信息安全监管政策框架及对策[J].中国行政管理,2018(11):45-49.

[52] 丁玉,卢国彬.互联网金融:本质、风险及监管路径[J].金融发展研究,2016(10):38-42.

[53] 王兵,宋华.第三方支付发展及风险管理研究[J].长江大学学报(社科版),2016(7):59-62.

[54] 陈慧慧.第三方支付对中国金融安全的影响研究[D].杭州:浙江大学,2018.

[55] 魏趣,麻文奇.网联支付与第三方支付的监管与发展[J].金融科技时代,2017(5):20-23.

[56] 徐宪红,韩瑞芳.第三方支付机构客户备付金抽离的问题探究[J].武汉金融,2019(2):20-24.

[57] 李婧.第三方支付公司风险管理研究——以B公司为例[D].上海:华东理工大学,2018.

[58] 潘佳峰.备付金集中存管后第三方支付市场发展问题的思考[J].金融会计,2019(4):30-33.

[59] 陈於.中国银联云闪付移动支付发展策略研究[D].北京:对外经济贸易大学,2018.

[60] 孙苗苗.移动支付行业研究报告[D].南京:南京师范大学,2017.

[61] 刘超.移动支付商业模式创新的博弈分析[D].杭州:浙江大学,2016.

[62] 张超,刘亭.移动支付面临困境与未来发展的思考[J].福建金融,2015(8):70-72.

[63] 车宁.移动支付进入战国时代[J].金融博览,2017(20):57-59.

[64] 牛润盛,朱燕燕.移动支付发展风险与国际监管经验借鉴[J].区域金融研究,2018(2):43-49.

[65] 刘越,徐超,张榆新.移动支付的发展前景与风险监管[J].社会科学研究,2017(3):35-41.

[66] 陈珊.移动支付产业链的解析[J].经济研究参考,2015(61):66-74.

[67] 黄慧.我国移动支付商业模式的比较研究[J].金融经济:下半月,2015(5):81-85.

[68] 刘瑾.我国移动支付风险防范研究[D].北京:首都经济贸易大学,2017.

[69] 高鹏飞.全球移动支付产业发展报告[J].中国信用卡,2014(6):38-43.

［70］ 莫丽华.浅谈商业银行移动支付业务发展面对的挑战与机遇［J］.科技经济导刊,2019(1):191-192.

［71］ 只音.互联网金融背景下的移动支付研究［D］.北京:对外经济贸易大学,2017.

［72］ 赵云辉,张慧琳,佟秋利.国内外主流移动支付技术特性及应用场景研究［J］.网络空间安全,2018(3):47-52.

［73］ 虞楚虹.第三方移动支付的发展模式与定价策略研究［D］.杭州:浙江大学,2016.

［74］ 威廉·斯托林斯.密码编码学与网络安全——原理与实践［M］.第七版.北京:电子工业出版社,2017.

［75］ 帅青红.网上支付安全［M］.北京:北京大学出版社,2010.

［76］ 徐勇.网络支付与结算［M］.北京:北京大学出版社,2010.

［77］ 杨彪.中国第三方支付有效监管研究［M］.厦门:厦门大学出版社,2013.

［78］ 人民银行关于印发《关于中国支付体系发展(2011—2015年)的指导意见》的通知［EB/OL］.(2012-01-02)［2019-08-09］.http://www.gov.cn/gongbao/content/2012/content_2163591.htm.

［79］ 薛玥宁.互联网背景下的支付工具创新与监管［EB/OL］.(2017-08-26)［2019-08-09］.https://zhuanti.cebnet.com.cn/20170826/102420177.html.

［80］ 安超,唐泽洲.借鉴国外经验完善我国互联网金融监管体系［J］.商,2015(5):163-163.

［81］ 陈逢吉.中国金融数据通信网需求分析［J］.信息系统工程,1998(4):14-15.

［82］ 饶林,龙超.关于对我国支付体系法规制度建设的思考［J］.北京金融评论,2012(2):217-221.

［83］ 万存知.征信体系的共性与个性［J］.中国金融,2017(1):40-42.

［84］ 吴晶妹.展望2017年中国征信:尊重市场 加强监管 稳步发展［J］.征信,2017(1):8-14.

［85］ BIAIS B, BISIÈRE C, BOUVARD M, et al. The blockchain folk theorem［J］. The Review of Financial Studies, 2019, 32(5):1662-1715.

［86］ CONG L, HE Z. Block chain disruption and smart contracts［J］. The Review of Financial Studies, 2019, 32(5):1754-1797.

［87］ DAI J, VASARHELYI M. Toward blockchain-based accounting and assurance［J］. American Accounting Association, 2017, 31(3):5-21.

［88］ ZHANG J, TURPIN J. Bitcoin: the economic case for a global, virtual currency operating in an unexplored legal framework［J］.Indiana Journal of Global Legal Studies, 2013, 21(1):335-368.

［89］ 张偲.区块链技术原理、应用及建议［J］.软件,2016(11):51-54.

［90］ 袁勇,王飞跃.区块链发展技术现状与展望［J］.自动化学报,2016(4):481-494.

［91］ 何广锋.黄未晞.区块链技术本质以及对金融业的影响［J］.互联网金融,2016(4):102-106.

［92］ 王硕.区块链技术在金融领域的研究现状及创新趋势分析［J］.上海金融,2016(2):26-29.

［93］ 刘瑜恒,周沙骑.证券区块链的应用探索、问题挑战与监管对策［J］.金融监管研究,2017(4):89-109.

［94］ 姚勇.易懂的比特币工作机理详解［EB\OL］.(2011-05-30)［2019-09-25］.http://btc.wu123.com/easy_understood_bitcoin_mechanism.pdf.

［95］ 袁勇,王飞跃.区块链技术发展现状与展望［J］.自动化学报,2016(4):481-494.

［96］ 陈旭,冀程浩.基于区块链技术的实时审计研究［J］.中国注册会计师,2017(4):67-71.

［97］ 胡志九,常益.区块链在商业银行中的应用及其展望［J］.新金融,2017(10):44-48.

［98］ 祝烈煌,高峰.区块链隐私保护研究综述［J］.计算机研究与发展,2017,54(10):2170-2186.

［99］ 杨保华,陈昌.区块链原理、设计与应用［M］.北京:机械工业出版社,2017.

［100］ 马小峰.区块链技术原理与实践［M］.北京:机械工业出版社,2020.

［101］ 沈鑫,裴庆祺,刘雪峰.区块链技术综述［J］.网络与信息安全学报,2016(11):11-20.

［102］ 唐长兵,杨珍,郑忠龙,等.PoW共识算法中的博弈困境分析与优化［J］.自动化学报,2017,43(09):

1520-1531.

[103] 林小驰,胡叶倩雯.关于区块链技术的研究综述[J].金融市场研究,2016(2):97-109.

[104] 程华,杨云志.区块链发展趋势与商业银行应对策略研究[J].金融监管研究,2016(6):73-91.

[105] 李帆,秦玮.商业银行应用区块链技术的思考[J].金融电子化,2017(1):71.

[106] 张锐.基于区块链的传统金融变革与创新[J].决策与信息,2016(10):49-59.

[107] 刘美艳.浅析"区块链"技术对传统金融行为的影响和机遇[J].金融经济,2016(24):53-54.

[108] 蔡钊.区块链技术及其在金融行业的应用初探[J].中国金融电脑,2016(2):30-34.

[109] 佚名.区块链——用技术为互联网金融驱"魔"[J].中国总会计师,2015(12):143-145.

[110] 蒋润祥,魏长江.区块链的应用进展与价值探讨[J].甘肃金融,2016(2):19-21.

[111] 任安军.运用区块链改造我国票据市场的思考[J].南方金融,2016(3):39-42.

[112] 杨涛."后比特币时代":电子货币监管提上日程[EB/OL].(2015-10-13)[2019-09-25].http://news.xin-huanet.com/world/2015/10/13/c_128311147.htm.

[113] 黄锐.金融区块链技术的监管研究[J].学术论坛,2016(10):53-59.

[114] 王艳.区块链技术在金融业的应用及其发展建议[J].海南金融,2016(12):37-39,49.

[115] 唐时达.区块链技术使"数据质押"成为可能[J].农村金融研究,2016(12):18-21.

[116] 周倩.区块链技术的国际应用与创新[J].中国工业评论,2016(12):44-50.

[117] 张荣.区块链金融:结构分析与前景展望[J].南方金融,2017(2):57-63.

[118] 郭永珍.区块链对互联网金融发展的重塑与挑战分析[J].商业经济研究,2017(2):169-171.

[119] 郑昊宁.周小川提到的"数字货币"意味着什么?[EB/OL].(2016-02-16)[2019-10-18].http://news.xinhuanet.com/world/2016/02/16/c_128724364.htm.

[120] 王燕,周光友.比特币的货币属性分析[J].金融教育研究,2014(3):3-7.

[121] 叶佳.比特币的优势——基于比特币与其他虚拟货币的对比[J].科技情报开发与经济,2014(12):150-152.

[122] 范捷,易乐天,舒继武.拜占庭系统技术研究综述[J].软件学报,2013(6):1346-1360.

[123] 蔡维德,赵梓皓,张弛,等.英国央行数字货币 RSCoin 探讨[J].金融电子化,2016(10):78-81.

[124] 蔡维德.以系统观念来看区块链[EB/OL].(2016-8-23)[2019-11-12].http://finance.sina.com.cn/money/bank/bank_hydt/2016-08-23/doc-ifxvcsrm2277962.shtml.

[125] 郁莲,邓恩艳.区块链技术[J].中国计算机学会通讯,2017,13(5).

[126] 杨菊英,刘燚,罗佳.一种高效隐私的区块链认知物联网框架[J].计算机应用研究,2020,37(8).

[127] 任彦冰,李兴华,刘海,等.基于区块链的分布式物联网信任管理方法研究[J].计算机研究与发展,2018,55(7):1462-1478.

[128] 林晓轩.区块链技术在金融业的应用[J].中国金融,2016(8):17-18.

[129] 谢辉,王健.区块链技术及其应用研究[J].信息网络安全,2016(9):192-195.

[130] 刘德林.区块链智能合约技术在金融领域的研发应用现状、问题及建议[J].海南金融,2016(10):27-31.

[131] 张锐.基于区块链的传统金融变革与创新[J].西南金融,2016(10):18-23.

[132] 杨东,潘曌东.区块链带来金融与法律优化[J].中国金融,2016(8):25-26.

[133] 王彦超.金融抑制与商业信用二次配置功能[J].经济研究,2014(6):86-99.

[134] 庄晔.区块链技术对金融业的主要潜在影响[J].环球市场信息导报,2016(18):24-25.

[135] 李淼焱,吕莲菊.我国互联网金融风险现状及监管措施[J].经济纵横,2014(8):87-91.

[136] HANS B. Blockchains:real-time accounting and the future of credit risk modeling[J]. Ledger, 2019

(4)：40-47.

[137] JAAG C，BACH C.Blockchain technology and cryptocurrencies：opportunities for postal financial services[M]. Berlin：Springer，2017：55.

[138] GARETH P，EFSTATHIOS P，ARIANE C. Trends in crypto-currencies and block chain technologies：a monetary theory and regulation perspective [J].Computer Science, 2015(8).

[139] PILKINGTON M. Blockchain Technology：Principles and Applications[M]. Pilkington：Marc, 2016.

[140] WASIK R. Blockchain revisited[J]. Food in Canada, 2019，79(4).

[141] ZHANG Y H. Blockchain based efficient and robust fair payment for outsourcing services in cloud computing[J]. Computers Networks Communications，2018(6).

[142] BIRYUKOV A，TIKHOMIROV S. Security and privacy of mobile wallet users in Bitcoin, Dash, Monero and Zcash[J]. Pervasive and Mobile Computing, 2019(59).

[143] SAITO K，IWAMURA M. How to make a digital currency on a blockchain stable[J]. Future Generation Computer Systems，2019(100).

[144] 王思轩.区块链技术对支付结算的挑战与对策——以"技术治理"为视角[J].现代经济探讨,2020(1)：93-100.

[145] 马近朱.从刷脸到区块链——浅谈 2019 年支付业新事物[J].中国信用卡,2020(2)：14-16.

[146] NIKIFOROVA V，PUTIKHIN Y，NIKIFOROV A，et al. Applying Blockchain Technology in the Sphere of Payments and Financial Services：ICDTLI 2019[C]. St. Petersburg：Atlantis Press, 2019.

[147] TAN Y，FANG M. Comparison of Traditional Payment and Blockchain Payment Methods in the Same Payment Point：SSMI 2019[C]. Paris：Atlantis Press，2019.

[148] 张键红,白文乐,欧培荣.基于区块链的匿名密码货币支付协议[J].山东大学学报(理学版),2019, 54(01)：88-95.

[149] 陈小君,石子薇.区块链技术嵌入财务共享服务对会计信息质量的影响研究——基于优化支付业务的视角[J].吉林工商学院学报,2019,35(02)：58-64.

[150] 吴大龙.基于可监管区块链的隐私安全转账支付系统[D].哈尔滨：哈尔滨工业大学,2019.

[151] HAILSTONE J. The blockchain revolution[J]. Utility Week, 2017(5).

[152] SPRINT A，GRAY B. SoftBank and far EasTone launch blockchain consortium for cross-carrier payments[J]. Global Telecoms Business, 2017(5).

[153] HYVÄRINEN H，RISIUS M，FRIIS G. A block chain-based approach towards overcoming financial fraud in public sector services[J]. Business Information Systems Engineering, 2017, 59(6).

[154] MONTERIO B. Block chain is the new black no, really[J]. California CPA, 2016, 85(4).

[155] SANEL H，ZERINA K，NEDIM C，et al. Impact of block chain technology on the payment management systems — what future holds? [J].European Journal of Economic Studies, 2019, 1(8).

[156] ZHONG L，WU Q，XIE J，et al. A secure large-scale instant payment system based on blockchain [J].Computers & Security, 2019(6).

[157] ZHONG L，WU Q，XIE J，et al. A secure versatile light payment system based on blockchain[J]. Future Generation Computer Systems, 2019(4).

[158] GENE N，GEVA B. Blockchain and payment systems：What are the benefits and costs? [J].Journal of Payments Strategy & Systems, 2017, 3 (11).

[159] BOTT J，MILKAU U. Central bank money and blockchain：a payments perspective[J]. Journal of Payments Strategy & Systems, 2017, 2 (11).

［160］ EDWARD A. From Rai stones to Blockchains: The transformation of payments[J].Computer Law & Security Review, 2018, 34(4).

［161］ WANG H, QIN H, ZHAO M, et al. Block chain based fair payment smart contract for public cloud storage auditing[J].Information Sciences, 2020(519).

［162］ FENG J, ZHAO X, CHEN K, et al. Towards random-honest miners selection and multi-blocks creation: Proof-of-negotiation consensus mechanism in blockchain networks[J]. Future Generation Computer Systems, 2020, 105(4).

［163］ KUNDU D. Block chain and trust in a smart city[J].Environment and Urbanization Asia, 2019, 10 (3).

［164］ Jayanth R V. Block chain in Finance[J]. The Journal for Decision Makers. March01, 2019, 44(3).

［165］ TREDINNICK L. Cryptocurrencies and the blockchain[J]. Business Information Review, 2019, 36(3).

［166］ CAN L F. Block chain really disrupt market research? [J].International Journal of Market Research, 2019, 61(9).

［167］ GIEßMANN S. Money, credit, and digital payment 1971/2014: from the credit card to apple pay[J]. Administration & Society, 2018, 50(10).

［168］ LEEKHA S, TAPSCOTT D, TAPSCOTT A. Block chain Revolution: How the Technology Behind Bitcoin Is Changing Money, Business, and the World[N].FIIB Business Review, 2018-12-01.

［169］ HASSANI H, XU H, SILVA E. Banking with blockchain-ed big data[J].Journal of Management Analytics, 2018, 4(5).

［170］ MICHAEL P, GERARD C. Block chain auditing-accelerating the need for automated audits! [J]. EDPACS, 2019, 59(4).

［171］ ZAMANI E, HE Y, PHILLIPS M. On the security risks of the blockchain[J].Journal of Computer Information Systems, 2018(12).

［172］ MALHERBE L, MONTALBAN M, Bédu N, et al. Cryptocurrencies and Blockchain: Opportunities and Limits of a New Monetary Regime[J]. International Journal of Political Economy, 2019, 48(2).

［173］ LU Y. Block chain and the related issues: a review of current research topics[J]. Journal of Management Analytics, 2018, 5(4).

［174］ JAESHUP O, ILHO S. A case study on business model innovations using Blockchain: focusing on financial institutions[J]. Asia Pacific Journal of Innovation and Entrepreneurship, 2017, 11(1).

［175］ KSHETRI N. China's emergence as the global fintech capital and implications for southeast Asia[J]. Asia Policy, 2020, 15(1).

［176］ HELLER D, TRUMAN E. International financial regulatory cooperation and digital currencies[J]. Georgetown Journal of International Affairs, 2017, 18(3)

［177］ BROWNE R. The cheapest and most expensive countries to mine bitcoin.[EB/OL].(2018-12-5) [2020-01-09].https://www.cnbc.com/2018/02/15/the-cheapest-and-most-expensive-countries-to-mine-bitcoin.html.

［178］ CHEN M, WU Q, YANG B. How valuable is FinTech innovation? [J] Review of Financial Studies, 2019, 32(5):2062-2106.

［179］ CHIU J, KOEPPL T. Blockchain-based settlement for asset trading[J]. Review of Financial Studies, 2019, 32(5): 1716-1753.

[180] CONG L W, He Z. Block chain disruption and smart contracts[J]. Review of Financial Studies, 2019, 32(5): 1754-1797.

[181] D'ACUNTO F, PRABHALA N, ROSSI A G. The promises and pitfalls of Robo Advising[J]. Review of Financial Studies, 2019, 32(5): 1983-2020.

[182] DAI J, VASARHELYI M A. Toward block chain-based accounting and assurance[J]. Information Systems, 2019(31):5-21.

[183] DI L, YANG Z, YUAN G X. The consensus games for consensus economics under the framework of Blockchain in fintech: Game Theory[M]. Springer Press, 2019.

[184] EYAL I. The Miners Dilemma: Proceedings of the 36th IEEE Symposium on Security and Privacy [C]. Washington: IEEE Computer Society Press, 2015.

[185] EYAL I, SIRER E G. Majority is not enough: Bitcoin mining is vulnerable: Proceedings of the 18th International Conference on Financial Cryptography and Data Security[C]. Heidelberg: Springer Press, 2014.

[186] FOLEY S, KARLSEN J R, PUTNINS T. Sex, drugs, and Bitcoin: how much illegal activity is financed through cryptocurrencies? [J]. Review of Financial Studies, 2019, 32(5): 1798-1853.

[187] FUSTER A, PLOSSER M, SCHNABL S, et al. The role of technology in mortgage lending[J]. Review of Financial Studies, 2019, 32(5): 1854-1899.

[188] GARAY J A, KATZ J, TACKMANN B, et al. How fair is your protocol? A utility-based approach to protocol optimality: The 34th ACM PODC [C]. New York: Association for Computing Machinery, 2015.

[189] GARAY J A, KIAYIAS A, EONARDOS N. The Bitcoin backbone protocol: analysis and applications[J]. Cryptology ePrint Archive, 2014(5).

[190] KIAYIAS A, KOUTSOUPIAS E, KYROPOULOU M, et al. Block chain mining games: ACM Conference on Economics and Computation [C]. New York: Association for Computing Machinery, 2016.

[191] KROLL J, DAVEY I, FELTEN E. The economics of Bitcoin mining, or Bitcoin in the presence of adversaries: WEIS 2013 [C]. Tuscany: University of Pisa Press, 2013.

[192] KWON Y, KIM D, SON Y, et al. Be selfish and avoid Dilemmas: Fork after withholding (FAW) attacks on Bitcoin: ACM CCS [C]. New York: Association for Computing Machinery, 2017.

[193] LEFEBVRE I. An alternative proof of the nonemptiness of the private core[J]. Economic Theory, 2001, 18(2): 275-291.

[194] NARAYANAN A, BONNEAU J, FELTEN E, et al. Bitcoin and cryptocurrency technologies: a comprehensive introduction hardcover[J]. Princeton: Princeton University Press, 2016(5).

[195] NAYAK K, KUMAR S, MILLER A, et al. Stubborn mining: generalizing selfish mining and combining with an eclipse attack[J]. IACR Cryptology ePrint Archive, 2015(796).

[196] NYUMBAYIRE C. The Nakamoto consensus.[EB/OL].(2017-3-12)[2020-01-06]. https://www.interlogica.it/en/insight-en/nakamoto-consensus.

[197] PASS R, SEEMAN L, SHELAT A. Analysis of the blockchain protocol in asynchronous networks. EUROCRYPT 2017: Advances in Cryptology-EUROCRYPT[C]. Heidelberg: Springer, 2017.

[198] ROSENFELD M. Analysis of Bitcoin pooled mining reward systems [J]. Arxiv preprint arxiv, 2011(12).

［199］ SALEH F. Blockchain Without Waste：Proof-of-Stake［EB/OL］.（2020-01-15）［2020-02-21］. https：//ssrn.com/abstract＝3183935 or http：//dx.doi.org/10. 2139/ssrn. 3183935.

［200］ SAPIRSTEIN A，SOMPOLINSKY Y，ZOHAR A. Optimal selfish mining strategies in bitcoin：FC2016［C］. Heidelberg：Springer Press，2016.

［201］ PRENEEL B. Financial Cryptography：FC2017［C］. Heidelberg：Springer Press，2017.

［202］ SCHRIJVERS O，BONNEAU J，BONEH D，et al. Incentive compatibility of Bitcoin mining pool reward functions：FC2016［C］. Heidelberg：Springer Press，2016.

［203］ TSABARY I，EYAL I. The gap game：Proceedings of the 2018 ACM SIGSAC conference on computer and communications security［C］.New York：Association for Computing Machinery，2018.

［204］ TUWINER J.Bitcoin mining hardware ASICs［EB/OL］.（2019-07-03）［2020-01-03］. https：//www. buybitcoinworldwide.com/mining/hardware/.

［205］ UYANIK M. On the nonemptiness of the α _ core of discontinuous games：Transferable and nontransferable utilities［J］. Journal of Economic Theory，2015(158).

［206］ VALLEE B，ZENG Y. Marketplace lending：a new banking paradigm？［J］. Review of Financial Studies，2019，32(5)：1939-1982.

［207］ WANG C. A visit to a bitcoin mining farm in Sichuan, China reveals troubles beyond regulation［EB/OL］.（2017-11-19）［2020-1-06］. https：//news. bitcoin. com/a-visit-to-a-bitcoin-mining-farm-in-sichuan-china-reveals-troubles-beyond-regulation/.

［208］ YANG Z, Yuan X Z. Some generalizations of Zhao's theorem：hybrid solutions and weak hybrid solutions for games with nonordered preferences［J］. Journal of Mathematical Economics，2019(84)：94-100.

［209］ YUAN X Z. The framework of consensus equilibria for mining-pool games in Blockchain ecosystems ［EB/OL］.（2020-03-10）［2020-03-22］. http：//arxiv.org/abs/2003. 05067.

［210］ Yuan X Z, Di L, Zeng T. 2020. The consensus equilibria of mining gap games related to the stability of Blockchain ecosystem［J］. The European Journal of Finance，2020(26).

［211］ ZHAO J. The hybrid solutions of an N-person game［J］. Games and Economic Behavior，1992(4)：145-160.

［212］ ZHAO J. The hybrid equilibria and core selection in exchange economies with externalities［J］. Journal of Mathematical Economics，1996，26(4)：387-407.

［213］ ZHU C. Big data as a governance mechanism［J］. Review of Financial Studies，2019，32(5)：2021-2061.

［214］ 杨文斌.区块链在支付清算领域中的应用研究［J］.金融科技时代，2017(11)：42-44.

［215］ 周雷，陈捷.国家数字货币应用区块链技术初探［J］.杭州金融研修学院学报，2018(6)：27-31.